Uni-Taschenbücher 1406

UTB FÜR WISSENSCHAFT

Eine Arbeitsgemeinschaft der Verlage

Wilhelm Fink Verlag München
Gustav Fischer Verlag Stuttgart
Francke Verlag Tübingen
Harper & Row New York
Paul Haupt Verlag Bern und Stuttgart
Dr. Alfred Hüthig Verlag Heidelberg
Leske Verlag + Budrich GmbH Opladen
J. C. B. Mohr (Paul Siebeck) Tübingen
R. v. Decker & C. F. Müller Verlagsgesellschaft m. b. H. Heidelberg
Quelle & Meyer Heidelberg · Wiesbaden
Ernst Reinhardt Verlag München und Basel
K. G. Saur München · New York · London · Paris
F. K. Schattauer Verlag Stuttgart · New York
Ferdinand Schöningh Verlag Paderborn · München · Wien · Zürich
Eugen Ulmer Verlag Stuttgart
Vandenhoeck & Ruprecht in Göttingen und Zürich

Walter Kiefl / Siegfried Lamnek

Soziologie des Opfers

Theorie, Methoden und Empirie der Viktimologie

Wilhelm Fink Verlag München

ISBN 3-7705-2375-x

Satz: ts geithner, Walpertskirchen
Druck: Weihert-Druck, Darmstadt
Bindung: Graph. Betriebe F. Schöningh, Paderborn
Einbandgestaltung: Alfred Krugmann, Stuttgart

Inhaltsübersicht

Vorwort

Wer sich wissenschaftlich mit den vielfältigen Phänomenen der Kriminalität auseinandersetzt, der betrachtet zunächst einmal und in der Regel den Täter. Die Ausblendung des Opfers ist dabei allerdings nur eine besondere Focussierung auf den Täter hin; diese Perspektive impliziert keine evaluative Aussage: weder wird das Opfer mit seinen Bedürfnissen vernachlässigt, der ihm zugefügte Schaden bagatellisiert, die psychischen und sozialen Konsequenzen der Tat verharmlost, noch das soziale Problem der Kriminalität ausgeklammert.

Auf der anderen Seite darf nicht übersehen werden, daß das Opfer nicht nur passiv Taten erleidet, sondern den sozialen Kontext von Tat und Täter (mit)konstituiert. Nun ist aber jeder (methodologisch und pragmatisch manchmal notwendige) Versuch der Reduktion der sozialen Komplexität durch Nichtberücksichtigung von relevanten Analysegegenständen eine Verkürzung der sozialen Realität. Die Ausblendung des Opfers läuft Gefahr, Kriminalität nur einseitig und selektiv zu sehen. Deshalb ist es erforderlich, auch die Opfer von Kriminalität zum Gegenstand wissenschaftlicher Untersuchung zu machen. Die herausgehobene Betrachtung des Opfers — bei Ausklammerung des Täters — ist ebenfalls einseitig verkürzend. Sie läßt sich wieder nur methodologisch und pragmatisch rechtfertigen. Der soziologische Verweis auf die Täter-Opfer-Beziehung macht deutlich, daß es sich um zwei Seiten einer Medaille handelt, deren gleichzeitige Betrachtung am Gegenstand geboten, oft aber nur bei analytischer Trennung möglich erscheint.

Dieses Lehrbuch behandelt im wesentlichen viktimologische Fragestellungen. Der Titel „Soziologie des Opfers" statt „Viktimologie", „Einführung in die Viktimologie" o. ä. wurde gewählt, um auf die hier geltende Perspektive hinzuweisen. Wie im ersten Abschnitt noch ausgeführt wird, schränken wir die (primäre) Viktimisierung auf den Interaktionsprozeß zwischen Personen oder Gruppen ein, womit nur ein Teilbereich der Delinquenz bzw. Viktimisierung im üblichen (d. h. kriminologischen) Sinn abgedeckt wird. Diese (arbeitsökonomische) Ausgrenzung beinhaltet keine Aussage über den Gegenstandsbereich der Viktimologie; sie legt aber die spezifisch soziologische Sichtweise fest.

Eine Zielsetzung unserer Arbeit besteht darin, gesellschaftliche Einstellungen und Verhaltensweisen gegenüber den Opfern von Straftaten bewußt zu machen, ihr Entstehen und ihre Wirkungsweise aufzuzeigen. Dabei werden

Paralellen zwischen dem Prozeß der Kriminalisierung und Viktimisierung deutlich. Beide Vorgänge können unter Zuhilfenahme ähnlicher (gerade auch soziologischer) Theorien oder Theoriefragmente erklärt werden; in beiden Fällen läßt sich eine Verfestigung von Zuschreibungen seitens Dritter feststellen, die in das Selbstbild übernommen werden und auf die Verringerung von Handlungschancen hinwirken. Die soziologische Theorie der Etikettierung (Labeling Approach) wird hier relevant.

Weiterhin wollen wir uns nicht mit Zusammenstellungen von Opfereigenschaften und Opfertypologien oder vordergründig plausiblen Abwehrstrategien begnügen, sondern den Versuch einer Systematisierung viktimologischen Wissens (eingeschränkt auf den oben genannten Teilbereich mit direktem Täter-Opfer-Kontakt) unternehmen. Von grundlegender theoretischer und pragmatischer Bedeutung ist dabei die Differenzierung in primäre, sekundäre und tertiäre Viktimisierung.

Neben vorliegenden theoretischen und empirischen Arbeiten zur Situation des Opfers wurde auch auf das Material einer eigenen, bislang nicht publizierten Erhebung zurückgegriffen. Die Daten stammen aus einer Befragung von Opfern, die sich an den „Weißen Ring" um Hilfe gewandt haben. Bei den zugrundeliegenden Taten handelte es sich überwiegend um Gewaltverbrechen.

Weiterhin haben wir — vorwiegend zur Illustration — auf Zeitungsberichte in Boulevardblättern zurückgegriffen. Trotz aller Vorbehalte lassen sich daraus eine Reihe von Informationen sowohl über das Tatgeschehen als auch über die danach einsetzenden Prozesse sekundärer Viktimisierung gewinnen.

München, im April 1986

Walter Kiefl
Siegfried Lamnek

1. Einführung: Viktimologie oder Soziologie des Opfers

Aus den Massenmedien ergibt sich für die Öffentlichkeit das Bild einer großen und zunehmenden Kriminalitätsbelastung (jährlich etwa 4 Millionen Geschädigte) der Bevölkerung der Bundesrepublik Deutschland. Auch aus Opferbefragungen und allgemeinen Meinungsumfragen geht hervor, daß die Sicherheit vor Angriffen und sonstigen Straftaten einen hohen Rang einnimmt (STEPHAN 1980, MURCK 1978, ISHII 1979), obgleich nur eine Minderheit der Befragten ernsthafte Furcht empfindet (KERNER 1980). Dennoch ist eine diffuse Verbrechensangst — zumal in bestimmten Situationen und Gegenden — weit verbreitet (vgl. zusammenfassend FÖRSTER/SCHENK 1984). Dabei zeigen sich aber zum Teil erhebliche Unterschiede in Abhängigkeit vom Befragungsort, weshalb Generalisierungen nur schwer möglich sind. So fand STEPHAN (1980, S. 53), daß in Stuttgart 21 % einer (allerdings nur teilweise repräsentativen) Bevölkerungsstichprobe die Kriminalität für ein besonders wichtiges Problem ihrer Stadt hielten, in Zürich waren es dagegen nur 10 %. In beiden Städten herrschte die Meinung vor, daß die Kriminalität gleich geblieben oder gar gesunken sei. Die Stuttgarter sorgten sich — im Vergleich zu den Zürichern — mehr, Opfer eines Diebstahls (55 % : 46 %), eines Einbruchs (61 % : 53 %) oder eines tätlichen Angriffs (67 % : 49 %) zu werden; weniger Stuttgarter als Züricher fühlten sich nachts im eigenen Viertel sicher (53 % : 69 %) und mehr Stuttgarter waren der Meinung, daß es in ihrer Stadt unsichere Viertel gäbe (88 % : 73 %). Die verbreitetere Verbrechensfrucht der Stuttgarter findet eine (scheinbare) Bestätigung in der Polizeilichen Kriminalstatistik (zu den methodischen Problemen von Statistiken und Umfragen vgl. Kapitel 2): Während in Zürich auf 1000 Personen 45,1 Eigentumsdelikte und 1,0 Gewaltdelikte kamen, betrugen die entsprechenden Werte für Stuttgart 81,5 und 2,1 (Interessant ist aber in diesem Zusammenhang, daß die Diskrepanz zwischen den polizeilich registrierten Straftaten und den Angaben der Befragten in Zürich größer war als in Stuttgart).

Weiterhin stellte STEPHAN (1980, S. 49) in Stuttgart eine durchschnittliche Kriminalitätsbelastung von 0,42 Delikten pro Person für den Zeitraum von 12 Monaten fest; gut alle zwei Jahre müßte man demnach und durchschnittlich damit rechnen, Opfer einer Straftat zu werden (zum Vergleich: 1966 war jeder 5. Haushalt in den USA Opfer eines schweren Verbrechens; WEIS 1972). 17,3 % der Delikte richteten sich dabei gegen den Befragten persönlich, 24,8 % gegen den eigenen Haushalt, 7,9 % der Straftaten betrafen sowohl Personen als auch den Haushalt und 48 % der untersuchten Haushalte waren zumindest von einem Delikt betroffen. 6,4 % der Befragten waren innerhalb des Zeitraumes Zeuge eines Verbrechens an einem Fremden geworden.

Diese und vergleichbare Ergebnisse (vgl. zusammenfassend z. B. Brauneck 1974, S. 41 f., Schneider 1975, 1979, Kaiser 1985a, Filser 1983) lassen auf eine nicht geringe Wahrscheinlichkeit schließen, einmal oder mehrmals im Leben zum Opfer einer Straftat zu werden. Benutzen wir einen weiteren (aber aus noch zu diskutierenden Gründen wenig praktikablen) Opferbegriff, so ergibt sich eine erhöhte Opferwahrscheinlichkeit, etwa durch Umweltverschmutzung, durch Schwarzfahrer (ehrliche Fahrgäste werden Opfer), durch Rücksichtslosigkeit im Straßenverkehr, durch Provokationen seitens Betrunkener u.a.m. Derartige viktimogene Situationen sollen jedoch nur aus Gründen der Systematik im einführenden Abschnitt erwähnt werden, die weiteren Überlegungen befassen sich allein mit der Opferwerdung aufgrund von personalen Straftaten; selbst unter dieser eingrenzenden Voraussetzung erscheint aber die Viktimisierungschance immer noch recht hoch.

Die Frage nach dem Opferrisiko ist eines der Hauptprobleme der Viktimologie, der Wissenschaft vom Opfer. Ihre Aufgabe, ihre Methoden sowie ihr Verhältnis zur Kriminologie und zu anderen Sozialwissenschaften wollen wir zuerst beleuchten. Im nächsten, mehr inhaltlich-theoretisch ausgerichteten Teil gehen wir auf einige der wichtigsten Opfertypologien ein, um dann zu einer deliktspezifischen Betrachtung des Opfers zu kommen. Daran anschließend werden die soziologisch und sozialpsychologisch relevanten Aspekte der Viktimologie herausgearbeitet und geprüft, für welche Stufen im Viktimisierungsprozeß welche Theorien herangezogen werden können. Dann werden Ergebnisse von Viktimisierungsstudien und anderen relevanten Untersuchungen dargestellt und diskutiert, wobei nach primärer, sekundärer und tertiärer Viktimisierung und den jeweils wichtigen Variablen innerhalb dieser Stufen differenziert wird. Das letzte Kapitel befaßt sich vor allem mit den praktischen Konsequenzen viktimologischer Untersuchungen und Erkenntnissen sowohl für die Verhütung von Straftaten wie auch für die Opferentschädigung, mit Fragen des Opfer-Täter-Ausgleichs und der Resozialisierung. All diesen Überlegungen liegt die Absicht zugrunde, den vielfältigen Wechselbeziehungen zwischen den Tatbeteiligten (einschließlich des weiteren Umfelds) besser gerecht zu werden, als dies bei isolierter Betrachtung des Opfers möglich wäre.

1.1. Definition und Aufgaben der Viktimologie

Gegenstand unserer weiteren Überlegungen ist das Gebiet der Viktimologie, der Wissenschft vom (Verbrechens-) Opfer. Bereits bei dieser simplen Definition endet der Konsens, denn einige Forscher wie z. B. MENDELSOHN, neben WERTHAM einer ihrer „Väter", wollen die Viktimologie nicht auf die Opfer von Straftaten beschränkt wissen; andere, wie z. B. v. HENTIG (1948), sehen in ihr eine kriminologische Teildisziplin, während sie für wieder andere (z. B. VIANO 1976) nur ein Studienfeld darstellt. WEIS (1972) hält den Namen „Viktimologie" für ein überflüssiges und unschönes Modewort; faßt man sie als selbständige Disziplin auf, müßte man ihr konsequenterweise die traditionell täterorientierte Kriminologie als „Viktorologie", als Lehre vom Sieger (bei der Straftat) gegenüberstellen. PAASCH (1965, S. 19) faßt die Einwände gegen die Viktimologie zusammen, indem er fragt, warum es notwendig sei, einen neuen Namen für Gedankengänge zu gebrauchen, die ohnehin einbezogen werden, etwa durch Gerichtsmediziner, Psychologen oder Psychiater. Die Antwort auf diese — von PAASCH nur rhetorisch gemeinte — Frage hat zu berücksichtigen:

- In der Praxis wurde die *viktimologische Perspektive*, d. h. der Opferbeitrag am Zustandekommen der Tat und insbesondere das Opfer im Verlauf der sekundären und tertiären Viktimisierung *zu wenig bedacht*, so daß es galt (und gilt), Defizite aufzuholen, selbst um den Preis heute zunehmend erkannter Einseitigkeit (das Opfer wird als isolierte Größe und nicht als Interaktionspartner gesehen).
- Andere Disziplinen befassen sich nicht speziell mit dem Opfer, sondern immer *nur mit dem Opfer unter einer bestimmten vorgegebenen Perspektive* (z. B. der psychologischen); insbesondere die Täter-Opfer-Wechselbeziehung bleibt ausgeklammert.

Immerhin zeigt sich inzwischen eine Konvergenz insoweit, als wohl *mehrheitlich Viktimologie als Zweig der Kriminologie mit einer speziellen Perspektive* aufgefaßt wird, es sich aber um kein autonomes, von der übrigen Kriminologie unabhängiges Wissensgebiet handelt. PAASCH (1965, S. 82) sieht ihre Aufgabe im „... Studium der Person des Opfers, seiner Opfereignung und Opferbereitschaft und ferner (im) Studium der Täter-Opfer-Beziehung auf ihren Ursprung und ihre Erscheinungsform hin."

In gleichem Sinne faßt sie AMELUNXEN als Disziplin auf, die sich bemüht, mit erfahrungswissenschaftlichen Methoden zu bio-psychologischen, medizinischen, soziologischen und kriminalistischen Erkenntnissen über das Opfer zu gelangen. „Sie interessiert sich für Herkunft, Persönlichkeit, Charakter, Geschlecht, Alter, Bewußtseinslage, Geist, Eigenschaften und körperliche

Merkmale des Opfers und seine familiären, beruflichen und gesellschaftlichen Bezüge. Insbesondere ist sie bestrebt, die Rolle des Opfers in der vorkriminellen Situation und seinen Beitrag zur Genese des Verbrechens aufzuklären ... Ihr Endzweck ist es, dem Strafrecht, der sozialen Verteidigung, der Verbrechensverfolgung und der Verbrechensprophylaxe neue Impulse zu geben" (AMELUNXEN 1970, S. 34 f.).

H. J. SCHNEIDER, der die deutsche Viktimologie mitgeprägt hat und sich auch im außerwissenschaftlichen Bereich für die Opfer einsetzt, äußert sich ähnlich: „Die Viktimologie befaßt sich mit dem wissenschaftlichen Studium von Verbrechensopfern. Es geht ihr insbesondere um die Erscheinungsformen, Ursachen und Folgen des Prozesses des Opferwerdens: Opferschaden, Vorbeugung gegen das Opferwerden, Wiedergutmachung und Opferbehandlung" (SCHNEIDER 1983, S. 236).

Diese und andere Definitionen (z. B. v. HENTIG 1948, SCHAFER 1968, SCHNEIDER 1975, 1977, 1979, KAISER 1974) fassen die *Viktimologie als empirisch orientierte, kriminologische Teilwissenschaft mit gleichzeitig interdisziplinärer Ausrichtung. Gegenstand ist die Untersuchung der Beziehungen zwischen Opfer und Rechtsbrecher vor, während und nach der Straftat.* Dabei wird auch stets der Praxisbezug herausgestellt, nämlich die Entwicklung eines Systems vorbeugender und therapeutischer Maßnahmen, um ein potentielles (und auch wiederholtes; vgl. unten) Opferwerden zu verhindern (KAISER 1974, S. 380). Wichtige Fragestellungen sind das Anzeigeverhalten der Opfer, ihr Verhalten im Rahmen der polizeilichen Ermittlungsarbeit und im Strafverfahren, aber auch die Behandlung durch die Ermittlungs- und Verfolgungsorgane (sekundäre Viktimisierung). Kurz formuliert geht es ihr somit um die Erscheinungsformen, Ursachen, Folgen und prophylaktischen Maßnahmen im Prozeß der Opferwerdung.

Bereits an dieser Stelle ist auf ein verbreitetes Mißvertändnis — wenn nicht Vorurteil — hinzuweisen, demzufolge das Bemühen der Viktimologie um die Erforschung der Mitbeteiligung des Opfers am Zustandekommen der Straftat darauf abzielt, das Opfer zu be- und und den Täter zu entschuldigen. Uns geht es nicht um Schuldzuweisungen, nicht um Be- und Entlastung, auch nicht um strafrechtliche Beurteilungen, sondern um eine komplexe, soziale — eben realitätsgerechtere — Sichtweise von Interaktionen zwischen Tätern und Opfern. Dem widerspricht nicht, „daß die Feststellung einer Mitschuld des Opfers im konkreten Fall zu einer angemesseneren, wirklichkeitsnäheren strafrechtlichen Beurteilung des Täters führt (funktionale Verantwortlichkeit)" (SCHNEIDER 1983, S. 237; vgl. hierzu bes. SCHAFER 1968, MAECK 1983). Daraus kann aber in konkreten Fällen ein Konflikt zwischen Täter- und Opferinteressen, oder — auf anderer Ebene — kriminalpolitischen Orientierungen resultieren. Einerseits ist es aus Gründen einer Entkriminalisierung und Entlastung der

Justiz günstig, auf eine Verminderung der Anzeigenbereitschaft in der Bevölkerung hinzuwirken, andererseits ist der viktimologischen Sicht daran gelegen, die Anzeigebereitschaft zu erhöhen, denn eine geringe Anzeigebereitschaft stellt auch einen kriminogenen und viktimisierenden Faktor dar. (Eine Lösung aus diesem Dilemma könnte etwa darin bestehen, vermehrt Schiedsstellen und andere Einrichtungen unterhalb der Ebene der formalen Kontrolle zu institutionalisieren.) „Deshalb wird es die Viktimologie nicht leicht haben, ihre Ansichten dort ins Strafrecht einzubringen, wo sie tendenziell auf Strafrechtsvermehrung und Mehrbelastung des Kriminalkontrollsystems hinauslaufen" (ARZT 1984, S. 107). Sicher liegen aber die Verhältnisse noch etwas komplizierter, weil es auch den Agenten der Sozialkontrolle durchaus gelegen käme, Argumente für die Stärkung und den Ausbau des Kontrollsystems zu finden.

Das Mißverständnis, wonach die Viktimologie auf eine Belastung des Opfers abziele, beruht im wesentlichen auf dem vorausgegangenen und meist unbewußten Prozeß der Polarisierung von (schuldigem) Täter und (unschuldigem) Opfer, der in der massenmedialen Verbreitung noch gefördet wird. Geschichten mit eindeutigen Schuldzuweisungen und Kontrastierungen verkaufen sich nun einmal besser als Ergebnisse differenzierter Recherchen (vgl. dazu FÖRSTER/SCHENK 1984). Andererseits bedeutet eine Betrachtungsweise, die den Täter von vorneherein als Opfer einer strafenden Gesellschaft auffaßt (und damit den Begriff der „strukturellen Viktimisierung" (vgl. unten) überstrapaziert), seine Abwertung zu einem bloßen Reiz-Reaktions-System.

Die häufig feststellbare Schwarz-Weiß-Kontrastierung ist durchaus kulturspezifisch. Nach AMELUNXEN (1970, S. 13) ist sie wesentlich durch das Christentum und dessen Erhöhung des Opferbegriffs in den Bereich des Übernatürlichen vorgeprägt. Aber noch im mittelalterlichen christlichen Staat war die Trennung zwischen schuldigem Täter und unschuldigem Opfer nicht durchgängig. Dies läßt sich aus dem Mißtrauen der Rechtsprechung ersehen, das gegenüber der Jungfrau bestand, die sich bei der Verteidigung ihrer Keuschheit nicht sofort lautstark zur Wehr setzte oder gegenüber Bestohlenen, die einen Dieb nicht sofort überführten sowie auch in den Strafdrohungen gegenüber einem unterlegenen Kläger (AMELUNXEN 1970, S. 13).

Durch die Polarisierung von Tätern und Opfern gehen insbesondere die vielfältigen Wechselbeziehungen zwischen beiden „Partnern im Verbrechen" (SCHNEIDER 1979) verloren. Gegenstand der Viktimologie sind aber nicht Schuldzuweisungen an die eine oder andere Seite, sondern das Aufzeigen von (vor allem unbeabsichtigten) Mitwirkungen des Opfers im Vorfeld der Tat und am Tatgeschehen, sowie der Hinweis auf Strategien zur Begrenzung des Schadens bzw. der Verhinderung einer Eskalation. Die Mitberücksichtigung des Opfers kommt letztlich diesem selbst bzw. dem potentiellen Opfer zugute.

Die im Strafrecht (und vielfach noch im Strafverfahren) herrschende Sichtweise, wonach Täter und Opfer als zwei voneinander getrennte, statisch-mechanische Elemente aufgefaßt werden, entspricht nur bedingt der Wirklichkeit: „Die Begehung eines Verbrechens ist kein isolierter Vorgang, sondern der Höhepunkt eines Prozesses, in dem viele Fakten am Werke waren. Das Opfer ist kein einfaches, unbewegliches Objekt, sondern ein aktives Element in der Dynamik des Rechtsbruchs (SCHNEIDER 1977, S. 138).

Derartige evidente Einsichten können nicht darüber hinwegtäuschen, daß das Opfer lange Zeit nur eine Nebenrolle in der Kriminologie gespielt hat (vgl. 1.2.). Um dieses Defizit auszugleichen, genügt es aber nicht, die Opferseite als zusätzlichen Bereich aufzufassen, der der gängigen, täterorientierten Kriminologie zur Seite zu stellen ist. Täter und Opfer gehören zusammen, wie die Brennpunkte derselben Ellipse (AMELUNXEN 1969, S. 178). Einer der „Väter" der Viktimologie, weist in diesem Zusammenhang darauf hin, daß es unvollständig ist, von einem fleischfressenden Tier zu sprechen, ohne gleichzeitig auch dessen Beute zu betrachten (v. HENTIG 1948, S. 328). Das Opfer ist keine zusätzliche Situationsvariable sondern ein notwendiges Grundelement der Tat, dem die (allerdings hier mit Vorbehalten zu übernehmende) Auffassung, wonach es keine Straftat ohne Opfer gäbe, Rechnung trägt.

Die Frage nach den Opfern von Straftaten ist nicht nur unter theoretischen und kriminalpolitischen Aspekten der Verbrechensverhinderung und -bekämpfung bedeutsam, sondern auch im Hinblick auf die Beurteilung der Kriminalstatistik, die nicht unwesentlich auf den Aktivitäten der Opfer von Straftaten beruht (BRAUNECK 1974, S. 42). Ein verändertes (z. B. erhöhtes) Anzeigeverhalten wird direkte und indirekte Auswirkungen insofern haben, als zum einen mehr Straftaten registriert werden, zum anderen aber über massenmediale Rückkoppelungsprozesse die Sensibilität der Bevölkerung für abweichende Verhaltensweisen eine Verstärkung erfährt, was wiederum Einflüsse auf das Anzeigeverhalten und die Aktivitäten der Strafverfolgungsorgane haben wird. Auch Veränderungen der Deliktstruktur können, indem sie auf einen anderen Personenkreis von Opfern mit unterschiedlichem Anzeigeverhalten treffen, Auswirkungen auf die Kriminalitätsstatistik zeigen, ohne daß damit notwendigerweise eine tatsächliche quantitative und qualitative Veränderung erfolgen muß. Verlagern sich z. B. Aggresionshandlungen von Rockern gegenüber anderen Jugendlichen und Rockergruppen auf ältere Passanten, so tritt eher instanzielle Strafverfolgung an die Stelle einer informellen und nicht registrierten Konfliktregelung.

1.2. Die Opferperspektive in Rechtsprechung und Wissenschaft

Die Geschichte der Viktimologie als kriminologischer Teildisziplin ist relativ kurz, obgleich dem Opfer bei der Strafverfolgung früher die entscheidende Bedeutung zukam. Dennoch handelt es sich um keine universelle bzw. selbstverständliche Grundkategorie; die Vorgeschichte des Rechts kennt keine differenzierte Bewertung von Täter und Opfer: „Es ist ein durchaus fortgeschrittener Gedanke, daß es ‚böse' Taten gibt, die von Menschen zu verhängende und zu vollstreckende Strafen nach sich ziehen. Die Strafe als Reaktion der verletzten Allgemeinheit ist primitiven Zuständen unbekannt. Hier gilt nur das private Vergeltungsprinzip des Opfers" (Amelunxen 1970, S. 11). Der Kriminologe Schafer (1968) hat die historische Periode, in der die Strafverfolgung als Privatangelegenheit betrachtet wurde, als „goldenes Zeitalter des Opfers" bezeichnet. So lag bei den Germanen (aber auch noch in zahlreichen rezenten Kulturen; vgl. zusammenfassend Steinmetz 1928) die Strafverfolgung ausschließlich in der Hand des Verletzten und seiner Sippe. Rache und Blutrache gegenüber dem Missetäter und seinen Angehörigen war Bestandteil der Rechtsordnung. Bereits das Talionsprinzip bedeutete aber eine erste Einschränkung der Rachebedürfnisse der Opfer, indem es die Vergeltung begrenzte. Zu Beginn der Neuzeit und noch bis ins 19. Jh. hinein wurde teilweise noch härter bestraft, wenn z. B. Diebe gehängt wurden.

Aus der Einbeziehung der Sippen von Tätern und Opfern in ein System von Vergeltung und Gegen-Vergeltung resultieren verheerende Auswirkungen, wie sie sich noch in neuerer Zeit in bestimmten Gegenden Südeuropas, im Balkan oder im Orient zeigen, wo ganze Großfamilien und Dorfgemeinschaften ausgerottet werden. Vermutlich haben diese Konsequenzen im Laufe der Zeit dazu geführt, Rache durch Sühneleistungen zu ersetzen (Jacob 1977, S. 215 ff.). Dazu wurden Sühneverträge abgeschlossen; ursprünglich nur zwischen den Parteien, später unter Einbeziehung von Gerichten, wobei das Verfahren aber nur auf die Klage des Verletzten hin eingeleitet wurde. Der Zweck dieses Sühnevertrags bestand darin, eine Aussöhnung der Parteien zu erreichen, wobei von den Beklagten mehr oder weniger große Leistungen in Sach- und Vermögenswerten (z. B. Waffen, Vieh) zu leisten waren. Die Wiedergutmachung galt sowohl als Mittel der Strafe wie auch als Weg der Erlangung von Entschädigung. Auch in vielen nicht-europäischen Gesellschaften galt (bzw. gilt noch) eine stärkere Orientierung an den Interessen des Opfers. So wird in Nigeria heute noch die Nichtentschädigung des Opfers als kolonialistisches Erbe kritisiert (Oloruntimehin). In den Gesetzen der Babylonier (Codex Hammurabi), der Hebräer (mosaiische Gesetze), der Griechen (Solon) und der Römer (Zwölftafelgesetz) ebenso wie bei den Germanen waren die entsprechenden

Leistungen festgelegt. So findet sich im Salfränkischen Gesetz der Merowinger aus dem 6. Jahrhundert ein umfangreicher Katalog fester Bußen für Tötungsdelikte, Körperverletzungen, Diebstähle und andere Straftaten. ECKHARDT (1955) nennt hier folgende Beispiele (zit. nach PFEIFFER 1984, S. 9): „Wenn jemand einen anderen Buhlknaben nannte, schuldete er 600 Pfennige — die Schimpfwörter ‚Fuchs' und ‚Hase' kosteten gleichermaßen 120 Pfennige". Für Totschlag war die Sühne natürlich wesentlich höher: „Wenn einer einen freien Franken oder sonstigen Germanen, der nach Salfränkischem Gesetz lebt, tötet, werde er, dem es nachgewiesen wird — gerichtlich ‚Manngeld' genannt — 8000 Pfennige, die machen 200 Schillinge zu schulden verurteilt". Dabei wog nicht jedes Menschenleben gleichviel; für einen Grafen war die dreifache Summe zu entrichten, ebenso für einen Knaben im Vergleich zu einem Mädchen. Deutlich waren vor allem Unterschiede in Abhängigkeit von der sozialen Stellung des Opfers; vor allem zuwischen Freien und Unfreien. Letztere wurden rechtlich nicht als Personen, sondern als Sachen behandelt.

Nach der „Constitutio Criminalis Carolina" von 1532 durften „fahrende Weiber" ungestraft vergewaltigt werden (erst im Reichsstrafgesetzbuch von 1871 wurde die Voraussetzung der Unbescholtenheit beseitigt). Überdurchschnittlich opferanfällige Gruppen wie Bader, Müller, Schmiede, Henker, Abdecker, Gaukler und Vaganten wurden vom Strafrecht nicht geschützt. Sie konnten selbst nicht klagen und durften vielfach ohne Buße oder lediglich für eine Spottbuße beleidigt, geschlagen, verletzt, vergewaltigt oder sogar getötet werden. Dagegen löste der geringste Anlaß zum Streit durch derartige Personen massive legale Gegenangriffe aus, die selbst das überkommene Talionsprinzip überboten, auch dann, wenn der Anlaß nur auf Fahrlässigkeit oder Zufall beruhte (AMELUNXEN 1970, S. 14 f.). Die Sonderstellung von Badern, Schmieden, Gauklern oder Henkern hing damit zusammen, daß ihre Berufe — vielfach nicht mehr bewußt — als ehemals sakrale Funktionen der alten heidnischen Religion aufgefaßt wurden: „Es läuft im Volksglauben eine direkte Verbindungslinie zu Berufen, die mit tellurischen Kräften, mit Wasser, Erde, Feuer, Luft und gar mit dem Tode befaßt sind. Wer solche Tätigkeiten ausübt, gilt dem etablierten Glauben als verdächtig, auch wenn er persönlich nicht mehr das Geringste mit Götzendienst und Teufelskult zu schaffen hat. So sind diese unglücklichen Menschen in hohem Maße kriminellen Angriffen ausgesetzt" (AMELUNXEN 1970, S. 15).

Manche opferanfällige Gruppen stoßen auch heute noch in Teilen der Öffentlichkeit auf wenig Verständnis, wenn sie von Straftaten betroffen sind. Einige Täter leiten aus Merkmalen und Tätigkeiten ihrer Opfer sogar Rechtfertigungen für die Begehung von Straftaten her. Bestimmte Jugendliche finden es z. B. als legitim, Homosexuelle zu bestehlen oder Prostituierte zu schädigen (REDL/WINEMAN 1970). „Es sieht ganz so aus, als ob die Einstellung der

Gesellschaft gegenüber Angehörigen sozial stigmatisierter Gruppen und die Möglichkeit, sie herabwürdigen und demütigen zu können, ein wichtiger Faktor für die Wahl als Opfer eines Verbrechens und, was den Täter angeht, für seine Befreiung von Schuldgefühlen und Gewissensbissen darstellt" (FATTAH 1979, S. 192).

Ausschlaggebend für die mittelalterliche Bestrafung von Taten gegenüber Unfreien war der Eigentumsaspekt. Diebstahl, Verkauf, Freilassung und Tötung eines fremden Knechtes wurden nach dem Salfränkischen Gesetz einheitlich mit derselben Buße von 1400 Pfennigen belegt — entscheidend war allein der Vermögensverlust für den Besitzer.

Regelungen, wonach Tötungen, Körperverletzungen, Eigentumsverletzungen oder Beleidigungen mit der Zahlung von Geld aufgewogen werden, bergen die Gefahr in sich, daß das Opfer versucht ist, aus der Straftat einen materiellen Gewinn zu ziehen (oder sogar bewußt provoziert, um so größere Vorteile zu erlangen). Im alemannischen Landrecht findet sich daher folgende Bestimmung zum Schutz vor als unbillig empfundenen Forderungen der Hinterbliebenen des Opfers: „Wenn ein fremder Hund einen Mann getötet hat, soll dessen Eigentümer den Hinterbliebenen das halbe Wergeld auszahlen. Verlangt die Familie des Getöteten das ganze Wergeld, so muß ihr dies zwar gewährt werden, aber nur unter der Bedingung, daß alle Zugänge des Hauses bis auf einen abgeschlossen werden, daß sie allezeit durch dieses eine Tor ein- und ausgehen, und daß über dieser Schwelle der fremde Hund in einer Höhe von neun Fuß aufgehängt werde und aufgehängt bleibe, bis daß er ganz verfault und seine Knochen stückweise herabfallen. Würden die Bewohner des Hauses den toten Hund wegzuschaffen oder durch eine andere Türe einzugehen versuchen, so sollen sie auch des bereits empfangenen halben Wergeldes verlustig gehen und jeden weiteren Anspruch verlieren" (zit. nach v. SCHEFFEL, o.J., S. 436).

In der zu Ende des Hochmittelalters zusammengestellten Rechtssammlung des Sachsenspiegels wird das Problem des unechten Opfers erkannt: „Nach dem Recht der Zipser Sachsen kann das Opfer Schläge und Wunden nur bis zum Morgen des folgenden Tages einklagen — weil sonst wohl die Beweisschwierigkeiten zu groß werden" (AMELUNXEN 1970, S. 14). Das provozierende Opfer genoß allgemein wenig Schutz, denn die Grenzen der Notwehr waren weit gespannt. Die Straftaten Unfreier wurden auch nicht — wie bei den Freien — regelmäßig mit Geldbußen, sondern in erster Linie mit Schlägen, körperlichen Verstümmelungen und dem Tode bestraft, den sogenannten peinlichen Strafen" (PFEIFFER 1984, S. 9).

Ungeachtet der aus heutiger Sicht zu kritisierenden statusabhängigen Bestrafung muß der Wert derartiger Regelungen darin gesehen werden, daß Rache und Fehde zurückgedrängt wurden (SCHMIDT 1965, S. 24 f.) und sich mehr und mehr die Auffassung durchsetze, daß die Ahndung von Straftaten nicht dem einzelnen überlassen bleiben könne, sondern daß eine geordnete Strafverfolgung im Interesse der Gesellschaft und besonders der Obrigkeit liegt. Gleichzeitig mit der Entstehung der öffentlich-rechtlichen Behandlung von Verbrechen und Strafe läßt sich aber ein Vordringen der „peinlichen" Strafen beobachten (SCHMIDT 1965, S. 25 ff.; MORTIMER 1976; BARRING 1980; PFEIFFER 1984, S. 9). Zwar kommen auch unter sog. „einfachen" gesellschaftlichen Verhältnissen, z. B. in schriftlosen rezenten Kulturen, Hinrichtungen und grausame Körperstrafen vor (vgl. bes. STEINMETZ 1928), doch wurde die Vollstreckung der Todesstrafe als Opferung aufgefaßt, um den Zorn der Götter über die Missetat und die Störung der Weltordnung zu besänftigen (AMELUNXEN 1970, S. 11). Besonders gut läßt dies am Beispiel der Bestrafung von Inzest belegen: In vielen Kulturen galt diese Tat nicht aufgrund ihrer vordergründigen Sozialschädlichkeit (erbbiologische Schädigungen des Nachwuchses; Gefährdung der Binnenstabilität der Familie u.a.m.) als verwerflich, sondern weil dadurch eine angeblich „natürliche" Ordnung gestört würde (wobei die gesamte Gruppe als Opfer galt). Häufig wurden die Täter deshalb auch nicht bloß hingerichtet, sondern auf eine besondere Verfahrensweise, die mehr mit einer magisch-kultischen Handlung als mit einer Bestrafung zutun hatte, vom Leben zum Tod befördert (vgl. zusammenfassend v. HENTIG 1958; MORTIMER 1976).

Zurück zur europäischen Rechtsgeschichte: Der Zerfall der gesellschaftlichen Strukturen am Ausgang des Mittelalters trug zur Entstehung eines organisierten Berufsverbrechertums (Raubritter), aber auch zur Verelendung breiter gesellschaftlicher Gruppen bei, die vielfach zu Delinquenten oder sozialschädlichen Personen wurden — vor allem in den Städten. Die Reaktion darauf war die Entwicklung eines drakonischen Strafrechts; Todesstrafe und Verstümmelung für einen Diebstahl waren keine Seltenheit und die Rechte der Beschuldigten bestanden allenfalls nur noch auf dem Papier (vgl. KUNZE 1982, S. 400 ff.; SCHACHTNER 1982, S. 44 ff.). Bußen zugunsten der Geschädigten wurden weitgehend durch grausame Strafen an Leib und Leben abgelöst. Andererseits erhöht sich der Schutz für reale und potentielle Opfer und es entsteht mehr Gleichheit, da es nun nicht länger ausschließlich von der Macht des einzelnen Opfers abhängt, ob und in welcher Höhe es Genugtuung erhält bzw. der staatliche Strafanspruch im Laufe der Zeit in seiner Abschreckungswirkung auch machtlosen Opfern zugute kommt.

Da für die Überführung eines Täters sein Geständnis erforderlich war und Indizienbeweise nicht anerkannt wurden, erhielt die „peinliche Befragung" (Folter) eine zentrale Bedeutung im Strafprozeß. Der Schutz und die Entschädigung des Opfers wurden überlagert durch eine eifrig betriebene Strafverfolgung, der auch viele Unschuldige zum Opfer fielen. SCHMIDT (1965,

S. 67) versteht dies als Hinweis darauf, daß das Ausmaß der Härte und Grausamkeit der Strafrechtspflege Zeichen politischer Schwäche sind.

Die 1532 erlassene „Constitutio Cirminalis Carolina“, die peinliche Halsgerichtsordnung Kaiser Karl V., hielt zwar an der Privatklage als der üblichen Form der Verfahrenseinleitung fest, doch war diese mit Risiken für den Kläger behaftet (so konnte er im Falle einer Verhaftung des Beklagten ebenfalls in Haft genommen werden, wenn er diesem keine Sicherheiten leisten konnte), so daß sich bald das „Annehmen der Übeltäter von Obrigkeit und Amts wegen (Art. 6-10) durchsetzte (Radbruch 1967, S. 15 f., Schmidt 1965, S. 125 ff., zit. nach Pfeiffer 1984, S. 19). Nur noch gelegentlich (Art. 157, 158, 167, 142) wird eine Geldbuße an den Verletzten als Sanktion genannt (Radbruch 1967, S. 11), die Entschädigung des Opfers und die Wahrnehmung seiner Rechte waren kein staatliches Anliegen (Pfeiffer 1984, S. 10); um so mehr dagegen die Sicherung des öffentlichen Friedens, wobei das Interesse der Gesellschaft (bzw. der herrschenden Kreise) vor das Interesse des Opfers trat (Geldbußen waren häufig an den Staat oder den Souverän zu entrichten, nicht an den Geschädigten). Die Stellung des Schuldigen vor Gericht erfuhr im Vergleich zum Mittelalter und der Zeit davor eine deutliche Schwächung (Roxin 1982, S. 368 f.; Radbruch 1967, S. 16). Da nach wie vor das Geständnis als wichtiges Beweismittel galt, wurde weiter gefoltert (das „humanitäre“ Verdienst der Carolina bestand darin, daß der willkürliche Gebrauch eingeschränkt wurde, was aber in der Realität entweder nicht beachtet oder — wie bei den Hexenprozessen — umgangen wurde (vgl. Döbler 1979, S. 116 f.).

Grundlegende Änderungen zugunsten des Beklagten setzten erst mit der beginnenden Aufklärung ein (v. Spee, Thomasius, Voltaire, Beccaria; Abschaffung der Folter in Preußen durch Friedrich II (1740)). Die napoleonische Strafprozeßordnung von 1808 und die Reichsstrafprozeßordnung von 1877 bedeuteten eine weitere Verbesserung zugunsten des Beschuldigten, der somit seit dem Beginn der Neuzeit vom Objekt des Inquisitionsprozesses zum Subjekt des Strafverfahrens geworden war (Pfeiffer 1984, S. 10).

Der in der Mitte des 18. Jh. beginnende Aufstieg der Kriminologie (vgl. zusammenfassend Lamnek 1983) ist vor allem durch das Interesse an der Täterpersönlichkeit und der sozialen Bedingtheit der Verbrechensbegehung charakterisiert; das Opfer erschien dagegen als (mehr oder weniger wichtige) Randgröße. Die Vernachlässigung des Opfers dauerte — (vielleicht abgesehen von der nationalsozialistischen Ära, in der die Interessen des Opfers aber real auch nicht stärker berücksichtigt wurden) bis nach dem II. Weltkrieg an, wobei in Deutschland — im Unterschied zur angelsächsischen Kriminologie und Kriminalsoziologie — psychologische und biologische Ansätze dominierten.

Viktimologische Themen etwa seit der Jahrhundertwende, waren u. a. die Wechselbeziehungen zwischen Tätern und Opfern (z. B. Milovanovic), das

„schuldige Opfer (z. B. Männer als Opfer von Kindern, MARCUSE 1914) bzw. die Mitwirkung des Opfers (z. B. beim Betrug; GROSS 1901, S. 67), die Kriminalität im sozialen Nahraum und der Schutz des Täters durch das Opfer (z. B. beim Inzest; ROHLEDER 1917, MARCUSE 1914), die Suche nach kriminogenen Faktoren beim Opfer und die Erstellung erster Typologien. In der Frühzeit der Viktimologie überwog dabei das Interesse an schweren Straftaten.

Erst Ende der 50er Jahre begann der eigentliche Aufstieg der Viktimologie. Der Terminus geht auf WERTHAM (1948) zurück; anderen Angaben zufolge wurde er von MENDELSOHN (1947) eingeführt, während SCHNEIDER (1975, S. 21) erwähnt, daß v. HENTIG ihn bereits 1934 gebraucht habe. Das 1948 erschienene Werk des deutschen Kriminologen v. HENTIG „The Criminal and his Victim" gilt als Meilenstein der weiteren Entwicklung. Das Opfer erschien nun nicht länger als passives Objekt, sondern als aktives Subjekt, als maßgebliche Kraft des Umfelds, die die Tatbegehung provoziert oder zumindest erleichtert. Auch in den Lehrbüchern von EXNER (1949) und SEELIG (1963) wurde das Opfer als spezifische Ursache der Straftat aufgefaßt. ELLENBERGER (1954) ging besonders den Wechselbeziehungen zwischen den Eigenschaften von Opfern und Tätern nach. Weitere wichtige Beiträge zu opfertypischen Eigenschaften, zur Täter-Opfer-Beziehung kamen aus dem Ausland z. B. von NAGEL (1963), SCHAFER (1968), GLASER (1970), FATTAH (1971) und RECKLESS (1973), für den deutschen Sprachraum sind vor allem die Arbeiten von SCHULTZ (1956), PAASCH (1965), SCHNEIDER (1975, 1979), AMELUNXEN (1970), EISENBERG (1971), STEPHAN (1976, 1980), KIRCHHOFF/SESSAR (1979) WEIS (1982) oder JANSSEN/KERNER (1985) zu erwähnen. Aus dieser langen Liste läßt sich für die gegenwärtige Situation herleiten: „Man kann heute behaupten, daß die Viktimologie nicht mehr in den Kinderschuhen steckt. Sie hat sich, von Wissenschaftlern und Praktikern vieler Länder betrieben und gefördert, als eine angesehene Teildisziplin der Kriminologie etabliert" (AMELUNXEN 1970, S. 36).

Neben den auch in der Viktimologie führenden Amerikanern verdienen die Arbeiten japanischer Forscher besondere Beachtung (vgl. z. B. IZUMIYA 1974, SHIGIMORI 1974, MIYAZAWA 1973; zusammenfassend MIYAZAWA 1970, 1974). Die Niederlande, Großbritannien und Kanada sind weitere Länder, in denen die Viktimologie eine gewisse Forschungstradition aufweist. Bedeutsame Anstöße für die Entwicklung der Viktimologie gingen von den seit 1973 veranstalteten Symposien (1973: Jerusalem; 1976: Boston; 1979: Münster; 1982: Tokio und Kyoto) aus. Der 1976 zum erstenmal erschienenen Zeitschrift „Victimology" kann ebenfalls ein wichtiger Anteil am Fortschritt dieser jungen Disziplin zugeschrieben werden.

Demgegenüber scheinen die Bemühungen zur Verbesserung der Situation von Verbrechensopfern etwas hinterherzuhinken. Es dauerte lange, bis ein Anspruch des Opfers auf staatliche Fürsorge tiefer ins öffentliche Bewußtsein eingedrungen war. Insbesondere in der Zeit nach 1945, als es in Deutschland vornehmlich darum ging, das Vertrauen in die Rechtsprechung und in ein faires Verfahren für den Angeklagten wiederherzustellen und daher eine (verständliche) Konzentration auf den Täter und seine Rechte festzustellen war, hat man dem Opfer zunächst weniger Beachtung geschenkt. Dem auch in der Bundesrepublik bemerkenswerten quantitativen und qualitativen Aufschwung der Viktimologie stehen nur zögernd einsetzende gesetzgeberische Initiativen zur Verbesserung der Stellung des Opfers gegenüber (vgl. 5.4.). Dies ist um so bedauerlicher, als es längst zu einer Konsolidierung des Rechtswesens gekommen ist, was als wichtige Voraussetzung für eine Verbesserung der Opfersituation nach der Tat gelten kann: „Es scheint so zu sein, daß ein unbefangenes Nachdenken über die Stellung des Opfers erst möglich ist auf der Grundlage gesicherter Rechtstaatlichkeit, daß das Bemühen, die Rechte des Opfers auch gegenüber dem Täter durchzusetzen, erst dann von jedem falschen Verdacht befreit ist, wenn das faire Verfahren für den Beschuldigten selbstverstänldich geworden ist" (PFEIFFER 1984, S. 10).

PFEIFFER sieht die Annahme eines Zusammenhangs zwischen dem Ausbau der Rechtstaatlichkeit und der Aufgeschlossenheit für die Belange der Opfer durch die Entwicklung in solchen Ländern bestätigt, deren Weg zur Rechtsstaatlichkeit keine Brüche aufweist. So wurde das erste Opferentschädigungsgesetz 1963 in Neuseeland erlassen; wenig später folgten Großbritannien, einzelne Bundesstaaten bzw. Provinzen in den USA und Kanada, Australien und Österreich. In der Bundesrepublik Deutschland wurde im Mai 1976 ein Opferentschädigungsgesetz (OEG) verabschiedet, das in mancher Hinsicht ergänzungsbedürftig erscheint (vgl. 5.2.1.).

Auch der Opferschutz vor Gericht ist im Ausland in vieler Hinsicht umfassender. Von bestimmten Ausnahmen abgesehen (z. B. Kreuzverhör) gilt der Opferschutz in den USA als vorbildlich (vgl. dazu 5.2.2.), doch hat auch hierzulande ein Umdenkungsprozeß eingesetzt, allerdings offenbar mehr bei Polizei und Justiz als in der Öffentlichkeit. Neben Mitgefühl und Mitleid läßt sich verschiedentlich ein gewisses Maß an Gleichgültigkeit und Desinteresse, wenn nicht gar Schadenfreude, Spott und Vorurteilen gegenüber Opfern in den Medien und in Teilen der Bevölkerung feststellen.

Wie auch in anderen kriminologisch relevanten Sachverhalten sind in der Viktimologie die deliktspezifischen Unterschiede, die Situation des Opfers, seine Persönlichkeit, die Opfer-Täter-Beziehung, der Tatbeitrag des Opfers u.a.m. zu berücksichtigen. Empirische Untersuchungen stimmen darin überein, daß der einem kollektiven Opfer (z. B. Kaufhauskonzern) zugefügte Schaden als weniger schwerwiegend angesehen wird als die Schädigung eines personalen Opfers: Schadenshöhe und die soziale Stellung des Opfers, aber auch die Täterpersönlichkeit sind weitere wichtige Größen. Unabhängig von solchen notwendigen Differenzierungen scheint es aber eine generelle und eher ambivalente Einstellung zu den Opfern von Straftaten — im Unterschied etwa zu solchen von Naturkatastrophen — zu geben. So kann durch Identifikation mit dem Opfer Mitgefühl und Hilfsbereitschaft auftreten, aber auch eine Distanzierung einsetzen. Diese beruht zum einen auf Angstabwehr, wenn man etwa von einem schrecklichen Verbrechen in der näheren Umgebung erfährt, zum anderen auf der Ablehnung des Opfers, das dem kulturellen Leitbild einer aktiven und erfolgreichen Persönlichkeit nicht entsprochen hat (vgl. 3.4.5.). Man wird — dissonanztheoretisch erklär- und verstehbar — nach Gründen suchen, warum der betreffenden Person so etwas passieren mußte und warum einem selbst dies nicht geschehen kann. Erklärungen, die wesentlich auf Schuldzuweisungen an das Opfer rekurrieren, tragen zur eigenen Beruhigung bei. Hierfür einige aus dem Straftatbestand der Vergewaltigung stammende Beispiele solch „haarsträubender" (WIESENDANGER 1984, S. 64) Mythen (vgl. auch WEIS 1982):

— „Die meisten Frauen provozieren ihre Vergewaltigung."
  Dagegen steht: Die allermeisten Vergewaltigungsopfer kleideten und benahmen sich nicht anders als diejenigen, die verschont geblieben sind.
— „Keine Frau kann gegen ihren Willen vergewaltigt werden."
  Dagegen: Eine sich wehrende Frau kann einen überlegenen Angreifer vielleicht einige Minuten abwehren, nicht aber einen längeren Kampf bestehen. Bei mehrerern Tätern ist dies nahezu unmöglich. Weiterhin wird häufig mit schwerster Gewaltanwendung gedroht, so daß eine aktive Gegenwehr lebensgefährlich erscheint.
— „Im Grunde steckt in jeder Frau ein geheimer Wunsch nach Vergewaltigung." Diese These beruht u. a. auf entsprechenden Sexualphantasien und geäußerten Träumen einer Minderheit von Frauen.
  Dagegen: „Soweit überhaupt Vergewaltigungsträume berichtet werden, klingen sie eher nach Alpträumen, voller Ängste und Bedrohung, weit davon entfernt, höchstes Ziel drängenden Verlangens zu sein" (WIESENDANGER 1984, S. 66). Sexuell stark gehemmten Frauen mit intensiven Schuldgefühlen mag eine Vergewaltigungsphantasie als Möglichkeit erscheinen, Sexualität doch erleben zu können, ohne gegen ein verinnerlichtes Über-Ich zu verstoßen, da die Verantwortung ja abgegeben werden kann. Eine derartige Entlastungsfunktion der Phantasie erlaubt jedoch keine Schlußfolgerungen auf geheime, aber reale Wünsche.

Gleichgültigkeit gegenüber Verbrechensopfern manifestiert sich auch in den zahlreichen Beispielen unterlassener Hilfeleistung (vgl. zusammenfassend LÜCK 1975, S. 92): Traurige Berühmtheit hat der Mord an Kitty Genovese, einer jungen Frau erlangt, die 1964 in New York auf offener Straße erstochen wurde, ohne daß einer der mindestens 38 Zeugen, die die Tat beobachtet hatten, eingegriffen hätte. Gleichgültigkeit manifestiert sich aber auch in den vielen nicht gemeldeten Fällen von Kindesmißhandlungen (vgl. 3.2.1.3.) oder auch unterlassenen Hilfeleistungen bei Unglücksopfern:

Fallbeispiel 1:

„München, Weltstadt ohne Herz? 30 Minuten lag ein Schwerverletzter auf einer belebten Straße am Gehsteig. Aber keiner nahm Notiz. Als endlich ein Busfahrer die Rettungsleitstelle alarmierte, war der Mann bereits tot... Achtlos gingen die Passanten auf der belebten Hansastraße vorbei ...“ (tz, 12.2.85)

Auch im folgenden Beispiel handelt es sich um kein Verbrechen, doch sind die Opfer von Straftaten von der „vornehmen Zurückhaltung“ der Passanten genauso betroffen:

Fallbeispiel 2:

„Bei Hamburg ertrank ein dreijähriges Mädchen in einem Teich. Ihr Freund, kaum älter als sie, hatte vergeblich vorüberkommende Fußgänger um Hilfe angefleht. Alle gingen weiter“. (NEUE REVUE 22/1985, S. 3)

Über die Ursachen dieser Gleichgültigkeit ist viel geschrieben worden. Die Gründe werden in der zunehmenden Anonymisierung gesehen, im Wunsch nach Privatheit, in der Angst vor Schwierigkeiten (z. B. als Zeuge), der Angst vor Zeitverlust, der Beschäftigung mit eigenen Problemen, Abstumpfung usw. Mitunter spielt aber auch die Angst vor einer eventuellen Viktimisierung eine Rolle (vgl. Fallbeispiel 63). Hier ist auch auf die allgemein geringe Bereitschaft hinzuweisen, sich als Zeuge zur Verfügung zu stellen oder Anzeige zu erstatten, besonders wenn man selbst nicht unmittelbar betroffen ist (vgl. hierzu MERTESDORF 1973). Im Zusammenhang mit den Tatzeugen und der sekundären Viktimisierung werden wir auf dieses Problem noch eingehen (Abschnitt 4.1.7. und 4.2.).

Neben der geschilderten gibt es noch eine weniger dramatische, doch für die Betroffenen nicht minder schmerzliche Art der Gleichgültigkeit, die in scharfem Gegensatz steht zu (besonders im Zusammenhang mit aufsehenerregenden Straftaten) verbal geäußerten Solidaritäts- und Mitleidsbekundungen für die Opfer. Auf lange Sicht und im Alltag bleiben aufgrund der Straftat behinderte Opfer (wie auch andere Behinderte) sich oft selbst überlassen, wenn etwa reservierte Behindertenparkplätze von rücksichtslosen Verkehrsteilnehmern belegt werden.

1.3. Viktimologie, Soziologie des Opfers und angrenzende Wissenschaften

Sowohl thematisch als auch historisch bedingt ist die Viktimologie eine interdisziplinäre (Teil-) Wissenschaft. Wichtige Beiträge kommen aus der Rechtsgeschichte, aus der Strafrechtswissenschaft, aus der (forensischen) Psychologie und Psychiatrie, aus der Biologie, der Medizin, aus der Kriminologie und der Kriminalsoziologie. All diese Disziplinen können ebenso zur Weiterentwicklung der Viktimologie beitragen wie sich viktimologische Erkenntnisse für die anderen Wissenschaften als nützlich erweisen können. So kann z. B. die Strafrechtswissenschaft für folgende Fragestellungen von der Viktimologie profitieren (vgl. ARZT 1984, S. 106):

- Gewichtung von Straftaten (Schwereinschätzung von Delikten);
- Präzisierung von Straftaten und Rechtsgütern durch eine genaue Umschreibung der Verluste bei den Opfern;
- Strafzumessung in Abhängigkeit vom Opfermitverschulden (vgl. auch MAECK 1983);
- Konsequenzen für die Ausgestaltung des Strafprozeßrechts (zur Minimierung der sekundären Viktimisierung);
- Konsequenzen für die Strafrechtsdogmatik (z. B. Klärung des Verhältnisses von strafrechtlichem Schutz und Selbstverantwortungsprinzip, etwa im Einzelhandel).

Andere Berührungspunkte mit der Rechtswissenschaft wären die Klärung, zu wessen Lasten ein verbesserter Opferschutz zu gehen hat und wieviel das Opfer selbst leisten muß, oder die Frage, inwieweit sich viktimologische Ergebnisse für die Resozialisierung des Täters nutzbar machen lassen. Auch zu den anderen Disziplinen lassen sich unschwer gemeinsame Problemfelder und gegenseitige Befruchtungschancen finden. Ebenso wie aber die faktororientierte Kriminologie an ihre Grenzen gestoßen ist, zeichnen sich die Grenzen einer faktororientierten Viktimologie ab (NAGEL 1963). Es wäre auch verfehlt, aus Profilierungsgründen die Viktimologie als selbständige Teildisziplin zu isolieren, würde doch damit der in den letzten Jahren in der Kriminologie erreichte Erkenntnisfortschritt in Frage gestellt werden. Zu Recht betont NAGEL (1979, S. 64), daß es sich bei der Viktimologie um mehr als einen Teilbereich handle. Durch die Einbeziehung der viktimologischen Perspektive erhielte die Kriminologie eine neue Struktur und werde auf ein höheres wissenschaftliches Niveau gehoben.

Viktimologisch arbeitende Forscher sollten sich auch darüber Gedanken machen, inwieweit ihre Beiträge für andere Wissenschaften theoretisch und praktisch verwertbar sind. Bezogen auf das Strafrecht stellt ARZT (1984, S. 108) fest, daß konkrete Ausführungen, inwieweit sich viktimologische Erkenntnisse kriminalpolitsch und strafrechtlich anwenden ließen — im Unterschied zu diesbezüglichen Ankündigungen — rar sind.

Im folgenden werden wir uns vor allem mit dem Verhältnis zwischen Viktimologie und Soziologie bzw. der viktimologischen Perspektive in der Kriminalsoziologie beschäftigen und dabei auch begründen, inwiefern sich Viktimologie und eine „Soziologie des Opfers" voneinander unterscheiden. Dazu wollen wir zunächst den Opferbegriff eingehender analysieren.

1.3.1. Opferdefinition im weiteren und im engeren Sinn

Der Begriff der Viktimologie leitet sich vom lateinischen Wort „victima" (= Opfer) her, das zwei unterschiedliche Bedeutungen aufweist. Erstens bezieht es sich auf eine in einem religiös-rituellen Verfahren einer Gottheit dargebrachte Gabe. (Wenn diese Bedeutung auch einen Zusammenhang zum Opfer im Sinne des Verbrechensopfers aufweist, wie es sich z. B. bei der Hinrichtung von Rechtsbrechern zeigen läßt (vgl. AMELUNXEN 1970, S. 10) wollen wir doch darauf nicht weiter eingehen, weil dieser Begriff für die moderne Viktimologie keine Relevanz besitzt. Zweitens meint der Begriff eine Person, Gruppe, Organisation oder Ordnung (z. B. moralische Ordnung, Rechtsordnung), die durch das Verhalten anderer gefährdet, verletzt oder zerstört wird (vgl. dazu SCHNEIDER 1979, S. 10), ähnlich v. HENTIG 1948, S. 488; PAASCH 1965, S. 51; AMELUNXEN 1970, S. 49; NAGEL 1959). Diese letzte Definition erfaßt Opfer im weiteren Sinn.

Die genannten Definitionen lassen (wie auch weitere) erkennen, daß Opfer nicht auf natürliche Personen beschränkt sind. Andere Autoren (LERNELL (1973), SCHÜLERT 1965, S. 120) fassen dagegen als „Opfer" nur durch Verletzung eines Rechtsguts zu Schaden gekommene Personen auf (ebenso MENDELSOHN (1965, S. 97; 103, 108 ff.) oder MIYAZAWA (1970)), doch sind für letztere auch solche Personen als Opfer zu betrachten, die nicht durch die Intervention Dritter geschädigt wurden, also z. B. Unfall- oder Katastrophenopfer. Zwischen den verschiedenen Opferbegriffen besteht demnach nur eine partielle Übereinstimmung; Opfer im Sinne von SCHNEIDER müssen nicht unbedingt Opfer im Sinne von MENDELSOHN sein — und umgekehrt. Gemeinsam ist beiden Definitionen aber, daß sich ein Opfer nicht als solches fühlen muß. Jemand, der irrtümlich annimmt, er habe seine, ihm unbemerkt gestohlene Geldbörse verloren, ist sowohl nach SCHNEIDER als auch nach MENDELSOHN (und auch nach den meisten anderen Definitionen) ein Opfer. Entsprechendes gilt für Opfer eines Okkultbetrugs, die davon ausgehen, für ihren Beitrag als reelle Gegenleistung den Kontakt mit einem verstorbenen Angehörigen zu bekommen.

Derartige Beispiele machen deutlich, wie wichtig es ist, zwischen subjektivem und objektivem Schaden zu unterscheiden und daß eine Beschränkung auf eine Schadensart allein problematisch ist. Wie die nachfolgende Abbildung zeigt, können analytisch-abstrakt aber auch realiter durchaus Divergenzen auftreten:

Abbildung 1: Kombinationsmöglichkeiten von objektivem und subjektivem Schaden

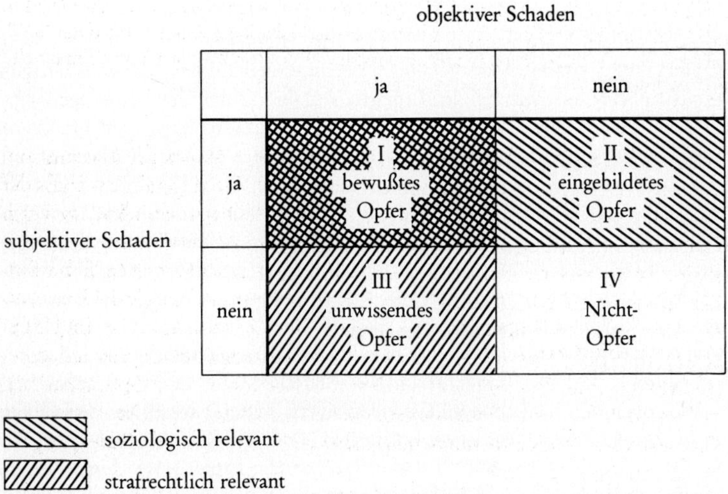

Unproblematisch sind die konkordanten Felder I und IV, d. h. die Fälle, wo jemand objektiv und subjektiv Opfer oder Nicht-Opfer ist. Im Falle einer nur subjektiven Opferdefinition (z. B. ein Paranoiker fühlt sich von einer anderen Person bedroht), gehen die aus dem Strafrecht kommenden Opferdefinitionen von einem „eingebildeten" bzw. „unechten" oder „falschen" Opfer aus. Die Eigendefinition der Person – für einen *verstehenden* Soziologen eine entscheidende Größe – ist hier irrelevant. Da wir eine subjektive Perspektive für die Soziologie des Opfers als unverzichtbar ansehen, sind wir gezwungen, den strafrechtlichen Opferbegriff zu erweitern, was zu nicht unproblematischen Konsequenzen führt (s. u.). Noch schwieriger scheint der Fall, wenn eine

Person im strafrechlichen Sinn Opfer ist, sich aber nicht als solches definiert. Ein konsequenter Verfechter der verstehenden Perspektive müßte solche Personen ausschließen. Von einem raffinierten Betrüger hereingelegte, vor allem aber viele Fälle der „Weißen-Kragen-Kriminalität" mit „sich verflüchtigender Opfereigenschaft" (KAISER 1974, S. 382) und die dadurch Geschädigten blieben somit ausgespart. Dazu folgendes Beispiel:

Fallbeispiel 3:

„Fünf Jahre und vier Monate muß ein Autohändler aus Sulzbach-Rosenberg hinter Gitter. Der Grund: der 55jährige hatte in Österreich Krügerrand-Goldmünzen und einige Goldbarren im Wert von 15 Millionen Mark (ohne Mehrwertsteuer) gekauft und dann nach Deutschland geschmuggelt. Mit gefälschten Unterlagen bot er deutschen Banken die Münzen zum Kauf an. Niemand bemerkte den Schwindel. Beim Verkauf der Goldmünzen wurde die Mehrwertsteuer ausbezahlt, die der Autohändler für sich einstrich". (tz, 25.2.85)

Nur durch einen Zufall kam es im genannten Beispiel zu einer Entlarvung des Betrügers. Derartige — und vor allem noch weit schwerwiegendere — Fälle der Wirtschafts- oder Umweltkriminalität nur deshalb auszuschließen, weil sich (noch) niemand als Opfer fühlt, würde eine erhebliche Verkürzung der soziologischen Perspektive bedeuten. Da die Einwilligung des Opfers (z. B. bei Sittlichkeitsdelikten) die Opferqualität ausräumen kann, stellt sich die Frage, ob ein entsprechender Fall für die Soziologie des Opfers bedeutsam ist. Im Unterschied zum nicht bewußten Opfer (z. B. eines Betrugs) wurde hier jedoch — im Prinzip — die Opferqualität erkannt und bewußt auf den Opferstatus verzichtet, so daß derartige Fälle ausgeschlossen werden können. Die verstehende Perspektive ist somit eine notwendige, aber nicht hinreichende Bedingung für eine Soziologie des Opfers.

Wenn wir dennoch im folgenden Feld II der Übersicht (falsches oder eingebildetes Opfer) außer acht lassen, so geschieht dies aus rein pragmatischen Gründen, denn die Berücksichtigung der hier einzuordnenden Fälle würde doch eine erhebliche Ausweitung des Themas bedeuten, dem in viktimologischer Hinsicht kein entsprechender Erkenntniszuwachs zukäme. (Auch in anderen Zusammenhängen würde die Verwendung allein subjektiver Kriterien zu Schwierigkeiten führen: ein sich als jugendlich fühlender 40jähriger kommt kaum als Zielperson einer jugendsoziologischen Untersuchung in Betracht. Das Auseinanderklaffen von „subjektiver" und „objektiver" Zuordnung dürfte aber in vielen anderen Bereichen ein vergleichsweise geringes Problem sein. Die Soziologie des Opfers interessiert uns also vor allem in ihrer viktimologischen Relevanz. Die hier ausgeschlossenen, streng genommen zu einer Soziologie des Opfers gehörenden Fälle sind schon in anderen Disziplinen (z. B. Psychiatrie) behandelt worden.)

Es ist nicht unproblematisch, daß zahlreiche Kriminologen einen weiten Opferbegriff vertreten, der neben Personen, Gruppen und Organisationen auch Rechts- und Wertordnungen enthält. Die Berücksichtigung der Rechtsordnung als Opfer wird von Nagel (1979, S. 74 f.) wie folgt begründet: Unser Leben ist unser Eigeninteresse; dieses Interesse wird durch die Rechtsordnung gesichert. Die Garantie dafür, daß die Rechtsordnung dazu in der Lage ist, liegt in ihrer eigenen Unverwundbarkeit, wozu Strafrechtspflege einerseits und die Überzeugung der Rechtsgenossen von ihrer Integrität beitragen. „Ich habe ein Eigeninteresse, die Rechtsordnung hat dasselbe. Sie hat ihrerseits ein Eigeninteresse. Zusätzlich zu meinem konkreten Eigeninteresse habe ich ein Interesse an der Unverletztlichkeit der Rechtsordnung, der Garantin meines Interesses. Folglich versuche ich meinerseits, die Rechtsordnung mit meinen geringen Kräften selbst zu garantieren, worauf im Gegenzug sich wieder die Rechtsordnung verläßt und wozu sie mich verpflichtet. Kurz: Es gibt ein ausschließliches Privatinteresse, das die Rechtsordnung anerkennt und garantiert. Es gibt ein Eigeninteresse der Rechtsordnung. Das Individuum ist Anteilseigner, mit Rechten und Pflichten an diesem Interesse der Rechtsordnung."

Wie Schneider (1975, 1977, 1979) differenziert auch Amelunxen zwischen Einzelpersonen, menschlichen Kollektiven, vorgegebenen Ordnungen (z. B. Rechtsordnung, Wirtschaftsordnung, öffentliche Ordnung) und vorgestellten Gefühlen der Rechtsgemeinschaft (bei Gotteslästerung sind die Gefühle und nicht Gott das Opfer). Nagel (1958, 1959) faßt die drei letztgenannten Kategorien zusammen und stellt sie den natürlichen Personen gegenüber. Dagegen unterscheidet Fattah (1967) zwischen spezifischen Opfern (menschlichen Individuen, aber auch Organisationen einschließlich des Staates), latentspezifischen Opfern (ein bestimmtes Verhalten ist aufgrund seiner Gefährlichkeit mit Strafe bedroht, wie z. B. der Besitz von Waffen oder die Herstellung von Munition) und nicht-spezifischen Opfern (z. B. die Religion oder Volkssittlichkeit). Grundlage für diese Typologie ist also das Ausmaß der Spezifität des (potentiellen) Opfers.

Derartige Unterscheidungen lassen eine Vielzahl von Zuordnungsmöglichkeiten und Kombinationen erkennen. Bei einer Differenzierung in Personen, Organisationen, Rechts- und moralische Ordnungen sowohl auf der Täter- als auch auf der Opferseite ergibt sich Abbildung 2:

Abbildung 2: Täter-/Opfertypologie

Täter \ Opfer	Person	Organisation, Gruppe	Rechts- bzw. öffentl. Ordnung	moralische Ordnung
Person	Raub	Schwarz-fahren	Verstoß gegen StVO	Gottes-lästerung
Organisation, Gruppe	Angriffs-krieg	Annexion eines Staates	Propaganda für verbotene Partei	Propagierung sexuell abweichenden Verhaltens
Rechts- bzw. öffentl. Odnung	Diskriminierungs-gesetze	Verbot einer politischen Partei	Aufhebung geltender Gesetze	Bestrafung „moralischer" Verhaltensweisen (Antigone)
moralische Ordnung	informelle Mißachtung von Abweichern	Boykott von Organisationen	Aufruf zum zivilen Ungehorsam	Auseinandersetzung zwischen konkurrierenden ethischen Systemen

Da einige Felder dieser Tabelle mit kriminologisch relevanten Sachverhalten nichts mehr zu tun haben, ergeben sich Zweifel an der Brauchbarkeit dieses weiten Opferbegriffes, gegen den noch andere Gründe sprechen:
Bezieht man abstrakte Kollektive und deren Ordnungen (öffentliche Ordnung etc.) mit ein, so wird eine durch permanente Übertretungen im Laufe der Zeit relativierte Norm bzw. das sie formal noch stützende Kollektiv zum Opfer. Durch Aushöhlung eingeleitete Wandlungsprozesse erschienen als Störungen. Pseudo-Normen, d.h. Normen mit hohem Geltungsgrad, aber geringem Wirkungsgrad und geringer Sanktionsbereitschaft würden auf diese Weise zu vielen Verletzungen und damit zu vielen Opfern führen, obgleich es kaum Opfer gibt, die durch die Verletzung der Pseudo-Normen einen meßbaren Schaden erlitten haben (ein Beispiel für eine derartige Norm wäre das Verbot einer wahrnehmbaren Sonntagsarbeit, die weder mit Geruchs- noch mit Lärmbelästigung verbunden ist). Mag es gute Gründe für eine sich an der Rechtswissenschaft orientierende Viktimologie geben, an einem derart weiten Opferbegriff

festzuhalten, so ist die Einbeziehung von Pseudo-Normen in eine soziologische Opferdefinition doch fragwürdig. Günstiger erscheint es, Opfer auf Personen, Gruppen und Organisationen (z. B. Firmen) zu beschränken und Normen und Satzungen nur insoweit zu berücksichtigen, als deren Verletzung Schäden bei Personen, Gruppen und Organisationen hinterläßt.

Für einen eingeschränkten Opferbegriff spricht auch die sonst kaum lösbare Frage der Schadenshöhe und der Schadenszurechnung. Wer hat einen wie großen Schaden davon, wenn jemand am Sonntag einer von außen wahrnehmbaren Arbeit nachgeht, die weder Geruch ncoh Lärm verursacht? Wie groß ist der Schaden, wenn ein Autofahrer auf einer leeren, übersichtlichen Kreuzung ohne Verkehr nachts um 2.00 bewußt ein Rotlicht überfährt oder wenn ein Exhibitionist ohne Zuschauer nach NAGEL (1979, S. 69) die Gesellschaft viktimisiert?

Fassen wir zusammen: *Als Opfer gilt eine Person, eine Gruppe oder eine Organisation, die durch strafbare Handlungen eines oder mehrerer Täter einen wahrnehmbaren (aber nicht notwendigerweise auch tatsächlich wahrgenommenen) Schaden erleidet.* Dieser engere Opferbegriff ist in der umfassenderen viktimologischen Opferdefinition (z. B. SCHNEIDER 1975, S. 10 f.) enthalten.

Damit bleiben noch zwei Fragen zu beantworten:
— Gibt es Verbrechen ohne Opfer?
— Wie verträgt sich der Begriff der strukturellen Viktimisierung mit der Opferdefinition im engeren Sinne?

1.3.2. Verbrechen ohne Opfer?

Die Auffassung, wonach jede Straftat auch notwendigerweise ein Opfer habe (z. B. SCHNEIDER 1975, S. 10, 1979, S. 10; SCHAFER 1977, SCHUR 1965) wird nicht allgemein geteilt. Akzeptieren wir die Unterscheidung zwischen dem weiteren und dem engeren Opferbegriff, so löst sich diese Kontroverse jedoch als Scheinproblem auf. Sieht man davon zunächst ab, so gibt es sicher Straftatbestände (in der Bundesrepublik Deutschland z. T. abgeschafft), die nur Täter, aber keine Opfer kennen, so z. B. der freiwillige Zweikampf oder die Unzucht zwischen volljährigen Männern. Erwähnt sei als Beispiel auch, daß zwei Männer wechselseitig und einverständlich beide Ehefrauen beim Geschlechtsakt „austauschen". „Ob und welche — jedenfalls höchst bereitwillig mitwirkende — weibliche ‚Opfer' hier vor ‚Tätern', die unerfindlicherweise nur Männer sein können, geschützt werden sollen, wird de lege ferenda zu überdenken sein" (AMELUNXEN 1969, S. 180; nicht nur der Austausch der Frauen, sondern auch die Vollziehung des Aktes mit der eigenen Ehefrau in Gegenwart des anderen Paares gilt als „schwere Kuppelei").

Unabhängig von derartigen Fällen kann man von opferlosen Verbrechen grundsätzlich dann sprechen, wenn man den Opferbegriff auf natürliche Personen (vgl. v. Hentig 1962, Zipf 1970), Gruppen oder Organisationen, d. h. auf einen konkreten Adressaten beschränkt, also eine Opferdefinition im engeren Sinne wählt. Aufgrund dieser Entscheidung muß das Vorhandensein opferloser Straftaten anerkannt werden, die für die weitere Betrachtung aber keine Rolle mehr spielen.

1.3.3. Strukturelle Viktimisierung

Gemäß der entwickelten Definition müssen weder Opfer noch Täter auf Individuen beschränkt werden. Organisationen, Gruppen oder Rechtsordnungen können ebenso Opfer wie Täter sein, sie können sowohl viktimisiert werden als auch selbst viktimisieren. Nach Nagel (1979) ist jedes Verbrechensopfer ein Objekt von Machtmißbrauch. Macht muß dabei nicht roh und gewalttätig ausgeübt werden; auch subtil gebrauchte und durch eine formale Prozedur abgesegnete Macht kann — wie die 1935 erlassenen „Nürnberger Gesetze" — Opfer produzieren.

Beispiele für eine strukturelle Viktimisierung, d. h. eine Viktimisierung aufgrund von in der Sozialstruktur angelegten Machtungleichgewichten, lassen sich bei der Umweltkriminalität finden. Auch wenn die Verursacher von Umweltschäden bekannt sind, reagieren kommunale und staatliche Stellen oft nur zögernd, unwirksam oder nachlässig und eine Verfolgung der Täter unterbleibt, da diese über genügend Macht verfügen, gegen sie gerichtete Schritte abzuwehren bzw. mit negativen Konsequenzen drohen zu können. Strukturelle Viktimisierungen zeigen sich aber auch in anderen Bereichen, wie etwa im Wirtschaftsgebaren großer internationaler Konzerne gegenüber Entwicklungsländern, im Zulassen von Verelendungs- und Desorganisationsphänomenen, in Slums u.a.m. Auch die vom Staat und seiner Rechtsordnung garantierte Freiheit der wirtschaftlich mächtigen Organisationen zur einseitigen Verteilung von Belastungen und Lebensrisiken kann als strukturelle Viktimisierung betrachtet werden. Bereits vor mehr als 140 Jahren wies Engels (1845) auf den Zusammenhang von struktureller Viktimisierung und Kriminalität hin: „Hier in diesem Land (England) ist der soziale Krieg in vollem Gange. Jeder steht für sich allein und kämpft allein gegen alle . . . und dieser Krieg wird von Jahr zu Jahr wilder, wie die Kriminalstatistiken zeigen" (Engels 1909).

Strukturelle Viktimisierung kann auf verschiedenen Wegen zur Kriminalität und damit zur Viktimisierung im engeren Sinne führen:

- indem die legitimen Partizipationsmöglichkeiten eines Teils der Bevölkerung beschnitten werden, so daß eine Substitution durch illegitime Mittel stattfindet;
- indem so ein Kollektivbewußtsein der sich benachteiligt Fühlenden entsteht, das die bestehende Rechtsordnung in Frage stellt;
- indem durch massenhafte Abweichungen das Vertrauen — auch der konformen Gesellschaftsmitglieder — in die Rechtsordnung geschwächt wird, so daß vermehrt zur Selbsthilfe gegriffen wird.

Wie noch zu zeigen sein wird, besteht für strukturell Viktimisierte eine erhöhte Wahrscheinlichkeit, selbst Täter, Opfer (im engeren Sinne) oder beides (Simplicissimus-Effekt) zu werden. In gewisser Hinsicht ist auch der Täter zugleich Opfer (der Gesellschaft), der die erfahrene Frustration an noch Schwächere weitergibt. Dies läßt sich auf individueller Ebene beobachten (vgl. die Fallbeispiele 34, 113) aber auch innerhalb einer Gesellschaft und im Verhältnis von Gruppen zueinander. In diesem Zusammenhang weist Nagel (1979, S. 66) darauf hin, daß es sich bei den Deutschen, die für Hitler mordeten, um das Ergebnis von Erziehung, Kultur und sozioökonomischen Bedingungen handelt, die dem I. Wektkrieg zugeschrieben, der seinerseits Kultur und Erziehung angelastet werden könnte. Auch manche Erscheinungsformen des Terrorismus lassen sich damit erklären, daß die Repräsentanten einer sich viktimisiert fühlenden Gruppe diesen Zustand beenden wollen und — da die eigentlichen Gegner unangreifbar erscheinen — ihre Aktionen gegen Schwächere richten. Somit gibt es gute Argumente, Opfer nicht allein auf die von strafbaren Handlungen unmittelbar Betroffenen zu beschränken — und z. B. auch im Sinne von Mendelsohn — andere Opfer, d. h. solche der Gesellschaft, wie diskriminierte Minderheiten oder verschiedenen Kategorien von Unterprivilegierten, miteinzubeziehen. Andererseits erscheint eine derartige Ausweitung des Opferbegriffs über Straftäter hinaus nicht praktikabel. Durch eine rasche, einseitig den Profitinteressen dienende, Modernisierung arbeitslos Gewordene, können zwar mit Recht als Opfer der gesellschaftlichen Entwicklung betrachtet werden, doch liegt hier kein eindeutiges Opferkriterium vor, solange die Einführung der Modernisierungsmaßnahmen nicht gegen konkrete Straftatbestände verstoßen hat. Andernfalls käme es zu einer Ausuferung und damit Unbrauchbarkeit des Opferbegriffs. Strukturelle Viktimisierung erscheint somit im folgenden als ein die (primare, sekundäre und tertiäre) Viktimisierung im engeren Sinne beeinflussender (zumeist erhöhender) Faktor, der jedoch auf einer anderen Ebene liegt.

1.4. Zusammenfassung

- Die Viktimologie als Wissenschaft vom Verbrechensopfer ist eine interdisziplinäre Wissenschaft mit engen Beziehungen zur Kriminologie, Kriminalsoziologie, Strafrechtswissenschaft, Psychologie, um nur einige zu nennen. Es handelt sich bei ihr mehr um eine spezifische Betrachtunggsweise, die von der Täter-Opfer-Beziehung ausgeht und die Prozesse der primären, sekundären und tertiären Opferwerdung beschreibt und analysiert, als um eine abgehobene Disziplin, die das Verbrechensopfer zum Gegenstand hat. Es geht ihr nicht um Beschuldigung des Opfers und Entlastung des Täters und vice versa, sondern um eine möglichst realitätsgerechte Untersuchung der Opferperspektive. Wichtige Fragestellungen sind neben den Viktimisierungsprozessen das Anzeigeverhalten der Opfer, prophylaktische Maßnahmen zur Verhinderung einer Opferwerdung und Möglichkeiten der Berücksichtigung des Opferinteresses bei der Wiedergutmachung und Entschädigung. Opfer- und Täterorientierung schließen sich dabei nicht aus.
- Im Verlauf der historischen Entwicklung hat die Stellung des Opfers eine Schwächung erfahren. Das staatliche Strafmonopol zielte in erster Linie auf eine Abschreckung der Täter, die die öffentliche Ordnung bedrohten. Die Interessen des Opfers auf Wiedergutmachung und Entschädigung gerieten dabei ins Hintertreffen. Erst in den letzten Jahrzehnten erfuhr das Opfer eine stärkere Beachtung in Wissenschaft und Rechtsprechung.
- In der Öffentlichkeit läßt sich eine ambivalente Einstellung gegenüber den Opfern von Straftaten feststellen, die einerseits durch Mitgefühl, andererseits durch Gleichgültigkeit und Distanzierung charakterisiert ist. Letzteres steht im Zusammenhang mit der Angstabwehr potentieller Opfer.
- Je nach dem, ob man sich auf personale Opfer beschränkt oder auch Gruppen, Organisationen und Ordnungen miteinbezieht, erhält man eine enge oder weite Definition des Opferbegriffs. Differenziert man weiter zwischen subjektiver und objektiver Opferwerdung, so gelangt man zu einem komplexen Bild mit z. T. nur begrenzter kriminologischer Relevanz, was für die Verwendung eines eingeschränkten Opferbegriffes spricht, der auch die Opfer struktureller Viktimisierungen ausschließt.
- Als Opfer gilt eine Person, eine Gruppe oder eine Organisation, die durch strafbare Handlungen eines oder mehrerer Täter einen wahrnehmbaren Schaden erleidet.

2. Empirische Methoden zur Untersuchung viktimologischer Fragestellungen

Sämtliche Definitionen der Viktimologie stimmen darin überein, daß es sich um eine *empirische* (Teil-)Disziplin handelt, ihr *Untersuchungsgegenstand also der Erfahrung zugänglich* ist. Zur richtigen Einschätzung der nachfolgend zu referierenden und zu diskuierenden viktimologischen Befunde erscheint das Eingehen auf einige methodische Aspekte unumgänglich, um die durch die jeweilige Methode gezogenen Grenzen der Interpretation erkennen zu können. (Für diesen Abschnitt differenzieren wir nicht zwischen Viktimologie und „Soziologie des Opfers'; hinsichtlich der Untersuchungsmethoden ergeben sich nur unterschiedliche Akzentuierungen.)

Die Berechtigung viktimologischer Untersuchungen bzw. Schwerpunktsetzungen leitete sich allein schon aus der Notwendigkeit ab, unvermeidbare Einseitigkeiten und Verkürzungen einer ausschließlich täterorientierten Betrachtungsweise zu korrigieren bzw. zu ergänzen. Sicher lassen sich auch aus Täterbefragungen oder aus Analysen der polizeilichen Kriminalstatistiken Aufschlüsse über das Opfer gewinnen, doch ist hierbei zu berücksichtigen: Täter haben vielfach das Bedürfnis, ihre Handlungsweise zu rechtfertigen oder zu verharmlosen, und dem Opfer einen Teil der Schuld zuzuschieben (vgl. die Neutralisationstechniken bei SYKES/MATZA 1968). Viele Täter verfallen in Selbstmitleid aufgrund der von ihnen erfahrenen Tatfolgen (Haft), für die zum großen Teil das Opfer verantwortlich gemacht wird, so daß ein Bemühen um Objektivität nicht vorausgesetzt werden kann; „im allgemeinen existiert bei diesen Tätern das Opfer als geschädigtes Subjekt, als Mensch, überhaupt nicht" (GÖPPINGER 1981, S. 18). Auch mit zunehmendem zeitlichen Abstand zur Tat werden Verfälschungen des Tathergangs im Sinne einer Entlastung des Täters und einer Distanzierung zum Opfer wahrscheinlicher. Man mag so zwar interssante Aufschlüsse über das Erleben und Verarbeiten der Viktimisierung durch den Täter erhalten, doch tut eine Ergänzung durch die Opferperspektive not.

Auch die Daten der offiziellen Kriminalstatistik vermögen nur begrenzte Erkenntnisse zu liefern, vor allem deshalb, weil man nur etwas über die zur Anzeige gebrachten Straftaten in Erfahrung bringen kann, also nur eine Teilmenge der überhaupt vorgekommenen Viktimisierungen erfaßt wurde (sowohl die nichtwahrgenommenen als auch die wahrgenommenen, aber nicht zur Anzeige gebrachten Taten bleiben unberücksichtigt). Eine weitere Einschränkung ergibt sich aus der spezifischen Zwecksetzung der offiziellen Kriminalstatistik, die zuallererst als Tätigkeitsnachweis der Strafverfolgungsorgane dient. Die polizeiliche Kriminalstatistik (PKS) ist die statistische Darstellung der offiziell registrierten Kriminalität; „... die in ihr enthaltenen Zahlen werden als Spiegelbild der Tätigkeit der Polizei im Bereich der Kriminalitätsbekämpfung definiert" (ALBRECHT/LAMNEK 1979, S. 16).

Die Strafverfolgungsstatistik, in der die Informationen der Justizverwaltungen gesammelt sind, umfaßt alle abgeurteilten Personen und ist damit eine Teilklasse der Kriminalitätsstatistik. Infolge eines informellen und formellen Ausfilterungsprozesses werden die zunächst tatverdächtigen Personen im Verlauf des Verfahrens stark dezimiert (vgl. KERNER 1973), so daß die Zahlen der Verurteiltenstatistik meist weit unter denjenigen der polizeilichen Kriminalstatistik liegen. Auf jeden Fall gilt aber, daß „statistische Daten wie die der polizeilichen Kriminalstatistik ... mehr (sind) als reine Deskription, sie basieren auf theoretischen und konzeptuellen Vorentscheidungen und stellen somit eine Interpretation der Realität aus einer gewissen Sicht dar ... Die polizeiliche Kriminalstatistik enthält Angaben über die Verwendung vorgegebener Kategorien durch Polizisten bei der Klassifizierung der Tatverdächtigen, mit denen sie Kontakt haben" (ALBRECHT/LAMNEK 1979, S. 17). Es liegt also nur eine partielle Kongruenz zur tatsächlichen (und nur annäherungsweise zu ermittelnden) Kriminalität vor. In diesem Zusammenhang ist die Abhängigkeit der Angaben von der Anzeigebreitschaft der Opfer zu berücksichtigen, die selbst wiederum vom Delikt, vom angerichteten Schaden, von der Wahrnehmbarkeit der Tat, von der Art der Täter-Opfer-Beziehung, von Hemmungen und Ängsten des Opfers usw. abhängt (vgl. 4.1.5.). Man erhält also auf diese Weise eine in hohem Maße nicht-repräsentative Auswahl, in der schwere und schadensintensive Delikte ohne Opfer-Täter-Beziehung überproportional vertreten sind. Nach STEPHAN (1980, S. 50) besitzt jedoch die PKS ungeachtet des erheblichen Dunkelfeldes bei den meisten Deliktarten nach den ihm vorliegenden Ergebnissen eine gute Indikatorfunktion vor allem für die tatsächliche quantitative Bedeutsamkeit einzelner Eigentumsdelikte. Ein Vergleich der Polizeistatistik mit Befragungsdaten erbrachte u. a., daß Gewaltdelikte in ihrem Anteil an der Gesamtkriminalität wesentlich bedeutsamer sind, als es die PKS ausweist: Nach der polizeistatistischen Vergleichsrelation kommt auf 22 Eigentumsdelikte 1 Gewaltdelikt; nach den Befragungsergebnissen beträgt diese Relation aber nur 8 : 1 bzw. 7 : 1. Hierfür scheint neben der deliktspezifischen Anzeigebereitschaft der Bevölkerung auch die Neigung der Polizei zur Aufnahme diesbezüglicher Anzeigen verantwortlich (STEPHAN 1980, S. 51).

Eine weitere Schwierigkeit für profundere Analysen liegt in der für sozialwissenschaftliche Fragestellungen meist zu geringen Variablenzahl und den gerade bei Opfervariablen häufig unvollständigen Angaben (vgl. z. B. LAMNEK

1982b, S. 133): bei der Variablen Täter-Opfer-Beziehung gab es bei 93 % der Fälle fehlende Angaben; nur die Merkmale „Alter des Opfers“ und „Geschlecht des Opfers“ waren vollständig erfaßt).

Aufgrund der Unzulänglichkeit der Kriminalstatistik und von Täter- und Dunkelfeldbefragungen im Hinblick auf umfassende Viktimisierungsdaten erscheint eine Ergänzung und Kontrolle durch Opferbefragungen geboten. Bevor wir jedoch darauf näher eingehen und uns auch den hier gegebenen Verkürzungen und Einseitigkeiten zuwenden, ist darauf hinzuweisen, daß mit Opferbefragungen das Repertoire der für viktimologische Fragen anwendbaren Methoden nicht erschöpft ist (vgl. 2.3.): Je nach Fragestellung lassen sich auch feldexperimentelle Methoden, teilnehmende Beobachtung, verdeckte Beobachtung oder Inhaltsanalysen mit Gewinn einsetzen.

2.1. Opferbefragungen

Ähnlich wie Täterbefragungen ergeben sich auch aus Opferbefragungen Hinweise darauf, daß die Anzahl der begangenen Strafttaten um ein vielfaches größer ist als die der Polizei bekanntgewordenen (vgl. hierzu EISENBERG 1972, S. 78; BRAUNECK 1974, S. 41 f.; SCHNEIDER; 1977, S. 137 f.; SCHWIND u.a. 1975; STEPHAN 1980). Bei bestimmten Tatbeständen, insbesondere bei den Bagatelldelikten, enthielten die offiziellen Daten nur etwa 10 - 20 % des Dunkelfeldes. Auch besonders tabuisierte und auf den sozialen Nahraum beschränke Straftaten werden nur zum geringsten Teil entdeckt. So stellte RENNERT (1965) für Unzucht mit Kindern fest, daß von 18 in der Opferbefragung berichteten Fällen nur einer angezeigt wurde. Ein klassisches Delikt, das — obgleich häufiger begangen — nur zu einem Bruchteil in offiziellen Statistiken erscheint, ist Inzest (zusammenfassend hierzu WEINBERG 1980).

Da sich die Aufklärungsquote nur auf die angzeigten Straftaten beziehen kann, liegt die „reale“ Aufklärungsquote, d. h. der Anteil der aufgeklärten Straftaten an der Gesamtheit der (in einem bestimmten Zeitabschnitt) überhaupt begangenen Straftaten nur bei einem Bruchteil der mitgeteilten Aufklärungsquote. SCHWIND u. a. (1975) schätzen, daß z. B. beim einfachen Diebstahl nur etwa jede 70. begangene Tat überhaupt aufgeklärt wird.

Für die Durchführung von Opferbefragungen spricht nicht nur, daß sie Informationen über das Dunkelfeld liefern. Darüber hinaus gestatten sie auch den Zugang zur Viktimisierung, als Prozeß und Ereignis der Opferwerdung, unmittelbar von den durch kriminelle Taten Geschädigten erfahren und zu Forschungszwecken verwendbar. „Durch die Opferbefragung und die weiteren viktimologischen Untersuchungen an Verbrechensopfern ist in der Kriminologie ein entscheidender Durchbruch zur Realitätsorientierung eingeleitet worden" (SCHNEIDER 1979, S. 30). Obgleich die Ergebnisse von Opferbefragungen für zuverlässiger gehalten werden als die von Täterbefragungen (KERNER 1973, S. 47; SCHWIND u. a. 1975, S. 44; VILLMOW 1980, S. 66), sind auch sie nicht frei von (systematischen) Verzerrungen. Zunächst ist festzuhalten, daß der Forscher bei Opferbefragungen mehr von der Einwilligung der Befragten abhängt, als bei einer Täterbefragung, wo man zur Not auf Ermittlungsakten zurückgreifen kann. Die grundsätzliche Schwierigkeit besteht darin, daß nicht tatsächliche Sachverhalte und Abläufe registriert werden, sondern verbale Äußerungen über vergangene, unangenehme Ereignisse und Verhaltensweisen, wobei die Informanten spezifische, ihnen vielfach gar nicht bewußte, Interessen und Strategien verfolgen. Da die erfahrene Viktimisierung ein belastendes Erlebnis ist, dürfte eine Tendenz bestehen, die gesamte Tat oder doch einige ihrer Begleitumstände, zu verdrängen oder zu beschönigen. Die Bereitschaft, sich überhaupt an einer Befragungsaktion über die Opferwerdung zu beteiligen, wird grundsätzlich reduziert und selektiv (z. B. in Abhängigkeit vom Delikt) sein; so ergab die Stuttgarter Opferbefragung einen Verweigerungsanteil von 41,4 % (STEPHAN 1980, S. 46). Inwieweit jene Opfer, die sich zu einer Mitarbeit bereitfinden, für die Gesamtheit der Opfer repräsentativ sind, ist ungeklärt.

Eine weitere grundsätzliche Schwierigkeit von Opferbefragungen (aber auch von Täterbefragungen) ist die juristische Subsumptionsproblematik (SCHWIND u. a. 1975). Sowohl vom Befragten als auch vom Interviewer wird erwartet, Straftatbestände zu erkennen und richtig einzuordnen, was in Einzelfällen zu erheblichen Problemen führen kann (so wird z. B. Tierquälerei strafrechtlich als „Sachbeschädigung" eingeordnet). Nur durch eine entsprechende juristische Schulung des Interviewers lassen sich fehlerhafte Zuordnungen begrenzen. Absolute Genauigkeit wird man aber auch dann nicht erreichen, weil „gerichtlich verurteilte Straftäter erst nach einem komplizierten Rechtsfindungsprozeß zu Fragen der Tatbestandsmäßigkeit, der Rechtswidrigkeit und der Schuld der Straftäter ausgewiesen werden. Demgegenüber verwundert es nicht, daß einzelne Untersuchungen bei nachträglicher (juristischer) Überprüfung eine erhebliche Beurteilungsdivergenz erbrachten" (EISENBERG 1972, S. 110). Dem juristischen Laien wird die Vollbringung einer Leistung zugemutet, mit der sich Experten wenigstens einige Stunden befassen müssen. Hat der Prozeß gegen den Täter bereits stattgefunden und wurde er vom Opfer verfolgt, so wird man im allgemeinen mit weniger fehlerhaften Zuordnungen rechnen dürfen.

Die Subsumptionsproblematik wird besonders bedeutsam im Rahmen von Dunkelfeldbefragungen (vgl. 2.2.1.). Je nach Vorbildung, geistiger Beweglichkeit, Erinnerungsfähigkeit, Toleranz usw. wird die Frage „Sind Sie in den letzten 12 Monaten Opfer irgendeines Vergehens oder Verbrechens geworden?“ unterschiedliche Nennungen provozieren. Die Differenzierungsleistung zwischen Ordnungswidrigkeiten, Vergehen oder Verbrechen kann nicht stillschweigend vorausgesetzt werden. In manchen Fällen — insbesondere im Zusammenhang mit der Bewertung von Delikten — mag es hilfreich sein, konkrete Fallbeispiele vorzugeben (vgl. STEPHAN 1980, S. 47), Delikte also auf einem möglichst niedrigen Abstraktionsniveau zu beschreiben. Aber auch durch Opferbefragungen läßt sich kein vollständiges Bild der Deliktstruktur gewinnen. Zum einen gibt es bestimmte, besonders „verfemte‘ Delikte, bei denen sich das Opfer selbst in Mißkredit bringt (z. B. Inzest), zum anderen wird in der Regel nur von solchen Delikten berichtet, bei denen man unmittelbares, persönliches Opfer geworden ist oder eine Opferwerdung als Zeuge miterlebt hat. Gerade schweren und schwer wahrnehmbaren Fällen der Wirtschafts- oder Umweltkriminalität wird man so kaum auf die Spur kommen, wie überhaupt all jenen Fällen nicht, in welchen das Opfer die Straftat nicht bemerkt hat (Beispiel: irrtümlich für verloren gehaltene gestohlene Geldbörse; Feld III, Abb. 1).

Ein weiteres Problem ist die Objektivität der erhaltenen Angaben. Mehr als bei anderen Umfragethemen werden hier intensive und belastende Gefühle reaktiviert. Dem angesprochenen Opfer wird es häufig weniger um eine möglichst authentische Situationsbeschreibung als um die Auseinandersetzung und Aufarbeitung des Erlebten gehen, wobei vielfältige Rationalisierungen und Projektionen einfließen können. Die hervorgerufenen Emotionen hängen nicht allein mit der Straftat und ihren unmittelbaren Reaktionen zusammen, sondern auch mit den nachfolgenden Prozessen der sekundären und tertiären Viktimisierung und können in Abhängigkeit von Persönlichkeits- und soziostrukturellen Merkmalen variieren. Die Gültigkeit von Opferbefragungen ist vor allem deshalb eingeschränkt, da Vergangenes erfragt wird und der Interviewte die Fragen als bedrohlich empfinden kann. Wie bei Täterbefragungen spielen auch bei den Opfern Rationalisierungen, Schuldzuweisungen und Entschuldigungsbestrebungen eine Rolle. Wie noch auszuführen sein wird, läßt sich die konkrete Opferbeteiligung auf einem Kontinuum von „0“ (ideales Opfer nach MENDELSOHN, z. B. ein Bewußtloser, der ausgeraubt wird) bis zu einem Maximum einordnen (Opfer ist schuldiger als der Täter, wenn dieser etwa in eine Notwehrsituation hineingetrieben wurde). Es kann vorkommen, daß ein Opfer später eigene Probleme und Unzulänglichkeiten immer wieder auf die erlittene Straftat zurückführt (GÖPPINGER 1981, S. 18). Auf diese Weise kann eine einmalige Opferwerdung zur Entschuldigung eines überwiegend aus anderen Gründen mißlungenen Lebensplans werden und — wenn auch vielleicht unbewußt — gar nicht unwillkommen sein.

Für die Gültigkeit von Opferbefragungen spricht aber, daß es sich zum großen Teil um Tatsachenfragen handelt und man annehmen kann, daß über das Befragungsthema reflektiert wurde. Nach Opp (1974, S. 60) werden bei der Diskussion der Gültigkeit von Täter- und Opferbefragung folgende Kriterien genannt:

— dem Befragten wird Anonymität zugesichert;
— die Befragten bezeichnen ihre Äußerungen als „wahr";
— der Interviewer hat den Eindruck, daß die Äußerungen der Befragten wahr sind;
— die Befragten haben ein hohes Ausbildungsniveau;
— die tatsächliche Delinquenz der Befragten ist gering;
— die berichtete Delinquenz von Gruppen von Befragten ist ähnlich derjenigen, die diesen Gruppen bezüglich ihrer (registrierten) Delinquenz ähnlich sind;
— die von den Befragten zugegebenen Polizei- und Gerichtskontakte entsprechen der Wahrheit;
— der Befragte gibt nicht alle oder keines der (bei der Befragung) vorgegebenen Delikte zu;
— der Befragte antwortet konsistent.

Je mehr die Bedingungen zutreffen, desto größer soll nach dieser Auffassung die Wahrscheinlichkeit sein, daß die tatsächliche Delinquenz bzw. Opferwerdung ermittelt wird. Nach der Diskussion der einzelnen Argumente gegen diese Hypothesen gelangt Opp jedoch zu einer recht skeptischen Endbeurteilung „Es zeigt sich also, daß die von den Autoren empirischer Untersuchungen über berichtetes delinquentes Verhalten implizit angewandten Hypothesen einmal empirisch nicht geprüft und zum anderen nicht einmal plausibel sind. Daraus kann man schließen, daß die Ergebnisse der meisten Studien über berichtetes abweichendes Verhalten bezüglich ihrer Gültigkeit äußerst fragwürdig sind" (Opp 1974, S. 62) — aber immer noch besser als die offiziellen Daten. Vorschläge zur Erhöhung der Gültigkeit erscheinen aber nicht nur äußerst aufwendig, sondern auch nur begrenzt anwendbar zu sein.

Bei der Diskussion der oben genannten Kriterien unterscheidet Opp leider nicht zwischen Täter- und Opferbefragungen. Zumindest hinsichtlich der Art und Häufigkeit einer Vielzahl von Delikten wird die Versuchung zu nicht wahrheitsgemäßen Antworten für das Opfer geringer sein als für den (unentdeckten) Täter, wenn auch vielleicht nur deshalb, weil die Opferwerdung nicht *offiziell* sanktioniert ist; das Motto „besser Unrecht erleiden als Unrecht tun" wird weithin — wenigstens verbale — Zustimmung auslösen.

Die Gültigkeitsprobleme von Befragungen über die primäre Viktimisierung lassen sich im wesentlichen auf drei Klassen von Verhalten reduzieren:

— *Selektives Wahrnehmen:* nur ein Teil der Opfer registriert die Tatsache der primären Opferwerdung überhaupt. Dies trifft vor allem für Opfer von Betrügereien, Taschendiebstählen, kleineren Sachbeschädigungen usw., aber auch für Opfer von Umwelt- und Wirtschaftskriminalität zu.

- *Selektives Erinnern:* schwerwiegende Straftaten, wie Körperverletzungen oder die Tötung von Angehörigen, werden weniger leicht vergessen als kleine Diebstähle. Fundunterschlagungen oder Beleidigungen (vgl. auch SCHWIND u. a. 1975, S. 216). Auch der zeitliche Abstand zwischen Tat und Befragung ist hier von Bedeutung.
- *Selektives Berichten:* Auch wenn die Opferwerdung registriert und erinnert wird, können Hemmungen bestehen, darüber (vollständig) zu berichten. Dies mag damit zusammenhängen, daß man sich nicht bloßstellen will (z. B. als Opfer einer Vergewaltigung) oder daß die Angelegenheit nicht als berichtenswert erscheint (z. B. Opfer eines Bagatelldelikts). Auschlaggebend hierfür dürfte das (selten zugegebene) ungünstige Image sein, das man als Opfer von Straftaten in der öffentlichen Meinung und auch im engeren sozialen Umfeld erwartet oder schon erfahren hat. Die Opferrolle steht weitgehend im Widerspruch zum Menschenbild der abendländischen Kultur, die Aktivität höher bewertet als Passivität, die dem Leid im allgemeinen keinen besonderen Wert zuerkennt und in der für jemanden, der Schmerz, Trauer und Wut allzu offensichtlich zeigt, das Risiko besteht, von anderen für schwach oder empfindlich gehalten zu werden.

Die genannten Gründe dürften sich vor allem deliktspezifische auswirken, zuungunsten von unbedeutenderen Taten, solchen mit Opfermitwirkung und Delikten mit „emotionaler Tiefenwirkung". Hinzu kommen noch generelle Schwierigkeiten und Hindernisse, die einer Befragung entgegenstehen wie z. B. wachsendes Mißtrauen (Datenschutz) oder Interviewmüdigkeit (LAMNEK 1978).

2.2. Varianten der Opferbefragung

Die allgemeinen methodischen Überlegungen zur Opferbefragung des Abschnitts 2.1. erfahren nun eine Konkretisierung, indem sie auf verschiedene Techniken der Opferbefragung angewandt werden. Jede im weiteren angesprochene Methode hat spezifische Vor- und Nachteile, aus welchen sich die jeweiligen Einsatzmöglichkeiten ergeben. Die Enscheidung zur Durchführung einer bestimmten Opferbefragung impliziert eine Reihe weiterer Entscheidungen im praktischen und konkreten Vorgehen, die zu antizipieren sind.

2.2.1. *Dunkelfeldbefragungen*

Bislang sind wir stillschweigend davon ausgegangen, daß eine Opferpopulation für Befragungszwecke zur Verfügung steht, sei es aufgrund von Polizei- oder Gerichtsunterlagen oder aufgrund „angeworbener" Opfer, etwa durch Zeitungsannoncen. Diese Fälle sind jedoch selten. Zum einen ist die reduzierte Kooperationsbereitschaft offizieller Stellen aufgrund der Datenschutzproblematik und dem Wunsch, Verbrechensopfer zu schützen, verständlich, zum anderen hätte man bei Heranziehen offizieller Unterlagen wieder nur die registrierten Straftaten; Fälle, in welchen das Opfer keine Anzeige erstattet hat, blieben so außer Betracht.

Auch die Anwerbung, z. B. mittels Zeitungsinseraten, ist problematisch. Zum einen können die Opfer, die sich melden, kaum als repräsentativ angesehen werden (was nicht in jedem Fall entscheidend ist; s. unten), werden doch vom Opfer eine Reihe von Aktivitäten gefordert: Es muß den Annoncenteil der Zeitung lesen, muß einen Fragebogen anfordern bzw. mit dem Forscher Kontakt aufnehmen, muß u. U. ins Forschungsinstitut kommen oder einen Interviewer empfangen und sich einer Befragungsprozedur unterziehen, bei der auch unangenehme Fragen erwartet werden. Zudem muß es der hinter der Untersuchung stehenden Institution vertrauen. Es liegt auf der Hand, daß die Opfer, die sich unter all diesen Zumutungen dennoch zur Teilnahme bereitfinden, nicht repräsentativ für das „Durchschnittsopfer", dem z. B. einmal im Kaufhaus der Geldbeutel gestohlen wurde, sein können. Zum anderen stehen die Aufwendungen in keinem Verhältnis zum Erfolg. Im Zusammenhang mit einem eigenen (Lehr-)forschungsprojekt mußten wir desillusionierende Erfahrungen machen: Auf ein Inserat in einem Münchner Anzeigenblatt mit einer Auflage von immerhin 500 000 Exemplaren meldeten sich ganze zwei Personen, die sich bereitfanden, über ihre Viktimisierung zu berichten.

Derartige Schwierigkeiten und Restriktionen legen nahe, zunächst von einer allgemeinen (einigermaßen) repräsentativen Stichprobe für die interessierende Population auszugehen, dann die Ausgewählten danach zu befragen, ob bzw. wie oft sie schon Opfer einer Straftat geworden sind. Auf diese Weise ist es möglich, an das Dunkelfeld der nicht angezeigten Delinquenz heranzukommen und insbesondere leichtere Straftaten und Taten im sozialen Nahbereich des Täters zu erfassen. Die grundsätzliche Schwierigkeit liegt jedoch darin, daß auf diese Weise sehr große Stichproben erforderlich sind, da die Chance, Opfer zu werden — verglichen mit der Wahrscheinlichkeit, krank, arbeitslos oder befördert zu werden —, relativ klein ist. Wenn wir wieder von den Daten der Stuttgarter Opferbefragung ausgehen (STEPAHN 1980), so ist damit zu rechnen, daß eine Person pro Jahr im Schnitt von 0,42 Delikten betroffen wird. Wir benötigen somit statistisch das 2,5 fache einer ins Auge gefaßten

Nettostichprobe von Opfern, die Ausfälle aus den verschiedensten Gründen noch nicht berücksichtigt. Große Nettostichproben sind zudem erforderlich, um (für statistische Analysen) genügend viele Fälle seltener und schwerer Delikte zu erhalten. Dies bedeutet, daß man sich in der Regel auf die häufigen Delikte (z. B. Eigentums- und Kleinkriminalität) beschränken muß.

Von diesem Problem abgesehen, spricht allerdings vieles für die Durchführung von Dunkelfeldbefragungen, die sich auch auf der Täterseite bewährt haben, erlauben sie doch die theoretisch wesentliche Separierung von Delinquenz und Kriminalisierung (Lamnek 1982, 1983, 1985).

2.2.2. *Individuelle oder Haushaltsbefragung*

Manche Studien fragen danach, ob der Befragte persönlich innerhalb eines bestimmten Zeitabschnitts Opfer einer Straftat geworden sei, andere interessieren sich dafür, ob bzw. welche Mitglieder des Haushalts der befragten Person Opfer geworden sind. Im letzteren Fall kann wieder danach unterschieden werden, ob die betreffenden Probanden den Fragebogen selbst ausfüllen bzw. gesondert befragt werden oder ob eine Person für alle spricht.

Der Vorteil von Haushaltsbefragungen besteht darin, daß man durch sie eine sehr viel größere Anzahl von Opfern erreichen und eventuelle familien- bzw. haushaltsbedingte Viktimisierungschancen besser aufspüren kann. Probleme ergeben sich insbesondere dann, wenn ein Haushaltsmitglied die Angaben für die anderen macht, wird doch vorausgesetzt, daß der Befragte über eine eventuelle Viktimisierung Bescheid weiß. Dies ist aber sicher nicht immer der Fall und u. U. wird z. B. ein Jugendlicher einem anonymen Interviewer eher berichten als den Eltern, von denen ggf. Sanktionen drohen. Direkte Befragungen dürften somit zuverlässigere Daten über die Kriminalitätsbelastung liefern als die Befragung von Haushaltsvorständen (Stephan 1980, S. 56; vgl. auch 4.2.2.). Werden nur Haushaltsvorstände befragt, kann es somit zu einer Unterschätzung der erlittenen Delinquenz sowie zu Verzerrung hinsichtlich der ermittelten Deliktstruktur kommen.

Auch die Befragung von Tatzeugen kann zu viktimologischen Erkenntnissen führen und scheint besonders in Verbindung mit anderen Verfahren (Opfer- und Täterbefragungen, Aktenanalysen etc.) Gewinn zu bringen. Im Vergleich zu Opferbefragungen kann man ehrlichere Antworten erwarten (Zeugenschaft ist in der Regel weniger kompromittierend (Ausnahme: bei unterlassener Hilfeleistung des Zeugen) als eine selbst erfahrene Viktimisierung). Andererseits dürfte sich das relativ geringere Engagement der Zeugen auch nachteilig auf die Wahrnehmung auswirken. Die Subsumptionsproblematik stellt sich hier ebenfalls. Zudem ist die Gesamtmenge der so erfaßbaren Viktimisierungen geringer, denn es gibt doch viele Delikte ohne (bewußte) Zeugen.

2.2.3. *Schriftliche oder mündliche Befragung*

Wie bei anderen Themen gibt es auch bei Opferbefragungen Argumente für schriftliche oder mündliche Befragungen: Für eine schriftliche Befragung spricht neben der Kostenfrage die möglicherweise vom Befragten in größerem Umfang perzipierte Anonymität der Befragungssituation. Gerade in sehr delikaten Bereichen kann ein Interviewer als störend und hemmend empfunden werden (vgl. Koolwijk 1974, Bd. IV, S. 157) — vor allem in Abhängigkeit vom Delikt. Günstig mag auch sein, wenn der Befragte mehr Zeit zum Durchdenken der Fragen findet. Letzteres beinhaltet aber auch die Gefahr, daß sich der Interviewte bewußt um Konsistenz der Antworten auf Kosten tatsächlicher Eindrücke und Wahrnehmungen bemüht. Für das mündliche Interview spricht die bessere Kontrolle der Befragungssituation, die Möglichkeit zur Motivierung des Befragten und zur Hilfestellung bei schwierigen Fragen, sowie die Chance, etwas über die Art der Ausfälle zu erfahren (Verweigerung oder zu Befragende nicht angetroffen). Die einzelnen Vor- und Nachteile sind vor allem in Hinblick auf das konkrete Untersuchungsziel abzuwägen, weshalb keine allgemeinen Empfehlungen gegeben werden können. Hinsichtlich der Zuverlässigkeit ist noch keine abschließende Klärung erreicht (Eisenberg 1972, S. 108).

2.2.4. *Standardisierte oder offene Befragung*

Bei der mündlichen Befragung steht weiterhin die Entscheidung an, ob man sich für eine standardisierte (quantitative) oder unstandardisierte (qualitative) Form des Interviews entscheidet. Wenn auch die standardisierte Befragung in der Praxis dominiert, und vor allem von der Auswertungsseite her vorzuziehen ist, so lassen sich doch gute Gründe für den vermehrten Einsatz des qualitativen bzw. narrativen Interviews nennen (vgl. Gerdes 1979, Witzel 1982, Girtler 1984), vermeidet es doch, daß dem befragten Opfer theoretische Raster, Fragestellungen und Interpretationen des Forschers, wenn nicht aufgezwungen, so doch nahegelegt werden. Dieser Sachverhalt läßt sich am Beispiel der Kriminalitätsfurcht demonstrieren: Sie wurde weit höher eingeschätzt, wenn sie ausdrücklich als gesellschaftspolitisches Problem in der Frageformulierung genannt wurde (Stephan 1980, S. 57). Es scheint so, als ob der Einfluß der Frageformulierung und der vorgegebenen Antwortmöglichkeiten bislang noch keine eingehende Berücksichtigung im Zusammenhang mit kriminologischen bzw. viktimologischen Untersuchungen gefunden habe.

Anders bei der unstandardisierten (qualitativen) Befragung: Der Grundgedanke besteht darin, daß der Mensch nicht nur Untersuchungsobjekt sondern auch erkennendes Subjekt ist und damit eine Doppelrolle ausfüllt. Es genügt eben nicht, das Auftreten bestimmter Sachverhalte festzustellen, sondern der diesen Phänomenen zugrundeliegende Sinn muß erfaßt werden. Dafür ist die Selbstauslegung des Untersuchten unabdingbar. Das Forschungsziel besteht in der Rekonstruktion von Prozessen, durch die die soziale Wirklichkeit in ihrer sinnhaften Struktur hergestellt wird. Der Interviewer ist sich seiner Doppelrolle als Forschender und Handelnder bewußt; er definiert sich nicht als neutrales Aufzeichnungsinstrument, sondern als Interaktionspartner des Befragten. Die Interpretationsleistung des Wissenschaftlers und des Befragten gelten prinzipiell als gleichwertig; letzterem wird die Vorstellungswelt des Forschers nicht aufoktroyiert. (Häufig wird er (beim standardisierten Interview) erst durch eine entsprechende Frage oder Antwortvorgabe auf ein Problem bzw. eine bestimmte „Lösung" hingewiesen). Dafür kommen seine eigenen Relevanzgesichtspunkte stärker zur Geltung; da das Interview mehr an der normalen, alltäglichen Kommunikationssituation orientiert ist, wird die Beziehung zwischen Interviewer und Befragtem als symmetrisch wahrgenommen, der Befragte sogar als „Experte" akzeptiert, was sich auch günstig auf seine Motivation zur Mitarbeit auswirken dürfte. Selbst in Anbetracht der nicht zu leugnenden Probleme bei der Auswertung, Interpretation und Darstellung narrativer Interviews erschiene eine vermehrte Anwendung auch im Bereich der viktimologischen Forschung angebracht.

2.2.5. *Befragung innerhalb von Institutionen und Gruppen*

Vor allem aus arbeitsökonomischen Gründen mag es gelegentlich vorteilhaft sein, nicht anhand eines expliziten Stichprobenplanes Adressen auszuwählen, sondern alle Mitglieder einer spezifischen Population (z. B. Mitarbeiter eines Betriebes) zu befragen. Dies ist vor allem dann zweckmäßig, wenn ohnehin nur Aussagen über die betreffende (bzw. vergleichbare) Gruppierung gemacht werden sollen (z. B. Kameradendiebstähle in einer Kompanie). Rückschlüsse auf andere Populationen sind dann natürlich nicht möglich.

2.2.6. *Andere Adressaten der Befragung*

Um etwas über die Viktimisierung zu erfahren, muß man sich nicht mit der Befragung von Opfern, Tätern oder Zeugen benügen. Je nach Fragestellung können auch Informationen aus zweiter Hand, d. h. von Experten, die sich beruflich oder ehrenamtlich mit den Opfern und deren Problemen befassen, hilfreich sein. Dazu eignen sich insbesondere qualitative (narrative) Interviews (GERDES 1979, WITZEL 1982) aber auch Gruppendiskussionen (z. B. MANGOLD 1960, 1973). Für derartige Expertenbefragungen empfehlen sich zunächst die Mitglieder des Verfolgungs- und Sanktionsapparates (Polizei, Anwälte, Richter), aber auch solche, die in der Opferbetreuung tätig sind. Neben Sozialarbeitern, Vertretern kirchlicher und caritativer Einrichtungen usw. ist hier auch an die Mitarbeiter des „Weißen Rings" zu denken, der sich seit nunmehr fast 10 Jahren um die Kriminalitätsopfer bemüht (vgl. 5.4.1.).

2.3. Weitere Untersuchungsmethoden

Polizeistatistiken, Dunkelfeld-, Täter-, Opfer- und Expertenbefragungen ergeben zusammen noch nicht das gesamte Instrumentarium, das sich für viktimologische Fragestellungen eignet.

Gerade die Interviewmethode ist beispielsweise dadurch gekennzeichnet, daß sich bestimmte Störfaktoren (etwa Beantwortungstendenzen im Sinne vermuteteter sozialer Erwünschtheit) auswirken. Neben dem Bemühen um eine bessere Kontrolle derartiger Einflüsse bietet sich als weiterer Ausweg der Einsatz sog. nicht-reaktiver oder unaufdringlicher Verfahren an, deren Einsatz zwar auf Grenzen (inhaltlicher, praktischer oder ethischer Art) stößt, die sich aber dennoch für bestimmte Fragestellungen zumindest ergänzend heranziehen lassen (BUNGARD/LÜCK 1974, WEBB u. a. 1975). Die Aufhellung des Dunkelfelds, dem die Opferbefragungen auch dienen, ist schließlich nicht das einzige Gebiet, mit dem sich Viktimologen beschäftigen. Schwerwiegende Probleme bei solchen Verfahren , wie das der Stichprobenrepräsentativität, stellen sich nicht in jedem Fall, z. B. dann nicht, wenn es darum geht, die Wirkung von Variablen darzustellen, ohne Rücksicht darauf, wie die entsprechenden Merkmale in einer Population verteilt sind.

2.3.1. (Feld-) experimentelle Designs

Für bestimmte Fragestellungen, wie z. B. die Untersuchung der Anzeigebereitschaft, der Bereitwilligkeit, einem Opfer zu helfen, oder als Zeuge aufzutreten, stellen Feldexperimente eine ideale Lösung dar. Läßt sich doch so die Diskrepanz zwischen verbalen Äußerungen und dem tatsächlichen Verhalten aufzeigen (vgl. BLANKENBURG 1968). Unter einem Feldexperiment versteht man eine Untersuchung in einer realistischen Situation, in der eine oder mehrere unabhängige Variablen manipuliert oder variiert und die Bedingungen der Situation so sorgfältig wie möglich kontrolliert werden. Ihr Vorzug gegenüber Laborexperimenten liegt im Fehlen reaktiver Effekte; die Probanden wissen nicht (zumindest ist dies beabsichtigt), daß sie an einem Experiment teilnehmen. Bei einem Laborexperiment mit anschließender Messung von Einstellungsunterschieden besteht u. a. die Gefahr, daß weniger diese als vielmehr das Ausmaß der Beeinflußbarkeit durch experimentell erzeugte Stimuli gemessen wird (Beispiel: den Probanden wird ein Film über die Gefahren des Trampens gezeigt; die Beantwortung der anschließend präsentierten Fragebogenitems spiegelt weniger die veränderte Kriminalitätsfurcht als die generelle Suggestibilität wider). Bei Feldexperimenten erfolgt dagegen die Hypothesenprüfung in der natürlichen Umgebung (große externe Validität). Diesem Vorzug stehen allerdings auch gewichtige Nachteile gegenüber: die Kontrolle der Versuchssituation ist schwierig, es muß immer mit dem Einfluß unbekannter Störgrößen gerechnet werden; nur das tatsächliche Verhalten wird erfaßt, nicht dahinterstehende Motive; die statistische Auswertung ist problematisch. Um eine Wirkung bei der abhängigen Variablen zu erzielen, müssen mehrere Variablen manipuliert werden, doch kann man nicht genau vorhersagen, welche Manipulationen welche Effekte verursacht haben (vgl. hierzu zusammenfassend ZIMMERMANN 1978, BUNGARD/LÜCK 1974, BREDENKAMP 1969).

Als Beispiel für ein viktimologisch interessantes und gelungenes Feldexperiment wollen wir auf eine Untersuchung von MERTESDORF (1974) zum Anzeigeverhalten eingehen: Der Autor geht dabei von der wiederholt gemachten Feststellung aus, daß Befragte zwar eine verbal geäußerte Bereitschaft erkennen lassen, einen Dieb anzuzeigen oder zu verfolgen bzw. eine Straftat zu verhindern, daß das tatsächliche Verhalten aber davon mehr oder weniger abweicht (vgl. auch BLANKENBURG 1968). Das von MERTESDORF durchgeführte Experiment bestand darin, daß instruierte Mitarbeiter des Versuchsleiters (nach Absprache mit der Direktion) einen Kaufhausdiebstahl begingen (wobei der Wert des gestohlenen Gegenstands und die Merkmale des Diebes variierten) und zwei unauffällig postierte Beobachter das auf den Diebstahl bezugnehmende räumliche (z. B. Abwendung) und mimische (z. B. Räuspern) Verhalten der echten Kunden registrierten. Gab es Anzeichen dafür, daß der Kunde die Straftat bemerkt hatte (der „Dieb' mußte sehr auffällig agieren), wurde er solange beobachtet, bis er von sich aus Meldung gemacht hatte. Unterblieb dies, so wurde er von einem als Kunden getarnten Mitarbeiter des Versuchsleiters auf das Vorkommnis hin angesprochen. Machte der Kunde dann immer noch keine Mitteilung, so trat ein weiterer Mitarbeiter, als Verkäufer getarnt, an ihn heran. Gab der Kunde zu, daß er die Straftat bemerkt hatte, wurde er über das Experiment aufgeklärt. Insgesamt wurden 64 Versuche durchgeführt. Bei der Hälfte der Kunden wurde eine Nachbefragung durchgeführt.

Die Auswertungen ergaben u. a., daß die Meldungen häufiger erfolgten, wenn der Wert der gestohlenen Ware hoch war. Der Hinweis auf den Diebstahl durch den falschen Kunden hatte nur wenig Einfluß darauf, ob die Tat mitgeteilt wurde. Probanden, die eine Meldung machten, hatten zu einem größeren Teil schon früher einen Diebstahl bemerkt. Sie befürworteten auch in höherem Maße eine Belohnung für die Aufdeckung und erzielten höhere Punktwerte auf einer „Recht- und Ordnung"-Skala. Verglichen mit den entsprechenden Ergebnissen von BLANKENBURG (1968) ergab sich, daß Kaufhauskunden bei subjektiv eindeutigem Tatbestand und geringem Aufwand (der

Verkäufer war in der Nähe) ziemlich unabhängig von Alter und Geschlecht häufiger Meldung machten, dennoch aber — vor allem bei geringwertigen Gegenständen — unter der verbal geäußerten Bereitschaft der Probanden in der Untersuchung von KAUPEN/VOLKS/WERLE (1970) blieben. Die insgesamt relativ hohe tatsächliche Bereitschaft zur Meldung dürfte jedoch kaum Auswirkungen auf die Verhinderung von Diebstählen in der Praxis haben. Zum einen würde sich ein echter Dieb kaum so auffällig benehmen wie der Dieb im Experiment, zum anderen hätte er in den meisten Fällen bis zur Erstattung der Anzeige längst fliehen können (MERTESDORF 1974, S. 321).

Einige Experimente testen die Wahrscheinlichkeit von Viktimisierungen in Abhängigkeit von situativen Gegebenheiten (z. B. ZIMBARDO 1969), der Bereitschaft, dem Opfer einer Straftat zu helfen oder sich als Zeuge zur Verfügung zu stellen (vgl. zusammenfassend BUNGARD/LÜCK, LÜCK 1975). Vor einiger Zeit hat der Deutsche Kinderschutzbund ein Feldexperiment durchgeführt, bei dem aus einem geöffneten Fenster lautes Schreien und Weinen von Kindern (auf Tonband) zu hören war. Nur ein Bruchteil der Passanten ging der Sache nach (zum Anzeigeverhalten und zu den Tatzeugen vgl. 4.1.7. und 4.1.9.).

2.3.2. Beobachtungsverfahren

Beobachtungsverfahren lassen sich nur sehr begrenzt — vor allem aus ethischen und strafrechtlichen Gründen — in der viktimologischen Forschung verwenden, wäre doch der Beobachter verpflichtet, die Viktimisierung zu verhindern. (Für die Untersuchung der sekundären Viktimisierung sind sie jedoch eine ausgezeichnete Möglichkeit.) Abgesehen von Beobachtungen im Zusammenhang mit feldexperimentellen Studien ist neben der Beobachtung (oder besser Registrierung) der Spuren von Viktimisierungen (s. 2.3.3.) nur die Beobachtung relativ harmloser Verstöße möglich, bei denen der Schaden gering bleibt und kein personales Opfer auftritt. Hier ist insbesondere an die Beobachtung von Verstößen gegen die Straßenverkehrsordnung (Überfahren von Rotlicht, verkehrtes Abbiegen, Falschparken usw.), aber auch an andere Ordnungswidrigkeiten (Verunreinigen der Straße, Betteln u.a.m.) oder an abweichende Verhaltensweisen in bestimmten Milieus (HUMPHREY 1973) zu denken. Es handelt sich vorwiegend um Delikte ohne personales Opfer oder um Beobachtungen innerhalb spezifischer Subkulturen. Dabei interessierende Fragestellungen betreffen z. B. die Befolgung von Normen mit geringer Sanktionswahrscheinlichkeit (Pseudo-Normen) oder die Anzeigebereitschaft von Passanten.

2.3.3. *Abnutzungen und Ablagerungen*

Die Untersuchung physischer Spuren vergangenen Verhaltens ist zwar für die Kriminalistik typisch (Indizien), in den Sozialwissenschaften bislang jedoch eine noch wenig ausgeschöpfte Datenquelle, was auf den damit zusammenhängenden Problemen beruht (keine Güterkriterien; Frage der Gewichtung von Indikatoren, inhaltlich nur beschränkt anwendbar; vgl. BUNGARD/LÜCK 1974). Dennoch sollte man sie nicht ganz außer acht lassen, vor allem als Ergänzungs- und Überprüfungsmöglichkeit für anderweitig gewonnene Daten. Wie viele Verhaltensweisen hinterlassen auch manche Viktimisierungen ihre Spuren: beschädigte Telefonhäuschen, aufgeschlitzte Polster in Verkehrsmitteln, verunreinigte öffentliche Plätze oder beschmierte Toiletten sind nur einige Beispiele hierfür. Verläßt man sich jedoch allein auf derartige Daten, ist die Gefahr von Fehlschlüssen aufgrund des selektiven Überdauerns derartiger Spuren groß (unterschiedliche Häufigkeit der Beseitigung derartiger Spuren durch die Geschädigten). Dennoch mag es unter viktimologischen Gesichtspunkten aufschlußreich sein, die Beschädigungen in Bussen unterschiedlicher Linien (vorausgesetzt die Fahrzeuge verkehren immer auf denselben Linien), verschiedener Verkehrsbetriebe oder Städte zu registrieren oder die Anteile beschädigter Telefonzellen in verschiedenen Stadtteilen. Für diese Methoden spricht, daß man nicht mit bewußten Täuschungen rechnen muß, daß die Daten allgegenwärtig sind (wenn man sie auch interpretieren muß), vor allem aber, daß sie mehr als andere Vorgehensweisen eine Herausforderung an die Kreativität des Forschers darstellen.

2.3.4. *Sekundär- und Inhaltsanalysen*

Eine weitere, wichtige Zugangsmöglichkeit zu Viktimisierungen liegt in der Analyse von Sekundärmaterial, d. h. in der Auswertung vorhandenen Materials, unabhängig vom ursprünglichen Zweck und Bezugsrahmen. Hierunter fallen Statistiken (auch die polizeiliche Kriminalstatistik), Meinungsumfragen (z. B. Kriminalitätsfurcht in der Bevölkerung) aber auch Vernehmungsprotokolle, Zeitungsberichte, Bilder und Tondokumente, literarische Erzeugnisse und persönliche Dokumente (Tagebücher, Briefe u. ä.), die inhaltsanalytisch auszuwerten sind (hierzu z. B. MERTEN 1984; LISCH/KRIZ 1978).

Auch diese Verfahren sind durch spezifische Vor- und Nachteile charakterisiert: Sekundäranalysen sind im allgemeinen kostengünstig und die Untersuchung komplexer Probleme ist häufig aufgrund der Akkumulierung vieler Primärdaten gegeben. Mögliche Themen, die sich auf diese Weise untersuchen lassen, wären etwa:

- Entwicklung der Kriminalitätsfurcht in der Bevölkerung über einen längeren Zeitraum hinweg
- internationale und interkulturelle Vergleiche bei angezeigten Viktimisierungen
- Schadensentwicklungen

Problematisch ist neben der Zugänglichkeit der Daten (technische, organisatorische und rechtliche Schwierigkeiten) die Abhängigkeit von der (oft nicht überprüfbaren) Qualität des Primärmaterials und dessen Fehlerquellen. Man ist auf die Variablen und Werte angeweisen, die ursprünglich erhoben wurden, was den Analysemöglichkeiten Grenzen setzt und vor allem „Kausal"schlüsse einschränkt. (Die recht hohen und hochsignifikanten Korrelationen zwischen Bierkonsum und Verurteilungsziffern für Körperverletzungsdelikte in Bayern (DÜNNBIER 1944) erlaubten keine Ableitung von Ursache-Wirkung-Beziehungen.) Soweit es sich beim Primärmaterial um Statistiken, insbesondere diejenigen der Strafverfolgungsorgane handelt, gilt die bereits zu Beginn dieses Abschnitts gemachte Einschränkung auf angezeigte Fälle.

Bei der Inhaltsanalyse (einer speziellen Form der Sekundäranalyse) handelt es sich darum, insbesondere Texte (aber auch Filme, Sendungen oder Bilder) als Teil der sozialen Kommunikation einer quantitativen und/oder qualitativen Analyse zu unterziehen. Das hierzu verfügbare Material kann sich auf bekannt gewordene Fälle beschränken (Vernehmungsprotokolle, Presseberichte) oder auch unbekannt gebliebene Fälle enthalten (persönliche Dokumente). Mögliche Themen, die für die Inhaltsanalysen gut geeignet erscheinen, sind u. a.:

- Erlebnis der primären oder sekundären Viktimisierung aus der Sicht des Opfers;
- Verarbeitung der Viktimisierung;
- Art der Berichterstattung über Viktimisierungsfälle in den Medien;
- Herausarbeitung von Differenzen zwischen Zeitungen, hinsichtlich der Darstellung von Viktimisierungsfällen;
- Untersuchung des Verhaltens von Kontrollorganen und Prozeßbeteiligten gegenüber dem Opfer.

Auch hier liegen Vor- und Nachteile dicht beieinander. Ein Vorzug besteht darin, daß verschiedenste Datenquellen nutzbar gemacht werden können (Auswertung von Protokollen, journalistische Recherchen, Gespräche mit Zeugen, Tagebücher, Briefe usw.). Nachteilig (im Hinblick auf bestimmte Fragestellungen etwa in einer Dunkelfeldstudie, aber nicht generell) wirken sich Verzerrungen (z. B. aus Gründen der Verkaufswirksamkeit) aus; dazu gehört die Überrepräsentation und besondere Aufmachung aufsehenerregender oder komischer Fälle: Bei den beiden folgenden Beispielen handelt es sich an sich um recht ähnliche Delikte (aus strafrechtlicher Sicht), dennoch nahm die erste eine Fläche von 77 cm^2 ein, die zweite eine Fläche von 218 cm^2:

Fallbeispiel 4:

„‚Ich bin Pater Michael und komme vom Franziskanerorden in Wien. Die letzten Jahre verbrachte ich in Afrika und sammle jetzt Geld für meine Missionstätigkeit!' Mit diesen Worten stellte sich der mehrfach vorbestrafte K. K. (36) in mehreren deutschen Klöstern vor. Überall wurde er gastfreundlich aufgenommen, fürstlich bewirtet und erhielt auch großzügig Geldspenden. Als Dank dafür las der Betrüger sogar Messen, ohne daß die geistlichen ‚Amtsbrüder' Verdacht schöpften.
Eine Anfrage beim Franziskanerorden in Wien ergab jedoch: ‚Ein Pater Michael ist uns völlig unbekannt.' Daraufhin ermittelte die Polizei gegen ihn und konnte K. in Worms festnehmen. Ein Schöffengericht verurteilte den falschen Geistlichen jetzt zu elf Monaten Haft ohne Bewährung". (tz; 4.1.1985)

Fallbeispiel 5:

„Ein katholischer Pfarrer hat in ganz Europa mindestens drei Millionen Mark Spendengelder gesammelt. Daß es bei den Aktivitäten des Geistlichen nicht immer mit rechten Dingen zugegangen sein kann, ergab jetzt eine Hausdurchsuchung in Graz (Österreich). In der Wohnung einer 26jährigen fand die Polizei pikante Fotos. Sie zeigen den Priester mit zwei nackten Frauen bei Sexspielen. Er hatte offenbar mit Selbstauslöser die schönsten Liebes-Szenen mit seinen Freundinnen aufgenommen.
Vor über zehn Jahren hatte der jugoslawische Pfarrer A. B. (52) vor allem in der Schweiz, Österreich und der Bundesrepublik Deutschland begonnen, Geld zu sammeln. Die Spenden sollten für elf Projekte in seiner Heimat sein, u. a. für eine neue Kirche in M. und ein Schwesternheim in D. Der Geistliche sammelte das Geld zunächst auf Spendenkonten, dann auf seinen privaten Sparbüchern. Buchführung gibt es keine. Nur durch einen Zufall flog das Ganze jetzt auf. Weil er angeblich keinen Reisepaß erhielt, bat der Pfarrer von Jugoslawien aus, die 29 Jahre alte K. J. in Graz, von seinem Konto über 200 000 Mark abzuheben. Als die Frau mit dem Geld nach Bayern wollte, wurde sie an der Grenze gefaßt, weil ihr Mann keinen Führerschein hatte. Dabei wurde im Auto das Geld entdeckt. Die 29jährige sitzt jetzt in Traunstein in Untersuchungshaft. Kurz darauf versuchte ihre Freundin V. G. (26) Beweismaterial aus der Grazer Wohnung zu beseitigen. Dabei wurde sie erwischt und ebenfalls verhaftet.
Jetzt kam heraus, daß der Pfarrer nicht nur in Graz, sondern auch in Frankfurt und Bad Honnef Eigentumswohnungen besitzen soll — offenbar als Liebestreff. Der Priester bestreitet alles". (tz, 20.3.85)

Plazierungen, Überschriftengröße, Qualität der Beiträge, Anzahl diskriminierender oder schadenfroher Bemerkungen u.a.m. sind Variablen, die Aufschluß über die in verschiedenen Zeitungen geübten Viktimisierungstendenzen gewähren. Insofern kann auch die Analyse von Beiträgen in der Boulevardpresse wichtige Aufschlüsse — insbesondere über die sekundäre Viktimisierung — geben.

2.4. Zusammenfassung

- Offizielle Kriminalstatistiken, Täterbefragungen, Dunkelfelduntersuchungen und Opferbefragungen weisen jeweils spezifische Vorteile und Unzulänglichkeiten auf, so daß die Gesamtheit der stattgefundenen Viktimisierungen von keiner der genannten Methoden voll abgedeckt wird. Als bester Ausweg bietet sich eine Kombination von Täter- und Opferuntersuchung in einem räumlich abgegrenzten Bereich an.
- Wenn sich auch Angaben über Viktimisierungen vornehmlich aus Opfer- und Dunkelfeldbefragungen gewinnen lassen, so sollten doch auch nach Möglichkeit andere Informationenquellen genutzt werden, nämlich Statistiken, Akten, Vernehmungsprotokolle, Zeitungsberichte, Täterbefragungen, aber auch (eingeschränkt) Beobachtungen und feldexperimentelle Designs. Je nach Problemstellung verspricht gerade die Kombination verschiedener Verfahren weitergehende und abgesicherte Erkenntnisse.
- Die Entscheidung darüber, welche Methoden oder -kombinationen eingesetzt werden sollen, kann immer nur gegenstandsorientiert, auf die jeweiligen Erkenntnisinteressen bezogen und in Abhängigkeit von den Realisierungschancen und den Ressourcen getroffen werden.
- Gerade auch unter dem Aspekte der Reaktivität von Befragungen bieten sich nonreaktive Methoden (Experiment, Beobachtung, Inhaltsanalysen) oder profunde Analysen im Rahmen qualitativer Befragungen an.

3. Theoretische Überlegungen zu einer Soziologie des Opfers

Nach der Bestimmung und Abgrenzung der Viktimologie bzw. der Soziologie des Opfers und der Darstellung grundlegender Methoden wollen wir uns nun den theoretisch-inhaltlichen Aspekten zuwenden. Ebensowenig, wie es *eine* viktimologische Methode gibt, kann man von *einer* Theorie ausgehen. Viktimisierungsprozesse bzw. Teilaspekte davon lassen sich unter Heranziehung verschiedener theoretischer Ansätze beschreiben oder erklären. Damit stellt sich die Frage nach der Brauchbarkeit und Angemessenheit einzelner sozialwissenschaftlicher Theorien. Nach welchen Kriterien sind die zu treffenden Auswahlentscheidungen zu bemessen? Welche Argumente gibt es, einer Theorie den Vorzug vor anderen zu geben? Welchen grundlegenden Erfordernissen haben sozialwissenschaftliche Erklärungsversuche der Viktimisierung zu genügen? Diesen und ähnlichen Fragen soll in den folgenden Abschnitten nachgegangen werden.

Opfertypologien (vgl. 3.1.) sind ein Versuch, Ordnung und System in die Fülle des empirischen Materials zu bringen; sie dienen eher der Beschreibung als der Erklärung. Sowohl bei den Typologien als auch im Zusammenhang mit den Theorien stellt sich die Frage, inwieweit es überhaupt möglich ist, nach deliktunabhängigen bzw. deliktübergreifenden Ordnungsschemata zu suchen, sind doch die Gründe, warum jemand Opfer wird, in hohem Maße deliktspezifisch. GÖPPINGER (1981, S. 8) betont hier zu Recht, daß es keine einigermaßen verbindliche Aussage über *das* Opfer gebe. Dies erinnert an die Feststellung von WEIGEL (1977, S. 80), wonach es zwar „das Perlhuhn“ und „den Eichelhäher“ gebe, aber nur Frauen oder eine Frau, und man nur diese eine, einzelne als „die Frau“ bezeichnen dürfe. Analoges läßt sich vom Opfer sagen. Zumindest ist es sinnvoller, vom Opfer eines Raubes, eines Sexualdelikts oder einer Tötung auszugehen, als vom Opfer schlechthin.

Folgende Argumente sprechen für eine deliktspezifische Betrachtungsweise:

— „Straftaten“ oder gar „abweichendes Verhalten‘ sind sehr globale, allgemeine, aber in sich heterogene Kategorien. Die Verhaltensweisen, die darunter subsumiert werden, sind abhängig von bestimmten historischen und gesellschaftlichen Bedingungen, die einem ständigen Wandel unterworfen sind, was gleichermaßen für die entsprechenden Opferdefinitionen gilt. Eine Viktimologie, die der Abhängigkeit des Opferbegriffs von der Deliktdefinition nicht Rechnung trägt, indem sie deren gegenseitige Bedingtheit nicht problematisiert, macht es sich zu leicht und wird der sozialen Realität nicht gerecht.

– Für die Beurteilung konkreter Straftaten und Opferschicksale sind eine Vielzahl von Motiven und Situationsdefinitionen zu berücksichtigen. Abweicher sind nicht gleich Abweicher und Opfer nicht gleich Opfer. Die Gemeinsamkeit einer bloßen Abweichung oder Opferwerdung ist unter theoretischen und praktischen Gesichtspunkten zu wenig, um zu abgesicherten, gehaltvollen Aussagen oder erfolgsträchtigen Handlungsanweisungen zu kommen.
– Keine der gängigen sozialwissenschaftlichen Theorien ist gleichermaßen zur Erklärung aller Arten abweichenden Verhaltens geeignet (LAMNEK 1979, 1985). Dieser Punkt findet vergleichsweise wenig Beachtung. Soziologische Theorien scheinen sich mehr auf Bereicherungsdelikte, psychologische Theorien mehr auf die nicht-utilitaristische Kriminalität zu konzentrieren. Die praktizierte Arbeitsteilung bedürfte zumindest einer kritischen Hinterfragung und näheren Begründung. Plausiblerweise sollte man auch nicht von einer „Theorie des Opfers“ erwarten, daß sich mit ihr jegliche Art der primären Viktimisierung erklären ließe. (Für die sekundäre und tertiäre Viktimisierung könnte dagegen eine größere Unabhängigkeit von der Art des Delikts bestehen (vgl. 4.2. und 4.3.)).

Es gibt somit gute Gründe für eine deliktspezifische Sichtweise. Damit ist aber das Risiko verbunden, dem anderen Extrem zu verfallen und die Gemeinsamkeit der Viktimisierung aus dem Auge zu verlieren. So berechtigt die Forderung nach einer deliktspezifischen Betrachtung der Viktimisierungen ist, bleiben doch genügend Gemeinsamkeiten, die – unabhängig von der Art des Delikts – auch eine übergreifende Betrachtung erlauben. Ausgehend von den im ersten Kapitel gemachten Ausführungen liegen allen Viktimisierungen bzw. viktimogenen Situationen folgende Bedingungen zugrunde:
– Zwischen Täter und Opfer besteht (entweder aus der Sicht des Täters, des Opfers oder aus der Sicht von Täter und Opfer) ein *Machtgefälle*. In diesem Sinn bemerkt NAGEL (1979, S. 68), daß jedes Verbrechensopfer ein Opfer von Machtmißbrauch ist. Der Täter braucht sein Opfer nicht als handelndes und gleichberechtigtes Subjekt wahrzunehmen, sondern als bloßes Objekt in seinen (eigennützigen) Überlegungen, dessen Gefühle und Reaktionen nur insoweit einzubeziehen sind, als sie die erfolgreiche Tatausführung und die Sicherheit vor Aufklärung und Verfolgung reduzieren. Das Vorhandensein von Macht bedingt natürlich nicht automatisch eine Opferwerdung (z. B. Eltern – Kinder; Lehrer – Schüler), doch wird niemand zum Opfer, wenn nicht ein Machtgefälle besteht bzw. (zumindest in der Vorstellung des Täters) perzipiert wird; verschiedene Opfertypologien und Erklärungsansätze (etwa v. HENTIG 1948) gehen davon aus, wenn sie darauf hinweisen, daß Schwache (Alte, Kinder, Behinderte, Angehörige von Minoritäten usw.) besonders leicht viktimisert werden. Methodologisch formuliert

ist also perzipierte Macht eine notwendige aber nicht hinreichende Bedingung für die Opferwerdung.

- Ein anderes grundlegendes — wenn auch nicht spezifisches — Merkmal von Viktimisierungen ist der Umstand, daß es sich um soziale Beziehungen handelt (was im Machtgefälle allein noch nicht enthalten ist). Der Begriff „Soziale Beziehung" meint ein Verhalten, das das Handeln der Beteiligten sinnhaft aneinander orientiert.
- Neben dem Vorliegen einer sozialen Beziehung und einem Machtgefälle liegt eine Gemeinsamkeit der Opfer von Straftaten darin, daß ihre Verletzung gleichzeitig ein Verstoß gegen kodifizierte Normen darstellt. Zum personalen Opfer tritt gleichzeitig ein Verstoß gegen die Rechtsordnung hinzu. (Im Unterschied zu SCHNEIDER (1975, 1979) sprechen wir jedoch nicht von einer Viktimsierung, wenn lediglich die Rechtsordnung verletzt wird, aber keine personales Opfer betroffen ist.)

Die genannten Gemeinsamkeiten werden jedoch in der Regel kaum ausreichen, um gehaltvolle Aussagen über „das Opfer" zu machen, es sei denn, die Deliktart wird als wesentliche Viktimisierungsvariable kontrolliert.

3.1. Opfertypologien

Es gibt zahlreiche Versuche einer Typologisierung der Opfer von Straftaten. Ihre Zielsetzung besteht darin, die Komplexität der empirisch gegebenen Wirklichkeit auf ein überschaubares Maß zu reduzieren und die Konstruktion von Hypothesen und Theorien zu erleichtern. Zu diesem Zweck wird versucht, auf der Grundlage von wichtigen, anerkannten Kriterien Kategorien zu bilden, die sich gegenseitig ausschließen sollen, um so eindeutige Zuordnungen zu ermöglichen (= Trennschärfe). Da man bei Klassifikationen stets vor dem Dilemma steht, entweder eine Vielzahl von Kriterien bzw. zahlreiche Kombinationen davon zu berücksichtigen (die Realität also möglichst differenziert zu erfassen) oder eine einfache und übersichtliche Einteilung zu bekommen, und zudem kein Konsens über die Auswahl der relevanten Kriterien besteht, kann man nicht von vollständigen, geschlossenen und die Realität exakt abbildenden Typologien ausgehen; sie sind lediglich mehr oder weniger geeignete Werkzeuge, die Wirklichkeit in den Griff zu bekommen.

Typologien können sich auf die vorkriminelle opferträchtige Situation, auf persönliche Merkmale und Eigenschaften des Opfers oder auf die unmittelbaren Beziehungen des Opfers zum Täter beziehen (AMELUNXEN 1970, S. 37 ff.). Einteilungen sind möglich nach der räumlich-zeitlichen Situation, nach der familialen und beruflichen Stellung, nach der Funktion, als Impuls und Hemmungswegfall oder nach Art und Umfang des erwartbaren Widerstands (vgl. v. HENTIG 1962, S. 460), nach der psychischen Situation des Opfers u.a.m. Umstritten sind solche Einteilungen, die sich an biologischen Kriterien, wie Alter und Geschlecht oder gar Erbfaktoren orientieren (z. B. GASSER 1965, S. 56). Auch v. HENTIG (1948, S. 385) spricht von „geborenen Opfern", doch meint SCHNEIDER (1975, S. 57) hierzu, daß die Annahme eines geborenen Opfers empirisch unbegründet sei: „Es gibt keine Erbfaktoren, die für Opfereignung und Opferneigung empfänglich mache." Dies soll nicht dahingehend mißverstanden werden, daß biologische Faktoren für eine Opfertypologie oder für Theorien der Viktimisierung gänzlich vernachlässigt werden sollen. Genetische Bedingungen, also biologische Variablen, werden als irrelevant betrachtet, während andere biologische Determinanten sehr wohl bedeutsam sein können. Für bestimmte Delikte (z. B. Sexualdelikte) spielt das Geschlecht eine entscheidende Rolle (es werden kaum Männer von Frauen vergewaltigt) und für andere Straftaten (z. B. bestimmte Arten des Betrugs) ist die Konstitution des Opfers (Gebrechlichkeit) eine entscheidende Bedingung. Wichtig ist jedoch, daß derartige Merkmale (Geschlecht, Alter, Konstitution) nicht direkt die Wahrscheinlichkeit der Opferwerdung beeinflussen, sondern stets über soziale Prozesse vermittelt sind. (Ein Täter hat im Verlauf einer (kriminellen) Sozialisation gelernt, welche Opfer besonders machtlos sind usw.). Wenn wir auch im folgenden verkürzt von biologischen Variablen sprechen, so ist damit stets gemeint, daß diese über soziale Beziehungen, Prozesse und Definitionen erst viktimologisch relevant werden.

Das Anliegen von Opfertypologien kann mehr praktischer (Verhütung von Straftaten) oder mehr theoretischer Art sein; sie können auf Intuition, auf klinischer Fallerfahrung oder auf empirisch-faktorenanalytischer Untersuchung beruhen (SCHNEIDER 1975, S. 52); die grundlegenden Kategorien können vorwiegend juristischer, psychologischer oder soziologischer Herkunft sein; sie können auf das Verbrechensopfer insgesamt oder auf die Opfer spezifischer Delikte abzielen usw., so daß eine Unzahl von Typologien konstruierbar erscheint.

SCHULTZ (1956) nimmt eine einfache aber eingängige Typisierung nach der Beteiligung des Opfers vor; er differenziert zwischen

- Taten *ohne individuell bestimmbares Opfer* (z. B. Beförderungserschleichung, Hochverrat);
- Taten, bei welchen die *Täter-Opfer-Beziehung nicht „gestaltend"* mitwirkt (z. B. Amokschütze, der wahllos in eine Gruppe von Passanten schießt);
- *Beziehungsdelikte*, bei denen die Tat aus zwischenmenschlichen Beziehungen erwächst (z. B. Mord aus Eifersucht).

Auch für Mendelsohn (1956) ist der Tatbeitrag des Opfers, das Ausmaß seiner Mitschuld entscheidend, wenn er nach „unschuldigen Opfern", zum Delikt beitragenden Opfern und provozierenden Opfern differenziert.

Abbildung 3: Opfertypologie nach Mendelsohn

	Typ	Tatbeitrag	Beispiele
vollständige unschuldiges Opfer	‚Ideales Opfer"	keine aktive Beteiligung	Bombenattentat auf zufällig anwesende Kunden im Kaufhaus. Person, die im bewußtlosen Zustand bestohlen wird
Opfer so schuldig wie Täter	Opfer mit geringer Schuld	mehr oder weniger großer Beitrag zur Tat	Frau, die von ihr selbst eingeleitete Fehlgeburt mit eigenem Leben bezahlt
	Opfer aus Unwissenheit	mehr oder weniger großer Beitrag zur Tat	Frau überläßt Heiratsschwindler ihre Sparbücher
	williges Opfer	mehr oder weniger großer Beitrag zur Tat	Tötung eines unheilbar Kranken auf dessen eigenen Wunsch (Tötung auf Verlangen)
Opfer ist schuldiger als Täter	provozierendes Opfer	überwiegender oder ausschließlicher Beitrag des Opfers zur Tat	Angreifer, der in Notwehr getötet wird
	deliktbegehrendes Opfer		Betrunkener prahlt in einer Bar mit Geld
	falsches Opfer (vorgetäuschte Straftat)		Eine Frau will sich an einem Mann rächen und beschuldigt ihn eines Notzuchtverbrechens

Die nachfolgend geschilderten Fälle aus neuerer Zeit umreißen die Pole des Spektrums der „Mitschuld" bzw. des Tatbeitrags von Opfern:

Fallbeispiel 6:

„Der Anschlag auf das Dorfmunder Hertie-Kaufhaus, bei dem acht Menschen verletzt wurden, ist aufgeklärt: Der 20jährige Elektriker-Lehrling T. R. aus Dortmund hat gestanden, er habe den Sprengsatz im Keller seines Elternhauses zusammengebaut und später im Erdgeschoß des Kaufhauses in einer Plastiktüte deponiert. Politische Motive hatte der 20jährige nicht. Ihn trieb lediglich der ‚Spaß am Knall' ". (AZ, 12.3.85)

Fallbeispiel 7:

„Tödliche Rache für eine jahrelange Unterdrückung und Erniedrigung: Der dänische Rockerkönig N. F. J. (46) ist von einer seiner beiden Freundinnen erschossen worden. J. L. (23) gab zu: Ich habe es getan. Ich habe seine Brutalität nicht mehr ausgehalten... Vor etwa drei Jahren hatte der Bandenchef die Schwestern J. und J. kennengelernt. Beide zogen zu ihm auf einen Bauernhof. Beide teilten mit ihm das Bett. Und beide wurden in kurzen Abständen von ihm schwanger. Die jungen Frauen wurden von dem 46jährigen mit Schlägen und ständigen Morddrohungen gefügig gemacht. Als der Rockerkönig jetzt während des Hafturlaubs auf den Bauernhof zurückkehrte, hielt J. den Terror nicht mehr aus. Mit einem Jagdgewehr schoß sie ihn nieder. ‚Ich wollte ihm nur drohen', sagte sie der Polizei, ‚doch dann habe ich aus Angst vor ihm abgedrückt' ". (tz, 17.1.85)

Die Mitwirkung des Opfers läßt sich auf einem Kontinuum von „willentlicher Herausforderung" (maximaler Beitrag) bis „kein erkennbarer Beitrag" anordnen, mit den Zwischenstufen „unwillentliche Provokation", Leichtsinn, Sorglosigkeit usw. Der folgende Fall, der im Herbst 1984 in München einiges Aufsehen erregte, kann als Extrembeispiel einer (glücklicherweise mißlungenen) bewußten Provokation durch ein potentielles Opfer angesehen werden:

Fallbeispiel 8:

Ein 41jähriger Beamter stand im Verdacht, eine 28jährige Pferdepflegerin vergewaltigt und anschließend ermordet zu haben (Fallbeispiel 111, S. 181). Eine Freundin der Ermordeten äußerte diesen, damals noch nicht beweisbaren, Tatverdacht gegenüber der Polizei und nahm die Aufforderung des Beamten, „weiterhin die Augen offenzuhalten", sehr ernst, indem sie versuchte, den ihr flüchtig bekannten Verdächtigen zu verführen und ihn zu einem Geständnis zu bewegen oder zumindest Indizien zu ermitteln. Zwar fand sie keine konkreten Anhaltspunkte für eine Überführung des (wie sich später herausstellte schuldigen Verdächtigen), doch erhärtete sich der Verdacht. Die Frau hatte sich aber freiwillig und voll bewußt in eine gefährliche, viktimogene Situation begeben.

Die Typologie von MENDELSOHN beruht ausschließlich auf der rechtlichen Kategorie der Schuld; kriminologische und soziologische Erkennntisse, die wir für wichtig halten (s. u.) spielen dagegen keine Rolle. Da es sich beim Kriterium „Schuld" um ein „metaphysisches", „irrationales" Merkmal handelt, spricht SCHNEIDER (1975, S. 53) von einer Interpretationstypologie. Als weitere Einschränkung ist anzumerken, daß in der Typologie nur personale Opfer enthalten sind; der durch Steuerhinterziehung betrogene Staat läßt sich ebensowenig einordnen wie die durch eine ungenehmigte Demonstration vielleicht gestörte öffentliche Ordnung. Dies ist jedoch nur dann ein Kritikpunkt, wenn man von einer weiten Opferdefinition ausgeht.

Eine einfache, dichotomisierende — allerdings auf Betrug beschränkte — Typologie geht auf LENZ (1961) zurück, der zwischen *aktiven* und *passiven* Opfern unterscheidet. Während erstere auf den Täter zukommen (Jemand gibt Unbekannten gegenüber zu erkennen, daß er über viel Bargeld verfügt und eine lohnende Anlageform sucht), geht bei den passiven Opfern, die nach indolenten (trägen) und mobilen (spannungsgeladenen, beweglichen) unterschieden werden, die Initiative vom Täter aus.

Der Strafrechtler und Kriminologe v. HENTIG hat mehrere Opfertypologien aufgestellt. Für die erste Typologie ist das Opfer als Impuls zur Begehung der Tat oder als Hemmungswegfall konstitutierend. Er unterscheidet:

a) *Gewinngierige Opfer:* besonders bei Betrugs- und Wirtschaftsdelikten. (Beispiel: Jemand sucht eine besonders gewinnbringende Geldanlage und möchte dabei das Finanzamt umgehen. Dabei fällt er auf einen Betrüger herein.)
b) *Lebensgierige Opfer:* Aus Genußsucht und Lebensgier fällt die übliche Vorsicht weg. (Beispiel: Ein älterer Mann verfällt in sexuelle Torschlußpanik und landet dabei in zweifelhaften Etablissements, wo er ausgenommen wird.)
c) *Aggressive Opfer:* Das Opfer bedroht oder quält andere und wird bei der sich daraus entwickelnden Auseinandersetzung bedroht oder getötet. (Beispiel: Ein Haustyrann, der jahrelang seine Ehefrau mißhandelt hat, wird schließlich von ihr umgebracht.)
d) *„Wertlose" Opfer:* Das Opfer wird als lästig, böse, sündig oder wertlos angesehen, so daß Übergriffe erlaubt oder sogar geboten sind (Beispiel: Genozid, Hexenverfolgung).

Daß diese Klassifikation sehr einfach — wenn auch hilfreich — ist, geht schon daraus hervor, daß diese Opfertypen nicht in ihrer Reinform auftreten müssen; Kombinationen sind vorstellbar. Die Typologie ist zudem nicht eindimensional: Während die ersten drei Opfer quasi aktiv zu ihrer Viktimisierung beitragen, ist der vierte Typus nur passiv beteiligt, weil der Täter ihn entsprechend definiert. In einer anderen Typologie löst sich v. HENTIG (1948) von der genotypischen Sichtweise und schlägt eine phänotypische Klassifikation vor, in der folgende Opfertypen unterschieden werden:

a) die *Jungen* (da sie unerfahren sind, können sie leichter hereingelegt werden);
b) die *Alten* (aufgrund von Gebrechlichkeit, Behinderung und isolierter Lebensweise);
c) *Frauen* (wegen ihrer „Schwäche");
d) geistig *Kranke und Behinderte* (Rauschgiftsüchtige, Alkoholiker usw.);

e) *Immigranten* (aufgrund ihrer Unerfahrenheit mit dem Leben im Einwanderungsland), *Minderheiten* (wegen ihrer relativen Machtlosigkeit) und „dumme Normale";
f) *Depressive* (der normale Selbsterhaltungsinstinkt ist gestört);
g) *Gewinnsüchtige* („Betrogene Betrüger", vgl. bes. Fallbeispiel 68);
h) *Wollüstige* (Opfer von Erpressung);
i) *Einsame und Enttäuschte* (als Opfer des Heiratsschwindels);
j) *Quäler* (Haustyrann, der von seiner Familie „exekutiert" wird);
k) *Blockierte*, d. h. Opfer, die aufgrund von Verstrickungen unfähig sind, sich zu verteidigen. (Zahlungsunfähiger Bankier, der lieber betrügt, als seine Zahlungsunfähigkeit zuzugeben.)

Auch diese Typologie ist einfach, aber anschaulich und gibt — obgleich stark deskriptiv — eine Fülle von Anregungen für eine weitergehende viktimologisch-soziologische Typologie (vgl. unten). Bemerkenswert erscheint aber, daß einige Opfertypen mit negativen Attributen versehen sind.

Demgegenüber richtet sich die Typologie von de ASUA (zit. nach PAASCH 1965, S. 82) einseitig an den Tatbeständen des Strafrechts aus. Er differenziert:
a) peinigende Opfer
b) notwendige Teilnahme am Duell
c) Opfer von Körperverletzung
d) Opfer bei Tötungen aus Leidenschaft
e) Opfer der Sittlichkeitsdelikte
f) Opfer der Betrugsdelikte
g) Opfer der Fahrlässigkeitsdelikte

In einer weiteren Typologie (de ASUA 1962) wird einerseits zwischen *indifferenten Opfern* und *determinierten Opfern*, andererseits zwischen *widerstehenden* und *unterstützenden Opfern* unterschieden. Indifferente Opfer sind Zufallsopfer und (aus der Sicht des Täters) austauschbar; die Persönlichkeit des Opfers ist für den Täter irrelevant. Dies gilt z. B. für viele Raubüberfälle. Auch für Terroristen, die eine Autobombe explodieren lassen, spielt es keine Rolle, welche der zufällig vorübergehenden Passanten getroffen werden. Im Gegensatz dazu ist das determinierte Opfer für einen Täter das alleinige und ausschließliche Angriffsziel (Beispiel: Rache an einem untreuen Ehepartner). Widerstehende Opfer sind von einem Angriff überrascht und setzen sich zur Wehr, wohingegen unterstützende Opfer einen Beitrag zur Genese der Straftat geleistet haben. Bei der Unterscheidung nach indifferenten und determinierten wie auch bei der zwischen widerstehenden und unterstützenden Opfern sind die Übergänge fließend: Viele Räuber suchen sich ihre Opfer nach bestimmten äußeren Merkmalen aus und bedienen sich dabei einer praktischen Psychologie. Verschiedentlich legen sie es auf einen bestimmten Geldboten an, den sie genügend zu kennen glauben, um seine möglichen Reaktionen abschätzen zu können. In anderen Fällen kann es vorkommen, daß sich der Haß gegen eine bestimmte Person in Aggression gegenüber wahllos herausgegriffenen Passanten entlädt (vgl. die Fallbeispiele 23 und 24).

Konstituierendes Merkmal in der Typologie von FATTAH (1967) ist der *Tatbeitrag* des Opfers. Auch hier handelt es sich um eine Interpretationstypologie, die der Einteilung von MENDELSOHN ähnelt. Folgende Kategorien werden unterschieden:

a) *Nichtteilnehmendes Opfer:* Völliges Fehlen eines Tatbeitrages.
   — *Passiver Typ:* unbewußt oder wehrunfähig (z. B. schlafender Säugling)
   — *Aktiver Typ:* leistet Widerstand gegen die Viktimisierung (z. B. aus dem Hinterhalt Angegriffener, der sich zur Wehr setzt.)
b) *Latentes (prädisponiertes) Opfer:* Aufgrund bestimmter Merkmale, Kennzeichen, Neigungen und Eigenschaften (z. B. Gebrechlichkeit, Randseiterposition, „Lebensgier" (vgl. v. HENTIG 1948) wird seitens eines potentiellen Täters eine geringe Widerstandskraft angenommen. Derartige Personen sind mehr als andere zur Opferwerdung prädestiniert. Da die Merkmale beständig sind, ist von einer hohen Wiederholungsquote auszugehen. (Beispiel: Alte, allein lebende Rentnerin, Gastarbeiter; Matrose, der nach langer Fahrt in einer fremden Hafenstadt ankommt.)
c) *Provozierendes Opfer:* Der Täter wird im Vorfeld des Verbrechens durch das Opfer gereizt.
   — *Passiver Typ:* indirekte bzw. unkluge Provokation durch Nachlässigkeit. (Beispiel: Jemand läßt Geldscheine aus seiner Hosentasche heraussehen.)
   — *Aktiver Typ:* der Täter wird direkt angeregt.
   — *Nichtzustimmendes Opfer* (Beispiel: Notwehropfer).
   — *Zustimmendes Opfer:* die Initiative geht vom Opfer aus. (Beispiel: Tötung auf Verlangen.)
d) *Teilnehmendes Opfer:* das Opfer wirkt direkt bei der Tatausführung mit.
   — *Passiv:* Das Opfer zeigt eine „tatgeneigte Haltung", indem es das Verbrechen durch Wunsch, Zustimmung, Unterwerfung oder Apathie ermöglicht (Beispiel: Masochist).
   — *Aktiv:* Das Opfer kollaboriert mit dem Täter; es ist der benachteiligte Partner einer kriminellen Gruppe (Beispiel: Dieb, der vom Hehler betrogen wird.)
e) *Falsches Opfer:* Der Betreffende ist entweder nicht wirkliches Opfer einer Straftat (Beispiel: Opfer höherer Gewalt), überhaupt kein Opfer (Beispiel: eingebildetes Opfer, entweder gut- oder bösgläubig, Vortäuschen einer Straftat) oder ein Opfer seiner selbst (Beispiel: Selbstmörder, Selbstverstümmelung, um dem Wehrdienst zu entgehen.). (Bei diesen Opfern kann der Richter von einer Bestrafung absehen, wenn die Tatfolgen für den Täter so

schwer sind, daß eine Strafverhängung „offensichtlich verfehlt wäre", etwa Fahrlässigkeitsdelikte, durch die sich der Täter in erster Linie selbst geschädigt oder nahe Angehörige verloren hat; §16 StGB).

Diesen und ähnlichen Klassifikationen kommt zwar eine ordnende, bisweilen aber doch sehr begrenzte Bedeutung zu (Eisenberg 1972, S. 163). Die wichtigsten Probleme der Typologien sind:

— Sie sind rein beschreibend und liefern kaum weiterführende Erkenntnisse.
— Sie beruhen in der Regel nicht auf einer emprisch-faktorenanalytischen Grundlage (Schneider 1975, S. 57), sondern wurden intuitiv oder aufgrund von Fallerfahrungen gebildet. Die empirische Absicherung ist unzureichend.
— Die meisten Typologien beschränken sich auf personale Opfer.
— Es gibt nur wenige „reine", d. h. eindeutig zuzuordnende Fälle.
— Die Übergänge zwischen den einzelnen Kategorien sind fließend, woraus sich Zuordnungsprobleme und Überschneidungen ergeben (vgl. de Asua 1962).
— Bei den Merkmalen handelt es sich überwiegend um temporäre, die nur für die Tatsituation relevant waren; konstantere, die die Persönlichkeit oder soziale Situation des Opfers charakterisieren, sind nicht enthalten.
— Jede Typologie befindet sich in dem Dilemma zwischen Unübersichtlichkeit bzw. Inkonsistenz (womit sie der empirischen Wirklichkeit gut gerecht wird) und zu starker Vereinfachung (was der Darstellbarkeit zugute kommt).
— Bei differenzierteren Typologien, die mehrere Merkmale berücksichtigen, stellt sich das Problem der Gewichtung der einzelnen Merkmale im Variablengeflecht.
— Manche Typologien sind unvollständig; manche Fälle lassen sich nicht einordnen.

Aus den genannten Gründen ist der Wert der Typologien nicht nur für die kriminologische Forschung, sondern auch für praktische Zielsetzungen (Prognose, Prophylaxe) eingeschränkt.

Zur Verdeutlichung der mit den Typologien verbundenen Zuordnungsschwierigkeiten, bieten wir dem Leser die Möglichkeit, die nachfolgenden Fallbeispiele nach den Typologien von v. Hentig, Mendelsohn, Fattah oder de Asua zu klassifizieren:

Fallbeispiel 9:

„‚Wenn du die Polizei rufst, bring ich dich um!' Das drohte ein Sex-Gangster seinem Opfer! Das Mädchen zeigte den Mann trotzdem an. Kaum aus dem Gefängnis entlassen überfiel der Täter die 23jährige und brachte sie auf bestialische Weise um. Der Mörder vor Gericht: ‚Ich war sauer. Denn ich hatte mich schriftlich bei ihr entschuldigt, aber sie antwortete nicht einmal.' S. W. aus Bradford (England) war im Januar 1982 in ihrer Wohnung mißbraucht worden. Als Täter faßte die Polizei wenig später J. P. (26). Er wurde zu vier Jahren Haft verurteilt, kam aber im Juni 1984 wegen guter Führung vorzeitig frei. Jetzt lauerte er seinem Opfer erneut auf, verfolgte sie in seine Wohnung und zwang sie, sich nackt auszuziehen. Dann vergewaltigte er die wehrlose Frau, würgte sie so stark, daß ihr mehrere Halswirbel brachen und erstickte sie mit einem Kissen. Anschließend übergoß er die Leiche mit Benzin und zündete die Wohnung an. Seelenruhig setzte er sich dann in ein nahegelegenes Lokal und rief noch selbst die Feuerwehr an. Zeugen vor Gericht erklärten nun, daß S. W. nach der ersten Vergewaltigung Angst vor Männern hatte und sich kaum noch allein auf die Straße traute. Der Prozeß geht weiter." (tz 7.2.85)

Fallbeispiel 10:

„Regelrecht hingerichtet hat ein türkisches Mädchen aus Köln einen Mann, der es vergewaltigt hatte. Die 18jährige A. I. hatte den verheirateten Straßenbauarbeiter S. Ö. (28) vor vier Wochen kennengelernt, als er vor dem Haus ihrer Eltern beschäftigt war. Am vergangenen Freitag lockte er sie in seine Wohnung und vergewaltigte sie unter brutaler Gewaltanwendung. Die verzweifelte A. offenbarte sich ihren Eltern, am Montag wurde Familienrat gehalten. Die 18jährige lud S. Ö. für Freitag in die elterliche Wohnung ein. Kaum trat er ein, feuerte sie aus einer Browning 7,65 ein ganzes Magazin auf ihren Peiniger ab. Er war sofort tot. A.: ‚Meine Ehre ist weg!' ". (tz 29.12.84)

Fallbeispiel 11:

„Aus Mitleid hat ein 36jähriger seine Mutter in der Badewanne ertränkt. J. M. aus Hart (Kärnten) hatte im Dezember seine Arbeitsstelle verloren. Im letzten Jahr war sein Vater verstorben. Auf seine Mutter und ihn kamen nun finanzielle Verpflichtungen zu, die sie aber nicht bezahlen konnten. So konnte die Frau jetzt ihrem Sohn zu Mittag lediglich eine Suppe kochen. Für mehr reichte das Geld nicht. M. M. (57) litt unter den Schulden sehr. Ihr Sohn ließ ihr nun das Wasser in die Badewanne laufen und drückte anschließend ihren Kopf so lange unter, bis die Frau tot war. Dann rief er bei der Polizei an und erklärte den Beamten: ‚Ich habe sie erlöst' ". (tz 19.2.85)

Fallbeispiel 12:

„Ein 14jähriger Bub hat in Finnland seine Lehrerin erstochen. Motiv: Der Schüler drehte durch, weil er die Härte der Frau nicht mehr ertragen konnte. Die Strenge der 56jährigen war berüchtigt. Ihre hohen Anforderungen zu erfüllen, gelang den wenigsten Schülern. Sogar die Eltern hatten sich mehrmals über die Methoden der Pädagogin beschwert und um eine Versetzung ersucht — vergebens. Gestern, in der ersten Schulstunde, stach der 14jährige vor den Augen der 30 Mitschüler zu. Die Lehrerin starb auf dem Weg ins Krankenhaus". (tz 14.12.84)

Fallbeispiel 13:

„Ein nackter Busen machte einen 21jährigen Fliesenleger aus Zürich zum Sex-Mörder. Im Strandbad Tiefenbrunnen beobachtete er eine Schönheit, die sich textilfrei in der Sonne aalte. Das brachte ihn so in Wallung, daß er nur noch an Sex denken konnte. Wie ein Tier fiel er über die 29jährige S. M., Frau eines prominenten Rechtsanwaltes, her. Als sie sich wehrte, stach er mit einem Teppichmesser wie wahnsinnig auf die Frau ein. Dann ließ er sein totes Opfer liegen und rannte davon. Wenig später wurde er gefaßt. ‚Mich überkam es plötzlich', gestand er weinend". (tz 7.6.79)

Fallbeispiel 14:

„K. Z. hatte Mitleid mit Menschen, die in Not geraten waren. Der 47jährige Facharbeiter aus Frankenthal war durch einen Arbeitsunfall schwer gehbehindert und arbeitsunfähig. Seine Hilfsbereitschaft wurde dem Mann zum tödlichen Verhängnis: Von einem Arbeitslosen, den Z. in seiner Wohnung aufnahm, wurde er getötet! Gabelstaplerfahrer H. A. (41) mußte die Wohnung räumen, weil er seine Miete nicht bezahlt hatte. Z. nahm den Arbeitslosen in seiner Wohnung auf. Die ersten Wochen ging alles gut. Doch dann gerieten sich die beiden immer öfter in die Haare. Der Grund: A. trank sehr viel, telefonierte sehr lange und ließ den Fernseher bis Sendeschluß auf voller Lautstärke laufen. An einem Abend unternahm der 47jährige Frührentner einen Stadtbummel. Als er nach Hause kam, herrschte ein Chaos in der Wohnung. H. A. lag betrunken auf dem Sofa. Der Fernseher lief in voller Lautstärke, in allen Zimmern brannte Licht. K. Z. wurde sauer: ‚Kannst Du Dich nicht wie ein anständiger Mensch benehmen?' Ein Wort gab das andere. Plötzlich stand A. auf, packte seinen Wohnungsgeber am Hals und drückte mit seinen kräftigen Händen zu. Z. sank tot zu Boden. Jetzt wurde A. verurteilt: Drei Jahre Gefängnis wegen Totschlags. Der Grund für die Milde: Der Angeklagte war durch seine Trunkenheit nur vermindert schuldfähig". (tz 17.1.85)

Fallbeispiel 15:

„Zwei Männer köpften in Haladwahi (westliches Indien) einen Vierjährigen, um eine Rekordernte zu bekommen. Mit dem Blut des Kindes besprengten sie ihre Felder. Den Bub hatten die beiden Inder entführt". (tz 5.2.85)

Fallbeispiel 16:

„Das Weihnachtsgeschenk ihrer Eltern hat eine 13jährige zu einem Callgirl gemacht! Die Schülerin aus Bromsgrove (England) hatte ein Sprechfunkgerät bekommen. Damit nahm das Mädchen nun gemeinsam mit vier Freundinnen Sprech-Kontakt mit sexhungrigen Männern auf. Die Schülerinnen im Alter zwischen 13 und 15 Jahren hatten sich regelmäßig auf einem Spielplatz getroffen. Mit dem Sprechfunkgerät machten sie Sex-Termine mit unbekannten Männern aus. Das Ganze flog auf, weil die fünf Lolitas deshalb häufig die Schule schwänzten. Ein Gericht verurteilte nun einen 20jährigen Arbeiter zu einem 120stündigen Arbeitseinsatz". (tz 17.1.85)

Fallbeispiel 17:

„ ‚Eine Restaurant-Küche ist doch kein Zirkus, wo man Messerwerfer spielen kann', meinte der Richter eines Bielefelder Schöffengerichts. Er verurteilte den Koch H. R. wegen Körperverletzung zu 700 Mark Geldstrafe. Der 29jährige hatte ein Messer auf einen

Lehrling geworfen und ihn dabei an der Hand verletzt. In der Küche eines Bielefelder Hotel-Restaurants herrschte Hochbetrieb. Der damals 17jährige Lehrling sollte eine kalte Soße zubereiten, wußte aber nicht, wie. Er fragte mehrmals den Ausbilder H. R., bis diesem die Nerven durchgingen: Wütend schleuderte er das Messer, mit dem er gerade Fleisch auslöste, gegen den Lehrling. Das Messer durchtrennte die Sehne des kleinen Fingers. Der Lehrling wurde 50 Tage krankgeschrieben. Der Berufsgenossenschaft meldete man einen Arbeitsunfall: Dem Kochlehrling sei beim Schinkenauslösen das Messer abgeglitten. Der Lehrling ging erst nach Beendigung seiner Ausbildung zum Gericht. Er hatte aus Angst um seine Lehrstelle drei Jahre geschwiegen". (tz 23.1.85)

Fallbeispiel 18:

„Mittags läutete es bei einer 84jährigen Rentnerin aus der Bergmannstraße (Westend): ‚Grüß Gott, ich komm vom Roten Kreuz und bitte um eine kleine Spende.' Dabei zeigte der etwa 35jährige Mann im grauen Anzug einen Ausweis mit Lichtbild. Die Frau bat ihn hereinzukommen. Während sie 20 Mark aus der Küche holte, war der Mann kurze Zeit allein im Wohnzimmer. Nachdem er weg war, stellte die Rentnerin fest, daß sie auf einen gemeinen Betrüger hereingefallen war. Der angebliche Spendensammler hatte aus einer Kassette im Wohnzimmer 1900 Mark gestohlen. Die Polizei warnt vor weiterem Auftreten des Betrügers". (tz, 18.1.85)

Fallbeispiel 19:

„Der 28jährige türkische Fernfahrer Z. K. war auf der B 27 in Richtung Albstadt unterwegs. Kurz vor einer Unterführung hielt er sein Fahrzeug an, um einen jungen Mann nach dem Weg zu fragen. Dieser bot an, der besseren Orientierung wegen, bis zur gewünschten Adresse mitzufahren. Nach einer längeren Irrfahrt kamen die beiden auch am Ziel an. Als sich der Fernfahrer von seinem Begleiter dankbar verabschieden wollte, erweckte dieser den Eindruck, als habe er kein Zuhause. Z. K. lud deshalb seinen Mitfahrer anschließend noch ein, mit ihm in der Fahrerkoje des LKW sein Abendbrot zu teilen. Offenbar tat der junge Mann dem Türken leid, so daß er ihm anbot, in der unteren Fernfahrerkoje zu übernachten. Die Überraschung am nächsten Morgen war groß, als der Fernfahrer merkte, daß sein Logiergast mit den gesamten Firmengeldern, die er in einem Koffer des Führerhauses aufbewahrte, verschwunden war". (Weisser Ring 3/84)

Fallbeispiel 20:

Terroranschlag auf die Frankfurter Filiale der Bank ‚Melli Iran'! Am Mittwoch morgen drangen zwei Männer in die Schalterräume ein. Kurze Zeit später explodierte ein Brandsatz. Die Schalter- und Büroräume der Bank brannten völlig aus. Vier Personen wurden leicht verletzt. Acht Menschen kamen mit Rauchvergiftungen ins Krankenhaus. Zu dem Anschlag bekannte sich in Flugblättern eine Gruppe iranischer Monarchisten. Sie kündigten weitere Anschläge ‚auf die iranischen Konsulate und Botschaftshäuser in der BRD' an. Noch am Vormittag nahm die Polizei zwei Verdächtige fest." (tz 7.2.85)

Fallbeispiel 21:

„Eine wilde Verfolgungsjagd lieferten sich Polizei und ein betrunkener Autofahrer in Bad Feilnbach. Der Baggerführer L. S. (46) fiel einer Streife auf, als er mit seinem Geländewagen in Schlangenlinien fuhr. Weil die Beamten ihn nicht stoppen konnten, verfolgten sie ihn bis zu seiner Wohnung. Als der 46jährige seinen Wagen abstellte, baten ihn die beiden Polizisten zum Alkoholtest. L. S. sprang wieder in seinen Wagen und fuhr in einen tiefverschneiten Waldweg. Die Beamten blieben mit ihrem Audi stecken. Ein Polizist sprang auf die Heckstoßstange des Geländewagens. Durch Gasgeben und Abbremsen versuchte L. S. seinen Verfolger abzuschütteln. Er gab erst auf, als der Beamte seine Waffe zog, das Heckfenster einschlug und ihn zum Anhalten zwang." (tz 16.1.85)

Fallbeispiel 22:

„ ,Plötzlich legte sich von hinten ein Arm um meinen Hals, ein mit Äther getränktes Tuch wurde auf mein Gesicht gedrückt. Als ich wieder aufwachte, waren die Geldbombe und der Tresor leer — 15.300 Mark!' So schilderte gestern der Verkäufer J. S. (22) vor einem Schöffengericht den ,Überfall' im Lebensmittelgeschäft. Allerdings nicht als Zeuge, sondern als Angeklagter — wegen Vortäuschung einer Straftat und Unterschlagung. Ein medizinischer Sachverständiger hatte entdeckt, daß die bei dem Verkäufer festgestellten Äthermengen nicht zu der geschilderten Bewußtlosigkeit führen konnten." (AZ 30.5.85)

Eine Schwierigkeit für die mit Typologien verbundenen Zuordnungsprobleme liegt in deren Eindimensionalität. Wie die bisherigen Ausführungen gezeigt hatten, lassen sich u. a. folgende soziologisch relevanten Dimensionen zur Charakterisierung der Opferwerdung nennen, nämlich:
1. Art des Opfers
2. Art der Täter-Opfer-Beziehung
3. Machtgefälle zwischen Täter und Opfer
4. Tatbeitrag des Opfers

zu 1. — Bei der Art des Opfers ist — wie in manchen der eingangs erwähnten Opferdefinitionen — zwischen *personalen* —, *Gruppen-* und *Organisationsopfern* zu unterscheiden. Weitergehende Differenzierungen sind vorstellbar, sollen aber bewußt unterbleiben, um die Komplexität nicht zu sehr zu erhöhen und die Praktikabilität herabzusetzen.

zu 2. — Bei der Beziehung zwischen Täter und Opfer scheint die Differenzierung von SCHULTZ (1956) ausreichend, wonach zwischen Taten, bei welchen das Opfer *nicht gestaltend mitwirkt* und solchen mit *bestehender Täter-Opfer-Beziehung* zu trennen ist, bei welchen wiederum nach *flüchtigen* und *stabilen Beziehungen* zu unterscheiden ist. Zwischen beiden Extremtypen (keine Mitwirkung vs. stabile Täter-Opfer-Beziehung) sollte allerdings noch eine Zwischenkategorie eingerichtet werden, die Delikte mit einseitiger Täter-Opfer-Beziehung erfaßt, d. h. Taten, bei welchen der *Täter allein eine Beziehung aufbaut.*

zu 3. — Zur Vereinfachung differenzieren wir lediglich zwischen *geringem* und *großem Machtgefälle* zwischen Täter und Opfer in der aktuellen Opfersituation. Bei mehreren, körperlich überlegenen und bewaffneten Tätern, die ein einzelnes, ahnungsloses und unbewaffnetes Opfer bedrohen, ist von einem großen Machtgefälle auszugehen, bei einer Auseinandersetzung zwischen etwa gleich starken Rivalen von einem geringen Machtgefälle.

zu 4. — Zur Klassifizierung des Tatbeitrags des Opfers scheint die Typologie von MENDELSOHN (1956) gut geeignet, doch soll die evaluative Kategorie der Schuld durch die neutralere der Opferbeteiligung am Zustandekommen der Viktimisierung bzw. den Tatbeitrag ersetzt werden.

Diese vier Dimensionen, die allein nur simplifizierende Klassifikationen ergeben, sollen nun gemeinsam eine neue, mehrdimensionale Typologie konstituieren, in die folgende Elemente eingehen:

1. *Art des Opfers*
   11 Einzelperson
   12 Gruppe
   13 Organisation

2. *Art der Täter-Opfer-Beziehung*
   21 keine Beziehung beidseitig
   22 einseitige Täter-Opfer-Beziehung
   23 beidseitige kurze bzw. flüchtige Täter-Opfer-Beziehung
   24 beidseitige relativ stabile Täter-Opfer-Beziehung

3. *Machtgefälle*
   31 groß
   32 klein

4. *Tatbeitrag des Opfers*
   41 keinerlei Opfertatbeitrag
   42 geringer bzw. unfreiwilliger Tatbeitrag
   43 bewußte Herausforderung
   44 deliktbegehrendes Opfer
   45 falsches Opfer

Aus diesen Einzelelementen resultieren 120 Kombinationen, wobei einige wahrscheinlicher als andere sein werden. Die konkreten Wahrscheinlichkeiten sind eine Frage der empirischen (insbesondere auch deliktspezifischen) Ermittlung. Wir versuchen abschließend, die zuletzt zitierten 14 Fallbeispiele (Nr. 9-22) in diese mehrdimensionale Typologie einzuordnen:

Tabelle 1: Einordnung der Fallbeispiele in die mehrdimensionale Opfertypologie

Nr. Beispiel	11	12	13	21	22	23	24	31	32	41	42	43	44	45
9 Rache an Vergewaltigungsopfer	x					x		x			x			
10 Rache eines Vergewaltigungsopfers	x					x		x				x		
11 Tötung der Mutter	x						x						x	
12 Lehrermord	x						x	x						
13 Sexualmord im Freibad	x				x			x				x		
14 Mord durch Untermieter	x						x	x			x			
15 Ritualmord	x				x			x		x				
16 jugendl. Call-Girls		x				x			x				x	
17 Messerwurf	x						x	x			x			
18 falscher Sammler	x					x		x			x			
19 Beraubung durch Anhalter	x					x			x		x			
20 Terroranschlag auf Bank		x	x	x						x				
21 Verfolgungsjagd	x			x					x			x		
22 fingierter Überfall			x				x				x			
	11	12	13	21	22	23	24	31	32	41	42	43	44	45

Die Zuordnungsschwierigkeiten, die sich hier ergeben, beruhen auf unvollständiger Information durch die Artikel (Fallbeispiel 11). Im Falle des Terroranschlags (20) und des fingierten Überfalls (22) ist die Frage nach dem Machtgefälle schwer zu beantworten. Genau genommen handelt es sich beim Terroranschlag um zwei Viktimisierungen, einmal gegen eine Organisation und einmal gegen unbeteiligte, zufällig anwesende Personen.

Ergiebig wird eine derartige Kategorisierung von Opfern erst, wenn genügend viele Fälle vorliegen, da sich dann aus den relativen Häufigkeiten verschiedener Kombinationen empirische und mithin realistische Typen bilden lassen, was sowohl für die Auswertung von Zeitungsmeldungen über Straftaten zwischen Januar und April 1985 als auch für die Auswertung einer Opferbefragung versucht wurde. (In beiden Fällen sind allerdings noch weitere Variablen wie die Art der Straftat, die Schadenshöhe, Tatort und Tatzeit miteinbezogen worden.) Als besonders wichtig stellen sich dabei die Deliktarten heraus, die mit Blick auf die Opfer eine jeweils eigene Charakteristik entwickeln. Hieraus lassen sich möglicherweise erklärungskräftige, theoretische Erkenntnisse gewinnen, die auch praktisch umgesetzt werden könnten. Zu wissen, welches Opferverhalten regelmäßig, durchschnittlich oder mehrheitlich dem jeweiligen Delikt zugrundelag, kann für Handlungsanweisungen genutzt werden, prophylaktisch und präventiv gegen primäre Viktimisierung zu wirken.

3.2. Deliktspezifische Betrachtung

Dieser Abschnitt geht auf spezifische Delikte und deren Opfer ein, weil es meist nicht ausreicht, abstrakt und generell von einem Opfer an sich zu sprechen anstatt von den Opfern bestimmter Arten von Straftaten. Dies schließt nicht aus, daß sich bestimmte übergreifende Zusammenhänge und Gemeinsamkeiten aller Opfer nachweisen ließen. (Personen, die aufgrund eines besonderen Anreizes leicht zu Opfern von Raubüberfällen werden (etwa Geldboten), sind beispielweise auch einem erhöhten Risiko ausgesetzt, Opfer einer kriminellen Tötung zu werden.) Zur Straffung der Darstellung wollen wir uns auf bestimmte Delikte bzw. Deliktgruppen beschränken, nämlich auf Tötungs- und Körperverletzungsdelikte, auf Sexualdelikte, die Bereicherungskriminalität (Raub, Betrug, Diebstahl, Erpressung) sowie auf „sonstige“ Straftaten. Diese Unterteilung wird bei Opfern von in Tateinheit begangenen Verbrechen (z. B. Raubüberfall mit schwerer Körperverletzung, Sexualmord) problematisch. Weiterhin ist zu berücksichtigen, daß es sich nicht um naturgegebene oder selbstverständliche Zuordnungen handelt: Eine Vergewaltigung wurde früher in erster Linie als Verletzung der Familienehre und (bei verheirateten Frauen) Beeinträchtigung der Rechte des Ehemannes angesehen (wie auch heute noch in Gegenden Südeuropas und des Orients), keineswegs als Verletzung des Rechts der sexuellen Selbstbestimmung der Frau.

Eine Reihe von Übersichtsdarstellungen enthält Erkenntnisse über die deliktspezifische Verteilung von Opfermerkmalen (vgl. Amelunxen 1970, S. 57 ff., Paasch 1965, S. 57 ff., Schneider 1975, S. 103 ff.). Obgleich wir darauf — sowie auf entsprechende Primarliteratur — noch zurückgreifen und auch Ergebnisse einer eigenen Untersuchung diskutieren werden, wollen wir zunächst hauptsächlich illustrativ vorgehen, d. h. einige grundsätzliche Probleme anhand konkreter Fälle — vornehmlich aus der Boulevardpresse — aufzeigen. (Eine mehr systematische Behandlung erfolgt dann im 4. Kapitel.) Wir sind uns dabei der Grenzen einer Falldarstellung anhand von Presseberichten bewußt (Überrepräsentation sensationeller oder komischer Fälle und des räumlichen Nahbereichs, Polarisierung von Täter und Opfer usw.; vgl. dazu LAMNEK 1986), doch wird das vorhandene Material lediglich zur Plausibilisierung der nachfolgend näher zu analysierenden Zusammenhänge herangezogen und nicht zur Verifizierung oder Falsifizierung von Theorien oder zu empirischen Verallgemeinerungen benutzt.

3.2.1. Tötungs- und Körperverletzungsdelikte

3.2.1.1. Vorsätzliche Tötungsdelikte

Vorsätzliche Tötungen (fahrlässige bleiben außer Betracht) lassen sich untergliedern nach *Motiven* (z. B. zwecks Bereicherung, aus niederen Beweggründen usw.), nach *Art der Begehung* (Heimtücke, besondere Grausamkeit), nach *spezifischen Tatumständen* (Notwehr, Tötung auf Verlangen), nach der *Art der bestehenden Täter-Opfer-Beziehung* (sozialer Nahrraum, Zufallsopfer) u.a.m. Bereits diese kurze Aufstellung macht deutlich, daß es sich um ein weites Spektrum von Opfersituationen handelt. Es gibt Taten, bei denen die Tötung ein fester Bestandteil im Handlungsplan des Täters ist und andere, bei welchen sie von der Reaktionsweise des Opfers und der Dynamik der Tatsituation abhängt. V. HENTIG (1956) unterscheidet neben dem Gewinnmord den Konfliktmord, den Deckungsmord (Beseitigung eines Tatzeugen) und den Sexualmord (auf den wir im Abschnitt über Sexualdelikte eingehen werden; vgl. 3.2.2.); Beim Konflikt- und Sexualmord handelt es sich um klassische Beziehungsdelikte. Insgesamt liegt aber den meisten vorsätzlichen Tötungen eine Täter-Opfer-Beziehung zugrunde; reine Zufallsopfer (z. B. Straßenpassanten) sind selten und meist durch einen psychisch gestörten Täter verursacht:

Fallbeispiel 23:

„Der kanadische Amokschütze, der im vergangenen Mai in der Nationalversammlung von Quebec ein Blutbad angerichtet hatte, wurde jetzt zu lebenslanger Haft verurteilt. Der 25jährige Soldat erklärte, er habe die Regierung in Quebec vernichten wollen. Mit einer Maschinenpistole hatte D. L. wild in dem Gebäude umhergeschossen. Er tötete damals drei Mitarbeiter der Regierung und verletzte vierzehn Personen." (tz, 15.2.85)

Fallbeispiel 24:

„Wahnsinnstat eines 25jährigen Spülers: H. H. setzte sich gestern früh in seinen Wagen, um einen Menschen zu töten. Am Stadtrand von Sonthofen hatte er nach einer Stunde sein Opfer gefunden. Es war die Hausfrau T. M. (64). Der 25jährige erfaßte mit Vollgas die Frau, die auf der anderen Straßenseite ging und tötete sie. ‚Das hat mir meine innere

Stimme befohlen', sagte der Amokfahrer nach seiner Festnahme. Nach Angaben eines Kemptener Polizeisprechers passierte das Unglück gestern gegen 9.30 Uhr. Der Spüler, der in Oberstdorf losgefahren war, hatte das Steuer nach links gerissen und war auf die Hausfrau zugerast, die gerade auf dem Weg zum Einkaufen gehen wollte. Durch den Anprall wurde die 64jährige 15 Meter durch die Luft geschleudert. Für sie kam jede Hilfe zu spät. Sie war sofort tot. H. H. flüchtete in seinem roten Opel-Kadett mit Vollgas. Eine Frau, die das Attentat beobachtete, nahm in ihrem Wagen die Verfolgung auf. Vor einer geschlossenen Schranke einer Mautstraße in Sonthofen-Imberg stoppte der Todesfahrer. Er ließ sich widerstandslos abführen." (AZ, 14.2.85)

Selbst bei solchen (und selten auftretenden) Tätern ist das mehr oder weniger wahllose Herausgreifen von Zufallsopfern eher die Ausnahme (was aber in den Medien am meisten Beachtung findet, wodurch ein verzerrtes Bild entsteht und insbesondere die allgemeine Verbrechensfurcht in der Bevölkerung verstärkt wird). Böker/Häfner (1973) fanden, daß 60 % der Opfer geistesgestörter Gewalttäter Personen waren, die den Familien- oder Intimpartnern zugehörten. 30 % waren weniger nahestehende Freunde oder Bekannte, 7 % Autoritätsrepräsentanten wie Richter oder Polizisten und nur 9 % Unbekannte (z. B. Straßenpassanten). Der „Normalfall" für die meisten Tötungsdelikte ist eine enge Täter-Opfer-Beziehung (vgl. auch 4.1.5.): „Je enger und verwickelter die Beziehung des Opfers zum Täter war, desto größer ist seine mitwirkende Rolle, die sich auch aus Schwäche, Hilflosigkeit und Vertrauensseligkeit, aber ebenso aus Reizung, Provokation und Tyrannei ergeben kann" (Amelunxen 1970, S. 57). Amelunxen schätzt, daß nur in 25 - 33 % der Fälle keine vordeliktische Täter-Opfer-Beziehung besteht.

Roesner (1938) fand, daß nur 52 von 225 Mordopfern (= 23 %) der Täter völlig unbekannt war. Nach der Untersuchung von Wolfgang (1958) bestand bei 65 % der von ihm analysierten Tötungsdelikte ein enger Kontakt zwischen Täter und Opfer. Aus einer Untersuchung der Täter-Opfer-Beziehungen bei Mord und Totschlag in Schleswig-Holstein im Jahre 1973 ergab sich, daß in 37 % der Fälle die Opfer mit dem Täter verwandt oder verschwägert waren, weitere 7 % der Opfer in Hausgemeinschaft mit dem Delinquenten lebten, 21 % der Opfer zum Bekanntenkreis gehörten und 4 % Arbeitskollegen des Täters waren (Innenminister 1974). Vergleichbare Anteilswerte für bestehende Täter-Opfer-Beziehungen bei Tötungsdelikten finden sich auch in anderen Studien (vgl. zusammenfassend Schneider 1975, S. 108 ff.). Block/Zimring (1973) ermittelten bei den kriminellen Tötungen in Chicago für die Zeitspanne zwischen 1965 und 1970 folgende Anteile mit einer Bekanntschaft von Täter und Opfer vor der Tat: 1965: 76 %; 1966: 73 %; 1967: 73 %; 1968: 73 %; 1969: 63 % und 1970: 62 %. Bei 72 % der 1972 in New York vorgekommenen kriminellen Tötungen bestand irgendeine soziale Beziehung zwischen Opfer und Täter; bei 7,1 % (121 von 1691) der Opfer handelte es sich um Familienangehörige (NEW YORK CITY POLICE DEPARTMENT 1973). Bei 79,4 % der 1973 in New York registrierten kriminellen Tötungen (1334 von 1680) war es möglich festzustellen, ob eine Täter-Opfer-Beziehung bestanden hatte oder nicht. Bei diesen eindeutigen Fällen ergaben sich bei 20,8 % enge und bei 51,3 % eher oberflächliche Beziehungen. Bei 27,9 % der Getöteten handelte es sich dagegen um völlig Fremde (NEW YORK CITY POLICE DEPARTMENT 1974).

Bei 20 % aller 1970 und 1971 in Baden-Württemberg polizeilich registrierten nicht-fahrlässigen Tötungen (N = 256) waren Ehegatten Opfer (in 18 % die Frau, in 2 % der Mann), in 17 % der Fälle wurde ein Kind von den Eltern getötet und in 3 % ein Elternteil von seinem Kind. 3 % der Opfer waren weitere Familienangehörige, 7 % waren mit dem Täter befreundet, 30 % besser und 7 % wenigstens flüchtig bekannt. In 13 % der Fälle waren Opfer und Täter einander fremd (SESSAR 1979, S. 307).

Die von uns im Rahmen eines Lehrforschungsprojekts durchgeführte (nicht repräsentatitve) Opferbefragung erbrachte für die Tötungsdelikte (N = 35), daß sich in der Hälfte der Fälle (51 %) Täter und Opfer vor der Tat kannten. In 4 Fällen bestand eine kurze bzw. flüchtige Bekanntschaft, bei 5 Tötungen war der Täter ein guter Bekannter, Freund oder Angehöriger des Opfers und in einem Fall handelte es sich beim Täter um die vom Opfer über viele Jahre hinweg gequälte Ehefrau.

Zur Verdeutlichung der Heterogenität der unter den Tötungsdelikten zusammengefaßten Straftaten und der zugehörigen Opfersituationen einige Beispiele aus dieser Untersuchung:

Fallbeispiel 25:

Eine 24jährige Hausfrau verlor im Februar 1981 ihren Mann. Das Täterpaar (ein Deutscher und eine Ausländerin im Alter von 19 bzw. 17 Jahren) drang bei einem Raubüberfall in die Wohnung ein, tötete den Mann und verletzte die Frau schwer. Als bleibende und seelische Tatfolge resultierte eine dauernde und intensive Angst vor den (zu einer Jugendstrafe verurteilten) Tätern. Als besonders schlimm empfand das zweifache Opfer (Hinterbliebene und Verletzte) das spöttische Verhalten des Strafverteidigers vor Gericht, sowie die Beleidigungen, die sie sich vom Täter anhören mußte.

Fallbeispiel 26:

Ein Mann wurde von seiner 36jährigen Frau mit einem Hammer erschlagen, nachdem er sie und ihre beiden Kinder aus erster Ehe jahrelang (meist in betrunkenem Zustand) sadistisch gequält und die Tötung seines Stiefsohnes angedroht hatte. Die Frau wurde zu einer Freiheitsstrafe ohne Bewährung verurteilt.

Fallbeispiel 27:

Im November 1949 verlor der damals 9jährige Befragte seine Mutter als Nebenopfer eines Raubmordes. Ihm selbst hatte der Täter schwere Verletzungen zugefügt, an deren Folgen er auch heute noch leidet. Er schrieb in Anschluß an den Fragebogen auf ein gesondertes Blatt: „. . . Mutter am 30. Nov. 1949 von einem dreifachen Raubmörder mit der Axt erschlagen, mit 9 Hammerschlägen die Schädeldecke zertrümmert. Lebenslange Schäden gesundheitlicher Art: doppelter Schädelbasisbruch, Hirnverletzung, traumatische Epilepsie. Bisher 20 Jahre Krankenhausaufenthalte, Operationen etc. . . ."

Fallbeispiel 28:

Der verheiratete Sohn eines Hamburger Ehepaares wurde im Dezember 1980 nachts in der Wohnung nach einem Streit vom Geliebten seiner Frau, die die Scheidung eingereicht hatte, getötet. Das Gericht ging von einer Notwehrsituation aus und der Angeklagte wurde freigesprochen. Die Eltern des Getöteten legten Revision ein, doch wurde der Freispruch auch in zweiter Instanz bestätigt. Dazu der Vater des Opfers: „Die Rechtsprechung des Gerichts, die den Täter freisprach, hat uns, meine Frau und mich, sehr befremdet . . . In unserer Anklage wurde zum Ausdruck gebracht, daß die Zeugin (die Ehefrau des getöten Mannes) sich in viele Widersprüche verwickelt hatte. Wenn ein Täter mit einem gezückten Messer auf einen betrunkenen, unbewaffneten Mann einstürmt, ihn mit mehreren plazierten Stichen (drei Stichverletzungen auf die linke obere Körperhälfte und mehreren oberflächlichen Stichverletzungen) verletzt, wovon ein Stich in die Herzregion meinen Sohn tötete. Auch bleibt nach Aussage des Täters unerklärlich, warum dieser letztendlich unverletzt war, das Opfer jedoch weitere sieben Stichverletzungen und weitere, nicht unerhebliche Kopfverletzungen aufwies. Bei dieser Sachlage können m. E. die Stichverletzungen nicht als Verteidigungshandlungen angesehen werden. Es muß davon ausgegangen werden, daß es sich hierbei um Angriffshandlungen handelt. Auf jeden Fall war die behauptete Verteidigung mit einer Stichwaffe gegenüber einem hochgradig unbewaffneten Angreifer nicht erforderlich . . . Meine Frau und ich hatten diesen Prozeß angestrengt, um wenigstens für die drei unmündigen Kinder eine Entschädigung und für den Täter eine Bestrafung zu erlangen."

Forschungsergebnisse, Polizeiberichte und Prozeßakten weisen darauf hin, daß gerade bei den Tötungsdelikten die Fälle mit einem deutlichen Opferbeitrag häufig sind (der verständlicherweise in langdauernden und engen Beziehungen wahrscheinlicher ist). Dabei ist aber zu berücksichtigen, daß sich bei Tötungen eine Opfermitschuld am leichtesten behaupten läßt: „Derartige Schutzbehauptungen sind oft erweislich falsch, bisweilen nicht zu widerlegen, in seltenen Fällen aber auch positiv glaubhaft" (Amelunxen 1970, S. 59). Felix mißt der Mitwirkung des Opfers erhebliches Gewicht bei: „Gerade auch das Tötungsverbrechen . . . (beweist) immer wieder, daß von der Person und dem Verhalten des Opfers Impulse ausgehen können, die bei der Entstehung der Tat, bei der Motivation des Täters, in seinem Tatentschluß usw. eine erhebliche Rolle spielen. Diese Impulse können u. U. sogar die Qualität von Verbrechensursachen erlangen" (FELIX 1967, S. 329). Allgemein ist davon auszugehen, daß bei Tötungsdelikten die Angaben zum Tathergang und zum Tatbeitrag des Opfers aufgrund fehlender Hinweise von Zeugen unsicher bzw. einseitig sind, was bei deren Interpretation stets berücksichtigt werden sollte.

Die Folgen einer Straftat lassen sich in den seltensten Fällen auf das Opfer allein begrenzen. Gerade bei den kriminellen Tötungen werden andere Personen, vor allem die Angehörigen des Getöteten, massiv betroffen. Derartige *indirekte Opfer* leiden nicht nur unter den psychischen Folgen, sondern haben auch häufig mit großen wirtschaftlichen Schwierigkeiten zu kämpfen. Auf damit zusammenhängende Probleme wird noch einzugehen sein.

- *Fünf zentrale Variablen charakterisieren die Tötungsdelikte hinsichtlich der Opfersituation: Zum einen liegt in der Mehrzahl der Fälle vor der Tat eine Beziehung zwischen Täter und Opfer vor. Nicht selten ist dies sogar eine engere, intimere im Nahbereich des Opfers. Zum zweiten ist häufig – ein wie auch immer gearteter – Tatbeitrag des Opfers anzunehmen. Und drittens findet man in den Hinterbliebenen oft massiv psychisch belastete indirekte Opfer (eine Kategorie, die in den bisher vorgestellten Typologien nicht enthalten war). Im Hinblick auf die mehrdimensionale Typologie kann diese Variablenkonstellation noch ergänzt werden: Viertens handelt es sich bei den Opfern von Tötungsdelikten zumeist um Einzelpersonen. Mindestens in der Tatsituation ist fünftens ein erhebliches Machtgefälle (Kraft, Waffen, psychische Lähmung des Opfers etc.) anzunehmen.*

3.2.1.2. Schwere und gefährliche Körperverletzung

Der Übergang vom Tötungsdelikt zur schweren und gefährlichen Körperverletzung kann fließend sein, entscheidet doch häufig nur der Zufall darüber, welche Konsequenzen sich für das Opfer eines tätlichen Angriffs ergeben (z. B. rechtzeitiges Eintreffen eines Krankenwagens). Viele Tötungen hätten Körperverletzungen bleiben und viele Körperverletzungen mit dem Tod des Opfers enden können.

Fallbeispiel 29:

„Mit einem Küchenmesser stach die 36jährige Regina M. aus Moosach ihren Lebensgefährten, den Taxifahrer Peter H. (42) nach einem Streit nieder. Anschließend versteckte sich die Frau im Schlafzimmerschrank. Dort holte ein Polizeibeamter die Täterin heraus und nahm sie fest. Der Verletzte ist außer Lebensgefahr." (AZ, 19.2.85)

Fallbeispiel 30:

„Lebensgefährliche Verletzungen erlitt ein 36jähriger Mann, der in Fürstenfeldbruck auf offener Straße niedergeschossen wurde. Er befand sich zunächst in einer Bierschänke an der Maisacher Straße, als ein 37 Jahre alter Maurer eintrat und ihn rief. Der 36jährige trat daraufhin ins Freie, wo der Maurer eine Pistole durchlud und zweimal aus kurzer Entfernung schoß. Das Opfer wurde vom Rettungsdienst ins Krankenhaus gebracht . . ." (SZ,16.2.85)

Analoge Charakteristika zeigen sich zu den Tötungsdelikten: Es besteht größtenteils eine (enge) Täter-Opfer-Beziehung (vgl. 4.1.5.). Auch ein Tatbeitrag des Opfers ist häufig vorhanden. In vielen Fällen (z. B. bei einer Wirtshausschlägerei) entscheidet oft nur der Zufall, wer Opfer und wer Täter ist. Dem wurde seit jeher Rechnung getragen: „Wenn zwei Feinde sich unversehens treffen und ins Handgemenge geraten, so dürfen sich nach einzelnen süddeutschen Rechten beide auf Notwehr berufen, weil sie Täter und Opfer zugleich sind" (AMELUNXEN 1970, S. 14). Von den Notwehrsituationen sind die Fälle unechter Notwehr zu unterscheiden, in welchen ein stärkeres „Opfer" einen Angriff provoziert, gegen den es sich dann mit überlegener Kraft zu wehren gedenkt.

Beim Vorliegen folgender Dispositionen erhöht sich die Opferwahrscheinlichkeit: Alkoholgenuß (wer nüchtern bleibt, wird seltener Opfer; er kann einem alkoholisierten Täter leicht entkommen), jugendliches Alter (mehr viktimogenen Situationen ausgesetzt), höheres Alter (lohnendes, weil weniger wehrhaftes Opfer). Frauen, Gebrechliche, Kranke und Behinderte sowie einzelne gegenüber einer Bande, werden wegen ihrer relativen Schwäche leichter zu Opfern von Körperverletzungsdelikten.

Je nach Fragestellung kann wichtig sein zu unterscheiden, ob eine schwere Körperverletzung ursprünglich nicht beabsichtigt war und vom Täter nur in Kauf genommen wurde (bei einem Raubüberfall, bei dem das Opfer Gegenwehr leistet) oder ob der Zweck der Tat allein in der körperlichen Schädigung eines Opfers bestand (reines Aggressionsdelikt). In manchen Fällen ist eine klare Zuordnung nicht zu treffen, wenn z. B. das Verhalten eines überfallenen Opfers beim Täter zusätzliche Aggressionen auslöst und der anfängliche Bereicherungszweck in den Hintergrund tritt:

Fallbeispiel 31:

„Die 72jährige Rentnerin wurde im Mai 1982 in Spanien Opfer eines brutalen Raubüberfalls. Die Frau wurde auf offener Straße von einem unbekannten Täter angegriffen, der ihr die Handtasche entreißen wollte. Als ihm dies zunächst nicht gelang, schleuderte er die Frau auf den Boden und versetzte ihr mehrere Fußtritte. Dabei erlitt das Opfer einen Trümmerbruch des Oberschenkels, einen Schultergelenkbruch sowie Nervenquetschungen . . ." (WEISSER RING 4/83).

Fallbeispiel 32:

„Brutal! Um an die Kasse eines Tante-Emma-Ladens in Amberg zu kommen, stachen zwei maskierte Männer den 64jährigen Ladeninhaber nieder und schlugen seine Frau und seine behinderte Tochter krankenhausreif. Vor Schreck hatte die junge Frau nicht sofort reagiert, als die Gangster mit vorgehaltener Pistole in den Laden stürmten und schrien: ‚Geld her!' Mit dem Knauf der Waffe schlug einer der Räuber Mutter und Tochter nieder. Als der Besitzer die 1000 Mark aus der Kasse holte, ging es den Räubern immer noch zu langsam. Mit einem Messer stachen sie ihm in die Hüfte und ins Gesäß. Dann verschwanden sie unerkannt. Die Kaufmannsfamilie mußte im Krankenhaus behandelt werden." (tz 19.12.84)

Entsprechend der Tatfolgen für das Opfer kann es zu einer Strafverschärfung kommen. Nach § 224 StGB ist dies dann möglich, wenn ein wichtiges Glied des Körpers, das Sehvermögen auf einem oder beiden Augen, das Gehör, die Sprache oder die Zeugungsfähigkeit betroffen sind oder wenn die Tat dauernde Entstellung, Siechtum, Lähmung oder Geisteskrankheit zur Folge hat. Andererseits kann der Täter aber auch straflos bleiben. Die Einwilligung des Verletzten (beim Raufhandel oder beim Kampf) schließt die Rechtswidrigkeit aus, sofern die Tat nicht gegen die „guten Sitten" verstößt (§ 227 StGB). Diese Bestimmung ist im Zusammenhang mit Sportwettkämpfen, aber auch mit ärztlichen Eingriffen bedeutsam.

Für viele Körperverletzungsdelikte ist ein spezifisches Milieu charakteristisch, das sich mit dem Schlagwort „Subkultur der Gewalt" (Wolfgang/Ferracuti 1967) umreißen läßt. Danach sind physische Aggressionen bzw. der Gebrauch körperlicher Gewalt in einer Vielzahl von Situationen fest im Normen- und Wertesystem verankert und lösen beim Täter keine Schuldgefühle aus (vgl. 3.4.3.), was sich z. B. in divergierenden Deliktbewertungen spezifischer Gruppen niederschlägt.

- *Will man die Opfersituationen von Körperverletzungsdelikten nach den zentralen Variablen klassifizieren, so ist für die Mehrzahl der Delikte festzuhalten: Sehr häufig gibt es vor der Tat eine (engere) Täter-Opfer-Beziehung; auch ein gewiser (mehr oder weniger) objektiver Tatbeitrag des Opfers ist festzustellen. Die Frage, ob überwiegend Einzelpersonen oder Gruppen als Opfer betroffen sind, läßt sich — situationsabhängig — so beantworten, daß zumeist Einzelpersonen viktimisiert werden, die quantitative Differenz zu Gruppenopfern aber nicht entscheidend groß ist. Das Machtgefälle ist definitions- und deliktgemäß eindeutig zugunsten des Täters ausgerichtet.*

3.2.1.3. Kindesmißhandlung

Die Mißhandlung von Kindern, in der Regel von einem oder beiden Eltern- bzw. Stiefelternteilen begangen, stellt ein klassisches Beziehungsdelikt dar. Weitere Merkmale sind die recht hohe Dunkelziffer (Schätzungen gehen von ca. 95 % aus; vgl. z. B. AMELUNXEN 1970, S. 73) sowie die häufige Verursachung durch eine vorhergegangene strukturelle Viktimisierung der Eltern: die Täter sind oft unreif, verfügen nur über unzureichende Bildung und Ausbildung, üben dementsprechend wenig qualifizierte Tätigkeiten aus, befinden sich in einer untergeordneten sozialen Position, weisen eine relativ niedrige Frustrationstoleranz auf, streben nach unmittelbarer Bedürfnisbefriedigung und praktizieren eine eher nachlässige Geburtenkontrolle, was die Wahrscheinlichkeit unerwünschten Nachwuchses und damit ungeliebter Kinder erhöht. All diese ungünstigen Faktoren tragen zur Entstehung von Beziehungs- und Familienproblemen bei bzw. erschweren adäquate Lösungen; nicht selten führen sie zu desorganisierten oder zerrütteten Familien (HAESLER 1985). Die aufgrund der sozialen Randlage erfahrenen strukturellen Viktimisierungen gehen über die Kräfte der „Opfer-Täter" (Eltern) hinaus (NAGEL 1979, S. 78), die den Druck dann unmittelbar und unreflektiert an die Kinder weitergeben.

Fallbeispiel 33:

„Aus Wut steckte er das Kind seiner Freundin in den Mikrowellen-Herd! Wegen schwerer Körperverletzung steht jetzt in Adelaide (Australien) der 30 Jahre alte R. M. vor Gericht. Das fünf Monate alte Kind, auf das er aufpassen sollte, hatte geweint. Darauf steckte M. das Baby in den Herd und schaltete ein." (tz 10.2.85)

Fallbeispiel 34:

„Schrecklich, wie der dreijährige J. aus R. im Kreis Dachau leiden mußte. Statt Essen bekam er von seinen Eltern Schläge. Brennende Zigaretten drückten sie ihm auf der Haut aus. Als ein Arzt den Dreijährigen untersuchte, wog er ganze zehn Kilo — soviel wie sonst ein elfmonatiger Säugling. Die Eltern hatten wegen angeblicher Atemnot den Notarzt gerufen. Der erstattete sofort bei der Polizei Anzeige. Denn was er sah, ließ ihm den Atem stocken: Js. Körper war mit blauen, braunen und gelben Flecken übersät. Der Bub wies einen Schädelbruch und einen seit Wochen unbehandelten Unterarmbruch auf. Auf dem Kopf klafften zahlose kleine Wunden, die möglicherweise von Bissen herrührten. An Händen und Füßen fehlten mehrere Nägel. Die Mundwinkel waren eingerissen, an den Schläfen stellte der Mediziner zwei münzgroße Brandwunden fest. Überdies vermutete er, daß der Bub gefesselt worden war. Trotz seiner drei Jahre konnte das Kind noch nicht sprechen. Der mißhandelte Bub kam sofort ins Krankenhaus. Die Eltern E. (34) und B. (30) mußten sich vor Gericht verantworten. ‚J. ist gegen die Heizung gefallen. Die Verletzungen hat er sich bei Turnübungen und bei Stürzen zugezogen', argumentierte der Rabenvater. In erster Instanz wurde er vom Amtsgericht Dachau zu ein-

einhalb Jahren ohne Bewährung, seine Frau zu acht Monaten mit Bewährung verurteilt. Der Anwalt von E. Z. legte jedoch Berufung ein. Begründung: Die Eltern wären überfordert gewesen. E. Z. stand auf dem Intelligenzstand eines Volksschülers der dritten Klasse und hätte zum Beispiel geglaubt, Medizin für J. selbst einnehmen zu müssen, damit der Bub gesund werde. Das Landgericht München II bestätigte jetzt jedoch das Urteil der ersten Instanz und schloß sich der Meinung des Staatsanwalts an: ‚Die Verletzungen haben den üblichen Rahmen überstiegen und sind über längere Zeit erfolgt'." (tz, 20.2.85)

Fälle mißhandelter Kinder sind keineswegs selten. Zum Jahresende 1984 wurden nach der Bilanz des deutschen Kinderhilfswerks e. V. in der Bundesrepublik Deutschland fast 30 000 Kinder mißhandelt und mehrere hundert Kinder zu Tode geprügelt. Soweit es sich allein um körperliche Unversehrtheit handelt, geht AMELUNXEN (1970, S. 73) davon aus, daß jedes Jahr weit mehr Kinder ihren eigenen Eltern als Sittlichkeitstätern zum Opfer fallen. Dazu wären noch die — statistisch kaum erfaßbaren — Fälle psychischer Mißhandlung von Kindern hinzuzuzählen. Aus all dem kann man jedoch nicht schließen, daß die Situation der Kinder früher besser war (vgl. RADBILL 1978, JOHANSEN 1979): „Man darf annehmen, daß Kindesmißhandlungen damals (Antike und Mittelalter) relativ ebenso oft stattfanden wie heute, da sie durch die ‚Wissenschaft vom Kinde' und sogar durch die Boulevardpresse stärker in den Blickpunkt der Öffentlichkeit gerückt sind" (AMELUNXEN 1970, S. 73).

Die hohe Dunkelziffer bei diesem Delikt beruht zum einen auf seinem „intimen", sozial nicht kontrollierten Charakter innerhalb des Nahraumes der Familie, auf der geringen Bereitschaft der Nachbarn, sich „einzumischen" und Anzeige zu erstatten, obgleich KAISER (zit. in KIRCHHOFF 1977, S. 317) von einer Zunahme der Anzeigebereitschaft ausgeht. Aber auch aus Angst der anderen Familienangehörigen und der Opfer, darüber zu reden, weil sonst — zumindest auf kurze Sicht — noch stärkere Repressalien drohen, bleiben Kindsmißhandlungen im Dunkeln.

Unter den mißhandelten Kindern befinden sich viele ungewollte, uneheliche und Stiefkinder sowie geistig und körperlich behinderte Kinder. Sie werden häufig — zumindest von einem Elternteil — als Last empfunden, als finanzielle Behinderung, als Störung von Karriereplänen und Beschränkungen von Freiheit und Freizeit, verschiedentlich sogar als Objekt, an denen man stellvertretend (z. B. für den Erzeuger) Rache nimmt oder an denen sich in anderen Bereichen (Arbeitswelt) erlittene Frustrationen abreagieren lassen. Aktuelle Anlässe für Mißhandlungen sind häufig auch Mißerfolgserlebnisse (Weinen, Bettnässen) aufgrund unzulänglicher Erziehungsbemühungen.

Selbst wenn die Mißhandlungen zu keinen dauerhaften körperlichen Beeinträchtigungen führen, haben sie doch weitgehende seelische Auswirkungen. Von den Eltern gequälte bzw. nicht angenommene Kinder sind — aufgrund der Defizite im emotionalen Bereich — auch vermehrt der Gefahr weiterer

Viktimisierungen, z. B. durch Sittlichkeitstäter ausgesetzt (vgl. 3.2.2.2.). Darüber hinaus werden sie auch leicht Opfer von Einschüchterungen durch Peers. Schwer meßbar ist der Verlust an Lebensqualität, den sie aufgrund von Ängstlichkeit, Mißtrauen usw. erleiden. Schließlich ist noch auf den sog. „Simplicissimus-Effekt" hinzuweisen: Für lange Zeit gequälte und gedemütigte Opfer erhöht sich die Chance, eines Tages selbst zu Tätern zu werden, da sie wegen ihrer Sozialisationsdefizite und ihrer negativen Erfahrungen weder Bindungen noch Rücksichten entwickelt haben.

- *Während der Tatbeitrag des mißhandelten Kindes nur schwer abzuschätzen ist (Provokation, Fehlverhalten etc., was die Mißhandlung weder aus der Welt schafft noch mildert), sind die anderen Opfervariablen bei diesem Delikt deutlich ausgeprägt: Ohnmacht des Opfers, formal sehr enge Täter-Opfer-Beziehungen und zumeist Einzelpersonen, wobei nicht auszuschließen ist, daß Geschwister als „Gruppen" betroffen sind.*

3.2.2. Sexualdelikte

In diesem Abschnitt wollen wir uns auf die wesentlichsten und gravierendsten Sexualdelikte beschränken: Notzucht (einschließlich des Sexualmordes), Unzucht mit Kindern und Inzest. Exhibitionismus, Homosexualität und Prostitution unterliegen eigenen „Opfergesetzmäßigkeiten" und sind quantitativ unbedeutend. Ungeachtet der Aufmerksamkeit, die den Sexualdelikten in den Medien und der Wissenschaft zukommt, ist davon auszugehen, daß es vom Sexualstraftäter, seiner Tat und dem Opfer kein der komplexen Realität entsprechendes Bild gibt, was mit der immer noch gegebenen Tabuierung der Sexualität und der verzerrten Darstellung des Bildes des sexuellen Abweichers zusammenhängt: „Es werden häufig die Augen verschlossen vor den im Alltag zu beobachtenden fließenden Übergängen von ‚normal' bis ‚abweichend'. Auch wird in verallgemeinernder Weise über die Sexualtäter geredet, so als seien sie alle gleich" (BAURMANN 1983, S. 1). Diese Vergröberung findet auch auf der Opferseite ihre Entsprechung und manifestiert sich in sog. „Vergewaltigungsmythen", gängigen Vorurteilen über Vergewaltigungsopfer (vgl. dazu bes. WEIS 1982, WIESENDANGER 1984).

3.2.2.1. Notzucht

Notzucht als Nötigung einer Frau, durch Gewalt oder Drohung mit gegenwärtiger Gefahr für Leib oder Leben (einschließlich der Drohung gegen der

Frau nahestehende Personen) zum außerehelichen Beischlaf oder als Mißbrauch zum außerehelichen Beischlaf nach Versetzung in einen willenlosen oder bewußtlosen Zustand (§ 177 StGB) gehört zu den Delikten, die am ausgiebigsten sowohl von der Täter- als auch von der Opferseite her untersucht worden sind (vgl. z. B. WEIS 1982, BAURMANN 1983, WIESENDANGER 1984, KRÖHN 1985), wobei auch der Aspekt der sekundären Viktimisierung in Wissenschaft und Öffentlichkeit große Beachtung gefunden hat. Die Situation vor Polizei und Gericht wird nicht nur von vielen der betroffenen Frauen als „zweite Vergewaltigung" empfunden, die in ihren negativen Konsequenzen die eigentliche Tat, die primäre Viktimisierung, noch übertrifft (vgl. 4.2.).

1981 wurden in der Bundesrepublik Deutschland 10 504 Männer wegen Vergewaltigung oder sexueller Nötigung angezeigt. Zwar macht dies nur einen Anteil von 0,2 % aller Verbrechen aus, doch ist zu berücksichtigen, daß die Dunkelziffer zwischen 70 000 und 140 000 vergewaltigten Frauen pro Jahr liegen dürfte (WIESENDANGER 1984, S. 60). Gerade wegen der Peinlichkeiten und Belastungen durch eine sekundäre Viktimisierung sehen viele Betroffene — zum Nachteil potentieller zukünftiger Opfer — von einer Strafanzeige ab. Nur ca. 20 % der polizeilich ermittelten Tatverdächtigen werden verurteilt, nahezu ein Drittel der Angeklagten wird freigesprochen (AMELUNXEN 1970, S. 84). Von den innerhalb eines Jahres in München ermittelten 180 Notzuchttätern wurden 153 angezeigt und 59 (= 41 %) gerichtlich abgeurteilt (LUDWIG 1984).

Bei den von WEIS befragten Frauen (deren Vergewaltigungen allerdings teilweise schon längere Zeit zurücklagen) wurde nur in 37 von 102 Fällen Anzeige erstattet. In nur 19 Fällen kam es zu einer Hauptverhandlung, 17mal wurde das Verfahren eingestellt und in einem Fall waren zum Zeitpunkt des Interviews die Ermittlungen noch nicht abgeschlossen (WEIS 1982).

Mitverantwortlich für die guten Chancen, die Vergewaltigungstäter vor Gericht haben, dürften die Schwierigkeiten bei der Aufklärung sein, wie das folgende — wenn auch etwas atypische — Beispiel demonstriert:

Fallbeispiel 35:

„... Gerold H., 39, und Margit G., 33, wurden am 7. Juli im Dörfchen Grimari (Korfu) verhaftet. Die örtliche Polizei wirft ihnen vor, in ihrer Ferienwohnung die 17jährige Petra W. vergewaltigt zu haben. Für die Beschuldigten ist ‚das alles nur ein Mißverständnis und ein furchtbarer Quatsch'. Ihr angebliches Opfer kannten die beiden schon aus D. Das Mädchen habe, so die Beschuldigten, bei den Sex-Spielchen willig mitgemacht. Petra W. lebt seit einem Jahr auf Korfu. Sie kam mit ihrem griechischen Freund Christos G., 24, aus Deutschland, der im Badeort M. das Strandrestaurant ‚Golden Beach' eröffnete. Gerold H. und Margit G. besuchten das Mädchen und stellten — so behaupten sie — fest, daß aus der heißen Liebe für die 17jährige eine Qual geworden war. ‚Die Petra ... hatte überall blaue Flecke. Sie erzählte uns, daß Christos sie oft mit den Füßen tritt, mit einem Ledergürtel schlägt und so brutal beißt, daß tiefe Narben bleiben. Sie wollte heim, doch Christos ließe sie nicht gehen, weil sie eine billige Arbeitskraft war!' Daraufhin ... habe man mit Christos gesprochen. Der habe zugestimmt, daß Petra mit ihnen nach Deutschland zurückkehrte. Zusammen mit der 17jährigen fuhren die beiden in ihre Ferienwohnung. Was dort passierte, sehen die ‚Täter' ganz anders als die Polizei. ‚Als ich gegen ein Uhr nachts aus dem Badezimmer kam', sagte Margit G., „standen Gerold und Petra im Flur. Sie umarmten sich. Ich bot Petra an, in ein anderes Zimmer zu gehen, falls sie mit Gerold allein sein wolle. Doch sie weinte und sagte, sie sei so glücklich, bei uns zu sein. Sie wollte, daß wir alle zusammen ins Bett gehen. Also schliefen wir mit ihr.' Nach zwei Tagen tauchte Christos auf, verprügelte die beiden Düsseldorfer und nahm Petra wieder mit. Ein paar Stunden später landeten H. und seine Freundin im Untersuchungsgefängnis von S., wo sie vier Tage lang in einem dunklen Kellerloch hockten und auf verdreckten Matrazen schliefen. Petra hatte sie wegen Vergewaltigung angezeigt. Unter dem Druck ihres Freundes? ..." (Quick, Sept. 85)

Hier steht — wie in vielen anderen Vergewaltigungsfällen — Aussage gegen Aussage. Beim Fehlen von Indizien und Tatzeugen gilt für die Wahrheitsfindung vor Gericht nach wie vor der Kernsatz, daß im Zweifelsfalle für den Angeklagten zu entscheiden sei. Wird der Glaubwürdigkeit der Opferzeugin allein vertraut und hat der Beklagte zudem noch einen schlechten Ruf oder ist er gar vorbestraft, so kann es — wie Fallbeispiel 80 zeigt — zu verhängnisvollen Justizirrtümern kommen.

Auch der fälschlicherweise einer Vergewaltigung beschuldigte Mann befindet sich in einer ähnlich schutzlosen Situation wie die vergewaltigte Frau, weil das Delikt kaum im Beisein von Zeugen begangen wird (ob fälschlich einer Vergewaltigung bezichtigte Männer häufiger sind als männliche Täter, die freigesprochen werden, läßt sich natürlich nicht abschätzen). Probleme ergeben sich insbesondere daraus, daß die Verhaltenserwartungen und Situationsbeurteilungen häufig geschlechtsspezifisch variieren (vgl. 3.4.6.), sich also „... hinterher Situationsdefinitionen und Interpretationen gegenüberstehen, die bei einem Vorfall, der sich auf dem Grenzgebiet zwischen Verführung und Vergewaltigung ereignet, zu unüberbrückbaren und folgenreichen Mißverständnissen führen können ... Die angedeutete mangelnde Übereinstimmung in der Definition bestimmter Situationen zwischen potentiellen Tätern und Opfern ist häufig kulturell bedingt und durch geschlechtsspezifische Sozialisation vorprogrammiert" (Weis 1982, S. 6). Dieses Phänomen verweist auf den Begriff der strukturellen Viktimisierung, nicht nur der Frauen: „Wenn aber die Unfähigkeit erwachsener Menschen, sich und die jeweiligen verlautbarten und verschwiegenen Wünsche zu verstehen, auf geschlechtsrollentypische Sozialisation zurückzuführen ist, dann sind letztlich alle Betroffenen in sehr echtem Sinne Opfer der Gesellschaft, die sie hervorgebracht hat und die sie nun umgibt" (Weis 1982, S. 6).

Dennoch sind es in erster Linie die Frauen, die unter der Straftat und ihren Folgen zu leiden haben. Zu den unmittelbaren Schädigungen und Konsequenzen treten jedoch noch indirekte — häufig den Betroffenen selbst gar nicht bewußte Auswirkungen hinzu, nämlich die Einschränkungen der Bewegungsfreiheit und Freizügigkeit der Frau (vgl. DOST 1963, S. 373). Die Angst vor einer möglichen Vergewaltigung wirkt sich vielfach aus: in der Furcht, nachts alleine auszugehen oder bestimmte Orte aufzusuchen; in Mißtrauen; in Erfahrungen von Hilflosigkeit; in — auch gewollter — Abhängigkeit von einem „Beschützer"; in der Hemmung, von gesetzlich garantierten Gleichheitsrechten auch aktiven Gebrauch zu machen; insgesamt also in einer Beeinträchtigung des weiblichen Lebens- und Selbstwertgefühls.

Zur Vergewaltigung 2 — durchaus nicht untypische — Zeitungsmeldungen:

Fallbeispiel 36:

„Vergewaltigt, im Wald an einen Baum gefesselt, ihr Auto weg — das schreckliche Erlebnis einer Sekretärin (39), die aus Mitleid einen Anhalter mitnahm. Ihre Geschichte beginnt um Mitternacht an der Autobahnraststätte Würzburg-Süd. . . Ein rotblonder Anhalter, etwa 20, weißer Seesack über der Schulter: ‚Nehmen Sie mich mit?' Sie zögerte: ‚Woher kommen Sie jetzt?' Er: ‚Aus Sizilien'. Sie: ‚So alleine trampen, ist das nicht gefährlich?' Er lachte. ‚Da nahm ich ihn mit.' Auf der Autobahn: ‚Plötzlich zog er aus seiner grünen Windjacke eine Pistole.' Er befahl: ‚Runter von der Autobahn.' Im Wald bei N. ließ er stoppen: ‚Liegesitze umklappen, nackt ausziehen!' Auch er zog sich nackt aus, legte die Pistole griffbereit neben seine Beine — und vergewaltigte die Frau . . . Die Sekretärin: ‚Hinterher warf er mich angezogen aus dem Wagen.' Er fesselte sie an einen Baum, zerriß Stoff zu einem Knebel, Todesangst. ‚Wollen Sie mich umbringen?' Der Anhalter: I wo, ich laß mir doch keinen Mord anhängen. In so was hab ich Erfahrung' ." (BILD, 15.4.83)

Diese Frau hatte sogar noch Glück, weil der Täter relativ „besonnen" handelte. Das Glück im folgenden Fall beruhte dagegen eher auf dem Unvermögen des Täters:

Fallbeispiel 37:

„Opfer einer Vergewaltigung und eines Mordversuchs wurde eine 21jährige Erzieherin aus Sch. Die junge Frau hatte am Stadtrand von L. einen jungen Anhalter in ihrem Auto mitgenommen, der nach wenigen Kilometern Fahrt ein Messer zückte und sie zwang, in den Heilig-Geist-Wald abzubiegen. Einen Kilometer von der viel befahrenen Bundesstraße 17 entfernt fesselte er nach Schilderungen der Polizei die 21jährige mit ihrem Kopftuch, band ihr die Hände mit Schnürsenkeln ihrer Turnschuhe auf den Rücken zusammen und verging sich an ihr. Anschließend übergoß er das Auto der Frau mit Benzin, zündete es an und flüchtete. Dem schwerverletzten Opfer gelang es, mit den Füßen eine Tür zu öffnen und sich bis zur Bundesstraße zu schleppen. Dabei erlitt die Erzieherin schwerste Brandverletzungen im Gesicht, ihre Haare verbrannten nahezu völlig. Sie wurde in ein Krankenhaus eingeliefert. Der Täter, ein Metzgerlehrling aus einem Heim für schwer erziehbare Jugendliche bei Sch., wurde wenig später in Sch. festgenommen. Der 17jährige Bursche gab nach Angaben der Polizei das Verbrechen zu und gestand, er habe die Frau verbrennen wollen, um die Tat zu vertuschen." (SZ, 6.5.83)

In beiden Fällen haben die Opfer einen Tatbeitrag geleistet, indem sie sich ohne Notwendigkeit in eine viktimogene Situation begeben haben. Zwar sind auch Männer durch die Mitnahme von Anhaltern gefährdet (vgl. Fallbeispiel 19), doch bieten sie weniger Anreize für eine Viktimisierung. Geschlechtsspezifische Einschränkungen aufgrund möglicher Viktimisierungsanreize sind kulturell und gesellschaftlich überformt und finden ihren Ausdruck in den Geschlechtsrollen und in der Bereitschaft, traditionelle geschlechtsspezifische Stereotype zu akzeptieren. Da jede bekanntgewordene Vergewaltigung zur Festigung derartiger Rollenklischees beiträgt, kann mit BROWNMILLER (1983) argumentiert werden, daß durch die Tat nicht nur das jeweilige Opfer, sondern letztlich jede Frau potentialiter betroffen ist. Ob man aber in der Vergewaltigung den Versuch einer bewußten und systematischen Einschüchterung der Frauen sehen muß, wie manche Feministinnen behaupten (vgl. WIESENDANGER 1984, S. 60 ff.), erscheint zumindest diskussionwürdig, da dem einzelnen Täter eine derartige „gesellschaftspolitische" Zielsetzung fern liegen dürfte und auch entsprechende Nebenfolgen kaum antizipiert werden.

Neben den langfristigen Folgen des Vergewaltigungsrisikos in den Geschlechtsrollen wurde auch versucht, indirekte Konsequenzen empirisch nachzuweisen. So konnten SCHWARZ u.a. (1983 a, b) zeigen, daß Frauen nach der Konfrontation mit entsprechenden Geschichten ein geringeres Selbstwertgefühl und weniger Vertrauen in die soziale Umwelt zeigten und stärker zur konservativen Geschlechtsrolle tendierten. Je größer die Angst war, desto stärker war auch der Wunsch, „ganz Frau" zu bleiben. Wenn auch WIESENDANGER dagegen anführt, daß derartige, kurzfristig nachweisbare Effekte noch keine Rückschlüsse auf eine dauerhafte Persönlichkeitsveränderung zulassen und auch nicht zu entscheiden ist, ob die Auswirkungen daher rühren, daß „einer Frau wie mir" Gewalt angetan wurde oder überhaupt einem Mitmenschen (Geschichten über Folterungen allgemein hätten möglicherweise dieselben Wirkungen gezeigt), so scheint doch unbestritten, daß allein das Wissen um das Risiko — genährt durch entsprechende Publikationen in den Medien — zu subjektiven und objektiven Einschränkungen in den Lebensäußerungen von Frauen führen kann.

Verbreitete, zumindest teilweise irrige Vorstellungen über die Vergewaltigung und „Vergewaltigungsmythen" sind ebenfalls indirekt Auswirkungen des Vergewaltigungsrisikos. Sie dienen der Angstabwehr („Mir als anständiger Frau kann so etwas nicht passieren.") und tragen zur Stabilisierung der Geschlechtsrolle bei („Eine zurückhaltende Frau, die sich nicht mit Männern einläßt, ist nicht gefährdet."). Ein derartiger Vergewaltigungsmythos ist etwa die Vorstellung, daß eine sich ernsthaft wehrende Frau gar nicht vergewaltigt werden kann und die Einführung des männlichen Gliedes beim Zusammenpressen der Oberschenkel nicht möglich sei. Eine solche Auffassung, die WEIS (1982) zufolge fast 1/4 der Bevölkerung teilt, übersieht aber, daß auf lange Sicht ein körperlich überlegener Mann den Widerstand brechen kann, zumal wenn er über eine Waffe verfügt, mit der er das Opfer bedroht (Macht). Mißglückte Vergewaltigungen gehen zudem weniger auf eine erfolgreiche Gegenwehr der Frau als vielmehr auf die Impotenz des Täters zurück (WIESENDANGER 1984, S. 64).

Bei der Vergewaltigung handelt es sich häufig um eine Beziehungstat, doch ist es schwierig, den Anteil der Delikte mit Täter-Opfer-Beziehung abzuschätzen, weil derartige Fälle nur in geringerem Ausmaß angezeigt werden. Immerhin in 53 % der Polizei bekanntgewordenen Fällen in Philadelphia handelte es sich bei den Tätern um Bekannte, enge Freunde, Freunde der Familie und Verwandte des Opfers (AMIR 1971). Eine neuere Untersuchung (BAURMAN 1982) ergab, daß 91 % der gewalttätigen und 76 % der mit Gewalt drohenden Täter das Opfer schon vorher kannten bzw. mit ihm verwandt waren: „Zusammengefaßt bedeutet dies also, daß der Täter dem Sexualopfer häufig vorher schon bekannt ist, und daß gerade die bekannten und verwandten Sexualtäter besonders gefährlich sind für das Opfer. Die Warnung vor dem „fremden Onkel" ist wenig sinnvoll, angebracht wäre eher die Warnung vor dem echten Onkel, dem Vater, dem Freund, dem Partner in der Wohnung, dem Bekannten usw" BAURMANN 1983, S. 8). Auch für KRÖHN (1985) ist der typische Vergewaltiger der wenig auffällige Mann aus der Nachbarschaft, dem Freundeskreis oder der Familie. Beschränkt man sich jedoch allein auf die offiziell registrierten Fälle, so verschiebt sich das Bild in Richtung auf einen größeren Anteil unbekannter Täter. So ermittelte LUDWIG (1984), daß die innerhalb eines Jahres in München zur Kenntnis der Polizei gelangten Taten zu 36 % (65 von 180) überfallartig und durch völlig fremde Männer erfolgten in 52 Fällen (29 %) hatten sich Täter und Opfer am selben Tag, in 53 Fällen einige Tage vorher kennengelernt. Ohne die Beschränkung auf die registrierten bzw. angezeigten Fälle sind solche — entgegen dem durch die Massenmedien verbreiteten Bild — mit vordeliktischer Täter-Opfer-Beziehung typisch:

Fallbeispiel 38:

„Die 20jährige R. L. wurde Opfer eines Mordversuchs durch ihren ehemaligen Freund. Der Täter vergewaltigte sie und schlug sie mehrfach mit dem Hammer nieder. Die junge Frau erlitt dadurch schwerste Verletzungen mit Dauerschäden (u. a. Verlust eines Auges)." (WEISSER RING 4/83)

Vergewaltigungsopfer sind überwiegend, aber nicht ausschießlich, Frauen. Gelegentlich finden sich auch — entsprechend sensationell aufgemacht — Berichte über vergewaltigte Männer:

Fallbeispiel 39:

„Am Rande der Altstadt ist am späten Dienstag ein 50 Jahre alter Mann von einer bewaffneten Frau überfallen und zu sexuellen Handlungen gezwungen worden. Danach verlangte sie Geld und flüchtete mit 100 Mark. Der Mann berichtete später der Polizei, er sei gegen 21.15 Uhr auf dem Nachhauseweg über den Klosterweg am Leineufer gegangen. An der Ecke Rademachertreppe stand ihm plötzlich eine Frau gegenüber, die eine Pistole auf ihn richtete und sagte: ‚Jetzt wollen wir mal einen losmachen!' Sie habe ihm die Hose geöffnet und sei handgreiflich geworden. Anschließend hob die Frau wieder die Pistole und forderte Geld für ihre ‚Dienste'. Als der 50jährige seine Geldbörse zog, nahm die Unbekannte einen Hundertmarkschein heraus und flüchtete." (Hannoversche Allgemeine Zeitung, 23.1.86)

Nicht selten ist der eigene Ehemann der Täter. Infolge der geringen Sanktionsmöglichkeiten der Gerichte, aber auch aufgrund noch schwerwiegenderer Konsequenzen für das Opfer (Rache des Täters, Scheidung, Folgen der Inhaftierung) ist die Anzeigebereitschaft gering. Kommt es doch zu einer Meldung, kann bislang nur wegen sexueller Nötigung ermittelt werden:

Fallbeispiel 40:

„ ‚Mein Mann fordert dauernd brutalen Sex von mir. Ich halte es nicht mehr aus.' Mit diesen Worten erstattete eine 17jährige Frau bei der Wiener Polizei Anzeige. Bereits nach der Hochzeit habe sie der 32 Jahre alte Ehemann F. K. buchstäblich vergewaltigt. Wenn sie nicht willig gewesen ist, habe er sie verprügelt. Ein Richter ließ den brutalen Ehemann verhaften. ‚Alles Lüge', behauptet der Mann, doch er hatte Pech: Polizeibeamte fanden bei der Durchsuchung seiner Wohnung Pornofotos, welche die brutalen Quälereien an der jungen Frau bestätigten. Ein Polizist: ‚Wegen Vergewaltigung kann der Mann nicht bestraft werden, weil er verheiratet ist. Wir konnten ihn nur wegen Nötigung anzeigen' ." (tz, 20.3.85)

- *Vergewaltigungen sind häufigkeitstypisch und in unserer Variablentypologie wie folgt zu charakterisieren: Es beteht aufgrund der körperlichen Stärke und oft auch Bewaffnung des Täters ein starkes Machtgefälle, dem sich das weibliche Opfer nur in den seltensten Fällen entziehen kann (vgl. Fallbeispiel 130). Ein Tatbeitrag durch das Opfer kann nicht immer ausgeschlossen, darf jedoch auch nicht a priori und grundsätzlich unterstellt werden, wie manches soziale — durchaus nicht geschlechtsspezifisch vertretene — Stereotyp und Vorurteil glauben machen möchte. Gerade die geschlechtspezifisch divergierenden Situationsdefinitionen sind oft entscheidende Ursache für die Deliktbegehung. Sie resultieren aus der Tat meist vorausgehenden Täter-Opfer-Beziehungen (Bekannt-, Freund- oder Verwandschaft) in nicht eindeutigen Situationen. Die weit überwiegende Mehrzahl aller Notzuchtdelikte richtet sich auf Einzelopfer.*

3.2.2.2. Sexualmord

Manche Notzuchtverbrechen eskalieren zum Tötungsdelikt, in anderen Fällen wird der Tod des Opfers billigend in Kauf genommen oder — z. T. vom Opfer provoziert (vgl. Fallbeispiel 134), z. T. von vorneherein geplant, als Deckungsmord begangen. In wieder anderen Fällen ist die Ermordung des Opfers für den Täter sexuelle Stimulanz und somit integraler Bestandteil des Verbrechens. Eine entsprechend große Variationsbreite weisen hier der Tatbeitrag des Opfers und die Chance, einer Viktimisierung zu entgehen, auf.

Fallbeispiel 41:

„Nach einem vierstündigen Verhör haben drei Schüler im Alter von 14 und 15 Jahren gestanden, in Jeinsen bei Hannover die 26jährige medizinische Assistentin U. Sch. erschlagen zu haben. Die im Zuchtinstitut für Versuchstiere angestellte Assistentin betreute in ihrer Freizeit in Jeinsen einen Pferdestall, wobei ihr die Jungen manchmal halfen. Vor kurzem beschlossen die drei, das attraktive Mädchen zu vergewaltigen und dann umzubringen. Am Mordabend lockten zwei der Jungen die Frau auf die Koppel vor dem Stall, wo der dritte im Hinterhalt lauerte. Am Tatort riß sie einer der Jungen mit einem Hechtsprung von hinten zu Boden und hielt ihr den Mund zu, dann schlugen alle drei mit Pistolen und einem dicken Ast auf die Frau ein, bis sie nur noch röchelte. Ohne sie vergewaltigt zu haben, ließen die drei ihr Opfer im Schnee liegen und spielten Monopoly. Sie verabredeten ihre Aussagen und legten sich schlafen. Eine halbe Stunde nach der Tat entdeckte ein Reiter, dessen Pferd von Uschi betreut worden war, die leblose Gestalt". (SZ, 26./27.1.79)

Aufgrund der Planung, des Überraschungseffekts, der zahlenmäßigen/körperlichen Überlegenheit der Täter und deren Bewaffung hatte in diesem Fall das Opfer vermutlich keinerlei Chance — ähnlich wie im bereits zitierten Fall des Sexualmords im Freibad (Fallbeispiel 13), der sich jedoch in einigen wesentlichen Merkmalen davon unterscheidet (keine Täter-Opfer-Beziehung, keine Planung, Einfluß der Tatsituation).

Im folgenden Beispiel scheint die Tötungsabsicht das entscheidende Motiv gewesen zu sein, die Vergewaltigung selbst dagegen nur eine Art „Vorspiel":

Fallbeispiel 42:

„. . . Zu den Opfern des gelernten Maurers gehörten zwei Schülerinnen aus Norwegen, die im März 1982 auf Klassenfahrt in Berlin waren. R. hatte den Mädchen versprochen, sie zum Pizzaessen mitzunehmen. Er entführte jedoch die 19jährige Carmen und die 18jährige Ellin in den Grunewald. Dort vergewaltigte er beide und schüchterte sie mit brennenden Zigaretten ein. Carmen mußte an einem Baum festgebunden mitansehen, wie er ihre Freundin folterte. R.: ‚Danach habe ich Carmen wie im Rausch ein paarmal mit dem Auto überrollt.' Ellin quälte er die ganze Nacht. ‚Wenn sie schon sterben muß', habe er gedacht, ‚dann will ich mich wenigstens noch einmal austoben.' . . . ‚Am Morgen habe ich mit einem Küchenbeil auf ihre Kehle eingehackt, bis sie starb.' R. gestand außerdem, eine Woche vorher eine etwa 25jährige Frau erstochen zu haben, nachdem er vorher ‚ganz schön sadistische Sachen' mit ihr ausprobiert habe . . . R. vor Gericht: Schon als 14jähriger habe ich sadistische Phantasien zur sexuellen Stimulanz gebraucht." (AZ, 5.3.85)

Fall 43 ist ein Sexual- und Deckungsmord, während 44 durch eine einseitige Täter-Opfer-Beziehung gekennzeichnet ist:

Fallbeispiel 43:

„Der Täter, ein Betriebswirtschafts-Student, war locker mit Chr. M. befreundet. Wie er jetzt gestand, hatte er mit seinem späteren Opfer einen Kneipenbummel unternommen. Die 30jährige nahm den jungen Mann mit nach Hause. Plötzlich forderte der Student Sex — mit Gewalt! Der 23jährige riß der Frau die Kleider vom Leib und stülpte ihr eine Plastiktüte über den Kopf. Dann erwürgte er die 30jährige. ‚Anschließend stach ich noch mit dem Messer auf sie ein', gestand der Mörder. Brigitte B., die Freundin der 30jährigen, schlief im Nebenzimmer. Sie hatte von dem Verbrechen offensichtlich nichts bemerkt. Die Polizei war zunächst davon ausgegangen, daß die 29jährige erst später nach Hause gekommen war und dem Mörder direkt in die Arme lief. Doch jetzt gestand der Student: ‚Ich habe sie umgebracht, weil sie wußte, daß ich in der Nacht bei Christa Maria war.' Der Mörder setzte sich auf das Bett, auf dem sein nacktes Opfer lag. ‚Ich rauchte eine Zigarette nach der anderen', sagte der 23jährige später in aller Ruhe. Am nächsten Morgen kam die 29jährige nichtsahnend aus ihrem Zimmer. Der Student: ‚Ich habe ihr eine Sprudelflasche auf den Kopf geschlagen, auf sie eingestochen und dann noch gewürgt' ." (tz, 15.10.84)

Fallbeispiel 44:

„Michael M. (34) aus Itzehoe war im Herbst einige Wochen als Gelegenheitsarbeiter in Südfrankreich. Regelmäßig fuhr er mit seinem Auto vor das Mädchengymnasium in Carpentras. Schon bald fiel ihm die hübsche Corinne auf. Das 14jährige Mädchen wohnte in einem Dorf einige Kilometer außerhalb der Stadt. Oft fuhr die attraktive Schülerin per Anhalter heim. Am 22. Oktober paßte Michael M. die 14jährige ab. Er bot ihr an, sie mit seinem PKW nach Hause zu bringen. Doch der Deutsche entführte das Mädchen und verschleppte es 200 Kilometer weit in die Pyrenäen. In einem abgelegenen Tal südlich von Carcassonne fiel der Mann über die Schülerin her. Da die sehr sportliche 14jährige sich heftig wehrte, fesselte Michael M. sie mit Draht und klebte ihr den Mund zu. Dann riß er Corinne die Kleider vom Leib und vergewaltigte sie mehrmals. Anschließend zerrte er sein wehrloses Opfer an den Rand der Schlucht von Galamus und stürzte es bei vollem Bewußtsein in den Abgrund. Im Verhör behauptete Michael M., er hätte Corinne nur über den Abgrund gehalten, um ihr Angst zu machen. Doch sie habe sich gewehrt und sei ihm entglitten." (tz, 31.12.84)

Viktimologisch relevant sind vor allem jene Fälle, in welchen das Verhalten eines Vergewaltigungsopfers den anschließenden „Eskalations"- bzw. Deckungsmord heraufbeschwört. Es stellt sich somit die Frage, wie durch das Opferverhalten Schlimmeres verhindert werden kann. Die Fallbeispiele 130 und 111 markieren sowohl eine kluge als auch eine unüberlegte und verhängnisvolle Opferreaktion; im Abschnitt 4.1.6. wird darauf noch zurückzukommen sein. Bereits an dieser Stelle ist aber darauf hinzuweisen, daß heftige Gegenwehr von zweifelhaftem Wert sein kann. Zu Beginn einer sexuellen Attacke mag sie mitunter erfolgreich sein, weil so weniger entschlossene Täter abgewehrt werden, doch kann länger andauernder Widerstand den Angreifer in Panik versetzen oder zu sadistischen Handlungen stimulieren. „Das Opfer, das in eindeutig-endgültig unterlegener Stellung die mindere Verletzung nicht über sich ergehen und den Täter nicht insoweit gewähren läßt, gefährdet das jeweils höhere Rechtsgut — in vielen Fällen sein Leben“ (Amelunxen 1970, S. 79).

- *Die für die Notzucht angegebenen Merkmale: starkes Machtgefälle, individuelles Opfer, häufig der Tat vorausgehende Täter-Opfer-Beziehung und oft auch ein gewisser Tatbeitrag des Opfers gelten ebenso für den Sexualmord.*

3.2.2.3. Unzucht mit Kindern

Ähnlich wie bei der Notzucht stellt sich beim sexuellen Mißbrauch von Kindern und Jugendlichen das Problem der Wahrheitsfindung in dem Dilemma, die Interessen der Beklagten und die schutzwürdigen des Opfers adäquat zu berücksichtigen. Auch bei dieser Straftat ist das Opfer — wie bei den meisten Sittlichkeitsdelikten — oft der einzige Zeuge; die Ausführungen des Täters können nicht von vorneherein als völlig belanglose Schutzbehauptungen verworfen werden. „Zahlreiche wissenschaftliche Untersuchungen der letzten Jahre über die Beteiligung von Kindern an Sexualdelikten sind zu viktimologischen Ergebnissen gekommen, die der herkömmlichen Idealvorstellung vom ‚unschuldigen Opfer‘ jedenfalls auf dem Gebiet widersprechen“ (Amelunxen 1970, S. 76; vgl. auch 1969, S. 180).

Fallbeispiel 45:

„Drei fünfzehnjährige Mädchen haben Männer zu Sex-Orgien verführt! Vor Gericht erklärten die Lolitas: ‚Uns machte es einfach Spaß.‘ Für ihre Dienste lehnten die Schülerinnen jeden Lohn ab. Weil zwei der Mädchen schwanger wurden, versuchten die Richter nun, die Väter zu finden. Die drei Freundinnen aus dem Schweizer Kanton Aargau wollten es oft gleich viermal in der Woche wissen. Bei Radtouren oder Ausflügen machten sie Männern, die ihnen gefielen, eindeutige Angebote . . . Eines der Mädchen machte eine sogenannte Schnupperlehre in einer Bäckerei. Schon am ersten Abend fragte es einen jungen Bäcker, ob es auf seinem Zimmer Musik hören dürfe. Als der Mann einmal

kurz hinausging, lag bei seiner Rückkehr die 15jährige nackt auf seinem Bett. Der Gerichtsvorsitzende: ‚Ich möchte den Mann kennen, der in einer solchen Situation Nein sagen kann.' Wenn die Männer auf die Anträge der Mädchen nicht eingingen, zogen diese kurzerhand ihre Höschen aus und zeigten, was sie zu bieten hatten.
Die 13 Männer wurden jetzt vom Bezirksgericht Zurzach zu Freiheitsstrafen zwischen vier und elf Monaten verurteilt. Der Richter: ‚Die Vorwürfe sind nicht in erster Linie an die Männer oder die Mädchen zu richten, sondern an die Eltern, die sich zu wenig um ihre Kinder gekümmert haben' ." (tz, 24.22.84)

Hier (wie auch in dem bereits erwähnten Beispiel 16) ging die Initiative eindeutig von den „Opfern" aus, die sich kaum als solche gefühlt haben dürften. Ähnlich problematisch ist auch die Zuschreibung der Opferqualität bei den Beispielen 47.

Ein häufiges Stereotyp geht davon aus, daß sich (ältere) Männer an Mädchen vergreifen. Obgleich dies für die meisten bekanntgewordenen Fälle zutrifft, können auch Jungen Opfer (von Männern und Frauen) sein:

Fallbeispiel 46:

„Der französische Dichter J. W. (43) war in Literaturkreisen wegen seiner feinsinnigen Poesie ein gern gesehener Gast. Jetzt wurde er in Aurillac verhaftet: Er soll in den vergangenen Monaten drei Jungen entführt und mißbraucht haben. Der Dichter fiel auf, als er bei einer Polizeikontrolle fliehen wollte: Auf dem Rücksitz lag ein gefesselter Schuljunge (10)." (BILD, 19.3.85)

Fallbeispiel 47:

„Eine 28jährige Hausfrau verführte einen 13jährigen Nachbarsbuben. Fünf Monate lang ging sie mit dem Kind zweimal pro Woche ins Bett. Dann erwischte die Mutter des Buben das ungleiche Paar in flagranti. Ein Gericht verurteilte die Kindesverführerin jetzt zu zwei Jahren Gefängnis mit Bewährung. Der 13jährige war als Babysitter engagiert worden. Er sollte auf das Baby der Frau aufpassen, die von ihrem Mann verlassen worden war und gelegentlich ausgehen wollte. Doch schon vom zweiten Termin an blieb die Mutter zu Hause. ‚Damals war ich wohl etwas angeheitert', erklärte die 28jährige während der Gerichtsverhandlung. ‚Ich zog mich aus, obwohl Robert da war, und sagte zu ihm: So, jetzt geh ich ins Bett.'
Ihren Worten nach soll der Bub gesagt haben: ‚Ich komme mit.' Die Antwort der Frau war: ‚Du bist doch kein Mann für mich . . .' Unmittelbar darauf kam es dann zu den intimen Beziehungen, die fünf Monate andauerten. ‚Ich bedauere', sagte die 28jährige in ihrem Schlußwort, ‚aber ich war auch so einsam' ." (tz, 22.3.84)

In drei der vier geschilderten Beispiele fällt die Klassifizierung von Opfern und Tätern schwer. Auch bei den „normalen" Fällen, in denen sich Männer jüngeren Mädchen nähern, kann eine mehr oder weniger große Beteiligung des Opfers vorliegen (was keine Entschuldigung der Täterhandlung impliziert). Mehrfach wird darauf hingewiesen, daß mitunter die Eltern der verführten Kinder mitverantwortlich sind, etwa wenn sie eine frühzeitige Aufklärung versäumt oder wenn den Kindern keine an sich selbstverständlichen Vorsichtsmaßnahmen beigebracht wurden (z. B. nicht zu Fremden ins Auto zu steigen). Noch schwerer wiegt aber das Unvermögen der Eltern, ein vertrauensvolles Verhältnis zu ihren Kindern herzustellen. Kinder, die wissen, daß sie bestraft werden, wenn sie über sexuelle Themen reden oder gar eigene sexuelle Phantasien erzählen, werden ihre Eltern kaum über eventuelle Viktimisierungen auf diesem Gebiet unterrichten.

Aufgrund einer größeren Häufigkeit strukturell bedingter Sozialisationsdefizite in der Unterschicht (mehr unvollständige Familien, mehr ganztags berufstätige Mütter, weniger Kenntnisse über Kindererziehung usw.) verwundert es daher nicht, daß überproportional viele Kinder aus niederen Schichten zu Opfern werden. Weitere assoziierte Merkmale verführter Kinder sind der Besuch von Sonderschulen und die Jugendamtsbekanntheit (AMELUNXEN 1970, S 76 f.; vgl. auch GEISLER, 1959, SCHÖNFELDER 1968).

MÜLLER -LUCKMANN (1959) stellte bei kindlichen und jugendlichen Opfer-Probandinnen eine verzögerte körperlich-geistige Entwicklung fest. NAU (1962) fand bei 41 % Minderbegabung und Schwachsinn. 25 % waren psychisch auffällig und nur knapp 20 % konnten als intellektuell, psychisch, körperlich, sexuell und sozial unauffällig gelten. 90 % der von MÜLLER-LUCKMANN (1959) untersuchten Probandinnen verfügten über ein konkretes Sexualwissen; 63 % hatten sich bereits auf sexuelle Spielereien mit anderen Kindern eingelassen. 18 % der unter 13jährigen hatten bis zum Untersuchungszeitpunkt bereits mehr als eine sexuelle Begegnung hinter sich; 35 % der bis zu 16jährigen hatten sexuelle Erfahrung mit Männern. NAU (1962, 1965) stellte fest, daß Einzelkinder, Kinder mit Kontaktstörungen, Kinder aus disharmonischen Familienverhältnissen, Kinder, die einem inkonsistenten Erziehungsstil ausgesetzt sind, sowie Kinder charakterlich infantiler Mütter am meisten gefährdet seien. Weiterhin fand sie bei den von ihr untersuchten Mädchen einen Anteil von 27 % mit sexuellen Vorerfahrungen. FREY (1945) stellte einen Anteil von 8-10 % der Probandinnen fest, die in mehr als ein Sittlichkeitsdelikt verwickelt waren. SCHÖNFELDER (1968), der 200 einschlägige Straftaten untersuchte und zusätzlich 30 Opfer befragte, fand, daß in einem Drittel aller Fälle von einer aktiven Mitbeteiligung auszugehen war, wobei sich ein breites Spektrum ergab, das von „echten Liebesverhältnissen" über „sympathiegetragenes Experimentieren" bis zur „ungebundenen Verwahrlosung" reichte. Gutmütige, minderbegabte Mädchen waren ebenso darunter wie materiell bedürfnishafte oder „genüßlerische Mitspielerinnen und gemütsarme Erpresserinnen" (zit. nach AMELUNXEN 1974, S. 77). Neben Neugier und der Erwartung materieller

Vorteile oder gar einer Erpressungsmöglichkeit, spielt seitens des jungen Opfers auch der Wunsch nach Anerkennung, Wärme oder Freundlichkeit mit, der in den Primärbeziehungen nur unzureichend erfüllt wird. Warnungen allein vor dem „bösen fremden Onkel" helfen wenig; in vielen Fällen handelt es sich beim Täter um Verwandte, gute Bekannte oder Nachbarn:

Fallbeispiel 48:

Von ihrem eigenen Onkel ist eine zehnjährige Schülerin aus dem Kreis München zwei Jahre lang zusammen mit einer Schulfreundin (11) und deren Bruder (9) zu heißen Sexspielen mißbraucht worden. Jetzt nahm die Polizei den Täter, einen Maler (45), fest. Bereits seit Sommer 1982 hatte der Mann die Kinder immer wieder in seine Wohnung gelockt. Zuerst zeigte er ihnen heiße Pornohefte und einschlägige Filme. Dann mißbrauchte er sie. Aus Angst und Scham haben die Opfer geschwiegen. ‚Erst als sie die nervliche Belastung nicht mehr aushielten, informierten sie jetzt ihre Eltern', sagt die Polizei. Sie rät allen Eltern: Vorsicht gegenüber guten Onkels." (tz, 24.1.85)

Fallbeispiel 49:

„... Er kannte die Mädchen, weil sie nebenan wohnten. Die 14jährige führte öfters seinen Hund aus. Schließlich lud er die Minderjährigen zu den Pornostreifen ein — jeweils an verschiedenen Tagen. Am Anfang ‚bin i aus Neugierde hi'ganga', erzählte die ältere." (tz, 14.2.85)

In den Fällen verführter Kinder stehen die Interessen von Opfer und Beklagten oft in einem noch schärferen Gegensatz als bei Notzuchtdelikten. Die Glaubwürdigkeit des kindlichen und jugendlichen Opferzeugen wurde wiederholt wissenschaftlich untersucht (vgl. z. B. Serwe 1970, Frey 1945, Nau 1962). Amelunxen (1974, S. 78) zitiert in diesem Zusammenhang eine Untersuchung des gerichtspsychologischen Instituts Bochum, wonach 8- bis 11jährige Kinder als die vergleichsweise besten, 14- bis 15jährige Mädchen als die problematischsten Opferzeugen im Sexualstrafverfahren gelten. Allgemein werden bei den kindlichen Opferzeugen nur 62 % der Aussagen als glaubhaft angesehen, während es sich bei 6 % um nachweislich falsche Beschuldigungen handelt.

- *Die Unzucht mit Kindern läßt sich in der Opfersituation in der Regel so darstellen: Es handelt sich zumeist um Einzelopfer, die im Nahraum vordeliktische Beziehungen zum Täter unterhalten. Aus zunächst harmlosen Kontakten entwickeln sich sexuelle Betätigungen, die nicht immer gegen den expliziten Willen des Opfers vorgenommen werden, was sicher mit dem großen Machtgefälle zwischen dem erwachsenen Täter und dem kindlichen oder jugendlichen Opfer begründet werden kann.*

3.2.2.4. Inzest

Inzest (§ 173 StGB) ist ein klassisches Beziehungsdelikt; schon definitionsgemäß ist hier eine langjährige „Täter"-„Opfer"-Beziehung notwendig. Vorab ist festzuhalten, daß eine Subsumierung von Inzesthandlungen unter die Kategorie „Sexualdelikt" keinesfalls selbstverständlich ist; in vielen rezenten Kulturen wurden durch die Verletzung von Inzestverboten in erster Linie Eigentums- und Autoritätsverhältnisse in Frage gestellt bzw. die „natürliche Weltordnung" gestört (vgl. Kiefl 1986).

Vernachlässigen wir die kulturanthropologische Sichtweise des Inzestproblems und beschränken uns auf die durch das Strafrecht vorgegebene Definition inzestuöser Handlungen, so ist — innerhalb der aus Vater, Mutter und den abhängigen Kindern bestehenden Kernfamilie — zwischen drei Inzestarten zu unterscheiden, nämlich dem — Vater-Tochter-, dem Mutter-Sohn- und dem Bruder-Schwester-Inzest. (Hinzu kommen die relativ häufigen Fälle des Inzests mit Stiefgeschwistern und Stieftöchtern).

Hinsichtlich der Häufigkeit des Vorkommens dieser Inzestarten gehen die Schätzungen weit auseinander. Nach Rinehart (1961) ist der Vater-Tochter-Inzest am häufigsten, während Gebhard u. a. (1965) von einer etwa 5mal größeren Frequenz des Geschwisterinzests ausgehen. Auch Weinberg (1980, S. XII) hält den Geschwisterinzest für häufiger, weist aber darauf hin, daß der Vater-Tochter-Inzest öfter registriert und angezeigt wird, weil seine Ausführung vielfach mit der Anwendung physischer Gewalt verbunden ist und er — im Gegensatz zum Geschwisterinzest — meist nicht nur vorübergehender Natur ist. Der Widerspruch zwischen so divergierenden Schätzungen — wie denjenigen von Rinehart oder Gebhard u. a. — löst sich auf, wenn man die jeweils unterschiedlichen Definitionen von Inzesthandlungen berücksichtigt. Während Rinehart erst vom vollzogenen Geschlechtsverkehr ausgeht, schließen Gebhard u. a. bereits die „unwirksamen" und relativ häufigen Versuche von Kindern und Jugendlichen, (z. B. sogenannte Doktorspiele zwischen Geschwister) mit ein. Obgleich sich derartige Häufigkeitsschätzungen auf moderne Industriegesellschaften beziehen, sind die quantitativen Angaben selbst hier höchst unsicher. (Erst recht gilt dies für vergangene Epochen; vgl. z. B. v. Hentig/Viernstein 1925, Rohleder 1917, Guerra 1971, S. 228).

In der Bundesrepublik Deutschland wurden 1973 nur 68 Inzesttäter abgeurteilt (zum Vergleich: Diebstahl (§ 242) 97 359, Raub (§ 249, 252, 255, 316a) 3940, Mord und Totschlag (§ 211-213) 535) (Statistisches Bundesamt, 1975, S. 137; vgl. auch Maisch 1968, S. 64 ff.). Schätzungen der Dunkelziffer liegen bei 90 % oder mehr. Wenn auch derartige Mutmaßungen höchst spekulativ sind, kann doch davon ausgegangen werden, daß Inzest sehr viel häufiger vorkommt, als es Polizei- und Verurteiltenstatistiken wiedergeben (vgl. hierzu LINDZEY 1967). Nach GEBHARD u. a. (1965) gaben 3,9 % eines befragten Bevölkerungsquerschnitts in den USA zu, inzestuöse Handlungen (im weitesten Sinne) begangen zu haben. In einer Stichprobe von Gefängnisinsassen, die wegen unterschiedlicher Delikte in den USA verurteilt waren, betrug der Anteil derjenigen, die irgendwann einmal Inzest begangen hatten, sogar 13,1 %. Wegen der Korrelation von Schichtzugehörigkeit und Kriminalisierung kann dieser letzte Befund auch als Hinweis auf die Überrepräsentation der unteren Sozialschichten bei Inzesttätern und -opfern verstanden werden, wobei als wesentliche zusätzliche Variablen die familiale Desorganisation wegen der angespannten wirtschaftlichen Verhältnisse, die erhöhte Versuchung zum Inzest (z. B. enge Wohnverhältnisse), die größeren Schwierigkeiten der Partnerwahl aufgrund des niedrigen sozio-ökonomischen Status oder eine sozialisationsbedingte weniger starke Internalisierung des Inzesttabus wirken mögen (vgl. dazu TÖBBEN 1925, S. 26 ff., MAISCH 1968, S. 83, MEISELMAN 1979, S. 32 f., WEINBERG 1980).

Als Grund für die hohe Dunkelziffer wird vor allem die „protektive Dynamik" der Familiengruppe genannt (v. HENTIG 1964, S. 118). Durch eine Anzeige und gerichtliche Aburteilung des Inzesttäters ergäben sich für alle Beteiligten (auch für das Opfer) so weitreichende negative Konsequenzen, daß den Betroffenen evtl. sogar eine Fortsetzung der inzestuösen Beziehung als das geringere Übel erscheint. Zudem setzt sich der Kläger bzw. das Opfer in besonderem Maße dem Risiko der sekundären Viktimisierung aus, selbst wenn diese „nur" in einer informellen Mißbilligung durch die soziale Umwelt besteht. Bei vielen der wenigen Inzestfälle, die überhaupt bekannt werden, wird das Verfahren wegen unglaubwürdiger oder unzureichender Zeugenaussagen eingestellt. So fand DYCKMANS (1954, S. 165), daß von den 367 Fällen, die zwischen 1920 und 1951 im Landgerichtsbezirk Kleve zur Verhandlung kamen, 67,5 % so endeten.

Festgestellte Differenzen zwischen einzelnen Regionen oder Gruppen sind wegen der großen (und in ihrer Höhe sehr unsicheren) Dunkelziffern und der geringen bekanntgewordenen Fallzahlen (womit zufallsbedingte Veränderungen als bemerkenswerte Steigerungen oder Abnahmen erscheinen) wenig aussagekräftig und können kaum interpretiert werden. Es dürfte schwierig sein, eine Erklärung dafür zu finden, warum zu Beginn des Jahrhunderts in Oberbayern auf 100 000 Strafmündige 1,5 Verurteilungen wegen Inzest kamen, in der Oberpfalz dagegen 3,1 oder warum Schuster und Bäcker von allen Berufsgruppen die höchste Inzestbelastung aufwiesen (v. HENTIG/VIERNSTEIN 1925, S. 185 ff.).

Bezüglich der Häufigkeit der einzelnen Inzestarten innerhalb der Kernfamilie besteht zumindest Einigkeit darüber, daß der Mutter-Sohn-Inzest die seltenste Variante darstellt. So geht MAISCH (1968, S. 67 ff.) für Westdeutschland von einer Relation von 11:1 für die Häufigkeiten von Vater-Tochter- und Mutter-Sohn-Inzest aus. Dies dürfte auch mit der größeren Tabuisierung des letzteren zusammenhängen, die auch für dessen noch seltenere Aufdeckung verantwortlich sein dürfte, so daß wir von einer steigernden Korrektur beim Mutter-Sohn-Inzest ausgehen müßten. Weitgehende Übereinstimmung herrscht darüber, daß in nahezu allen Kulturen der Mutter-Sohn-Inzest am meisten verpönt ist und häufig auch am schwersten bestraft wird (vgl. zusammenfassend MAISCH 1968, S. 23, S. 67 ff.) Trotzdem kommt er vor:

Fallbeispiel 50:

„Die 43 Jahre alte Mary Ann Bass aus Charlotte im US-Staat Tennessee heiratete ihren Sohn, weil sie ihn keiner anderen Frau gönnte. Jetzt wurde diese Frau der kriminellen Inzucht angeklagt. Sie muß mit einem Strafmaß zwischen fünf und 21 Jahren Gefängnis rechnen. Die Frau hatte ihren Sohn im Alter von drei Jahren zur Adoption weggegeben. Im Alter von 18 Jahren machte sich der Sohn auf die Suche nach seinen Eltern. Jemand schlug ihm vor, daß er sich an Mary Ann Bass wende, ohne ihm zu sagen, daß sie seine Mutter sei. Die beiden verliebten sich ineinander und heirateten im Januar 1978. Der Sohn entdeckte vor rund zwei Wochen, daß er seine Mutter geheiratet hatte." (tz, 14.9.84)

Zur Begründung des Inzest-Verbots werden mehrere Motive angeführt, der Schutz des Inzest-Opfers (hier fällt die Unterscheidung von Opfern und Tätern — weniger im strafrechtlichen Sinne — mitunter schwer) ist nur eines davon. Gerade beim Sexualstrafrecht, das noch zum größten Teil aus dem vorigen Jahrhundert stammt, scheint der Verdacht nicht unbegründet, daß auch eine längst veränderte sexualethische Normenordnung bewahrt werden soll (MAISCH 1968. S. 53).

Während sich die sexualethischen Wertvorstellungen des Menschen seit dem Beginn dieses Jahrhunderts gewandelt haben, spielt die Allgemeingültigkeit beanspruchende „statische Rechtsordnung die Rolle des Schildhalters" für den längst abgebröckelten Sittenkodex der „bürgerlichen Ära" (BADER 1950, S. 214-217). Weiterhin ist zu fragen, „ob das in den Gesetzgebungsakt des Inzestparagraphen einmündende Kräftespiel nur das Ergebnis kühler Vernunft ist und also zwangsläufig zu den sozial sinnvollsten Lösungen führt' (JÄGER 1957, S. 2) oder ob hier Überlegungen Platz greifen, die irrational, empirisch unhaltbar und Ausdruck affektiver, kollektivpsychologischer Einflüsse sind (MAISCH 1968, S. 53). MAISCH unterscheidet demzufolge zwischen empirisch-rationalen Motiven des Verbots, welchen der Gedanke der „mittelbaren und unmittelbaren Schadenswirkung des Inzests zugrundeliegt', und der „Gruppe der Motive mit irrationalen Tendenzen, die durch den Gedanken der ethischen oder religiösen Normwidrigkeit des Delikts gekennzeichnet sind". Im

Rahmen einer Soziologie des Opfers wollen wir uns allein auf die ersteren beschränken. Dabei wäre in erster Linie der sozial- und psychohygienische Schutzgedanke zu nennen. Ersterer betrifft die „familienzerstörende Wirkung des Delikts“ (Gefährdung von Familienzusammenhalt und Autoritätsstruktur), letzterer den Schutz minderjähriger Abhängiger vor psychischen Schäden, worunter auch der Schutz der sexuellen Selbstbestimmung und der Schutz von „Erziehungs- und Schutzrechten“ fällt (Jäger 1957, S. 53). Wie begründet dies ist, zeigt folgender tragische Fall:

Fallbeispiel 51:

„‚Ich habe Mutter und Vater erschossen.‘ Dieses schreckliche Geständnis legte jetzt die 14jährige Helena Karlson aus dem südschwedischen Dorf Slöta ab. ‚Mein Vater hat mich fünf Monate mit Schlägen zum Sex gezwungen,‘ gab die Musterschülerin zu Protokoll. ‚Mutter wußte davon, aber sie tat nichts dagegen. Ich habe sie gehaßt.‘
Der Doppelmord an dem Millionärs-Ehepaar Hans (57) und Ingrid Karlsson (56) am 18. Januar stellte die Polizei 13 Tage vor ein Rätsel. Der Möbel-Fabrikant und Großbauer war mit drei Schüssen niedergestreckt, seine Frau durch einen aufgesetzten Genickschuß getötet worden. Helena, das jüngste von vier Kindern, war als einzige im Haus. Sie behauptete, ein maskierter Mann sei ins Haus eingedrungen und habe die Eltern erschossen. Die Polizei glaubte ihr.
Die Ermittlungen kamen keinen Schritt voran. Da platzte die 14jährige mit dem Geständnis heraus. Erst habe sie sich selbst mit dem großkalibrigen Revolver ihres Vaters erschießen wollen, nachdem der Vater sie die Nacht zuvor wieder mißhandelt habe. Helena: ‚Doch dann sah ich meine Eltern am gedeckten Frühstückstisch. Ich bekam plötzlich einen Haß und schoß einfach los.‘ Das Mädchen wird jetzt von einem Psychologen untersucht. Staatsanwalt Göran Friberg: ‚Helenas Vater hatte sie zu allerlei Perversitäten gezwungen‘.“ (tz 1.2.85)

U. U. ist es schwer, einzusehen, warum Inzesthandlungen zwischen erwachsenen Geschwistern bestraft werden, wenn sie freiwillig erfolgen und wenn die Beteiligten Vorsorge gegen unerwünschte Nachwuchszeugung getroffen haben. Es ist aber auch sonst nicht immer einfach, ein „Opfer“ zu benennen. Das Klischee des „das arme Kind zwingenden Vaters“ gilt nur bedingt (Amelunxen 1970, S. 75; original: v. Hentig/Viernstein 1925).

Fallbeispiel 52:

„Als Herbert K. 1977 mit seiner neun Jahre älteren Frau Karin zusammenzog, übernahm er auch voll die Verantwortung für deren damals zehnjährige Tochter: ‚Das Gericht hat keinen Zweifel, daß er tatsächlich ein fürsorglicher Vater für das Mädchen war‘, faßte der Richter in der Urteilsbegründung zusammen. Als seine Frau ein Baby bekam und Herbert K. rücksichtsvoll aus dem gemeinsamen Schlafzimmer ins Wohnzimmer umzog, war Monika nur noch nach dem Buchstaben des Gesetzes ein Kind: Körperlich

war die 13jährige eine Frau. Nach einem gemeinsamen Abend vor dem Fernseher schliefen sie zum erstenmal zusammen — und fortan regelmäßig. ‚Ein bis zweimal in der Woche', gab Herbert K. später vor der Polizei zu. ‚Der Anstoß ging teilweise auch von dem Mädchen aus', so das Ergebnis der Verhandlung.
Das verbotene Liebesverhältnis kam auf, als Herbert K. am ersten Wies'n-Sonntag 1984 seine Tochter aus einem Bierzelt nach Hause holen wollte: Er bat die Polizei um Unterstützung, weil Monika sich sträubte — und das Mädchen erzählte aus Wut: ‚Mein Vater schläft ja mit mir.' Herbert K. kam in Haft. Weinend erschien Monika mit ihrer Mutter gestern im Sitzungssal. ‚Ich will, daß mein Papi wieder heimkommt', schrie sie. Der Richter ließ sie aus dem Saal bringen. Durch das umfassende Geständnis ihres Stiefvaters blieb dem Mädchen und der Mutter der Zeugenauftritt erspart. Nach dem Urteilspruch von dreieinhalb Jahren schrie Monika lauthals von der Zuhörerbank: ‚Das ist gemein' ." (tz, 22./23.12.1984)

Offensichtlich ist hier der durch die sekundäre Viktimisierung angerichtete Schaden für alle Beteiligten größer, als der, der sich durch die Nichtanzeige der Tat ergeben hätte. Es drängt sich die Frage auf, ob es nicht andere Möglichkeiten als eine dreieinhalbjährige Gefängnisstrafe gegeben hätte, um die 13jährige oder vielleicht auch den Stiefvater zu schützen.

Erwachsene haben — erwartungsgemäß — den größten Anteil an der Verurteiltenquote, doch bewegte sich der Anteil der Jugendlichen und Heranwachsenden zwischen 5 % (1960) und nahezu 30 % (1965). „Bemerkenswert hoch ist der Prozentsatz der verurteilten Mädchen und Frauen. Er schwankt zwischen ca. einem Viertel bis einem Drittel und der Hälfte der Fälle" (Maisch 1968, S. 66). Auch für Österreich wurde ein hoher Anteil weiblicher Verurteilter ermittelt, die in verschiedenen Jahren mehr als die Hälfte der wegen Inzest verurteilten Personen ausmachte (Amtliche Satistik Österreich, zit. nach Maisch 1968, S. 66).

Mädchen und Frauen sind die häufigsten Inzestopfer; in der Untersuchung von Maisch (1968, S. 70 ff.), die sich allerdings nur auf gerichtlich sanktionierte Fälle beschränkt und den Geschwisterinzest vernachlässigt, beträgt ihr Anteil 91 %. Nachfolgend einige opferrelevante Ergebnisse dieser Studie (N = 76):

Das Material bestand aus fachwissenschaftlichen Gutachten über die Glaubwürdigkeit der Opfer sowie (bei voll geständigen Tätern) aus den verfügbaren Akten einschließlich psychiatrischer Gutachten über die strafrechtliche Verantwortlichkeit und die Persönlichkeit des Täters. Die bei der Opferbegutachtung angewandten Methoden setzten sich zusammen aus Persönlichkeits- und Intelligenzuntersuchungen sowie einem ausführlichen Interview zum Verlauf der Inzestbeziehung und der familiären Verhältnisse. Die Auswertung erfolgte nach deskriptiv-phänomenologischen Gesichtspunkten sowie statistischen Analysen.

Für die einzelnen Inzestarten ergaben sich folgende Häufigkeiten:

Tabelle 2: Arten von Inzest und ihre Häufigkeiten in der Untersuchung von MAISCH (1968, S. 71)

	n		%	
Vater-Tochter	34	66	44 %	85 %
Vater-Stieftocher	32		41 %	
Vater-Sohn	3		5 %	
Mutter-Sohn	3		4 %	
Mutter-Tochter	1		1 %	
Großvater-Enkelin	4		5 %	
Summe	78		100 %	

Die Opfer waren zur Zeit der Hauptverhandlung bzw. der gerichtspsychologischen Untersuchung zwischen 3 und 66 Jahren; das durchschnittliche Alter der weiblichen Opfer betrug 12,3 Jahre und 2/3 standen im 10. bis 16. Lebensjahr. Dies stimmt gut mit vergleichbaren Untersuchungen aus Deutschland, Schweden und den USA überein. „Aus den Untersuchungsergebnissen ist zu schließen, daß Töchter und Stieftöchter bei Beginn inzestuöser Beziehungen bevorzugt in einer Lebensphase stehen, in der die sexuelle Reife des jungen Mädchens beginnt oder bereits in vollem Gange ist" (MAISCH 1968, S. 75).

Die Tätergruppe setzte sich aus 67 Männern und 4 Frauen zusammen. (Die gegenüber den Taten geringere Zahl von Personen erklärt sich daraus, daß einzelne Väter oder Stiefväter mehrfache Inzestbeziehungen unterhielten). In fast 70 % der Fälle kam es zu Koitusversuchen oder koitalen Beziehungen. Die Häufigkeiten anderer Kontaktformen (registriert wurde immer nur die intimste Form) war entweder sehr gering (nichtgenital), mit großer Unsicherheit infolge von Aussagetabus behaftet (oral-genital) oder schwer von koital Kontakten abzugrenzen (Schenkelverkehr).

Die Täter waren durchschnittlich 40,7 Jahre alt; 2/3 standen zwischen dem 33. und 48. Lebensjahr. Andere Untersuchungen (TÖBBEN 1925; v. HENTIG/VIERNSTEIN 1925; WEINBERG 1980) stimmen damit überein. Neuere amerikanische Forschungsergebnisse weisen darauf hin, daß Väter und Stiefväter — im Unterschied zu den anderen Sexualtätern bzw. -abweichlern — erst relativ spät delinquent werden und zumeist eine normale heterosexuelle Karriere hinter sich haben. Inzesttäter sind in der Regel keine hoch abnormen Persönlichkeiten, sondern zumindest ebenso häufig Menschen mit psychpathologisch und sozial unauffälliger Ausgangslage.

Inzestuöse Vater-Tochter-Beziehungen entwickeln sich meist auf dem Hintergrund disharmonischer oder desorganisierter familiärer Verhältnisse (Inzest ist somit weniger Ursache als Symptom der Störung), wobei der Beginn solcher Beziehungen in starkem Maße von der biologischen Reife des minderjährigen weiblichen Partners abhängt. „Während am Anfang die ‚Initiative' des Täters das Geschehen bestimmt, vollziehen sich bei länger dauernden Verläufen allmählich Verhaltensänderungen bei beiden Partnern. Mit zunehmendem Alter des Opfers und der damit verbundenen wachsenden außerfamiliären Orientierung gleitet dem Täter die ‚Initiative' gegen seinen Willen immer mehr aus der Hand" (MAISCH 1968, S. 167).

Inzestuöser Sexualverkehr ist selten „pervers" im sexualwissenschaftlichen Sinne. Hinsichtlich des partnerschaftlichen Charakters der Beziehung besteht eine große Variationsbreite von flüchtigen und ungebundenen Beziehungen bis zu emotional getragenen Partnerschaften.

Die negativen Auswirkungen der Inzestsanktionierung sind häufig schwerwiegender als die durch die Tat. Die gravierendsten psychischen Folgen für das Opfer stellen die Schwängerung und die sich daraus ergebenden Konsequenzen dar. „Der Inzest kann aber auch für das Opfer völlig konfliktfrei und ohne nachweisbare psychische Auswirkungen verlaufen. Über die möglichen Spätfolgen, die beim Opfer auftreten können, liegen heute noch wenig gesicherte Erkenntnisse vor" (MAISCH 1968, S. 167).

Das Inzestdelikt ist in der Perspektive einer Soziologie des Opfers schwer zu beurteilen, weil juristisch Täter und Opfer klar definiert sind, in der konkreten Interaktionssituation jedoch manchmal kaum zu entscheiden ist, wer als Opfer zu gelten hat. Subjektiv liegt wohl in vielen Fällen kein entsprechendes Bewußtsein vor. Gerade wenn man sich die längerwährenden inzestuösen Beziehungen ansieht, kann durch deren prozessualen Charakter die Definition des Opfers zwischen den beteiligten Personen wechseln.

- *Kennzeichen inzestuöser Verhaltensweisen ist per definitionem, daß sie im engsten familialen Nahbereich erfolgen, also schon vor dem Delikt eine weitgehende (auch emotionale) Interaktionsstruktur zwischen Täter und Opfer existiert. Dem Charakter „normaler Sexualpraktiken" entsprechend, die dem Inzest in der Regel zugrundeliegen, erfolgen die sexuellen Handlungen sozial unkontrolliert, das heißt das Opfer ist allein.*

  Wie oben schon angesprochen, ist manchmal schwer entscheidbar, ob eine subjektive und/oder objektive Opfersituation vorliegt. Ob also ein Opferbeitrag zur Tat besteht — da der Täter in der Mehrzahl der Fälle männlich ist und die immissio einer aktiven Handlung seinerseits bedarf, ist seine Definition meist eindeutig — läßt sich nicht allgemein beurteilen; grundsätzlich auszuschließen ist er jedoch nicht.

  Im Falle des Eltern-Kind-Inzests besteht ein deutliches Machtgefälle, während beim Geschwister-Inzest tendenziell eher egalitäre Verhältnisse vorliegen dürften.

3.2.3. Eigentums- und Vermögensdelikte

Der weitaus größte Teil der Kriminalität (und damit der Viktimisierungen) setzt sich aus Eigentums- und Betrugsdelikten zusammen bzw. — allgemeiner — besteht in primär utilitaristisch motivierten Delikten. Die Grenzen zwischen utilitaristisch und nicht-utilitaristisch motivierter Kriminalität sind nicht so eindeutig zu ziehen: wie insbesondere im Rahmen psychologischer und psychoanalytischer Erklärungen gezeigt werden konnte (z. B. REIK 1925, REDL/WINEMAN 1970; zusammenfassend SCHNEIDER 1977, S. 40 ff., LAMNEK 1979, S. 80 ff.), lassen sich auch höchst rational erscheinende Handlungen der Begehrlichkeitskriminalität durch die Einbeziehung irrationaler Momente wie Schuldgefühle und den Wunsch nach Bestrafung erklären. Umgekehrt kann auch die Begehung von Körperverletzungs- oder Sexualdelikten auf eine rationale Kosten-Nutzen-Analyse des Täters zurückgehen. Dennoch wollen wir im folgenden an dieser groben Zweiteilung von utilitaristischer und nicht-utilitaristischer Kriminalität festhalten.

3.2.3.1. Einfacher und schwerer Diebstahl sowie Raub

Innerhalb der Begehrlichkeitskriminalität nimmt der einfache oder leichte Diebstahl, d. h. der *Diebstahl ohne erschwerende Umstände* (Wegnahme einer fremden, beweglichen Sache in der Absicht, sich diese rechtswidrig anzueignen; § 242 StGB) den größten Anteil ein. Im Unterschied zum schweren Diebstahl ist damit weder eine Sachbeschädigung noch die Anwendung von Gewalt oder die Drohung damit verbunden. Der einfache Diebstahl wird gewöhnlich aufgrund des zumeist geringen Schadens als Bagatelldelikt angesehen. Die verbreitetste Variante ist der Ladendiebstahl. Neben Kaufhäusern und Selbstbedienungsgeschäften werden von den Tätern kleinere Läden mit älteren Besitzern besonders bevorzugt.

Die Viktimisierung wird durch die Geringschätzung des (eigenen) Eigentums, das verbreitete Versicherungsdenken, die mangelhaften Kontrollmöglichkeiten, die Sichtbarkeit und den Anreiz, der von der Ware ausgeht (und der durch eine aggressive Werbung noch verstärkt wird) und die Möglichkeit der Selbstbedienung gefördert. Hinzu kommt das Wissen um die große Häufigkeit des Delikts, das diesem viel von seinem kriminellen Charakter nimmt, zumal sich viele Rationalisierungen („Es trifft keinen Armen"; „Der Schaden wird durch die Versicherung ersetzt"; „Alle klauen"; „Die Diebstahlverluste sind von vorneherein im Preis einkalkuliert" usw.) anbieten. Der Ladendiebstahl ist das am häufigsten von Jugendlichen begangene Delikt und wird oft als eine Art Sport betrieben. Bemerkenswert ist dabei der relativ große Anteil weiblicher Täter (vgl. z. B. BUNDESKRIMINALAMT 1985, S. 96).

Wiederholt wurde darauf hingewiesen, daß beim Ladendiebstahl die Opfer in hohem Maße mitverantwortlich sind, wenn sie aus Profitinteresse bewußt Anreize schaffen und potentielle Täter provozieren. Deshalb liegt es in erster Linie an ihnen, sich gegen Vitkimisierungen zu schützen. Automatische Kameras und Spiegel, die gut sichtbar angebracht sind, deutlich wahrnehmbare Hinweisschilder, die die Folgen des Ladendiebstahls benennen, sowie eine konsequent ausgeübte Anzeigenerstattung sind jedoch nur beschränkt wirksame Abwehrmaßnahmen (vgl. 5.1.). Solange einerseits die Begehrlichkeit für das Funktionieren der Wirtschaft systematisch geweckt und aufrechterhalten werden muß und andererseits die Diebstahlsverluste unter den anderweitig notwendigen Aufwendungen für mehr Personal und/oder wirksamere Kontrollen bleiben, ist die Verbreitung des Ladendiebstahls eine notwendige Begleiterscheinung des Einzelhandels.

Andere Spielarten des Diebstahls ohne erschwerende Umstände sind (in der Statistik) kaum vertreten, da die Anzeigebereitschaft aufgrund der geringen Schadenshöhe und der von den Opfern gering veranschlagten Aufklärungswahrscheinlichkeit, die in keinem Verhältnis zu dem mit der Anzeigeerstattung verbundenen Aufwand steht, nur mäßig ist. Ein Beispiel hierfür ist der *Fahrrad-Diebstahl* (einschließlich des Diebstahls von abmontierten Fahrradteilen). Die Aufklärungsquote beträgt nur 7-10 %, doch macht er inzwischen mehr als 10 % aller bekannt gewordenen Straftaten aus. Im Jahr 1982 wurden z. B. 453 850 Fälle angezeigt; der verursachte Schaden betrug nahezu 100 Millionen DM, d. h. durchschnittlich pro Straftat ca. DM 220,–. Allerdings handelt es sich bei einem Teil der Anzeigeerstatter auch um falsche Opfer (Versicherungsbetrug); über die Relation zwischen echten und falschen Opfern sind kaum gesicherte Aussagen möglich.

Es handelt sich beim Fahrrad-Diebstahl offenbar um ein lohnendes Delikt, denn zum einen ist die Tat oft leicht auszuführen (viele Räder sind überhaupt nicht oder nicht genügend gesichert), und zum anderen ist das Risiko gering: viele Opfer können keine zureichende Beschreibung ihres Rades liefern (und kennen schon gar nicht die Nummer des Rahmens), ein Rad läßt sich leicht verändern und die Polizei ist personell nicht in der Lage, größere Erfolge zu erzielen. Fahrraddiebstahl gilt bei vielen Jugendlichen als Bagatelldelikt. Das geringe Risiko einer Aufklärung, das den Tätern bekannt ist, kann Wiederholungen ermutigen und letztlich auch zur Begehung anderer Straftaten führen. Langfristig gesehen können so die Folgen eines Fahrraddiebstahls für den Täter schwerwiegender sein als für das meist doch nur einmal bestohlene Opfer. Die meisten Opfer hätten sich besser vor Viktimisierungen schützen können, z. B. durch eine ausreichende Sicherung (die serienmäßig eingebauten Steckschlösser sind leicht aufzubrechen), durch das Anfertigen einer genauen Beschreibung des Rades (einschließlich einer Registrierung der Rahmennummer) oder durch sofortige Anzeigeerstattung. In diesem Zusammenhang ist auf die von der Polizei initiierte „Aktion Fahrradpaß" hinzuweisen, wonach Fahrradbesitzer dazu veranlaßt werden sollen, wichtige Angaben festzuhalten, um sie im Ereignisfall vollständig zur Hand zu haben.

Auch *Taschendiebstähle* werden gewöhnlich der weniger schwerwiegenden Kriminalität zugerechnet, doch beinhalten sie oft zusätzlich zum rein materiellen Schaden den Verlust persönlich wertvoller Gegenstände. Die Anzahl der Taschendiebstähle hat sich in den letzten Jahren erhöht; so betrug die Zuwachsrate zwischen 1980 und 1981 28 %. Die Anzahl der Geschädigten betrug 1981 etwa 17 000 (Weisser Ring 3/82). Jeder kann Opfer werden. Besondere Gefahr droht in öffentlichen Verkehrsmitteln, bei Massenveranstaltungen (zu welchen die Täter oft eigens anreisen), in Kaufhäusern und an allen Orten, wo viele Menschen zusammenkommen. Die Täter arbeiten häufig im Team: während der eine versucht, das Opfer z. B. durch leichtes Anrempeln oder durch die Bitte nach Feuer abzulenken, „zieht" der andere die Brieftasche, steckt sie ein oder gibt sie an einen Dritten weiter, der dann unauffällig verschwindet, so daß bei den anderen beiden kein Beweisstück mehr aufzufinden ist. Nachfolgend ein extremes Beispiel:

Fallbeispiel 53:

„Auf dem riesigen Flughafen von Los Angeles herrschte die übliche Hektik. Geschäftsleute hetzten mit Diplomatenkoffern zur Paßkontrolle, sonnengebräunte Urlauber warteten gelangweilt auf ihren Flug Richtung Heimat. Und mitten drin in dem Durcheinander ein zweijähriges Mädchen. Ganz allein. Hilflos, so schien es. Immer wieder sprach die kleine Betty ‚Onkel' und ‚Tanten' im Flughafen an — und klaute ihnen beim Gespräch Geld aus der Tasche. Betty wurde von ihren Eltern zum Taschendieb abgerichtet: Tageseinnahme 20 000 Mark! Die Kleine verstand ihr Geschäft perfekt: Jeder kümmerte sich um Betty, wenn sie ganz allein durch die Abfertigungshalle bummelte. Sie konnte so süß lächeln! Und wenn sie im Baby-Englisch stotterte, schmolzen die Fluggäste nur so dahin. Betty redete dann immer von ihren Eltern, mit denen sie auf einen Flug warte. Von ihren Puppen, die im Reisekoffer verstaut wären. Und ganz raffiniert griff sie den Erwachsenen in die Taschen des Mantels, der achtlos über einem Wartesitz hing. Oder in die Handtasche, als eine entzückte ‚Tante' für Betty einen Bonbon suchte! Nach jedem Coup flitzte das zweijährige Mädchen zu seinem Vater (38), der im Flughafen-Restaurant auf seine Tochter wartete. Betty packte die Dollarnoten aus, gab sie heimlich ihrem ‚Daddy' und verschwand wieder in die Flughalle. Doch vor wenigen Tagen wurde die jüngste Taschendiebin der Welt erwischt: Sie wollte gerade die Tages-Beute ihrem Vater übergeben — umgerechnet mehr als 20 000 Mark. Bettys Eltern wanderten ins Gefängnis und ihre zweijährige Tochter kam zu Pflegeeltern — zu ehrlichen". (tz, 30.8.85)

Die folgenden Fälle sind dagegen alltäglich:

Fallbeispiel 54:

„Taschendiebfahnder nahmen am Marienplatz die Jugoslawen Z. B. (25) und D. K. (22) fest. Die Diebe wollten einer 62jährigen Hausfrau die Geldbörse aus der Tasche ziehen . . ." (tz, 23.2.85)

Fallbeispiel 55:

„Die in der DDR lebende 80jährige Rentnerin G. M. besuchte Ende September Verwandte im Ruhrgebiet. Die Reise hatte die alte Dame so angestrengt, daß sie kurz nach ihrer Ankunft einen Arzt aufsuchen mußte. Im Wartezimmer erlitt sie plötzlich einen Schwächeanfall. Für eine kurze Zeit legte die Rentnerin den Kopf auf die Tischplatte, um sich zu erholen. So bemerkte sie auch nicht den schnellen Griff in ihre Handtasche. In der entwendeten Geldbörse befanden sich rund 400 Mark Ost und 16 DM. Für die Rentnerin ein schmerzlicher Verlust, denn ebenso wie sie selbst leben ihre Verwandten in bescheidenen Verhältnissen" (Weisser Ring 6/83).

Bei wenigen anderen Straftaten können sich potentielle Opfer so einfach schützen oder zumindest den Schaden begrenzen wie beim Taschendiebstahl. Es ist z. B. ratsam:

— Möglichst keine großen Bargeldbeträge mit sich führen!
— Sollte es notwendig sein, größere Beträge bei sich zu haben, so sollten sie verteilt und zugriffssicher (z. B. Brustbeutel, verschlossene Innentasche) aufbewahrt werden; Scheckkarte und Scheckheft stets getrennt aufbewahren!
— Nach Möglichkeit größere Menschenansammlungen meiden bzw. dabei besonders auf mitgeführte Wertgegenstände achten.
— Besonders vorsichtig sein, wenn man von unbekannten Personen in einer größeren Menschenmenge angesprochen oder angerempelt wird.
— Besondere Vorsicht ist in manchen ausländischen Gegenden geboten; bereits Kinder und Jugendliche — häufig in Banden organisiert — entwickeln große Geschicklichkeit und Raffinesse. Wertgegenstände und Hotelschlüssel dürfen nicht unbeaufsichtigt am Strand liegenblieben. Gar nicht so selten kommt es vor, daß auf diese Weise dem Urlauber nur mehr die Badekleidung bleibt. Auch besonders gut ausgedachte Verstecke helfen oft nicht viel, da die Diebe über reichliche Erfahrungen und Kenntnisse verfügen. Wertgegenstände sollten daher grundsätzlich im Hotelsafe aufbewahrt werden.
— Vor allem in der Reisezeit werden Gepäckdiebe aktiv. Deshalb sollte man stets seine Sachen im Auge behalten, keine Gefälligkeiten von Fremden annehmen, Papier und Bargeld immer am Körper tragen und besonders auf Kleidungsstücke mit Wertsachen achten.

Der *Diebstahl unter erschwerenden Umständen* ist dadurch charakterisiert, daß er mit Sachbeschädigung oder Gewaltanwendung verbunden ist (z. B. Einbruchdiebstahl, Automatendiebstahl, Kraftfahrzeugdiebstahl). Die Schwierigkeiten bei der Durchführung erfordern zumeist eine gewisse Planung und Vorbereitung, weshalb er sich vom einfachen Diebstahl durch ein höheres Maß an „Professionalität" unterscheidet. Dazu gehört auch das Vorhandensein von Neutralisationstechniken zur Überwindung der wegen der Bereitschaft zur Gewaltanwendung höheren Hemmschwelle. Für die Opfer ist es schwieriger, sich gegen diese Art des Diebstahls zu schützen: Während es im Fall des einfachen Diebstahls oft genügen würde, weniger Anreize zu setzen, die Gelegenheitsdiebe verführen, hat man es hier eher mit entschlossenen und planmäßig vorgehenden Tätern zu tun.

Weitreichende Konsequenzen ergeben sich für das Opfer bei Gewaltanwendung durch den Täter: Die Behandlungskosten und weitere Rehabilitationsmaßnahmen übersteigen häufig den Sachwert der geraubten Gegenstände um ein Vielfaches. Besonders ältere Frauen sind vom Handtaschenraub betroffen (SCHNEIDER 1975, S. 127), wobei es sich bei den Tätern häufig um Jugendliche handelt. Die italienische Variante des Raubes von einem Fahrzeug aus, findet sich inzwischen auch nördlich der Alpen (vgl. Fall 57). Bedingt durch die Tatausführung erleidet das Opfer oft erhebliche Verletzungen, die den Wert des Raubgutes weit übertreffen (Fall 31).

Fallbeispiel 56:

„Eine 57jährige Montiererin wollte nachmittags die Anzinger Straße überqueren. Zwei zwölf bis 14 Jahre alte Buben versuchten, der Frau die Handtasche zu entreißen. Aufgrund der Gegenwehr des Opfers flüchteten sie unerkannt . . ." (tz, 30.1.85).

Fallbeispiel 57:

„Eine 68jährige Hausfrau ging nachmittags durch die Portenlängerstraße in Grünwald spazieren. Plötzlich fuhr von hinten ein Auto mit zwei jungen Männer heran. Der Fahrer, etwa 22 Jahre, packte blitzschnell zu und entriß ihr die Handtasche mit 400 Mark, Personalausweis und MVV-Karte. Vermutlich dieselben Täter beraubten letzten Sonntag in Grünwald auf die gleiche Art eine 81jährige Rentnerin." (tz, 21.3.85)

Fallbeispiel 58:

„Als die 81jährige Rentnerin nach Ende der Veranstaltung gegen 21 Uhr wieder nach Hause kam und gerade die Stufen zum Hauseingang betreten hatte, wurde sie von zwei jungen Männern von hinten brutal umgestoßen. M. M. verlor den Halt und stürzte schwer auf die Steintreppe. Die beiden Männer versuchten nun, der alten Dame die Handtasche zu entreißen, doch zunächst ohne Erfolg. Weil die Frau die Tasche nicht loslassen wollte, traten die Täter jetzt brutal und hemmunglos auf ihr wehrloses Opfer ein. Die Folge: schwere Gesichtsverletzungen, ein Riß oberhalb des linken Auges, der genäht werden mußte, starke Prellungen und Blutergüsse in der Hüfte und am linken Arm, eine gebrochene Kniescheibe. Die Täter rissen der Rentnerin schließlich die Tasche aus den Händen und flohen, nachdem das Opfer Hilfe rufen konnte. Neben der Geldbörse mit 80 DM und Ausweispapieren befand sich in der Handtasche auch eine vergoldete Armbanduhr, die Frau M. nur aus Anlaß der Karnevalsitzung mitgenommen hatte. Mit einem Rettungswagen wurde Frau M. ins Krankenhaus gebracht, wo sie mehrere Wochen an das Krankenbett gefesselt war ... Auch nach ihrer Entlassung hatte sie noch lange Zeit starke Schmerzen in der gesamten linken Körperseite und war zunächst nicht in der Lage, ihren Haushalt selbst zu versorgen ... Neben den körperlichen Beschwerden leidet die Rentnerin auch heute noch unter großen Angstgefühlen. Nur noch selten verläßt sie die Wohnung, aus Furcht, daß sie noch einmal überfallen werden könnte." (WEISSER RING 5/84)

- *Beim einfachen Diebstahl leisten die Opfer häufig durch zu große Sorglosigkeit und Geringschätzung ihres Eigentums einer Viktimisierung Vorschub. Sowohl beim einfachen aber auch beim schweren Diebstahl fehlen meist vordeliktische Täter-Opfer-Beziehungen bzw. sind diese einseitig, indem allein der Täter gewisse Kenntnisse vom Opfer besitzt. Das Machtgefälle ist beim Raub groß und beruht in erster Linie auf physischer Gewalt und dem Überraschungsmoment. Der Tatbeitrag des Opfers ist eher gering, und besteht allenfalls darin, daß es sich viktimogenen Situationen aussetzt bzw. keine oder unzureichende Vorsorgemaßnahmen trifft.*

Eine vergleichbare Situation liegt beim *Einbruchdiebstahl* vor. Pro Jahr werden in der Bundesrepublik Deutschland etwa 150 000 Einbrüche in Wohnungen und Häuser verübt, d. h. alle 3-4 Minuten ein Einbruch. Während sich die Anzahl der registrierten Straftaten seit 1964 insgesamt etwa verdoppelt hat, ist bei der Anzahl der registrierten Wohnungseinbrüche eine Vervierfachung festzustellen (SPIEGEL 34/1985, S. 56 ff.). Fast 40 % der gefaßten Einbrecher sind Kinder, Jugendliche und Heranwachsende (WEISSER RING 2/1984, S. 18).

Fallbeispiel 59:

„Seit zwei Jahren wurde im Kindergarten an der Camerloher Straße in Laim eingebrochen. Jetzt gelang es Beamten der Polizeiinspektion 25, die Täter — fünf junge Männer von 18 bis 22 Jahren — festzunehmen. Die Beute: 1500 Mark Bargeld und ‚Sachwerte' vom Tesafilm bis zu Filzstiften." (AZ, 18.2.85)

Fallbeispiel 60:

„Eine Witwe (65) aus Schwabing macht zur Zeit drei Monate Urlaub in Chile. Wenn sie im März von ihrer Traumreise zurückkehrt, wird sie eine böse Überraschung erleben.

Bereits einen Tag nach ihrer Abreise am 5. Dezember waren Einbrecher in ihrer Wohnung am Arthur-Kutscher-Platz. Die Diebe kletterten über den Balkon im zweiten Stock und schlugen das Fenster ein. Sie durchwühlten alle Zimmer und klauten zwei Nerze und einen Leopardmantel für 60 000 Mark. Der Hausmeister entdeckte den Einbruch." (tz, 11.12.84)

Fallbeispiel 61:

„Durchs Fenster drangen Einbrecher in ein Einfamilienhaus in der Ulrich-von-Hutten-Straße (Waldperlach) ein. Die Diebe durchwühlten alle Zimmer und klauten wertvollen Schmuck und Pelze für 150 000 Mark. Unter den gestohlenen Pelzen sind ein weißer und ein schwarzer Nerz, ein Fuchsmantel, ein Ozelot und ein weißer Flauschmantel. Außerdem erbeuteten die Täter drei Schmuckkassetten mit Uhren und 30 Gold- und Silberringen." (tz, 19.2.85)

Eine besonders starke Zunahme hat sich bei den tagsüber begangenen Einbrüchen ergeben. Wie Abb. 4 zeigt, herrscht um die Mittagszeit Hochkonjunktur:

Abbildung 4: Zeitliche Verteilung der Wohnungseinbrüche in Mehrfamilienhäusern (1982, in %; Quelle: BKA. Abb. aus: SPIEGEL 34/1985)

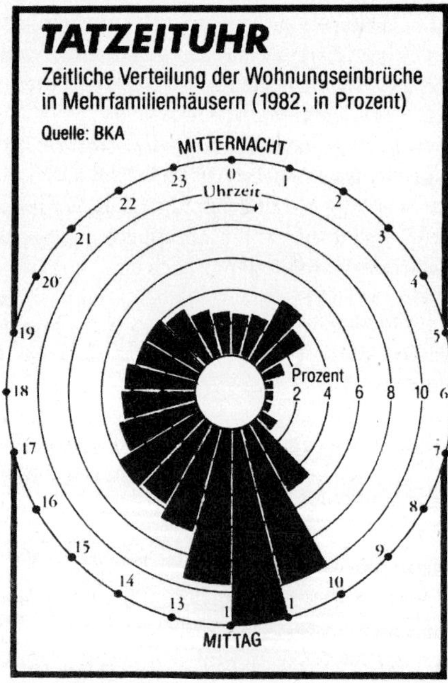

Der durch Einbruchdiebstahl verursachte Schaden beträgt jährlich mehrere hundert Millionden Mark – ohne die von Tätern verursachten Zerstörungen, z. T. aus Wut über die zu geringe Beute begangen.

Häufig werden Einbrüche durch Opfermitverschulden erleichtert. Nach einer Untersuchung des BKA waren in 51 % der Fälle die Hauptabschlußtüren, in 26 % die Fenster und in 12 % die Nebeneingänge unzureichend gesichert. In knapp 1/3 der Fälle konnten an Türen und Fenstern keine Beschädigungen festgestellt werden, was darauf hindeutet, daß überhaupt nicht abgeschlossen wurde. Durch mehr Vorsorge hätte jeder zweite Einbruch verhindert werdenkönnen (SPIEGEL 34/1985, S. 70). Andererseits lassen besonders sorgfältige, aufwendige und gut wahrnehmbare Vorkehrungen lohnende Beute vermuten.

Die Delikthäufigkeit steigt besonders in den Sommermonaten, zur Urlaubszeit. Geschlossene Fensterläden und überquellende Briefkästen sind deutliche Indizien für eine längere Abwesenheit der Bewohner. Viele Täter gehen sehr systematisch und planmäßig vor, indem sie das in Frage kommende Objekt über einen längeren Zeitraum hinweg beobachten. Dies ist ein gutes Beispiel für eine einseitige Täter-Opfer-Beziehung.

Neben den leicht vermeidbaren Viktimisierungsrisiken (vgl. 5.1.) wird die Begehung des Einbruchdiebstahls auch durch die verbreitete Anonymität des Wohnens erleichtert: „Da fällt es nicht auf, wenn im Hochhausflur ein mannshoher Pappkarton im Flur deponiert ist: Unterschlupf für einen Einbrecher. Kam jemand, versteckte er sich im Karton; war die Luft rein, werkelte er weiter am Türschloß – so geschehen in München" (SPIEGEL 34/1985, S. 70). Die Zunahme des Einbruchdiebstahls ist somit auch ein Preis der geringeren informellen sozialen Kontrolle in der modernen, pluralistischen Gesellschaft. Ein weiterer Grund liegt in der größeren Sorglosigkeit gegenüber (eigenem und fremdem) Eigentum – Produkte der modernen Konsum-, Wegwerf-, Abzahlungs- und Versicherungsgesellschaft.

● *Zusammenfassend lassen sich Einbruchdiebstähle durch fehlende oder einseitige Täter-Opfer-Beziehungen, teilweise erhebliche Tatbeiträge der Opfer und eine Deliktbegehung im sozialen „Fern:"Raum charakterisieren.*

Der *Diebstahl von und aus Kraftfahrzeugen* ist eine weitere Form des schweren Diebstahls. In einer groß angelegten amerikanischen Untersuchung fand BILES (1974), daß das größte Viktimisierungsrisiko für Handelsvertreter und Verkäufer bestand, gefolgt von Transport- und Telegraphenarbeitern, während Handwerker und Unternehmer (die auch zum größten Teil Eigentümer der Autos waren) sowie Verwaltungsbeamte und Manager am wenigsten betroffen waren. Der Beruf scheint demnach wesentlich für das Ausmaß der Sorgfalt zu sein, der dem Wagen zugewandt wird (der Zusammenhang zwischen Beruf und Opferrisiko war statistisch signifikant). Entgegen einer verbreiteten Auffassung war der am häufigsten gestohlene Autotyp mit 7 Jahren relativ alt. 55 % der Kraftfahrzeuge waren sieben Jahre oder älter, was man zum einen mit weniger modernen Sicherungseinrichtungen, zum anderen aber auch mit der geringeren Sorgfalt der Besitzer älterer Wagen erklären kann, u. a. auch deshalb, weil die (irrige) Vorstellung besteht, daß neue und große Fahrzeuge besonders gefährdet seien. Hierbei ist jedoch zwischen den oft jugendlichen Gelegenheitsdieben und professionellen Banden zu differenzieren. Während erstere gestohlene Wagen häufig nur zu Ausflugsfahrten benutzen, um sie dann mit leerem Tank stehenzulassen, haben sich (in Europa) die professionellen Autodiebe gerade auf Wagen der gehobenen Preisklasse spezialisiert, um sie dann mit gutem Gewinn nach Südosteuropa oder Vorderasien zu verkaufen.

Die meisten Autos werden auf öffentlichen Straßen und Plätzen gestohlen. Besonders gefährdet sind Fahrzeuge auf unbeleuchteten Parkplätzen, auf Nebenstraßen sowie in Vergnügungsvierteln. Bewohner von Appartementhäusern sind stärker betroffen, weil sie häufig über keinen Garagenabstellplatz verfügen; ebenso aber auch Zweitwagen (die häufig von Frauen gefahren werden), da der einzige Garagenplatz meist vom (wertvolleren) Erstwagen belegt ist. Die hohe Viktimisierung von Frauen bei diesem Delikt hängt möglicherweise auch damit zusammen, daß Kraftfahrzeuge für Männer einen höheren emotionalen Wert und einen größeren Prestigewert haben (STEPHAN 1980, S. 78) und damit besser geschützt werden. Beim Diebstahl von Gegenständen aus Kraftfahrzeugen bzw. beim Einbruch in Kraftfahrzeuge sind größere Wagen mehr gefährdet, weil sie lohnendere Beute versprechen.

Viele Viktimisierungen ließen sich durch einfache Vorsichtsmaßnahmen vermeiden. Immer wieder wird davor gewarnt, Fahrzeuge unverschlossen zu lassen, bei geparkten Wagen Fenster und Ausstellfenster auch nur einen Spalt zu öffnen, wertvolle Gegenstände offen liegen zu lassen oder das Fahrzeug mit geöffnetem Verdeck oder Schiebedach zu parken. Dagegen scheint es schwieriger, sich gegen den Raub des Fahrzeugs zu schützen, weil hier die Täter mit List und Brutalität vorgehen und dem Opfer allein schon durch den Besitz einer Waffe weit überlegen sind. Im Unterschied zu Autodieben handelt es sich zumeist um Täter mit hoher „krimineller Energie“, für die die Fahrzeugwegnahme oft nicht Selbstzweck sondern Mittel zum Zweck ist: sie dient der Begehung anderer Straftaten, um das Verfolgungsrisiko zu mindern. Dazu der Bericht von einem besonders tragischen Fall:

Fallbeispiel 62:

„Die bei allen beliebte Berufsschullehrerin befand sich mit ihrem Ford Fiesta von ihrer Schule in Verden/Aller auf dem Heimweg, als sie in der Nähe von Hustedt in die Todesfalle geraten sein muß: Nachforschungen der Polizei ergaben später, daß die junge Frau auf einem Feldweg von zwei Männern gestoppt wurde und sich offenbar hinknien mußte. Dann setze ihr einer der Täter eine Pistole auf den Hinterkopf und schoß! Das Projektil trat an der Stirn wieder aus — Anita Brockmann muß sofort tot gewesen sein! Die Mörder warfen die leblose Frau in einen Graben, deckten Gras über sie und rasten mit dem Ford in Richtung Wechold! Wenig später blieb in dem zehn Kilometer entfernten Wechold der Leiter der Volksbank-Zweigstelle zunächst gelassen, als ein markierter Mann mit gezogenem Revolver Geld verlangte. Erst als ein Komplize mit einer Schrotflinte zwei Geiseln bedrohte, händigte er 37 750 Mark aus. Die maskierten Männer flüchteten mit einem Ford Fiesta. Eine Zeugin hatte sich die Nummer gemerkt — es war das Auto von Anita Brockmann." (Praline, Mai 1983)

Ob das Opfer der Viktimisierung hätte entgehen können, ist kaum entscheidbar. In Fall 63 haben die Täter eine Panne vorgetäuscht und dann den hilfsbereiten Fahrern das Fahrzeug mit Gewalt weggenommen:

Fallbeispiel 63:

„Zwei Burschen täuschten gestern auf der Staatsstraße Rosenheim-Traunstein bei Eggstaedt eine Panne vor. Ein Golffahrer hielt an. Da zwangen ihn die zwei mit vorgehaltener Waffe auszusteigen. Die Burschen fuhren mit dem Golf davon. Als ‚Entschädigung' ließen sie einen gestohlenen Wagen mit Oldenburger Kennzeichen zurück. Die Täter wurden gegen 21 Uhr in Prien gefaßt." (tz, 20.3.85)

Vermutlich wird das Opfer in Zukunft sehr genau überlegen, ob es in einer ähnlichen Situation nochmals seine Hilfe anbieten wird. Auch andere werden aufgrund derartiger Vorkommnisse möglicherweise zurückhaltender reagieren bzw. solche Ereignisse zur Rationalisierung unterlassener Hilfeleistung heranziehen. Hier liegt somit eine Art tertiärer Viktimisierung vor (vgl. 4.3.).

Wie bereits erwähnt, handelt es sich beim *Raub* um einen durch Gewalt gegen eine Person oder mittels Drohungen mit gegenwärtiger Gefahr für Leib oder Leben begangenen Diebstahl. In der Kriminalstatistik wird er den Rohheitsdelikten zugeordnet, doch findet man ihn — zusammen mit der räuberischen Erpressung — auch unter die Vermögensdelikte subsumiert (z. B. Brauneck 1974, Schneider 1975, 1979).

- *Beim Raub herrscht in der Regel eine einseitige Beziehung vor, weil der Täter in gewisser Weise zwar das Opfer kennt, das er oft lange Zeit vorher beobachtet, das Opfer aber zumeist den Täter nicht. Der Täter hat die Möglichkeit, die viktimogene Situation weitgehend nach seinen Wünschen zu arrangieren. Opfer sind zumeist Einzelpersonen bzw. Organisationen. Der Tatbeitrag des Opfers ist gering.*

Fallbeispiel 64:

„Als eine Verkäuferin (18) die Tür zum Hintereingang aufsperrte, standen zwei junge Männer vor ihr, einer mit einer Pistole in der Hand. Sie drängten das Mädchen ins Geschäft zurück und bedrohten auch deren Kollegin. Dann stopften die Räuber die Tageseinnahme, 1200 Mark, in eine mitgebrachte Plastiktüte und verschwanden." (tz, 10.1.85)

Fallbeispiel 65:

„H. C. hatte am Dienstag 3600 Mark von ihrer Bank abgehoben, um eine größere Anschaffung zu bezahlen. Um 21 Uhr fuhr sie in die Tiefgarage an der Destouchesstraße in Schwabing, wo sie einen Stellplatz gemietet hat. Auf den Beifahrersitz hatte die junge Frau einen Briefumschlag mit den 3600 Mark gelegt. Als sie aus ihrem Ford ausstieg, wurde sie von hinten niedergeschlagen. Die Studentin verlor das Bewußtsein. Der Täter entkam mit dem Geld." (AZ, 24.1.85)

Fallbeispiel 66:

„Seinem Geständnis zufolge lauerte U. A. in der Nähe des Nordfriedhofs einer 78jährigen Rentnerin auf, die er in der Bank beim Abheben von über 6000 Mark beobachtet hatte. Der 25jährige entriß seinem Opfer die Handtasche mit dem Geld und flüchtete. Zwei Tage vor Weihnachten wurde er verhaftet." (AZ, 29.12.84)

Fallbeispiel 67:

„Teuer kam einem Ehepaar aus Dillingen der Besuch im Spielcasino von Bad Wiessee, denn gleich nach Verlassen der Spielbank wurden sie auf offener Straße ausgeraubt. Dabei erbeuteten die Diebe Bargeld und Schmuck im Wert von 145 000 DM.
Erich und Elfriede H. unterbrachen das Spiel und fuhren mit dem Auto in ein 500 Meter entferntes Hotel zum Essen. Dort angekommen, riß ein Unbekannter die Fahrertür auf, preßte dem 33jährigen Wagenlenker eine Pistole an die Schläfe und forderte Geld. Offenbar unzufrieden, nicht mehr als 5000 Mark erhalten zu haben, zwang er die 29jährige Frau ihren gesamten Schmuck abzulegen. Auch von ihren Armbanduhren mußten sich die zwei trennen. Alleine diese beiden Zeitmesser stellen einen Wert von 85 000 Mark dar!
Zwei Brilliant- und ein Paar Ohrringe (Wert 55 000 Mark) fielen auch in die Hände des Räubers. Dieser konnte mit einem Kleinwagen fliehen." (AZ, 22.1.85)

- *Die geschilderten Fälle weisen ein planmäßiges Vorgehen des Täters sowie den Einsatz von Gewalt, zumindest aber die Drohung damit auf. Die Täter waren weit überlegen und die Opfer hatten nach Tatbeginn praktisch keine Chance, der Viktiminsierung zu entgehen.*

3.2.3.2. Betrug, Wirtschaftsdelikte und Erpressung

Beim Betrug, juristisch definiert als Absicht, sich oder einem anderen einen rechtswidrigen Vermögensvorteil zu verschaffen, das Vermögen eines anderen dadurch zu schädigen, daß durch Vorspiegelung falscher oder durch Entstellung oder Unterdrückung wahrer Tatsachen ein Irrtum erregt oder unterhalten wird (§ 263 StGB), handelt es sich um ein typisches Beziehungsdelikt. (Ein Vermögensschaden kann u. U. auch dann vorliegen, wenn sich Leistung und Gegenleistung entsprechen, etwa wenn ein Vertreter einem Kunden ein teures, aber für seine Bedürfnisse nutzloses Gerät aufdrängt). Das Opfer wirkt insofern an der Tat mit, als es sich durch den vom Täter erzeugten Irrtum täuschen läßt.

In der kriminologischen Literatur findet man relativ wenig Sympathie für das Betrugsopfer. V. HENTIG (1957) meint, daß in den Adern des Betrugsopfers Diebstahlsneigung rinnen müsse. Wer schnell reich werden möchte, sei ein geeignetes Opfer (nach AMELUNXEN 1970, S. 96). Ähnlich äußert sich auch ELLENBERGER, wenn er schreibt, daß man nie so nahe daran sei, getäuscht zu werden, als wenn man selbst täuschen will. AMELUNXEN unterstellt dem Betrugsopfer fast immer „Dummheit“ (1970, S. 96). Für die Tatsache, daß beim Betrug der Anteil der Rückfallopfer besonders hoch ist, wird eine kaum veränderbare viktimologische „Anlage“ verantwortlich gemacht: „Lebensgier und Gewinnsucht sind ebenso selten zu dämpfen, wie die Vertrauensseligkeit und gutmütige Hilfsbereitschaft abgebaut werden kann“ (AMELUNXEN 1970, S. 98).

Derartige negative Einschätzungen werden u. a. durch Fälle von „betrogenen Betrügern“ unterstützt. Der nachfolgend geschilderte Fall entbehrt nicht einer gewissen Komik:

Fallbeispiel 68:

„Zwei ‚ehrbare‘ Kaufleute hauten sich gegenseitig übers Ohr. Der Tausch von 28 alten russischen Ikonen gegen 297 Saphire von 920 Karat sollte das ‚große Geschäft‘ zwischen einem Kaufmann aus Luxemburg und einem Düsseldorfer Geschäftsmann werden. Doch nach dem Handel entpuppten sich sämliche Objekte als Fälschungen! Die Kaufleute, so ermittelte die Polizei, waren hochkarätige Betrüger. Zollfahnder waren bei einer Hausdurchsuchung in Düsseldorf auf den Handel gestoßen. Vor dem Geschäft hatten die Betrüger jeweils gefälschte Echtheits-Zertifikate ausgetauscht.“ (tz, 3.4.85)

Auch in den folgenden Beispielen tragen die Opfer erhebliche Verantwortung an ihrer Viktimisierung:

Fallbeispiel 69:

„Ein 32jähriger aus Haßloch ließ sich tagelang als Lottokönig feiern. Alle Bekannten und Freunde glaubten, Rolf. R. habe über eine Million gewonnen. In Wirklichkeit hatte der Pfälzer jedoch zwei Lottofelder erst nachträglich ausgefüllt. Wegen zweifachen Betrugs und Urkundenfälschung wurde der falsche Lottokönig jetzt zu zehn Monaten Gefängnis verurteilt.
‚Ich habe sechs Richtige im Lotto! Jetzt machen wir einen drauf!' — Mit diesen Worten hatte Rolf R. im September letzten Jahrs seine Stammtischbrüder empfangen. Am Tag darauf ließ sich der angebliche ‚Glückspilz' von einer Bank 30 000 Mark Kredit geben. Er bestellte einen Mercedes für 43 000 Mark. Mit einem ungedeckten Scheck (‚Bald ist über eine Million auf meinem Konto') nahm er in einem Einkaufszentrum Waren für 1850 Mark mit." (tz, 23.3.85)

Fallbeispiel 70:

„Sein seriöses und sicheres Auftreten machte ihn zum begehrten Kunden. Ein 36jähriger arbeitsloser Kaufmann aus Bayreuth, der sich als Dr. jur. ausgab, hatte es beim bargeldlosen Einkauf leicht. Der Hochstapler ließ sich Möbel für 30 000 Mark in die Wohnung bringen. Die Lieferanten wurden erst mißtrauisch, als der falsche Doktor nicht zahlen konnte." (tz, 19.2.85)

Fallbeispiel 71:

„Das schmucke Privatflugzeug war nur geliehen, die enge Bekanntschaft zum ehemaligen französischen Staatspräsidenten Giscard d'Estaing frei erfunden. Doch der Manager eines weltbekannten Münchner Feinkost-Restaurants und Party-Service-Unternehmens war durch soviel Glanz und Glimmer so geblendet, daß er gleich ohne Anzahlung den Chefkoch, ein Buffet für 100 Personen, Musiker und eine Transvestitenshow von der Isar an den Rhein schickte. Kostenpunkt: 60 000 Mark.
Auf's Geld wird das Restaurant noch lange warten müssen. Denn der Hochstapler steht jetzt in Bonn vor Gericht, wegen Betrug, Untreue, Konkursvergehen und Steuerhinterziehung. Der Gernegroß erklärte am Mittwoch, daß er seine Schulden, insgesamt 1,1 Millionen Mark, in den nächsten 32 Jahren zur Hälfte abzahlen könne." (tz, 21.3.85)

Auch bei in anderem Zusammenhang geschilderten Fällen haben sich manche Opfer ziemlich unklug verhalten. In den folgenden Beispielen fällt es dagegen schwer, von einer Opfermit„schuld" zu sprechen:

Fallbeispiel 72:

„Weil sie Urlauber übers Ohr hauen wollten, müssen jetzt ein 45 Jahre alter Hotelkaufmann für drei Jahre und sein Komplize für zwei Jahr ins Gefängnis. Das Landgericht Frankfurt hat sie wegen Betrugs verurteilt. ‚Einmalig preisgünstig' hatte die beiden für Ostern 1984 eine zweiwöchige Flugreise nach Gran Canaria angeboten — und schon alle Vorbereitungen getroffen, sich mit den 800 000 Mark aus den Buchungen von 742 Kunden nach Südamerika abzusetzen. Der Billigurlaub für 999 Mark hatte aber auch die Polizei interessiert. 450 000 Mark, die schon für die imaginäre Reise angezahlt waren, wurden zurückerstattet." (AZ, 13.3.85)

Fallbeispiel 73:

„Ein Beamter der Stadt Kempten hat mehr als 100 000 Mark veruntreut und für sich verbraucht. Der Amtmann im Sozialamt war für die Verteilung von Geldern an Pflegekinder zuständig. Der 50jährige legte ein Geständnis ab. Außerdem bat er um Entlassung aus dem Dienst. Er wurde sofort gefeuert.
Aufgedeckt wurde die Affäre durch eine Beamtin beim Postgiroamt München. Dort hatte der Kemptener in seiner Eigenschaft als amtlicher Vormund die Auflösung eines Mündel-Kontos verfügt. Er bat darum, das Geld auf sein Konto zu überweisen.
Die Postbeamtin fragte beim Sozialamt in Kempten an, ob dies in Ordnung gehe. Das brachte die Nachforschungen ins Rollen: Die aufgeschreckten Kollegen entdeckten, daß der 50jährige mehr als 100 Personen betrogen hatte." (tz, 4.3.85)

Fallbeispiel 74:

„In einer großangelegten Razzia hat die Bochumer Schwerpunkt-Staatsanwaltschaft zur Bekämpfung der Wirtschaftskriminalität gestern einen in Nordrhein-Westfalen operierenden Ring von Subunternehmern der Baubranche auffliegen lassen. Die Unternehmer sollen durch Steuerhinterziehung und Betrug der Sozialversicherung einen Schaden von rund 100 Millionen Mark angerichtet haben. 23 Verdächtige wurden festgenommen.
Wie Oberstaatsanwalt Johannes Hirsch auf Anfrage erklärte, sollen die Beteiligten, allen voran ein 34jähriger Mann aus Dortmund und ein vier Jahre älterer Essener, an 35 Orten in Nordrhein-Westfalen, vor allem im Ruhrgebiet, ihr Unwesen getrieben haben. Nach den Ermittlungen der Anklagebehörde stellten sich die Firmen gegenseitig eine Vielzahl nicht erbrachter Leistungen in Rechnung, um unberechtigt Vorsteuerabzug einzustreichen. Damit sei gleichzeitig die illegale Beschäftigung von einigen hundert Schwarzarbeitern verschleiert worden." (AZ, 23.5.85)

Es kann nicht Aufgabe des Staates sein, seine Bürger vor allen Folgen leichtsinnigen und sorglosen Handelns zu schützen oder eine Entschädigung für Dummheit oder Unbedachtsamkeit zu garantieren. Andererseits würde die Unterstellung einer Betrugsabsicht bei jeder Offerte zwar vor Viktimisierungen bewahren, jedoch um den Preis totalen Mißtrauens und einer weitgehenden Erschwerung des Geschäfts- und Soziallebens. Wesentlich für den Betrug ist, daß sich der Täter sein Opfer zumeist genau aussucht. Das Wissen voneinander ist einseitig. LENZ (1961) fand bei seiner Untersuchung, daß in mehr als 3/4 der Fälle keine vordeliktische Täter-Opfer-Beziehung bestand. 2/5 der Opfer waren weiblich, 3/5 männlich. Die weiblichen Opfer gehörten überwiegend der Altersgruppe zwischen 41 und 50 Jahren an, die männlichen der zwischen 51 und 66.

Eine spezifische Form des Betrugs, die überwiegend (aber nicht nur) Frauen betrifft, ist der *Heiratsschwindel*. Entgegen landläufiger Vorstellung handelt es sich bei den Opfern keineswegs um besonders unattraktive, naive oder erfolglose Menschen. Eine in Japan durchgeführte Untersuchung (ITO, 1974) ergab, daß fast 70 % der (weiblichen) Opfer jünger als 40 Jahre waren. 76 % waren Angestellte in Banken, Handelsgeschäften und Agenturen. Die Kontakte wurden zumeist sehr beiläufig, auf der Straße oder in einem Tanzlokal, angeknüpft. Die Opfer wußten häufig nichts über den Täter, seinen Beruf, seine Verwandten; manchmal kannten sie nicht einmal seinen Namen — und dennoch hatten sie ein fast blindes Vertrauen. „Hier liegt als Interpretation die Hypothese nahe, daß sie wegen ihrer Einsamkeit und wegen ihrer Kontaktlosigkeit in den großstädtischen Ballungsgebieten in Japan so handeln" (SCHNEIDER, 1975), S. 61). Aus einer weiteren Untersuchung über den Heiratsschwindel (MIYAZAWA 1973) ergab sich, daß fast 2/3 der Opfer jünger als 30 Jahre waren. In 90 % der Fälle kam es bereits am Tag des Kennenlernens oder den beiden folgenden Tagen zu intimen Kontakten. In 70 % der Fälle fand der Betrug innerhalb von zwei bis drei Tagen nach der Aufnahme von geschlechtlichen Beziehungen statt. Die Täter stellten sich den Opfern als Inhaber überlegener sozialer Positionen (Fabrikinhaber, Ärzte) vor; der Wunsch nach einem möglichen sozialen Aufstieg an der Seite eines seriös erscheinenden Partners ließ die Frauen und Mädchen, die im übrigen keine Anzeichen von Lebensuntüchtigkeit oder Unterlegenheit aufwiesen, die normale Vorsicht gegenüber Fremden vergessen.

- *Betrugsdelikte sind in der Regel durch folgende Merkmale zu charakterisieren: Es existiert zumeist eine einseitige Täter-Opfer-Beziehung, Opfer können Individuen wie auch Organisationen sein, ein unnmittelbarer Tatbeitrag des Opfers besteht (außer Leichtsinn) nicht.*

Wirtschafts- oder „Weiße-Kragen-Kriminalität" (SUTHERLAND 1940) ist — obgleich es sich eigentlich um keinen anerkannten Begriff handelt (BERCKHAUER 1977, 1983) — eine besondere Form der Betrugskriminalität, die vor allem dadurch gekennzeichnet ist, daß sie Vermögensschäden großen Umfangs beinhaltet und eher Kollektivopfer als personale Opfer geschädigt werden. Ein weiteres Charakteristikum ist das wenig ausgeprägte Unrechtsbewußtsein in der Öffentlichkeit.

Fallbeispiel 75:

„Der ehemalige Chefarzt des Kreiskrankenhauses P. ist freigesprochen worden. Seine Ehefrau dagegen wurde von dem Landgericht in L. zu zwei Jahren Gefängnis auf Bewährung und zu einer Geldbuße von 120 000 Mark verurteilt. Das Ehepaar hatte dem Finanzamt Einnahmen in Höhe von 1,2 Millionen Mark verschwiegen. So war der Staat um 700 000 Mark Steuereinnahmen geprellt worden." (tz, 8.2.85)

Fallbeispiel 76:

„Über 24 Jahre war die Berliner Chefbuchhalterin H. K. (47) ein Vorbild an Korrektheit. Jetzt sitzt die Frau hinter Gittern. Sie hatte seit 1981 rund 1,8 Millionen Mark unterschlagen. Der Trick war einfach: Die Chefbuchhalterin ... hatte Rechnungen für angeblich gelieferte Waren gebucht, das Geld aber auf eigene Konten überwiesen ... Der Tip kam nun aus der eigenen Abteilung. ‚Die Chefin macht so komische Sachen mit den Zahlungsbelegen', meldete eine Mitarbeiterin." (tz, 25.1.85)

Nach BERCKHAUER (1983, S. 243) gehören zur Wirtschaftskriminalität u. a. Straftaten nach dem Gesetz gegen den unlauteren Wettbewerb (z. B. geheime Preisabsprachen von Baufirmen, die sich um einen öffentlichen Auftrag bewerben), Straftaten nach dem Aktiengesetz, GmbH-Gesetz, dem Genossenschaftsgesetz, nach den Gesetzen über das Bank-, Depot-, Börsen- und Kreditwesen, nach dem Wirtschaftsstrafgesetz von 1954, dem Außenwirtschaftsgesetz, dem Finanzmonopol-, Steuer- und Zollrecht, nach dem Weingesetz und dem Lebensmittelrecht, weiterhin Straftaten des Kredit- und Subventionsbetrugs, der Untreue, des Wuchers, der Vorteilsgewährung und der Bestechung „soweit zur Beurteilung des Falles besondere Kenntnisse des Wirtschaftslebens erforderlich sind". Zusätzliche Möglichkeiten ergeben sich im Zusammenhang mit dem Einsatz neuer Technologien (Computerspionage, Computersabotage, Diebstahl von Rechenzeit (Anzapfen eines Computers, ohne für die genutzte Rechenzeit zu bezahlen) und „Bitnapping" (Diebstahl kostspieliger Computer-Programme). Gerade im letztgenannten Fall scheint es schwierig, Opfer zu benennen und bei diesen persönliche Betroffenheit zu erzeugen (im Unterschied z. B. zu einem Handtaschenraub).

Bei den Opfern von Wirtschaftsdelikten werden drei Opfergruppen unterschieden:

— personale oder individuelle Opfer (Viktimisierung durch Betrug, strafbare Werbung)
— Unternehmen oder Organisationen (Viktimisierung durch Untreue, Konkursdelikte)
— Kollektivopfer (Staat) (Viktimisierung durch Steuerhinterziehung, Schwarzarbeit).

Neben den unmittelbaren, in Geldbeträgen meßbaren Schäden sind auch die immateriellen Folgeschäden zu berücksichtigen, die in einer „weitreichenden Korrumpierung des Wirtschaftslebens und des allgemeinen Verfalls wirtschaftlicher Normensysteme" (BERCKHAUER 1983, S. 244) gesehen werden. Die Begehung von Wirtschaftsstraftaten durch einen Anbieter verleitet unter den bestehenden Wettbewerbsbedingungen die Konkurrenten ebenfalls zu strafbaren Handlungen; gesetzestreues Verhalten wird zunehmend kostspieliger und es kommt — ohne regulierende Eingriffe des Gesetzgebers — zu Sog- und Spiralwirkungen (OPP 1975, 1983; BERCKHAUER 1983).

Das Hauptproblem für die Verfolgung der Wirtschaftskriminalität besteht neben den Schwierigkeiten der Täterüberführung (gesetzlicher Geheimnisschutz, erforderliches Spezialwissen, überdurchschnittliche Intelligenz der Täter) in der geringen Anzeigebereitschaft auch im Falle personaler Opfer. Wirtschaftsverbrechen werden — wie auch die Umweltschutzkriminalität (vgl. unten) — vielfach immer noch als Kavaliersdelikte betrachtet und erfahren deshalb auch mehr Nachsicht. Schneider (1972) macht die Fehleinstellung der Gesellschaft dafür mitverantwortlich. Hier ist jedoch zu berücksichtigen, daß die Klassifizierung bestimmter Verhaltensweisen im wirtschaftlichen Bereich als „kriminell" bereits Juristen überfordern kann — um so eher dann Laien. In einer Gesellschaft, die wirtschaftlichen Erfolg als zentralen Wert ansieht und bestimmte Arten des Profitstrebens toleriert bzw. fördert, ist es mitunter schwierig, eine Grenze zwischen noch erlaubten finanziellen Manipulationen und bereits strafbaren Handlungen (zumal mit geringem Verfolgungsrisiko) zu ziehen. Hinzu kommt, daß sich der Wirtschaftskriminelle vom „klassischen" Kriminellen in vieler Hinsicht abhebt: er hat einen höheren sozialen Status inne, verfügt über eine überdurchschnittliche Ausbildung und Intelligenz und dient — im Unterschied zum „normalen" Straftäter — kaum als negative Bezugsperson.

Die Täter haben auch eine bessere Position gegenüber den Verfolgungsorganen. Die Grauzone, in der sich Wirtschaftsdelikte abspielen, ist charakterisiert durch geringe Verhaltenstransparenz, bruchstückhafte Verhaltensnormierung, geringe Verhaltenskontrollierbarkeit und geringe Verhaltenskontrolle (Schellhoss 1974, S. 391) sowie, bedingt durch die Komplexität der Tatbestände, die Zugangsschwierigkeiten für Außenstehende (in der Regel handelt es sich um berufsbezogene Handlungen) und die Machtposition der Täter mit all den damit verbundenen materiellen und immateriellen Ressourcen, die auch dazu benutzt werden können, eine Strafverfolgung zu erschweren. Nach Kaiser (1985, S. 36) werden 44 % der Verfahren von Amts wegen eingeleitet, insbesondere dann, wenn öffentliche Belange betroffen sind (Zollvergehen, Steuerhinterziehung). Die Anzeigen Privater (personaler Opfer) dominieren nur bei Betrug und Untreue, wo die strafrechtliche Kontrolle wirtschaftlichen Fehlverhaltens im wesentlichen den geschädigten Personen oder Unternehmen überlassen bleibt — und die Verfahren häufiger wegen Beweisschwierigkeiten eingestellt werden.

- *Zusammenfassend lassen sich die Wirtschaftsdelikte charakterisieren durch einen großen Anteil kollektiver Opfer (Gruppen, Organisationen). Hinsichtlich der Art der Täter-Opfer-Beziehung, des Opferbeitrags und des Machtgefälles zwischen Tätern und Opfern erscheinen generalisierbare Aussagen besonders schwierig, da alle Variationen gleichermaßen vorkommen können.*

Erpressung gehört zu den Straftaten, bei welchen die Opfer häufig kein Interesse an einer Aufklärung oder Strafverfolgung haben, befürchten sie damit doch nachteilige Konsequenzen. Nach § 253 StGB liegt eine Erpressung dann vor, wenn jemand einen anderen rechtswidrig durch Gewalt oder Drohung mit einem empfindlichen Übel zu einer Handlung, Duldung oder Unterlassung nötigt und dadurch dem Vermögen eines anderen Nachteil zufügt, um sich oder einen Dritten zu Unrecht zu bereichern.

Es gibt verschiedene Arten von Erpressung. Zunächst ein Beispiel, bei dem dem Opfer oder Dritten mit der Zufügung eines Übels gedroht wird, falls nicht auf bestimmte Bedingungen eingegangen werde:

Fallbeispiel 77:

„Die Idee kam Schenkkellner Tobias B. (30) noch im Gefängnis: In einem Krimi las er, wie ein Großkonzern erfolgreich um Millionen erpreßt wurde. Kaum in Freiheit, setzte er die Roman-Idee in die Tat um. Zusmmen mit seinem ‚Spezi' Carlo V. (21) versuchte er, einen internationalen Nahrungsmittel-Konzern in München um 800 000 Mark zu erpressen. Bei Nichtbezahlung sollte Babynahrung in Supermärkten vergiftet werden. Die Lösegeld-Übergabe scheiterte jedoch, die Täter wurden festgenommen.
‚Sehr geehrte Damen und Herrn', begannen die Erpresser höflich ihren mit Letra-Set verfaßten Drohbrief. Dann verwiesen sie auf ein beigefügtes Fläschchen mit Babynahrung, das mit Pflanzenschutzmittel versetzt war.
‚Ein weiteres Glas befindet sich in einem Supermarkt. Sofern sie nicht DM achthunderttausend auszahlen, wird die Aktion erweitert', kündigten die Täter an. Das Glas wurde im angegebenen Geschäft sichergestellt.
Im Abendzug nach Garmisch sollte sich der Geldbote bereithalten. Über ein Funkgerät wollten die Erpresser unterwegs einen Punkt angeben, an dem das Geld aus dem Zug geworfen werden sollte. Die Verständigung scheiterte. Die Täter meldeten sich nicht mehr.
Jetzt wurde Tobias B. bei einem Einbruch in Weilheim auf frischer Tat ertappt. In seiner Wohnung entdeckte die Polizei einen begonnenen Erpresserbrief. Ein Münchner Kaufmann wäre diesmal das Opfer gewesen. Der Komplize Carlo V. wurde gleichfalls festgenommen. Beide gestanden. Die beiden hatten hohe Schulden." (tz, 7.2.85)

Ganz analog ist das Prinzip von Schutzgeld-Erpressungen (die sich meist gegen Wirte richten). Es erfolgt eine Drohung mit der Anwendung von Gewalt gegenüber dem Wirt, der Einrichtung seiner Gaststätte und gegenüber den Gästen. Andere Delikte in diesem Bereich sind Kidnapping, aber auch bestimmte Arten des politischen Terrorismus: Gewalttäter bekommen Geiseln in ihre Hand und drohen damit, ihnen im Falle der Nichterfüllung ihrer Forderungen das Leben zu nehmen. Die besondere Gefährlichkeit der Terroristen liegt darin, daß sie häufig den Eindruck erwecken, ihnen läge nichts an ihrem eigenen Leben, so daß Gegendruck entfallen muß. Die Opfer haben in solchen Fällen nur minimale Chancen, einer Viktimisierung entgegenzutreten. Zum einen sind sie häufig völlig ahnungslos, zum zweiten steht es nicht in ihrer Macht, den Forderungen der Erpresser entgegenzukommen.

Dagegen ist die Situation des Opfers, dem mit der Aufdeckung einer früheren Verfehlung gedroht wird, besser. Zumindest hat es die Wahl zwischen zwei Übeln. Bei solchen Verfehlungen muß es sich nicht um strafbare Tatbetände handeln; auch der durch die Aufdeckung eines „Lebensgeheimnisses" drohende Prestigeverlust kann sich je nach Art der Handlung und des sozialen Milieus des Opfers schwerwiegend auswirken. Hier ist das Verhältnis zwischen primärer und sekundärer Viktimisierung insofern vertauscht, weil eine primäre Viktimisierung nur aufgrund der Furcht vor einer sekundären Viktimisierung möglich ist. Voraussetzungen, die zum Gelingen einer Erpressung beitragen, sind:

- Das Vorliegen einer strafbaren oder wenigstens sozial mißbilligten Handlung, dunkle Punkte in der Vergangenheit des Opfers (Gefängnisaufenthalt, Ehebruch usw.).
- Ein hohes Sozialprestige bzw. die Zugehörigkeit zu einer elitären Gruppe, Ehrgeiz und Prestigeorientierung des Opfers.
- Die Verfügung des Opfers über ein Vermögen, aber auch über bestimmte Kenntnisse und Fertigkeiten (z. B. bei der Anwerbung zur Spionage).

Zusätzliche Erpreßbarkeit liegt bei berufsbezogenen Delikten vor: Neben sozialer Mißbilligung und offizieller Bestrafung droht dem Opfer noch eine Sanktionierung am Arbeitsplatz in Form von Verweiserteilung, Degradierung, Entlassung, Gehaltskürzungen usw. mit entsprechenden versorgungsrechtlichen Konsequenzen. Vor die Wahl gestellt, seine Laufbahn und Altersversorgung zu riskieren oder den Erpresser zufriedenzustellen, wird letzteres häufig als das kleinere Übel gewählt. Amts- und Sittlichkeitsdelikte eignen sich besonders gut für eine Erpressung. Erklärt sich das Opfer zur Zahlung bereit, so stellen die Täter oft im Laufe der Zeit neue Forderungen, denn das belastende Material ist leicht reproduzierbar, und solange die Enthüllung des Erpressers nicht erfolgt ist, läßt sich beliebig oft damit drohen. Es gibt auch keinen rationalen Grund für einen Erpresser, sich mit einem einmalig erfolgreichen Versuch zu begnügen, wenn er sich andererseits eine bleibende Einnahmequelle sichern kann. Gelegentlich kommt es auch vor, daß der Täter gar keine konkreten Anhaltspunkte in der Hand hält und nur auf Verdacht einen Versuch unternimmt.

Hinsichtlich der sozialen Kontrolle und der Aufrechterhaltung von Konformität werden der Angst vor Erpressung aber auch positive Funktionen zugeschrieben: „Die Furcht vor Erpressung hält viele Delikte auf einem mittleren Stand, der weit überschritten würde, wenn dieses Risiko nicht sein drohendes Haupt erhöbe" (v. Hentig 1959, zit. nach Amelunxen 1970, S. 105). Gerade für aufstiegsorientierte Personen oder Repräsentanten des öffentlichen Lebens ist es sehr wichtig, den Eindruck von Konformität gegenüber konventionellen Wert- und Moralvorstellungen aufrechtzuerhalten (auch wenn diese Vorstellungen nur noch deklamatorischen oder ideologischen Wert haben), warten doch bereits zahlreiche Konkurrenten auf eine entsprechende Gelegenheit. Durch die Entwicklung zu einem relativen Pluralismus (gegenüber früheren Zeiten), der Betonung von Toleranz als Wert (vgl. SINUS 1983) und einer Trennung von Öffentlichkeit und Privatsphäre wurde manchen Erpressungsversuchen der Boden entzogen (ein nicht-eheliches Kind wird heute weit weniger verurteilt als noch vor 20 Jahren), doch gibt es immer noch genügend Möglichkeiten. Wie Dunkelfelduntersuchungen gezeigt haben, begeht auch der äußerlich unauffällige Durchschnittsbürger nicht wesentlich weniger Delikte als mancher Straftäter — genug Material also für einen aufmerksamen Erpresser. Die Erosion des „Tabus der Vollkommenheit" (v. HENTIG 1959), d. h. die Verlagerung der viktimologischen Reizschwelle, hat u. a. dazu geführt, daß mehr mit ungesetzlichen Übeln als mit einer Anzeige gedroht wird.

Schutz vor Erpressung bietet letztlich nur eine hohe Anzeigebereitschaft der Opfer. Während aber im Falle der Drohung mit Enthüllung das Opfer sein Risiko kalkulieren kann und die Möglichkeit besteht, daß der Staatsanwalt unter bestimmten Bedingungen von einer Verfolgung absieht (wenn nicht wegen der Schwere der Tat eine Sühne unerläßlich ist; § 154c StPO), ist bei Schutzgelderpressungen und Erpressungsversuchen von Kidnappern, Geiselnehmern und Attentätern die Situation für das Opfer wesentlich ungünstiger. Zwar kann es evt. ohne unmittelbare Gefahr für das eigene Leben die Ermittlungsbehörden einschalten, doch setzt es damit oft nahe Angehörige oder Dritte einer erhöhten Gefährdung aus. Der Einsatz moderner kriminalistischer Methoden und eine diskrete Ermittlungsarbeit der Polizei kann dieses Risiko allerdings wesentlich mindern:

Fallbeispiel 78:

„Mit Giftanschlägen wollte ein Pärchen aus Norddeutschland den Coop-Konzern erpressen. ‚Wir haben zwei Flaschen Orangensaft mit Insektengift versetzt. Die Flaschen sind gekennzeichnet. In Zukunft arbeiten wir ohne Vorwarnung.' Der Lebensmittelriese sollte 2,5 Millionen Mark zahlen. In der Firmenzentrale in Frankfurt nahm man den Drohbrief ernst. Tatsächlich fand ein Angestellter in einer Hamburger Filiale zwei Flaschen mit einem Kreuz auf dem Etikett.
Doch aus dem Geldsegen wurde nichts. Unter strengster Geheimhaltung zog die Polizei eine Großfahndung durch und schnappte die mutmaßlichen Erpresser: Einen 38jährigen Ingenieur und seine 28jährige Freundin.
Zum Schein ging die Konzernleitung auf die Forderung ein. Ein ‚Bote' fuhr zum genannten Treffpunkt in Duisburg. Beamte in Zivil überwachten jeden Schritt des Mannes.

Doch am Übergabepunkt warteten nicht die Erpresser, sondern ein Nachricht. Der ‚Geldbote' sollte weiterfahren. An der Autobahn Richtung Holland sollte man sich treffen. Aber auch dort das gleiche Spiel: Für den Boten begann eine Odyssee, die ihn schließlich nach Enschede in Holland führte. Seine ‚Schutzengel' hatten inzwischen rechtzeitig ihre niederländischen Kollegen informiert, die das mutmaßliche Giftmischerpärchen dann auch prompt festnehmen konnten. Die holländische Polizei schlug zu, noch bevor es zum Treffen zwischen dem Boten und den Gangstern kam. Aber auch ein Rendezvous mit dem ‚Geldboten' hätte den beiden nichts gebracht. Statt kleinen gebrauchten Scheinen hatte der nämlich nur Papierschnitzel bei sich. Inzwischen ist das Duo von den Holländern ausgeliefert worden." (tz, 2.1.85)

Dieses Beispiel eines erfolgreichen Widerstands gegen eine angedrohte Viktimisierung darf nicht vergessen lassen, welch große Gefahren von derartigen Tätern ausgehen — auch dadurch, daß sich stets Nachahmer finden. Selbst wenn unmittelbare Viktimisierungen abgewehrt werden können, gibt es langfristige und indirekte Folgen, die sich in Verunsicherung, Angst, Mißtrauen und Panik niederschlagen. Das Gefühl der ständigen Bedrohung kann auch langfristig dazu beitragen, daß moderne Kontroll- und Überwachungsmaßnahmen der Strafverfolgungsbehörden auf mehr Akzeptanz stoßen. Diese könnte wiederum eine Versuchung zur verstärkten Anwendung, wenn nicht gar zum Mißbrauch, solcher Methoden sein.

- *Erpressungsdelikte sind so heterogen, daß eine Generalisierung besonders problematisch ist. Sicher ist ein Machtgefälle zugunsten des Täters, da er entsprechend einsetzbare Informationen hat. Diese konstitutieren eine einseitige TäterOpfer-Beziehung zumeist schon vor der Tat. Opfer können Personen und Organisationen sein.*

3.2.4. Sonstige Delikte

Wenden wir uns abschließend noch Delikten zu, die entweder weniger häufig sind (z. B. falsche Anschuldigung) oder in der Öffentlichkeit keine besondere Aufmerksamkeit erregen (z. B. Sachbeschädigung) und vielfach noch gar nicht als kriminelle Handlung erscheinen, weil ein direktes, personales Opfer fehlt (Umweltschutzdelikte). Verkehrsdelikte, die in der Regel auf Fahrlässigkeit und nicht auf Vorsatz beruhen, sollen hier ausgeklammert bleiben. Die genannten Delikte lassen sich nicht ohne weiteres in utilitaristische und nichtutilitaristische Straftaten untergliedern, da beide Arten von Motiven je nach den Tatumständen eine mehr oder weniger große Rolle spielen können (viele

Brandstifungen werden begangen, um die Brandversicherung zu betrügen, andere, um sich an jemandem zu rächen; dagegen ist bei den meisten Unterschlagungen die Gewinnabsicht des Täters ausschlaggebend und die meisten Sexualdelikte sind emotional bedingt).

Im Falle des *Vortäuschens einer Straftat* handelt es sich um falsche Opfer (vgl. 3.1.). Aus höchst unterschiedlichen Beweggründen werden dabei Anschuldigungen gegen unbekannte oder bekannte Personen erhoben. Gründe hierfür können sein, daß man einem Irrtum erlegen ist, Dritte (z. B. eine Versicherung) schädigen will, man sich in einer ausweglosen Situation sieht, von eigenen Fehlern und Unzulänglichkeiten ablenken oder man sich an jemandem rächen möchte:

Fallbeispiel 79:

„Brutaler Überfall auf dem Weg zur S-Bahn! Drei junge Männer lauerten gestern früh einer 21jährigen Germeringerin auf, fielen über sie her, mißhandelten die junge Frau und versuchten, sie zu vergewaltigen! Die Arbeiterin hatte gegen halb sieben ihre Wohnung verlassen. Wie jeden Tag kam sie auf dem Weg zum S-Bahnhof Harthaus durch ein Waldstück. Dort warteten die drei Männer auf ein Opfer: Sie stürmten auf die 21jährige zu, stießen sie zu Boden. Einer (er lispelte, war 17-20 Jahre alt, hat dunkle Haare, trug ein helles Hemd und Jeans) zerriß ihr T-Shirt, stopfte es als Knebel in den Mund der jungen Frau. Der zweite (kurzes Haar, kräftig, schwarze Hose, weißes Hemd) würgte sie mit dem Riemen ihrer Handtasche, der dritte (23 bis 25 Jahre, klein, Vollbart, Brille, am linken Unterarm tätowiert) versuchte, sie zu vergewaltigen. Doch die 21jährige wehrte sich aus Leibeskräften — mit Erfolg: Die Täter ließen von ihr ab und flüchteten." (tz, 19.5.85)

Am nächsten Tag erfuhr man jedoch:

„Aus Rache und um Mitleid bei ihrem Ex-Freund zu erwecken, hat eine 21jährige in Germering einen Sex-Überfall vorgetäuscht. Auf einem Waldweg zur S-Bahn verletzte sie sich selbst mit Nadeln, zerfetzte ihr T-Shirt, wälzte sich im Schmutz und log dann weinend den Kriminalbeamten vor: ‚Drei Männer wollten mich vergewaltigen.' Die Spuren am ‚Tatort' stimmten aber nicht mit der Schilderung überein. Die Angestellte gestand das ‚Märchen'." (tz, 20.5.85)

Derartige Erfahrungen lassen die Skepsis mancher Polizeibeamter gegen Vergewaltigungsgeschichten erklärlich erscheinen — was sich dann auf wirklich betroffene Frauen auswirkt. Den Phantasietätern zufällig ähnelnde Männer in Germering und Umgebung hatten jedenfalls Glück, daß keine Großfahndung durchgeführt wurde und der Sachverhalt rasch aufgeklärt werden konnte. Ein junger Amerikaner hatte dieses Glück nicht:

Fallbeispiel 80:

„Sie war gerade erst 16 Jahre, hatte ihr erstes sexuelles Erlebnis gehabt — und auch furchtbare Angst, schwanger geworden zu sein. Da riß sich C. C. die Bluse auf, zerkratzte sich den Körper mit einer Glasscherbe und schlug sich selbst blaue Flecken. Dann lief C. C. weinend zur Polizei: ‚Ich bin vergewaltigt worden!' ... C. C. hatte bei der Durchsicht von Verbrecheralben wahllos einfach auf das Bild von G. D. gezeigt. Der arme Bursche hatte nur einmal etwas mit der Polizei zu tun gehabt; er hatte seinen Eltern den Fernsehapparat geklaut, aber Vergewaltigung ...? Fünf Freunde bezeugten vor Gericht, sie seien zur angeblichen Tatzeit mit G. zusammengewesen, vergeblich. Die Geschworenen glaubten es nicht. Der Justiz-Irrtum klärte sich erst jetzt am Wochenende, nach sechs Jahren endlich auf! Die inzwischen verheiratete C., Mutter von zwei Kindern, konnte mit ihren Schuldgefühlen nicht mehr leben. Sie vertraute sich einem Pfarrer an: ‚Sein Leben ist mehr wert, als mein Schweigen.' Jetzt muß sie mit einem Verfahren rechnen." (Bild am Sonntag, 31.3.85)

Glimpflicher lief es für ein allerdings nur irrtümlich beschuldigtes Opfer in folgendem Fall ab:

Fallbeispiel 81:

„Unschuldig in U-Haft saß Siegfried Sch. (42), gegen den das Landeskriminalamt wegen Drogendelikten ermittelte. Eine Österreicherin war am Spitzingplatz beim Ostfriedhof ihrer Geldbörse beraubt worden. In der Straftäterkartei erkannte sie Siegfried Sch. wieder. Festnahme! Erst bei der Gegenüberstellung wurde der Frau klar: ‚Der Täter sah anders aus'." (tz, 13.3.85)

Fallbeispiel 82:

„‚Wenn ich ihnen kein Geld gegeben hätte, wäre ich erschossen worden', schilderte ein 39jähriger Eisenflechter einen angeblichen Raubüberfall in einer Baubaracke in der Riesenfeldstraße in Milbertshofen. Der Täter flüchtete mit dem Paß des Opfers und 200 Mark. Als einen Täter nannte der 39jährige seinen Bekannten Karl J. (44). Der wurde aufgrund umfangreicher Ermittlungen auch prompt als Räuber festgenommen. ‚Es stellte sich jedoch heraus, daß der Mann unschuldig ist und ein Alibi hat. Er wurde von seinem Bekannten falsch verdächtigt und von uns wieder freigelassen', so die Polizei." (tz, 13.3.85)

In derartigen Fällen wird der angebliche Täter zum Opfer, der Kläger — soweit er nicht irrtümlich gehandelt hat — zum Täter. Polizeibekannte und Vorbestrafte unterliegen — wie auch das zweite und dritte Beispiel gezeigt haben — einem besonderen Risiko, Opfer falscher Anschuldigungen zu werden.

Gehen wir zuletzt noch auf Umweltschutzdelikte ein, die vielfach nicht als kriminelle Akte perzipiert werden — vor allem deshalb, weil es selten unmittelbar betroffene, personale Opfer gibt und weil die Beeinträchtigung der natürlichen Ressourcen nie erklärter Hauptzweck der Straftat, sondern stets nur eine nicht intendierte, aber billigend in Kauf genommene Nebenfolge ist.

Fallbeispiel 83:

„Das Trinkwasser der Gemeinde Waging am See (Landkreis Traunstein) ist verseucht! Ein Bauer soll in der engeren Schutzzone der Waginger Quellen geodelt haben. Durch Regen und Schneeschmelze gelangten Fäkal-Kolibakterien ins Trinkwasser. Die Einwohner der Gemeinde alarmierten am Freitag das Landratsamt ... Das Gesundheitsamt erließ sofort die Verfügung, das Wasser abzukochen." (tz, 11.2.85)

Umweltschutzdelikte lassen sich insofern mit Wirtschaftsdelikten vergleichen, als sie neben den seltenen personalen Opfern wenig sichtbar und sehr schadensintensiv sind, auf ein (noch) wenig ausgeprägtes Unrechtsbewußtsein treffen und eine hohe Dunkelziffer aufweisen. Auch ist der Wissensstand hierüber noch ziemlich gering (KAISER 1985, S. 37).

Die Anzahl der bekanntgewordenen Umweltschutzdelikte ist 1982 gegenüber dem Vorjahr um 15,5 % gestiegen (was auch den Steigerungsraten der früheren Jahre entspricht (KAISER 1985, S. 37). Angesichts der hohen Dunkelziffer, der intensivierten, aber doch eher zufälligen Aufklärung, sagen solche Werte allerdings nicht viel über die Anzahl der tatsächlich stattgefundenen Viktimisierung aus.

Abbildung 5: Erfaßte Umweltdelikte, Tatverdächtige, Verurteilte und Mitteilungen in Umweltstrafsachen zwischen 1973 und 1983 (Quelle: KAISER 1985b, S. 366), tabellarisch und grafisch

	Pol. Kriminalstatistik			Strafverfolgungsstatistik	
Jahr	erfaßte Fälle	Tatverdächtige	MiStra	Abgeurteilte	Verurteilte
1973	2321	1917			
1974	2800	2317			
1975	3445	2871		1011	691
1976	3395	2761		1017	697
1977	3784	3087		1138	751
1978	3699	3109		1286	821
1979	4382	3544		1429	915
1980	5151	4141	2531	1295	791
1981	5844	4741	3447	1536	928
1982	6750	5214	4559	1664	973
1983	7507	5740	4796	1704	1019

Abb. 5 (Forts.)

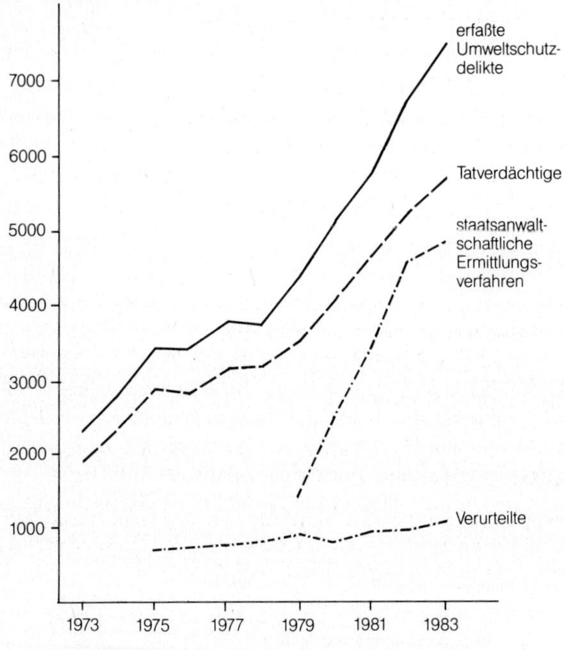

Entwicklung der erfaßten Umweltdelikte, der Tatverdächtigen und der Verurteilten sowie der Zahl der Mitteilungen in Umweltstrafsachen

80 % der Straftaten entfallen auf Gewässerschutzdelikte; die Aufklärungsquote der bekanntgewordenen Fälle liegt immerhin bei 70 % (UMWELTBUNDESAMT 1982, S. 24). Der Zunahme der registrierten Verdächtigten steht jedoch seit Jahren eine ziemlich konstante Zahl von Veruteilungen gegenüber (ALBRECHT 1983, S. 282 ff.). Die meisten Verfahren (ca. 2/3) werden – anders als bei fast allen übrigen Delikten – durch polizeiliche Aktivitäten initiiert, 1/10 durch die Arbeit der Umweltschutzbehörden. Private stellen lediglich 1/5 der Anzeigeerstatter. KAISER (1985, S. 38) stellt daher die Frage, „ob die normalerweise reaktiven Kontrollstrategien nicht für die Fälle ‚opferloser' und zudem meist wenig sichtbarer Delikte wenig brauchbar seien und deshalb eine Anpassung der Verdachts- und Kontrollstrategien erforderlich wäre".

- *Zusammengefaßt handelt es sich bei den Umweltschutzdelikten um solche mit Gruppenopfern und ohne Opfertatbeitrag. Sie sind dadurch charakterisiert, daß sie nicht in der als Nahbereich perzipierten Umgebung begangen werden (kaum ein Fabrikant wird Industrieabwässer in sein eigenes Gartengrundstück leiten und niemand wird Haus- und Sperrmüll im eigenen Garten deponieren). Gerade die Distanzierung von der Umwelt schafft die Voraussetzung für die Deliktbegehung.*

Greifen wir zuletzt noch die Sachbeschädigung und ihre Extremform, die *vandalistischen Akte*, heraus. Auch hier ist „Umwelt" im weitesten Sinne betroffen, doch sind die Zerstörungen — im Gegensatz zu den Umweltschutzdelikten — oft beabsichtigter Hauptzweck:

Fallbeispiel 84:

„Nicht nur, daß sie Notrufe unmöglich machen, auch finanziell schlagen die Telefon-Rowdys schwer zu Buche. Insgesamt 920 000 Mark mußte die Oberpostdirektion München in die Restaurierung der gelben Fernsprechkabinen stecken. Das sind ein Drittel mehr Kosten als 1983. Fast jede dritte Telefonzelle in Oberbayern und Schwaben wurde letztes Jahr beschädigt. Mit 310 000 Mark kostet das Ersetzen zerschlagener Glasscheiben am meisten." (tz, 20.3.85)

Fallbeispiel 85:

„Am Bahnhof Leverkusen-Wiesdorf ist gestern nacht ein Bombenanschlag verübt worden. Durch Explosion in einem Schließfach entstand beträchtlicher Sachschaden. Politische Motive werden nicht ausgeschlossen." (AZ, 15.2.85)

Fallbeispiel 86:

„Auf das seit Jahren umstrittene Kriegerdenkmal in der Nähe des Hamburger Dammtor-Bahnhofs ist in der Nacht zum Dienstag ein Sprengstoffanschlag verübt worden. Nach Angaben der Polizei wurden fünf Quadersteine aus dem Sockel des Monuments herausgesprengt. Sie waren in einem Umkreis von 50 Metern verstreut. Hinweise auf den Täterkreis gibt es bislang nicht." (AZ, 20.2.85)

Fallbeispiel 87:

„Sie nahmen keine Rücksicht: Am alten Südfriedhof besprühten zunächst Unbekannte die Mauern und sogar eine Marienstatue mit Graffity-Bildern und Worten wie ‚kiss' ‚break' oder ‚love'. Als Täter ermittelte die Polizei jetzt zehn Kinder zwischen 12 und 14 Jahren." (tz, 16.1.85)

Die Taten reichen von Terroranschlägen mit politischem Hintergrund, bei denen auch Verletzungen und Tötungen von Menschen in Kauf genommen werden, bis zu Schmierereien, wobei nicht die Schädigung eines Opfers, sondern die Suche nach Betätigungs- und Ausdrucksmöglichkeiten im Vordergrund stand. Soweit die Schädigung von Opfern Ziel ist, gilt, daß es sich hier um

„Stellvertreter-Opfer" handelt, die Personen, Gruppen oder abstrakte Kollektive repräsentieren. In gewisser Weise besteht eine einseitige Täter-Opfer-Beziehung, weil das eigentlich unangreifbare Opfer, das (ungewollt) die Aggression des Täters herausfordert, nur für diesen bedeutsam wird, während umgekehrt der Täter für das Opfer nicht in Erscheinung treten kann. Opfer können sowohl Einzelpersonen als auch Gruppen und Organisationen sein. Da es sich häufig nicht um personale Opfer handelt, dürfte eine wichtige Hemmschwelle bei der Deliktbegehung entfallen. Es scheint wenig sinnvoll, von einem Machtgefälle zwischen Täter und Opfer zu sprechen. Vielfach mögen die Opfer dem Täter übermächtig und seine Tat als gerechtfertigte Rache an dessen Repräsentanten erscheinen. Andererseits ist hier zu berücksichtigen, daß mehrere Opfer betroffen sind, da die vom Täter ausgewählte Gruppe oder Organisation den Schaden auf mittelbare Opfer (Versicherungen, Kunden) abwälzen kann und zudem Unbeteiligte gefährdet sind bzw. mit Betroffenheit oder Verärgerung reagieren. Ähnlich schwierig ist die Frage nach dem Opferbeitrag zu stellen. Viele Täter fühlen sich gerade durch Merkmale und Verhaltensweisen des Opfers zur Deliktbegehung motiviert, auch wenn objektiv kaum ein Tatbeitrag besteht.

Abschließend wollen wir die in den vorangegangenen Abschnitten exemplarisch skizzierten Straftaten bzw. Viktimisierungen anhand der in Kapitel 3.1. vorgestellten Typologie klassifizieren. Die in der Tabelle angegebenen Formen stellen besonders häufige und typische Ausprägungen dar.

Die nachfolgende Tabelle ist als grobe Forschungshypothese zu verstehen. Es erschiene sinnvoll, eine große Zahl konkreter Delikte anhand eines solchen — oder besser — differenzierteren Schemas zu analysieren und auf diese Weise typische bzw. besonders häufige Kombinationen herauszufinden.

Tabelle 3: Klassifizierung von Straftaten nach Opfervariablen

Delikt	Art des Opfers	Täter-Opfer-Beziehung	T - O Machtgefälle	Opferbeitrag
	1=Einzelperson 2=Gruppe 3=Organisation	1=keine Bez. 2=einseitig 3=oberflächlich 4=stabil	1=groß 2=klein	1=kein Beitrag 2=gering, unbeabsichtigt 3=bewußt 4=deliktbegehrendes Opfer 5=falsches Opfer
Tötungsdelikt	1	4, 3, 2	1	2, 3, 1, 4
schwere Körperverletzung	1	4, 3, 2, 1	1, 2	2, 3, 1, 4
Kindsmißhandlung	1	4	1	1, 2
Notzucht	1	3, 2, 4	1	2, 1, 3
Unzucht mit Kindern	1	2, 3	1	2, 3, 1, 4
Inzest	1	4	1, 2	2, 3, 4, 5
einfacher Diebtahl	1, 2, 3	1, 2, 3, 4	2	2, 1
Einbruch	1, 2, 3	2, 1, 3	2	2, 1
Raub	1	2, 1	1	1, 2
KfZ-Diebstahl	1, 3	1, 2	2	2, 1
Betrug	1, 2, 3	3	2	2, 3, 4, 1
Wirtschaftsverbrechen	3, 2, 1	2, 3, 1	2, 1	2, 1
Erpressung	1, 3	2	1	4, 2, 1
falsche Anschuldigung	1	4, 2	2	2
Umweltschutzdelikte	2	1	1	1
Vandalismus	3, 1	2	?	2

3.3 Der Prozeß der Viktimisierung

In den nachfolgenden Überlegungen wollen wir dem Grundproblem der „Soziologie des Opfers" näherkommen, nämlich der Erklärung dafür, daß Personen in Situationen kommen, in denen sie aufgrund des illegalen Dazutuns anderer viktimisiert werden. Zunächst jedoch ist die begriffliche und theoretisch wichtige Differenzierung der Viktimisierung in primäre, sekundäre und tertiäre vorzunehmen.

Primäre Viktimisierung soll verstanden werden als Opferwerdung durch eine strafbare Handlung eines oder mehrerer Täter, wobei bestimmte Opfersituationen und -dispositionen (geringe soziale Kontrolle, Anonymität, Einsamkeit, Unsicherheit, Angst, dynamische Lebensweise) ebenso eine Rolle spielen können, wie Besonderheiten in der Täter-Opfer-Beziehung (Vertrautheit mit den Lebensgewohnheiten des Opfers).

Bei der sekundären Viktimisierung handelt es sich dagegen um die „Verschärfung des primären Opferwerdens durch Fehlreaktionen des sozialen Nahraums des Opfers und der Instanzen der formellen Sozialkontrolle, z. B. der Kriminalpolizei und der Gerichte" (SCHNEIDER 1979, S. 16).

Die tertiäre Viktimisierung ist das Ergebnis von Erlebnissen und Zuschreibungs- bzw. Etikettisierungsprozessen aufgrund vorangegangener primärer und/oder sekundärer Viktimisierungen („sekundäre" Viktimisierung ohne vorhergegangene primäre Viktimisierung liegt bei einem falschen Opfer vor). Wenn z. B. jemand aufgrund primärer Opferwerdung und einer „erfolgreichen" sekundären Viktimisierung ein Selbstbild erwirbt, indem er sich als hilfloses Objekt seiner sozialen Umwelt, als Rächer für erlittenes Unrecht (Michael Kohlhaas) oder als Ziel einer Verschwörung wahrnimmt, kann man von einer tertiären Viktimisierung sprechen, die dadurch zu charakterisieren ist, daß die Selbstdefinition als Opfer ein zentraler Bestandteil der Persönlichkeit geworden ist.

Die primäre Viktimisierung bezieht sich auf den Zeitraum vor und während der Tat, die sekundäre und tertiäre Viktimisierung das Opfers liegen nach der Tat. Primäre, sekundäre und tertiäre Viktimisierung sind zwar als Stufen eines Prozesses aufzufassen, doch besteht zwischen ihnen kein notwendiger Zusammenhang. Wie sich am Beispiel eines „falschen' Opfers zeigt, ist eine sekundäre und sogar tertiäre Viktimisierung ohne vorausgegangene primäre Viktimisierung vorstellbar. Die einzelnen Viktimisierungsstufen lassen sich zur Erstellung einer Opfertypologie heranziehen:

Tabelle 4: Opfertypologie nach Viktimisierungsstufen

Primäre Viktimisierung	Sekundäre Viktimi sierung	Tertiäre Viktimisierung	Opfertyp
ja	ja	ja	1. vollständiges Opfer
ja	ja	nein	2. „genesenes“ Opfer
ja	nein	ja	3. ungesühntes Opfer
(nein	ja	ja	4. falsches Opfer)
ja	nein	nein	5. verborgenes aber genesenes Opfer
(nein	ja	nein	6. falsches kurzfristig leidendes Opfer)
(nein	nein	ja	7. falsches langfristig leidendes Opfer)
nein*	nein	nein	8. unwissentliches Opfer

* keine subjektive Viktimisierung

Die Typen 1-8 lassen sich wie folgt charakterisieren:

1. Beim „vollständigen Opfer“ wurden sämtliche Stufen des Viktimisierungsprozesses „erfolgreich“ durchlaufen: Auf die Straftat erfolgende Fehlreaktionen des Nahraumes und/oder der Verfolgungsbehörden und eine dieser Viktimisierungsarten oder beide zusammen haben zu einer Verfestigung der Opferdefinition geführt.
2. Demgegenüber hat das „vorübergehende bzw. genesene Opfer“ noch „Glück im Unglück“ gehabt; trotz der Straftat und den mit der Strafverfolgung verbundenen Beeinträchtigungen ist es nicht zu einer Beschädigung des Selbst gekommen, sei es wegen einer weniger schwerwiegenden Tat, nicht so extremen Erfahrungen bei der sekundären Viktimisierung, einer guten psychischen Konstitution oder erfolgreichen Rehabilitationsbemühungen.
3. Im Fall des „ungesühnten Opfers‘ hat die Straftat allein bereits zu andauernden psychischen, sozialen und/oder körperlichen Beeinträchtigungen geführt, auch wenn es zu keiner sekundären Viktimisierung gekommen ist; sei es, weil die Tat nicht bekannt geworden ist oder weder dem sozialen Nachraum noch den Verfolgungsorganen ein Fehlverhalten anzulasten ist.
4. Das „falsche Opfer“, das eine Straftat vorspielt, aber für die sich daraus ergebenden Konsequenzen einstehen muß, soll hier nur der Vollständigkeit halber erwähnt werden.
5. Das „verborgene Opfer“ dürfte insgesamt am weitesten verbreitet sein. Dieser Typus kann weitgehender differenziert werden:
   a) Das Opfer hat die Tat selbst nicht bemerkt, indem es z. B. der irrigen Meinung ist, ein in Wirklichkeit gestohlener Gegenstand sei verloren worden (keine subjektive Viktimisierung!).

b) Das Opfer bemerkt zwar die Tat, behält sie aber für sich, um weiteren Unannehmlichkeiten zu entgehen. Die Straftat hinterläßt auch keine weiteren Spuren.
c) Sowohl das Opfer wie auch Dritte erfahren von der Tat, doch kommt es zu keinen Fehlreaktionen zu Lasten des Opfers.

6. Bei dieser Variante des falschen Opfers fehlen die langfristigen (tertiären) Konsequenzen; die für das Opfer unangenehme, sekundäre (eingebildete) Viktimisierung zeigt keine langfristigen Wirkungen.
7. Dieser Typus des falschen Opfers läßt sich durch das Überwiegen langfristiger Auswirkungen charakterisieren.
   Da man in diesem Fall aber nur im weitesten Sinne von einer Viktimisierung sprechen kann, soll darauf nicht weiter eingegangen werden. (Hier wäre z. B. an die Entwicklung von Wahnvorstellungen zu denken.) Derartige „Opfer" beschränken sich nicht allein auf Psychopathen; weniger dramatische Formen lassen sich auch im Alltag feststellen, wenn etwa Mitglieder bestimmter Gruppen ihr Selbtverständnis überwiegend aus einer subjektiv erlebten Opfersituation beziehen.
8. Ebenfalls nur zum Zwecke der Komplettierung sei der Typ genannt, bei dem sich eine Person subjektiv nicht als Opfer fühlt und weder eine sekundäre noch eine tertiäre Viktimisierung erleidet; dieser Fall ist identisch mit „5a" (ist jemand auch objektiv kein Opfer, ist eine Einordnung müßig).

Für die weiteren Überlegungen erscheinen allein die Fälle 1, 2, 3 und 5 relevant. Wir wollen bei deren näherer Untersuchung die statische Sichtweise verlassen und zu einer dynamischen übergehen, d. h. die Viktimisierung mit ihren einzelnen Stufen als (weder hinreichenden noch deterministischen) Prozeß begreifen. Ähnlich wie bei Delinquenz und Kriminalisierung (vgl. bes. LAMNEK 1982, 1985) können wir auch bei der Viktimisierung von einem Karrieremodell ausgehen: Durch das Zusammenwirken einer Vielzahl von Faktoren (Arbeitsplatz, Zeit, „Opferpersönlichkeit", Verarbeitung des Verfahrens usw.) kann ein Opfer schließlich in eine Randposition gedrängt werden und — analog dem Täter — eine mehr oder weniger starke gesellschaftliche Desintegration erfahren. Diese Entwicklung ist keineswegs zwangsläufig und kann nach der primären, sekundären und tertiären Viktimisierung abgebrochen werden, wozu es allerdings entsprechender Unterstützung seitens der sozialen Umwelt bedarf, die mit fortgeschrittener Karriere immer aufwendiger sein müßte.

Dazu folgender, fiktiver Fall:

— Eine Anhalterin wird vergewaltigt. Im anschließenden Prozeß gegen den schuldigen Fahrer wird sie vom Verteidiger des Angeklagten „fertiggemacht". Die Tat, die Tatfolgen und die Erlebnisse vor Gericht führen zu ernsthaften psychischen Beeinträchtigungen: das Opfer gerät in Konflikt mit den Eltern, verliert die Arbeitsstelle, beginnt zu trinken usw.

- Hätte das Opfer sich die Gefahren des Trampens bewußt gemacht bzw. entsprechende Vorsichtsmaßnahmen ergriffen (nie alleine trampen usw.), wäre ihr die primäre Viktimisierung vielleicht erspart geblieben. (Dies ist nicht als Schuldvorwurf zu interpretieren!)
- Eine psychologische Beratung nach der Tat, eine intensive Vorbereitung auf den Prozeß, der Ausschluß der Öffentlichkeit usw. hätten helfen können, mit den Tatfolgen besser fertig zu werden, so daß eine tendenzielle Immunität gegen die sekundäre Viktimisierung wahrscheinlich gewesen wäre.
- Weitere massive Unterstützung wenigstens nach dem Strafverfahren hätte die Chancen einer tertiären Viktimisierung wenigstens verringert.

Diesen Viktimisierungsprozeß und die Interventionsmöglichkeiten können wir, wie auf Seite 132 dargestellt, schematisieren. Die weiteren Ausführungen dienen der Beschreibung und Erklärung dieses Prozesses unter bestimmten theoretischen Aspekten. Zunächst sollen Erklärungsbeiträge verschiedener Theorien diskutiert werden. Die gewählte Perspektive berücksichtigt ausschließlich sozialwissenschaftliche Erklärungszusammenhänge und ist somit einseitig. Dies ist eine bewußte und notwendige Einschränkung; anderen Ansätzen, wie z. B. einer streng indivudal-psychologischen Sichtweise, wird damit keineswegs die Legitimität abgesprochen. Uns interessiert jedoch ausschließlich die direkte und indirekte Abhängigkeit der Opferwerdung von interaktiven und soziostrukturellen Bestimmungsgründen.

3.4. Viktimologische Beiträge sozialwissenschaftlicher Theorien

Opferwerdung als sozialer Prozeß ist — wie jeder andere soziale Prozeß (z. B. Primär- und Sekundärsozialisation, Kriminalisierung, Familiengründung usw.) — einer Beschreibung und Analyse mittels sozialwissenschaftlicher Hypothesen und Theorien zugänglich. Der folgende Abschnitt gilt daher den viktimologischen Erklärungsbeiträgen sozialwissenschaftlicher Ansätze.

Wir müssen davon ausgehen, daß es keine umfassende und spezifische soziologisch-viktimologische Theorie gibt, sondern daß mehrere theoretische Ansätze — mit den ihnen eigenen Perspektiven — gewisse Beiträge der Erklärung von Viktimisierung leisten können, weshalb sich ein umfassenderes Bild erst durch die Einbeziehung einiger diesbezüglicher Bemühungen ergibt. Eine ähnliche Situation liegt ja auch für die Beschreibung und Erklärung abweichenden bzw. deliquenten Verhaltens auf der Täterseite vor (vgl. zusammenfassend Lamnek 1983, 1985).

Abbildung 6: Opferkarriere und Interventionschancen

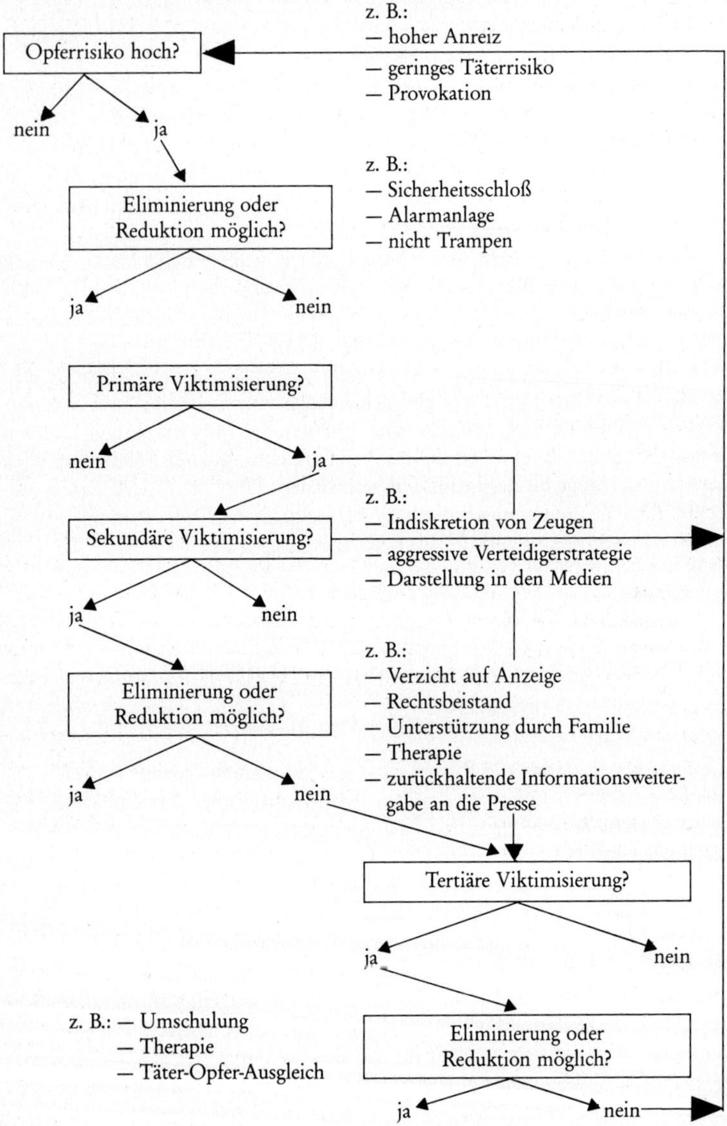

Diese, sich aus dem Gegenstand ergebende, Besonderheit mag in der Auswahl der Ansätze eklektizistisch anmuten, doch kann bei näherer Betrachtung keine Beliebigkeit unterstellt werden. So ergeben sich Argumente für bestimmte Theorien aus der konkreten Forschungsfrage oder aus der Brauchbarkeit und dem Bewährungsgrad von Theorien für ähnlich gelagerte Problemstellungen und Erklärungsabsichten. Interessiert man sich dafür, welche Sozialkategorien vorzugsweise Opfer von Eigentumsdelikten werden, so mag ein anderer Ansatzpunkt naheliegen, als wenn die Verarbeitung des Tatgeschehens durch das Opfer oder der Ablauf von Prozessen der sekundären Viktimisierung im Mittelpunkt stehen. Für unterschiedliche Erkenntnisziele steht ein umfangreiches und oft eher komplementäres denn konkurrierendes Instrumentarium von Theorien zur Verfügung. An anderer Stelle (3.2.) wurde schon auf die Problematik deliktunspezifischer Theorien und Typologien hingewiesen. Die Gemeinsamkeit des Umstandes, daß es sich bei der Viktimisierung um das Erleiden abweichenden oder strafbaren Verhaltens handelt, hat häufig weniger Gewicht für die konkrete Tat als die situativen Bedingungen oder die Motive von Tätern und Opfern. Es scheint daher verfehlt, nach einer Theorie zu suchen, die gleichermaßen erklärt, wie jemand Opfer eines Vermögens- oder eines Sexualdelikts wird; bestenfalls gelangt man so zu ziemlich abstrakten und wenig praktikablen Schemata.

Wiederholt wurden im Verlauf der bisherigen Ausführung theoretische Erklärungen für bestimmte Zusammenhänge im Verlauf des (primären, sekundären, tertiären) Viktimisierungsprozesses erwähnt. Die in den folgenden Abschnitten skizzierten Ansätze stellen nur eine Auswahl — ohne Anspruch auf Repräsentativität oder gar Vollständigkeit — dar. Wir versuchen eine überblickartige Systematisierung zu geben, indem wir nach den Stufen im Viktimisierungsprozeß und nach den Motiven der primär utilitaristischen und primär affektuell-emotionalen Kriminalität unterscheiden. Aus der Kombination beider Dimensionen erhalten wir die Zuordnung der Theorien, die sich in Abb. 7 ergibt. Bei diesem Schema handelt es sich um den Versuch, eine gewisse Systematik zu erzielen und Schwerpunkte aufzuzeigen; keinesfalls ist dies ein in sich geschlossenes und umfassendes Zuordnungssystem.

Abbildung 7: Zuordnung theoretischer Ansätze zu den einzelnen Stufen des Viktimisierungsprozesses, differenziert nach primär utilitaristischen und primär nicht-utilitaristischen Straftaten

	utilitaristische Kriminalität (z. B. Betrug)	nicht utilitaristische Kriminalität (z. B. Vandalismus)
primäre Viktimisierung	Subkulturtheorien Verhaltenstheorien Theorien soz. Ungleichheit Theorien soz. und kult. Wandels	Subkulturtheorien Symbolischer Interaktionismus Theorien soz. und kult. Wandels
sekundäre Viktimisierung	Theorien soz. Ungleichheit Symbolischer Interaktionismus	Theorien soz. Ungleichheit Symbolischer Interaktionismus
tertiäre Viktimisierung	psychoanalytischer Ansatz Kognitive Theorien symbolischer Internaktionismus	psychoanalytischer Ansatz Kognitive Theorien symbolischer Interaktionismus

3.4.1. Theorien sozialer Ungleichheit

Zwischen sozialer Ungleichheit und der Chance einer primären Viktimisierung besteht ein mehrfacher, in der Wirkung jedoch teilweise kontroverser Zusammenhang:

— Das Vorhandensein von Ungleichheit schafft für die Inhaber der unteren sozialen Positionen in einer Gesellschaft einen Anreiz, ihren relativen Mangel auch durch ungesetzliche Handlungen gegenüber den Inhabern der höheren Positionen auszugleichen (vgl. Anomietheorie; MERTON 1968).

— Bei Ungleichheit verfügen die Inhaber der höheren Positionen in der Regel über bessere Möglichkeiten, ihr Eigentum gegenüber der widerrechtlichen Aneignung durch statusniedrigere Personen zu schützen.

Einerseits besteht also für die Wohlhabenden eine größere Gefahr, Opfer eines Eigentumsdelikts zu werden, andererseits können sie diesen Gefahren jedoch besser begegnen als Personen, die weniger wohlhabend sind (z. B. gute Alarmanlage, Einstellung von Wachpersonal). Ein potentieller Täter sieht sich demnach vor einer Optimierungsaufgabe: Er muß ein Opfer finden, bei dem das Produkt aus der geschätzten Beute und der Chance, unbehelligt zu bleiben, den größtmöglichen Wert ergibt. In der Praxis werden derartige Überlegungen selten bewußt angestellt. Allerdings läßt sich eine zunehmende Verlagerung der Opfer beobachten, indem weniger in Villen als in Appartements eingebrochen wird: Eine geringere Beute, gepaart mit einem geringeren Risiko wird einer höheren Belohnung bei einem höheren Risiko vorgezogen. (Häufig geht die „Rechnung" aber insofern nicht auf, als bei geringen Belohnungen die Häufigkeit von Straftaten größer sein muß, was wiederum die Chance einer Entdeckung vergrößert.)

Bestimmte Randgruppen und Minderheiten mit geringer Sanktionsmacht bekommen die Auswirkungen sozialer Ungleichheit besonders zu spüren. Ausländische Arbeitnehmer, besonders kurz nach ihrer Ankunft, werden als wehr- und arglos angesehen und deshalb besonders leicht zu Opfern von Betrügereien, was auch in Opfertypologien zum Ausdruck kommt (vgl. 3.1.).

Bislang sind wir allein von Ungleichheit im Sinne der sozialen Ungleichheit ausgegangen. Zwar handelt es sich hier um eine für kriminologische und viktimologische Fragestellungen wichtige Größe, doch sind gerade für die Untersuchung der aktuellen Tatsituation und der Opfer-Täter-Beziehung weitere Dimensionen von Ungleichheit einzubeziehen:

1. Physische Ungleichheit (körperliche Überlegenheit; Konstitution, Kraft, Geschicklichkeit; Bewaffnung);
2. Ungleichheit intellektueller Qualitäten;
3. Ungleichheit psychischer Qualitäten (z. B. Sensibilität, Stabilität, Introversion usw.);
4. Ungleichheit in interpersonaler Hinsicht, resultierend aus der Interaktionsgeschichte von Täter und Opfer (besonders bei Beziehungsdelikten, z. B. einseitige Abhängigkeiten).

Die verschiedenen Dimensionen der Ungleichheit wirken sich deliktspezifisch aus: Für Rohheitsdelikte und Raub ist körperliche Unterlegenheit bzw. eine unterlegene Bewaffnung seitens des Opfers wesentlich, für Betrugsdelikte intellektuelle Unterlegenheit (zumindest in der jeweiligen Situation). Für viele Tötungen in Partnerbeziehungen oder Familien waren unterschiedliche Abhängigkeiten und ungleiches Engagement bestimmend. Ungleichheit hinsichtlich psychischer Qualitäten kann ebenfalls entscheidende Bedeutung erlangen, wenn z. B. jemand aufgrund psychischer Instabilität leichter zum Opfer (oder zum Täter) wird. Besonders deutlich zeigt sich die viktimogene Auswirkung von Ungleichheit und Macht bei Übergriffen gegenüber deutlich Unterlegenen, etwa Behinderten:

Fallbeispiel 88:

„Der 38jährige Manfred W., der unter Mutipler Sklerose leidet und seit 14 Jahren an den Rollstuhl gefesselt ist, wurde im Februar 1983 von zwei Jugendlichen auf der Straße überfallen, aus dem Rollstuhl gezerrt und beraubt. Das wehrlose Opfer erlitt schwerste Verletzungen, der Rollstuhl wurde erheblich beschädigt." (WEISSER RING 4/83)

In manchen Fällen läßt sich der Täter als Opfer einer strukturellen Viktimisierung (z. B. Arbeitslosigkeit, defizitäre Sozialisation usw. begreifen). Das Opfer bietet ihm die Chance, kurzfristig und situationsbezogen die gewohnte Hackordnung umzukehren bzw. seine Position darin zu verbessern. Ein typisches Delikt hierfür ist neben (Raub-)Überfällen, Körperverletzung und anderen Rohheitsdelikten die Kindsmißhandlung (Fallbeispiel 34). Auch Rentnerinnen sind besonders lohnende Opfer, da von ihnen wenig „Verfolgungsenergie" befürchtet werden muß:

Fallbeispiel 89:

„Eine aufmerksame Bankangestellte verhinderte, daß eine 78jährige Rentnerin weiterhin von zwei Trickdiebinnen ausgenommen wird. Die alte Dame hatte in letzter Zeit mehrmals größere Geldbeträge bei ihrer Bank abgehoben, bis sie von ihrer Kontoführerin daraufhin angesprochen wurde. Danach haben zwei ‚Sozialhelferinnen' die Rentnerin mehrmals besucht, und ihr dabei insgesamt 5000 DM als ‚Spenden' abgenommen." (AZ, 19.2.1985)

Fallbeispiel 90:

„Nur durch Zufall verhinderte eine 77jährige Renternin, daß ihrer Cousine Anna A. (82) Schmuck, Bargeld und eine wertvolle Krokodilledertasche gestohlen wurden. Die 82jährige hatte ein betrügerisches Pärchen in die Wohnung gelassen, das behauptete, Qualitätsteppiche billig zu verkaufen. Als Anna A. bei mehreren Anrufen den Hörer nicht abnahm, ging die 77jährige zu ihrer Wohnung. Dort versuchten eine 45jährige Frau und ein 50jähriger Mann der hilflosen Rentnerin einen schäbigen Teppich anzudrehn. Als ihnen mit der Polizei gedroht wurde, verließen sie fluchtartig die Wohnung und ließen die Wertgegenstände, die sie bereits auf die Seite gebracht hatten, zurück." (AZ, 26.1.85).

„Soziale Ungleichheit" läßt sich nicht nur auf Statusunterschiede beziehen, sondern meint auch Ungleichheit in der Handlungskompetenz. Diese wirkt sich für das Opfer — nicht nur bei den eher utilitaristischen Delikten — verhängnisvoll aus. Personen und Gruppen, denen — wie den Angehörigen von Minderheiten — realtive Wehr- und Hilflosigkeit unterstellt wird, sind der Gefahr von Mißhandlungen ausgesetzt, wie das Schicksal eines türkischen Dienstmädchens demonstriert, das von einem amerikanischen Ehepar so schwer gequält wurde, daß es auch nach einem halbjährigen Krankenhausaufenthalt auf Lebenszeit körperlich entstellt bleiben wird (AMELUNXEN 1970, S. 75).

In jeder *Opfersituation* bestehen Ungleichheiten, wobei verschiedene Aspekte der aktuellen Tatsituation zu beachten sind:

1. Der Täter hat in der Regel dem Opfer gegenüber einen Definitionsvorsprung: bevor dieses die Situation als viktimogen wahrnehmen und definieren kann, sind zumeist durch den Täter breits entsprechende Entscheidungen gefallen. (Gelegentlich kann jedoch auch der umgekehrte Fall eintreten, wenn etwa ein ängstlich um sich blickendes Opfer einem potentiellen Täter erst die Idee für einen Raubüberfall liefert.)
2. Der Täter wird meist erst dann aktiv, wenn er sich gegenüber dem Opfer für überlegen hält (unabhängig davon, ob dies „objektiv' berechtigt ist).
3. Damit jemand zum Opfer werden kann, muß er über Objekte oder Fähigkeiten verfügen, die dem Täter wertvoll erscheinen und die — zumindest für den Täter — nicht frei verfügbar sind (Geld, sexuelle Befriedigungsmöglichkeiten etc.). Viele Straftaten werden begangen, weil bestehende Eigentums- und Befriedigungschancen aus der Sicht des Täters unangemessen verteilt sind, d. h. der Täter subjektiv einen Mangel verspürt, der durch die Wahl eines Opfers zu beheben ist.
4. Das Opfer muß zwar nicht in jedem Fall das vom Täter vorgegebene Machtgefälle erkennen bzw. akzeptieren (ein erfolgreicher Betrug setzt voraus, daß das Opfer seine unterlegene Situation zunächst nicht wahrnimmt), doch verfügt es über Möglichkeiten, sich hinterher gegen die Viktimisierung zur Wehr zu setzen, in der Regel durch eine Anzeige. Wie einige Fälle gezeigt haben, kann auch eine entschlossene Nicht-Akzeptanz der Macht des Täters eine Viktimisierung verhindern, wobei das Opfer jedoch ein hohes Risiko eingeht. Beispiele erfolgreicher Opfergegenwehr sind somit von zweifelhaftem Wert! Eine Erhöhung der Macht des Opfers, die Viktimisierungen entgegenwirkt, besteht nicht nur in einer Abwehr der primären Viktimisierung, sondern auch auf der Stufe der sekundären und tertiären Viktimisierung, z. B. durch die Arbeit von Intressenverbänden oder durch Druck auf die Gesetzgebung. Opferhilfe wird immer auch in Versuchen bestehen, das Machtdefizit des Opfers auszugleichen: „Wenn das Opfer keine Macht hat, sehe ich schwarz für seine Zukunft. Wenn es aber Macht hat (und seine Macht könnte durch Beispiele aktiviert oder gefördert werden), dann gibt es Hoffnung" (Hallie 1971, S. 29).

Für die Untersuchung der viktimogenen Auswirkungen von Ungleichheit ist somit zwischen aktuellen, situationsspezifischen und strukturell vorgegebenen Ungleichheiten zu differenzieren. Die Auswirkungen ungleicher Machtverteilung zeigen sich in besonders erschreckender Weise bei Völkermord und Massakern an Angehörigen von Minderheiten (Mendelsohn 1968, Dadrian 1973, 1974; vgl. auch Schneider 1975, S. 204 ff.).

Obleich jede Art von Ungleichheit ihre Opfer (im weitesten und„objektiven“ Sinne) hervorbringt, läßt sie sich nicht als eigentliche Viktimisierungsursache begreifen. Damit sich ein Opfer als solches sieht und ein überlegener und deprivierter Täter eine Situation als viktimogen und eine andere Person als mögliches Opfer wahrnimmt, bedarf es entsprechender Situationsdefinitionen der Tatbeteiligten. Somit stellt sich die Frage nach den Bedingungen, die eine bestehende Ungleichheit viktimologisch relevant werden lassen. U. a. wären hier ohne Anspruch auf Vollständigkeit zu nennen:

- geringe perzipierte Sanktionswahrscheinlichkeit (z. B. beim Trickbetrug an alten Leuten);
- Vorhandensein von innerhalb einer Kultur oder Subkultur akzeptierten Rationalisierungen und Neutralisationstechniken (z. B. Warenhausdiebstahl);
- Leugnung des Schadens (z. B. unerlaubter Schußwaffenbesitz);
- Erklärung des Opfers als wertlos (z. B. Diskriminierung ethnischer Minderheiten);
- Definition der Situation als Notlage (z. B. Mundraub);
- Leugnung eines Opfers (z. B. Beförderungserschleichung);
- Kalkül, wonach ein eventueller Schaden für das Opfer in keinem Verhältnis zum Nutzen steht, der dem Täter bzw. bestimmten Gruppen aus der Straftat erwächst (Terrorismus);
- großer objektiver Leidensdruck beim Täter (z. B. Arbeitslosigkeit);
- großer sozialer Abstand zwischen Täter und Opfer (z. B. Weiße-Kragen-Kriminalität);
- Definition des Opfers als Feind oder Konkurrent (Tötung eines Rivalen);
- Legitimitätsverlust bislang verbindlicher gesellschaftlicher Werte und Normen.

In Anbetracht aktueller bzw. struktureller Ungleichheiten und intervenierender Größen (Neutralisationstechniken etc.) ergeben sich für einen viktimologischen Ansatz, der sich auf Ungleichheit gründet, folgende zentrale Fragen:

1. Wie entstehen soziale Ungleichheiten?
2. Unter welchen Bedingungen werden derartige Ungleichheiten als individuell (durch eine Straftat) lösbares Problem erkannt?
3. Wie kommt es in direkten sozialen Interaktionen zur Wahrnehmung von Ungleichheit (bzw. Überlegenheit)?
4. Unter welchen Bedingungen nimmt die Wirkung der sozialen Kontrolle zur Aufrechterhaltung einer bestehenden Ordnung ab?
5. Unter welchen Voraussetzungen nimmt die Bedeutung und Akzeptanz von Neutralisationstechniken zu?
6. Wie wirken sich soziale Ungleichheiten auf den einzelnen Stufen der Viktimisierung aus?

zu 1. — Soziale Ungleichheit als Ausfluß gesellschaftlicher Makrostruktur, die Lebenschance und Lebensweise einzelner und sozialer Gruppen bestimmt, wird — je nach zugrundeliegendem theoretischen Ansatz (abgesehen von biologischen und sozialdarwinistischen Erklärungen) — aus dem Verhältnis zu den Produktionsmitteln begründet (Marxismus), auf die funktionale Differenzierung der Gesellschaft zurückgeführt (Funktionalismus), durch Herrschaftsverhältnisse (DAHRENDORF 1957) oder durch die Partizipationschancen aufgrund von Bildung erklärt (vgl. zusammenfassend HARTFIEL 1981).

zu 2. — Bestehende „objektive" Ungleichheiten werden nicht immer als problematisch und damit revisionsbedürftig aufgefaßt. Unter der Voraussetzung der Akzeptanz von Gleichheitsvorstellungen erscheinen aber bestimmte Personen bzw. Gruppen als Opfer prädestiniert, da ihre Schädigung weniger als Vergehen, sondern mehr als eine Korrektur eines unerwünschten Zustandes erscheint. Ein Straftäter kann sich so als Vollstrecker der Gerechtigkeit definieren (vgl. SYKES /MATZA 1968).

zu 3. — Die Wahrnehmung von Ungleichheit in viktimogenen Situationen kann auf verschiedene Weise erfolgen, z. B.:

- Ein Täter plant seine Handlung durch das weitgehende Festlegen von Tatzeit, Tatort, Opfer und andere Situationsvariablen.
- Ein Opfer bietet sich einem potentiellen Täter an, indem es deutliche Signale aussendet, die auf seine Unterlegenheit hinweisen.
- Die Opfer-Täter-Interaktion gewinnt eine Eigendynamik; der Täter fühlt sich durch das Opfer so provoziert, daß er seine Abwehrbemühungen und seinen Einsatz über das normale Maß hinaus steigert und damit physische Überlegenheit gewinnt.
- Innerhalb einer bestehenden Interaktionsbeziehung sieht einer der Interaktionspartner die Chance, den anderen übervorteilen zu können.
- Das Opfer läßt eine geringe Bereitschaft erkennen, auf die Verletzung seiner Rechte adäquat (z. B. durch Anzeigeerstattung) zu reagieren.

zu 4. — Hier ist an die wahrnehmbare Abnahme der Angst vor Sanktionen zu denken, an die Bewußtwerdung des geringen Sanktionsrisikos, an den Autoritätsverlust, vor allem aber an den Wertewandel (vgl. 3.4.2.), an die Abnahme der sozialen Kontrolle durch die Primärgruppe und den sozialen Nahraum (Anonymisierung des Wohnens usw.) oder an den Eintritt besonderer Ereignisse, die vorhandene Kontrollmechanismen außer Kraft setzen (Schwarzmarkt vor der Währungsreform). Häufig sind es die Opfer selbst, die, durch eine geringe Anzeigebereitschaft (etwa wegen des Risikos einer sekundären Viktimisierung) auf eine Schwächung der sozialen Kontrolle hinwirken. So berichtet NAGEL (1979, S. 69), daß ein Manager in einer von Unterschlagung betroffenen Firma von einer Anzeige absah, um nicht lächerlich zu erscheinen.

Das verbreitete Bewußtsein, daß eine Anzeige ohnehin umsonst sei und letztlich nur Schwierigkeiten mache sowie Presseberichte über die Ineffektivität von Polizei und Strafvollzug oder die Bekanntmachung der großen Häufigkeit strafbarer Handlungen können ebenfalls dazu beitragen, eine bestehende Ordnung auszuhöhlen.

zu 5. — Konstituierend für die Akzeptanz von Neutralisationstechniken ist das Auftreten kognitiver Dissonanzen (FESTINGER 1957, HEIDER 1959, OSGOOD/TANNENBAUM 1955) bzw. inkonsistenter Einstellungskomponenten. Dies wird dann der Fall sein, wenn (für den Täter) einerseits der Druck zu abweichendem Verhalten groß ist (z. B. aufgrund aktueller Deprivation), andererseits die bestehende Rechts- und Eigentumsordnung nicht grundsätzlich in Frage gestellt wird. Der Täter steht dann vor der Herausforderung, sein abweichendes Verhalten zu legitimieren. In den seltensten Fällen wird es sich dabei um eine originelle Leistung handeln; er kann sich eines breiten Reservoirs kulturell vorgegbener Muster (wie dem „Robin Hood" Thema) bedienen. Welche konkreten Rechtfertigungen bemüht werden, hängt dabei von subkulturellen Einflüssen, von Zeit und Modeströmungen, von politischen Orientierungen u.a.m. ab.

zu 6. — Ungleichheiten manifestieren sich nicht nur auf der Stufe der primären Viktimisierung. Die Situation eines Opfers wird — unter der Annahme sonst gleichbleibender Bedingungen — um so ungünstiger auch auf den folgenden Viktimisierungsstufen sein, je machtloser es ist, wobei nicht nur die materiellen Bedingungen, sondern auch die soziale Kompetenz (z. T. auch durch die Soziallage bedingt (Bildung)) und Persönlichkeitsvariablen zu berücksichtigen sind. Ein gut integriertes, geschicktes und wohlhabendes Opfer wird es sich eher zumuten, in einem Prozeß als Nebenkläger aufzutreten; es wird eher in der Lage sein, zu erkennen, ob sich eine Anzeige lohnt und wird weniger leicht mit unerwünschten Ereignissen im Zusammenhang mit der Strafverfolgung konfrontiert. Es wird ihm auch eher möglich sein, sich gegen die Gefahr einer tertiären Viktimisierung zu schützen. Hier ist der Gesetzgeber aufgerufen, Maßnahmen zur Linderung der Macht- und Hilflosigkeit des Opfers einzuleiten (vgl. 5.2.).

3.4.2. Sozialer und kultureller Wandel

Sozialer Wandel als „regelhafte, nicht notwendig kausale, zeitliche Abfolge von sozialen Handlungen, die von routinemäßigen Tätigkeitsfolgen verschieden sind" (RAMMSTEDT 1975, S. 752), oder als insgesamt der in einem bestimmten Zeitabschnitt erfolgten Veränderung innerhalb der Gesellschaftsstruktur ist ein universelles Phänomen. Seit der ersten industriellen Revolution haben sich jedoch die gesellschaftlichen Veränderungen wesentlich beschleunigt, so daß vergangene Epochen bzw. nicht-industrielle Gesellschaften als relativ statisch erscheinen. Veränderungen in Technik und Wirtschaft haben sich auf das menschliche Zusammenleben, auf die Sozialstruktur und auf das System kultureller Werte und Normen ausgewirkt, wobei Rückkoppelungsprozesse zu beachten sind (veränderte Werte (z. B. Individualismus) haben die Nachfragestruktur beeinflußt (Nachfragesteigerung nach bestimmten Konsumgütern), was sich wiederum auf den Produktionsprozeß (Massenanfertigung) und technische Innovationen ausgewirkt hat) (vgl. z. B. MOORE 1973).

Gesellschaftliche und kulturelle Wandlungsprozesse machen sich in allen Lebensbereichen bemerkbar. Der Wertewandel zur industriellen und weiter zur post-industriellen Gesellschaft (BELL 1976; INGLEHART 1977) läßt sich durch die Schlagworte Rationalisierung, Professionalisierung, Säkularisierung, Individualisierung, Permissivität und Anti-Traditionalismus charakterisieren. Verschiedentlich wird die These vertreten, daß diejenigen Werte und Normen, die die industrielle Zivilisation und ihr Wachstum gefördert haben (z. B. Sparsamkeit, Konsumverzicht, Leistungsprinzip), im Verlauf der weiteren Entwicklung obsolet, wenn nicht gar hinderlich oder dysfunktional und von neuen, post-modernen Werten und Orientierungen (Selbstverwirklichung, Hedonismus) abgelöst worden sind.

Zwischen 1970 und 1982 ist in der Bundesrepublik Deutschland der Anteil derjenigen, die überwiegend postmaterielle Werte (nach INGLEHART) vertreten von 10 % auf 15 % gestiegen; gleichzeitig haben die „Materialisten" von 43 % auf 37 % abgenommen, während der Anteil der Mischtypen nahezu konstant geblieben ist (1970: 47 %; 1982: 48 %) (vgl. ZWICK 1984). Veränderte Orientierungen lassen sich in verschiedenen Bereichen, wie der Einstellung zu Arbeit und Freizeit (vgl. DIERKS/STRÜMPEL 1985; SINUS 1983) oder dem generativen Verhalten (OPPITZ 1984) belegen.

Im Bereich der Kriminalität macht sich der Wertwandel u. a. in einer Liberalisierung der öffentlichen Meinung gegenüber einigen Arten abweichenden Verhaltens bemerkbar. Persönlichkeits- und Freiheitsrechte werden ernster genommen und Normen müssen — stärker als früher — rational legitimiert werden. Unabhängig davon tragen aber der soziale Wandel und seine Konsequenzen zur Kriminalisierung anderer Handlungen bei (Umwelt- und Wirtschaftskriminalität). Beispiele hierfür sind Delikte wie Steuerhinterziehung, Devisenvergehen oder Subventionserschleichungen die — obgleich meist wenig sichtbar — einen wesentlich höheren Schaden verursachen als „klassische" Delikte (ohne Personenschaden). Einer gewachsenen Toleranz auf der einen Seite steht so eine zunehmende Reglementierung und Sanktionierung auf der anderen gegenüber.

Für die Kriminalisierung und Entkriminalisierung kommt es entscheidend darauf an, ob sich die Regeln rational begründen lassen, d. h. ob und welche Schäden verhindert werden und welche Opfer zu beklagen sind. Beispielsweise hat erst das massenhafte Vorkommen zunächst nicht ausdrücklich verbotener Verhaltensweisen in der Beziehung des Menschen zu seiner Umwelt zu wahrnehmbaren Opfern und damit zu Verboten und Strafen geführt. Energievergeudung und Umweltbelastungen (z. B. durch das Laufenlassen von Motoren an Bahnübergängen) gelten erst seit einigen Jahren als Ordnungswidrigkeiten; solange die Anzahl der Kraftfahrzeuge gering, Umweltschäden nicht wahrnehmbar und Energien reichlich vorhanden waren, gab es hier weder Täter noch Opfer. Die Umweltdiskussion hat zu einer erhöhten Sensibilisierung in der Öffentlichkeit und damit zu einer Konkretisierung von Opfern beigetragen. Analog zeigt sich im Zusammenhang mit der Entkriminalisierung eine Verflüchtigung der Opfereigenschaft.

Gegenüber der Öffentlichkeit scheint es manchmal schwierig, Gesetze zu legitimieren, bei deren Übertretung kein konkretes Opfer geschädigt wird. Ladendiebstahl im Supermarkt gilt heute vielfach als Kavaliersdelikt und wird deutlich milder beurteilt als ein Diebstahl in einem „Tante-Emma-Laden"; das Unrechtsbewußtsein für Beförderungserschleichung oder Schwarzarbeit scheint gering und viele Vergehen gegen die öffentliche Ordnung (Teilnahme an nicht genehmigten Demonstrationen usw.) stoßen auf Billigung — wenn nicht gar Zustimmung. Kampagnen gegen die zunehmende Schwarzarbeit versuchen deshalb vor allem die Schäden zu betonen, die dem einzelnen Arbeitsuchenden daraus erwachsen, zielen also auf eine Personalisierung des Opfers ab.

Durch den Wertewandel ergibt sich ein Druck auf Kriminalisierung und Entkriminalisierung. Erziehungsziele drücken Veränderungen in den Werten aus. Die Anteile derjenigen, die bestimmte vorgegebene Erziehungsziele für besonders wichtig halten, haben sich bei einigen Erziehungszielen allein im Zeitraum zwischen Oktober 1967 und Februar 1983 doch deutlich verändert:

Tabelle 5: Anteile Befragter, die bestimmte vorgegebene Erziehungsziele für besonders wichtig halten (aus: Noelle-Neumann/Piel 1983, S. 93)

Erziehungsziel	Okt. 1967	Febr. 1983	Differenz (67-83)
Höflichkeit und gutes Benehmen	85 %	76 %	9 %
Arbeit ordentlich und gewissenhaft tun	76 %	75 %	1 %
Sparsam mit Geld umgehen	75 %	65 %	10 %
tolerant sein	59 %	72 %	–13 %
sich durchsetzen	59 %	68 %	– 9 %

Tabelle 5 (Forts.)

Erziehungsziel	Okt. 1967	Febr. 1983	Differenz (67-83)
sich richtige Freunde und Freundinnen suchen	53 %	62 %	— 9 %
gesunde Lebensweise	58 %	60 %	— 2 %
Wissensdurst	47 %	49 %	— 2 %
sich in eine Ordnung einfügen	51 %	46 %	5 %
gerne lesen	35 %	36 %	—
Interesse für Politik	30 %	33 %	— 3 %
bescheiden und zurückhaltend sein	37 %	31 %	6 %
feste religiöse Bindung	39 %	27 %	12 %
mit der neuen Technik umgehen können	29 %	24 %	5 %
an Kunst Gefallen finden	21 %	21 %	—

Als sichtbare Veränderungen sind zu nennen: zunehmende Toleranz, abnehmende religiöse Bindung, gesunkene (wenn auch immer noch sehr hohe) Bedeutung von Höflichkeit und Sparsamkeit und Höherbewertung von Durchsetzungsfähigkeit. Für unsere Fragestellung erscheinen insbesondere folgende Erziehungsziele und deren Gewichtigkeitsveränderungen aufschlußreich:

— die abnehmende Bedeutung religiöser Bindungen,
— die abnehmende Bedeutung äußerlicher Konformität,
— die abnehmende Bedeutung von Anpassungsbereitschaft,
— die zunehmende Bedeutung von Toleranz,
— die zunehmende Bedeutung von Durchsetzungsfähigkeit,
— die abnehmende Bedeutung von Bescheidenheit und Zurückhaltung.

Unter der Voraussetzung, daß es sich um längerfristige und stabile Trends handelt und diese Erziehungsziele sich auch im tatsächlichen Erziehungsverhalten niederschlagen und erfolgreich vermittelt werden können, muß einerseits von Veränderungen in Richtung einer zunehmenden Bereitschaft zur Durchsetzung eigener Ziele ausgegangen werden, andererseits aber auch von mehr Toleranz gegenüber Andersdenkenden und Abweichern. Beides läuft mit auf die Schwächung gesamtgesellschaftlich verbindlicher Wert- und Orientierungsmuster hinaus. Bemühungen zum Schutze abstrakter Opfer, wie einer vorgegebenen Rechts- oder moralischen Ordnung, werden aus diesem Grund vermutlich eine reduzierte Unterstützung erfahren.

Probleme können sich dann ergeben, wenn wegen des ungleichzeitigen Wandels in verschiedenen Bereichen bzw. der asynchronen Übernahme neuer

Werte und Normen subjektive und objektive Opferdefinition auseinanderklaffen. Während sich z. B. jemand mit hoher Umweltsensibilität leicht als Opfer von Kraftfahrzeugbenutzern fühlen kann (und sich damit vermehrt die Gerichte mit einer Klärung befassen müssen), kann es ebenso vorkommen, daß sich die Vertreter „alter" Werte und Orientierungen als Opfer von „Neuerern" sehen. U. a. trägt dies zu Unsicherheit und Orientierungsschwierigkeiten bei; eine Diskussion über Werte und Normen — so notwendig sie auch sein mag — macht stets deren Relativität bewußt und fördert die Entstehung von Rationalisierungen und Neutralisationstechniken für Abweicher bzw. Täter, was die Wahrscheinlichkeit von Viktimisierungserlebnissen erhöht.

Die zunehmende Sensibilisierung gegenüber den Ursachen und Konsequenzen der sekundären Viktimisierung läßt sich auch als Ergebnis des Wertewandels interpretieren: Lebenschancen und Persönlichkeitsrechte des Opfers werden zumindest in der öffentlichen Diskussion verstärkt als schutzwürdig erkannt und nicht mehr automatisch abstrakten Prinzipien untergeordnet. Obgleich in der Praxis noch zu viel zu tun bleibt, läßt sich doch aufgrund des Wertewandels langfristig eine positive Entwicklung auch zugunsten des Opfers vermuten.

3.4.3. (Sub-)kulturelle Differenzen

Eine interessante, bei kriminologischen und viktimologischen Untersuchungen gemachte Beobachtung ist, daß (besonders bei Jugendlichen) in vielen Fällen die Opfer bereits einmal als Täter in Erscheinung getreten sind bzw. Täter vorher auch schon Opfer waren (vgl. z. B. THORNBERRY/FIGLIO 1974). Häufig stammen Täter und Opfer aus demselben Milieu und bei vielen Auseinandersetzungen entscheidet letztlich nur der Zufall, wer Opfer wird. Amerikanische Untersuchungen erbrachten u. a. die höchste Mord- und Totschlagsraten in relativ homogenen subkulturellen Gruppen in den Großstädten, woraus man auf ein für eine Subkultur der Gewalt konstituierendes Wertesystem schloß. Damit ist gemeint, daß in diesen Gruppen der Gebrauch von Gewalt in bestimmten Situationen normativ verankert ist und zum Lebensstil gehört. Die Anwendung physischer Aggression durchdringt die Sozialisationserfahrung von früh auf, schlägt sich in der Persönlichkeitsstruktur nieder und prägt die interpersonellen Beziehungen (WOLFGANG/FERRACUTI 1967; vgl. auch LAMNEK 1983, S. 181 ff.). Gewaltlosigkeit in diesen Situationen gilt dagegen als „weibisch", „unmännlich" etc. und zieht negative Sanktionen und Statusverlust nach sich.

Die Entstehung einer solchen Subkultur der Gewalt kann auf verschiedene Ursachen zurückgeführt werden. Es kann sich um eine negative Reaktion auf die unerreichbaren Ziele der dominanten Kultur (Anomietheorie bzw. Frustrations-Aggressions-Hypothese), um eine positive Reaktion gegenüber diesen Zielen, gepaart mit der Bereitschaft, zu deren Erreichung auch illegitime Mittel anzuwenden (CLOWARD/OHLIN 1960), oder um die Übernahme originärer subkultureller Wertsysteme handeln. Der amerikanische Kriminologe MILLER (1968) geht dabei von letzterem aus: Im Unterschied zum anomietheoretischen Ansatz faßt er die Subkultur jugendlicher Banden nicht primär als Reaktion auf das Nichterreichen von Mittelschichtzielen auf (z. B. COHEN 1961), sondern als Manifestation einer eigenständigen Kultur der Unterschicht mit einer „viele Jahrhunderte alte(n) Tradition mit einer ganz eigenen Geschlossenheit" (MILLER 1968, S. 359). Als typisch für das Wertesystem der Unterschicht wird u. a. angesehen, daß in ihm die Anwendung von Gewalt weniger verpönt sei als in der Mittelschicht. Demzufolge habe ein Täter auch weniger oder gar keine Schuldgefühle, wenn er in einer bestimmten Situation, z. B. beim Streit um eine Frau, zur Gewalt greift. Auch das Opfer, das ebenfalls diesem Milieu angehört, würde die Gewaltanwendung weniger dramatisch beurteilen.

Generell kann davon ausgegangen werden, daß die Einstellung zur Gewalt gegen andere Personen innerhalb eines schicht- (bzw. gruppen-)spezifischen Sozialisationsprozesses gelernt wird (vgl. auch LAMNEK 1985, S. 94 ff.). Sind sowohl Opfer als auch Täter Mitglieder einer derartigen Subkultur, so werden sie gegenüber Gewalttaten weniger sensibel reagieren, was sich in einer reduzierten Anzeigebereitschaft des Opfers bei Gewaltdelikten zeigen kann. (Hinzu kommt häufig die Norm, daß die Konfliktregelung ohne Einschaltung Dritter erfolgen sollte.)

Wir brauchen diesen Sachverhalt weder auf Gewaltdelikte noch auf eine Differenzierung nach Sozialschichten zu beschränken. Unterschiedliche Vorstellungen über das (private und individuelle) Eigentum können ebenfalls schicht- oder gruppenspezifisch variieren; ethnische Gruppen (Gastarbeiter) oder Berufsgruppen haben ihren eigenen Kodex, der auch Opferdefinitionen enthält. Während im folgenden Beispielfall nach unserem Rechtsverständnis eindeutig ein Opfer vorliegt, ist dies nach islamischer Auffassung nicht der Fall:

Fallbeispiel 91:

„Weil sie die Ehre ihrer Großfamilie ‚beschmutzt' hat, schnitt vermutlich der Bruder, F. H. (25), seiner Schwester die Kehle durch. Das ist das Ermittlungsergebnis der Mordkommission im Fall ‚A. E. M.'. Die 23jährige Hausfrau war am 12. März in ihrer Wohnung in Neuperlach ermordet worden. Ihr Ehemann hatte sie mit durchschnittener Kehle gefunden. Die Mutter von zwei Kindern hatte mit ihrem Mann seit acht Jahren in München gelebt und ihn seit längerem mit anderen Männern betrogen. Ein Familienrat der in Syrien lebenden Großfamilie hat dann offensichtlich nach arabischem Brauch beschlossen, die Verfehlung mit dem Tod zu bestrafen und wählte ein Familienmitglied, den Bruder von A. E. M. — als Vollstrecker aus." (AZ, 13./14.4.85)

Um das Verhalten und die Motivation von Tätern und Opfern (bei letzteren insbesondere die Anzeigebereitschaft) erklären zu können, ist es also notwendig, den Standpunkt des jeweiligen Akteurs zu verstehen, anstatt es lediglich an dem vorgegebenen, dominanten kulturellen System (z. B. den Mittelschichtnormen) zu messen. Man muß also die jeweiligen Normen kennen, die regeln, welche Straftat man anzeigen „darf" bzw. was überhaupt als Straftat gelten kann. Studien zur Bewertung von Delikten haben gezeigt, daß mehrfach Kriminalisierte Straftaten milder (d. h. großzügiger) bewerten als Nicht-Kriminalisierte oder Konformisten (KIEFL/LAMNEK 1983) bzw. daß sich Unterschicht- und Mittelschichtangehörige in der Schwereinschätzung von Delikten unterscheiden. Dies sollte bei der Durchführung, Analyse und Interpretation von Opferbefragungen berücksichtigt werden (vgl. 2.1.).

Unterschiedliche kulturelle und subkulturelle Situationsdefinitionen können sich insofern verhängnisvoll auswirken, als bestimmte, vom Opfer ausgehende Signale vom Täter in einer anderen als der vom Opfer gemeinten Weise interpretiert werden (vgl. 3.4.6.), wie es bei nicht wenigen Vergewaltigungen der Fall sein mag. Auch wenn dann das zugrundeliegende Mißverständnis offensichtlich geworden ist, hat die Situation bereits eine Eigendynamik entwickelt (z. B. Wut über Ablehnung; Gefühl, hereingelegt worden zu sein usw.), die eine Viktimisierung forciert.

3.4.4. Verhaltenstheoretische Aspekte

Dem verhaltenstheoretischen Ansatz in den Sozialwissenschaften (vgl. OPP 1972; HOMANS 1968, 1972, CORELL 1972) liegt die Annahme zugrunde, daß unter mehreren Handlungsalternativen stets diejenige ausgewählt wird, die den größten „Profit" verspricht. Ausgehend vom Modell der klassischen Konditionierung und des instrumentellen Lernens wird versucht, elementares soziales Verhalten zu beschreiben und zu erklären (HOMANS 1968) und weiter bis zu komplexeren Zusammenhängen vorzustoßen. Auf diese Weise lassen sich insbesondere Lernvorgänge erfassen: diejenigen Verhaltensweisen, die in der Vergangenheit zu Belohnungen geführt haben (d. h. verstärkt worden sind), treten mit größerer Wahrscheinlichkeit wieder auf. Durch gezieltes Belohnen (und/oder Bestrafen) kann die Häufigkeit erwünschten Verhaltens verstärkt und die unerwünschten Verhaltens unterdrückt werden.

Verhaltenstheoretische Überlegungen spielen auf sämtlichen Viktimisierungsstufen eine Rolle: Ein potentielles Opfer kann einer primären Viktimisierung entgegenwirken, indem es dazu beiträgt, den Wert einer möglichen Belohnung für den Täter zu vermindern, z. B. durch schwer überwindbare Hindernisse (vgl. 5.1.). Machen Täter wiederholt die Erfahrung, daß sich Verbrechen nicht lohnen, so sollte die Häufigkeit der entsprechenden Delikte zurückgehen, doch zeigt sich in der Realität meist nur eine Verlagerung zu neuen Formen. (Die Verbesserung der Sicherheitseinrichtungen bei den Banken hat die Anzahl der Banküberfälle mit Geiselnahme ansteigen lassen.) Durch eine Erhöhung der Anzeigebereitschaft kann der Belohnungswert für den Täter zurückgehen, doch ergeben sich daraus andere problematische Konsequenzen (vgl. S. 14 f.).

Beim Belohnungswert einer Straftat sind die Attraktivität des jeweiligen Objekts und dessen Zugänglichkeit (einschließlich des Schutzes vor Verfolgung) zu beachten. Meist befinden sich beide Größen in einer umgekehrt proportionalen Beziehung zueinander, d. h. je wertvoller ein Gegenstand ist, desto besser ist er gewöhnlich auch gesichert. Für den Täter geht es deshalb darum, solche Objekte bzw. Opfer zu finden, bei welchen das Produkt aus dem Wert und der Zugänglichkeit ein Maximum erreicht. So fand z. B. Biles (1974), daß 7 Jahre alte Autos am häufigsten gestohlen wurden. Sie sind einerseits noch nicht zu alt, um völlig wertlos zu sein, andererseits ist die Diebstahlsicherung hier noch rückständiger und die Besitzer wenden weniger Sorgfalt (auch aufgrund der irrtümlichen Annahme, daß neue Autos begehrter seien) auf, um sich gegen einen Diebstahl zu schützen. Es gibt weitere Beispiele dafür, daß nicht die Opfer mit dem höchsten Wert die attraktivsten sind: Häufig werden kleine Bankfilialen auf dem Land überfallen, wo die Kassenbestände gewöhnlich geringer, die Zugänglichkeit aber größer und die Verfolgung schwerer ist. Für potentielle Opfer reicht es demnach nicht, nur den Wert zu vermindern; gleichzeitig sollte auch die Zugänglichkeit verringert und das wahrnehmbare Verfolgungsrisiko erhöht werden.

Verhaltenstheoretische Überlegungen spielen auch für die Erklärung des Leidensgewinns einer Viktimisierung und damit für die wiederholte Viktimisierung sowie für die sekundäre und tertiäre Viktimisierung eine Rolle. Eine Viktimisierung ist nicht ausschließlich und nicht unter allen Umständen für das Opfer unangenehm. Abgesehen von falschen Opfern, die sich hiervon einen offensichtlichen Gewinn versprechen (z. B. Versicherungsbetrug) weist auch eine „normale" Opferwerdung u. U. „angenehme", wenn auch nur z. T. bewußte Aspekte auf:

— Für die (nach juristischer Definition) als Opfer geltende Person kann die Straftat überwiegend befriedigend gewesen sein (z. B. bestimmte Arten von

Sexualdelikten); gelegentlich „profitieren" auch Angehörige von der Tötung eines Familienmitglieds.

— Verschiedentlich wird die Auffassung vertreten, vergewaltigte Frauen empfänden unter bestimmten Umständen *auch* Lustgefühle. Dies stellt zwar nach WEIS (1982, S. 141 ff.) einen der Vergewaltigungsmythen dar, die der Angstabwehr dienen und den Aspekt der Entwürdigung, Enthumanisierung und Integritätsverletzung nicht in Rechnung stellen (die Tat also nur als eine Form des Geschlechtsverkehrs betrachten), doch ist nicht auszuschließen, daß in ganz wenigen Einzelfällen Frauen mit masochistischen Neigungen aus dem Verbrechen (uneingestanden) Lust schöpfen: „Erst bei der Vergewaltigung werden die geheimen Wünsche ganz erfüllt. Was nach außen aussieht wie ein Kampf gegen die Gemeinheit des Mannes oder der Gesellschaft, ist fast immer ein unbewußter Kampf gegen die eigenen verpönten Wünsche nach masochistischer Befriedigung" (DUHM 1972, S. 110). Solche Opfer würden dann (unbewußt) nach neuen Viktimisierungen „suchen". WEIS (1982, S. 144) betont hier jedoch die Gefährlichkeit derartiger unüberprüfbarer Behauptungen, denn so könnten alle möglichen Arten von Gewalttätigkeiten gegen Frauen gerechtfertigt werden, indem behauptet wird, die Frau habe es eigentlich (bewußt oder unbewußt) gewollt. So plausibel und berechtigt dieser Einwand ist, sollte damit nicht a priori die Frage nach den unbewußten und uneingestandenen Viktimisierungsgewinnen (nicht nur von Sexualverbrechen) unterdrückt werden, für die vor allem psychologische Ansätze zuständig wären (vgl. 3.4.5. und 3.4.6.).

— Viktimisierungsgewinne zeigen sich auch auf den späteren Stufen. Für manche Opfer (etwa solche mit einem ausgeprägten Geltungsbedürfnis) mag es eine durchaus positive Erfahrung sein, auf Beachtung und Anteilnahme durch die soziale Umwelt zu treffen; was für die einen eine zusätzliche Viktimisierung bedeuten mag (Mitleid), ist den anderen angenehm. (Mitunter treten auch materielle Vorteile hinzu, z. B. wenn es gelingt, die Geschichte an eine Illustrierte zu verkaufen.)

Im Falle einer tertiären Viktimisierung (vgl. 4.3.) besteht der Leidensgewinn darin, daß spätere Mißerfolge durch den Verweis auf eine früher erfolgte Viktimisierung rationalisiert und entschuldigt werden können. Bemühungen gegen eine tertiäre Viktimisierung haben deshalb hier anzusetzen und den „Profit" bewußt zu machen. Fortschritte sind erst möglich, wenn das Opfer erkennt, daß ihm andere und auf lange Sicht befriedigendere Alternativen offenstehen.

3.4.5. Sozialpsychologische Theorien

Auch die Sozialpsychologie ist in der Lage, Erklärungsbeiträge für Aspekte des Vitkimisierungsprozesses zu liefern. Die Wahrnehmung viktimogener Situationen durch Opfer und Täter, der Ablauf der Interaktion zwischen den Tatbeteiligten und die Verarbeitung der Viktimisierung durch das Opfer können Gegenstand sozialpsychologischer Ansätze werden.

Bei der Warhnehmung handelt es sich nicht allein um die Aufnahme und Sammlung von Informationen aus der körperlichen (inneren) und außerkörperlichen (äußeren) Umwelt; sie beinhaltet stets auch eine Aktivität, die abhängig ist

— vom bisherigen Erfahrungshintergrund,
— den Einstellungen gegenüber den Wahrnehmungsobjekten,
— den erworbenen und angeborenen Persönlichkeitsmerkmalen und
— den aktuellen Gefühlen und Bedürfnissen des Wahrnehmenden.

Alltagserfahrung und experimentelle Untersuchungen belegen, daß es — abhängig von den Ausprägungen der genannten Größen — Unterschiede in der Wahrnehmung derselben Situation gibt: ein Maler nimmt ein Panorama anders war, als ein Landschaftsplaner, ein Kind eine Torte anders als ein Diabetiker usw. Es findet eine *Wahrnehmungsakzentuierung* statt, weil bestimmte Qualitäten des wahrgenommenen Objekts je nach Bedürfnislage, Erfahrungen, Persönlichkeitszügen und Einstellungen unterschiedlich perzipiert werden. Da dies für jede Situation und für jedes Wahrnehmungsobjekt gilt, muß dies auch für den Viktimisierungsprozeß in Betracht gezogen werden. Es ist danach zu fragen, wie eine zunächst neutrale Person oder auch ein Objekt das Interesse eines Täters auf sich zieht, wie sie als Mittel zur Bedürfnisbefriedigung (im weitesten Sinne) ausgewählt werden. Findet ein potentieller Täter äußere Bedingungen gemäß seiner inneren Befindlichkeit vor, so wird er versuchen, mit dem zunächst ahnungslosen (und daher unterlegenen) Opfer Kontakt aufzunehmen. Das Opfer hat also viktimogene Merkmale dargeboten, die gemäß der *selektiven Wahrnehmung* potentieller Täter perzipiert werden. Täterwerdung beinhaltet dann einen Hemmungswegfall. RECKLESS (1962, 1964) differenziert hier zwischen innerem und äußerem Halt, die vor der Begehung von Straftaten bewahren, und Zug- und Druckfaktoren, die zur Delinquenz führen. Zum äußeren Halt gehören die Rollenstruktur einer Gesellschaft oder die sozialen Bindungen, die man nicht riskieren möchte; Elemente des inneren Halts sind eine starke Internalisierung gesellschaftlicher Werte und Normen, ein starkes Ich und Über-Ich und eine hohe Frustrationstoleranz. Sind sowohl äußerer als auch innerer Halt groß, so ist die Delinquenzgefährdung minimal; sind beide schwach, so ist dagegen das Risiko besonders hoch, zumal dann, wenn in der konkreten Situation starke Zug- und Druckfaktoren wirken. Erstere umfassen die Kräfte, die zur Delinquenz ziehen und häufig vom Opfer ausgehen, und/oder das bei der Bezugsgruppe zu gewinnende Prestige durch die Tatbegehung. Druckfaktoren sind dagegen solche, die — wie Armut oder Hunger — zu kriminellem Verhalten treiben. Viktimologisch relevant sind in erster Linie einige Zugfaktoren, d. h. der (bewußte oder unbewußte) Beitrag des Opfers zu einer Situation, in der innerer und/oder äußerer Halt beim Täter minimiert werden. (Die Druckfaktoren spielen dagegen bei der strukturellen Viktimisierung eine Rolle, wenn es darum geht, gesellschaftliche Zusammenhänge aufzudecken, die Delinquenz und damit Viktimisierungen fördern.) Hier wären u. a. folgende Bedingungen zu nennen:

- Das Opfer ist anonym (z. B. Versicherungsbetrug, Schwarzfahren, Kaufhausdiebstahl).
- Das Opfer hat provoziert (z. B. durch Anpöbelei).
- Ein Angriff auf das Opfer verspricht mittelbare oder unmittelbare (z. B. durch Prestigegewinn bei Dritten) Belohnungen.
- Ein Angriff auf das Opfer erscheint moralisch gerechtfertigt oder sogar geboten (weil das Opfer z. B. andere schädigt).

In vielen viktimogenen Situationen kommt es zu einer wechselseitigen Beeinflussung von Tätern und Opfern: die Aktivität einer Person (etwa eine kritische Bemerkung des späteren Opfers über das Äußere des Täters) löst eine Reaktion bei der anderen aus (z. B. einen tätlichen Angriff). Hier hätte das Opfer einen gewissen Verhaltensspielraum, der infolge zunehmender Eskalation und der Unfähigkeit zu rationaler Überlegung oft nicht mehr genutzt werden kann:

Fallbeispiel 92:

„Blutiger Streit um einen Parkplatz: Mit einer Hundepeitsche ging ein 69jähriger Autofahrer in Töging (Kreis Altötting) auf eine 30jährige Frau los! Sie erlitt eine stark blutende Platzwunde am Kopf und mußte mit dem Verdacht einer Gehirnerschütterung ins Krankenhaus eingeliefert werden. Zu dem Streit war es gekommen, als die Frau an einer Garageneinfahrt parkte. Aus Wut darüber verkratzte der 69jährige die Motorhaube des Autos und hängte einen Zettel an die Scheibe. Es kam zu einem Wortgefecht. Der Mann schlug der 30jährigen ins Gesicht, die sich mit einem Eiskratzer wehren wollte. Daraufhin zog der 69jährige die Hundepeitsche." (tz, 11.3.85)

Wäre das Opfer fähig gewesen, das von ihm offenbar zunächst begangene Unrecht einzusehen und zuzugeben, wäre es dem Täter schwerer gefallen, seine Aggression aufrechtzuerhalten. Situationsadäquates Verhalten (hier: Anerkennung des eigenen Fehlers) ist aber im Prinzip erlernbar. In anderen Fällen — insbesondere im Zusammenhang mit utilitaristisch motivierter Kriminalität — ist jedoch das Opfer mehr oder weniger gezwungen, eine vom Täter vorgenommene Situationsdefinition anzunehmen. Der Verhaltenspielraum ist entweder stark eingeengt oder die Annahme, daß ein Verhaltenspielraum besteht, kann sich verhängnisvoll auswirken:

Fallbeispiel 93:

„Ein bisher unbekannter Täter hat im unterfränkischen Bad Brückenau einen Tankwart erschossen. Eine Anwohnerin hatte Schüsse gehört und die Polizei alarmiert. Zwei Polizisten entdeckten den 34jährigen regungslos in der Tür zum Tankstellenraum liegend. Vor einem Jahr war Karl-Georg P. schon einmal überfallen worden.
Nach den bisherigen Ermittlungen betrat der Unbekannte die Tankstelle und forderte die Tageseinnahmen. Der Tankstellenpächter versuchte zu fliehen. Doch der Räuber schoß mehrmals auf ihn. Dann floh der Schütze ohne Geld mitzunehmen. Karl-Georg starb an inneren Blutungen. Die Schweinfurter Kriminalpolizei hat eine 20köpfige Sonderkommission zur Klärung des Verbrechens eingesetzt.
Im Januar 1984 war die Tankstelle von einem bislang ebenfalls unbekannten Mann überfallen worden. Der vermummte Täter forderte damals mit einer Pistole die Tageseinnahmen. Er floh aber, als der Familienvater um Hilfe rief und mit einer Tasche auf ihn einschlug." (tz 23.1.85)

Opferschutz bedeutet in erster Linie, Hilfestellung derart zu leisten, potentielle Opfer zu befähigen, sich ein realistisches Bild der Situation zu machen. Dazu gehört auch, daß das Opfer die augenblickliche Schwäche zu akzeptieren lernt (Amelunxen 1970, S. 178) und Gefühle der Wut nicht die Fähigkeit zu rationalem, situationsadäquatem Verhalten unterdrücken. Es ist aber schwierig, allgemein zwischen situationsadäquaten und inadäquaten Opferreaktionen zu differenzieren: dieselbe Verhaltensweise erscheint bei geglückter Abwehr als „mutig", beim Mißerfolg als „leichtsinnig" (vgl. 4.1.6.). Es wäre falsch anzunehmen, daß nachgiebiges und unterwürfiges Verhalten immer schützt. Verschiedentlich reizt gerade die Passivität den Täter: „Je schwächer das Opfer erscheint, desto aggressiver ist oft der Täter" (Nagel 1979, S. 79; ähnlich Amelunxen 1970, S. 178). Ein wesentlicher und praktischer Beitrag sozialpsychologischer Theorien kann aber darin bestehen, auf mögliche Viktimisierungssituationen vorzubereiten und sie zu üben (etwa durch Rollenspiele im Rahmen beruflicher Aus- und Weiterbildungsmaßnahmen für Kassierer).

Sozialpsychologische Interaktionstheorien eignen sich nicht nur zur Beschreibung und Analyse der Dynamik des Tatgeschehens und zum Verständnis im konkreten Fall gleichsam zwangsläufiger Eskalationen (vgl. die Fälle 100, 104, 111), sondern sie weisen auch einen großen praktischen Wert auf. Das durch die Entwicklung entsprechender sozialer Fertigkeiten auch anwendbare Wissen um die wechselseitige Beeinflussung von Verhaltenssequenzen kann dazu beitragen, Viktimisierungen zu verhindern oder zu mildern. Ebenso wie das richtige Verhalten im Straßenverkehr gelernt und geübt werden kann, (ohne daß damit alle Unfälle vermeidbar wären), könnte auch adäquates

Verhalten in Konfliktsituationen — etwa im Rahmen des Schulunterrichts — behandelt werden. Je früher ein Opfer in der Lage ist, eine viktimogene Situation zu erkennen, desto gefaßter wird es reagieren können und desto früher kann es geeignete Gegenmaßnahmen einleiten, wobei es versuchen wird, mögliche Täterreaktionen gedanklich vorwegzunehmen. Definiert es sich aber sogleich als hilfloses Opfer, so tritt auch bei ihm jene Blickverengung ein, wie sie oft für den Täter gegeben ist. Im Extremfall agieren so zwei in Panik geratene, hilflose Menschen gegeneinander. Vorbeugungsprogramme hätten u. a. darauf abzuzielen, die Chance für soziales Handeln — als wechseleitig aufeinander bezogenes und in seinem Ablauf aneinander orientiertes Handeln — so lange als möglich offenzuhalten.

Ein weiteres Feld sind Fragen, die sich mit Einstellungen von Opfern, Tätern und der Gesellschaft befassen.

Kognitive Gleichgewichts-Theorien oder Konsistenztheorien lassen sich in mehrfacher Hinsicht auf viktimologische Fragestellungen anwenden. Den einzelnen Ansätzen (Festinger 1957, Heider 1958, Osgood/Tannenbaum 1955) gemeinsam ist die Prämisse, daß logisch bzw. psychologisch unvereinbare Wahrnehmungen zu intrapersonalen Spannungen führen, die als unangenehm erlebt werden. Das daraus resultierende Streben nach Wiederherstellung eines konsistenten Zustandes kann sich auf mehrfache Weise äußern: z. B. durch Hinzufügung neuer kognitiver Elemente, die dazu beitragen sollen, ein ausgewogeneres Verhältnis zwischen einzelnen Wahrnehmungselementen herzustellen. Weitere Alternativen sind Meinungs- und Einstellungsänderungen oder die Verringerung der (subjektiven) Bedeutung widersprüchlicher Kognitionen oder Einstellungskomponenten. Kognitive Gleichgewichtstheorien sind im Rahmen einer Soziologie des Opfers vor allem für folgende Fragestellungen bedeutsam:

1. Inwieweit trägt im Prozeß der primären Viktimisierung ein (potentielles) Opfer dazu bei, bei dem Täter etwaige Hemmungen abzubauen und dessen Selbstrechtfertigung zu erleichtern? (In diesem Zusammenhang ist auf die Nomenklatur des Opfers durch den Täter hinzuweisen; vgl. Paasch 1965, S. 5 ff; v. Hentig 1948, S. 376.)

2. Auf welche Weise entstehen gesellschaftliche Einstellungen gegenüber Verbrechensopfern und wie lassen sie sich modifizieren?

3. Wie verarbeiten Opfer und/oder Angehörige die Tat, die sekundäre und tertiäre Viktimisierung?

zu 1. In diesem Zusammenhang ist die These der Neutralisierungstechniken (Sykes/Matza 1968) zu erwähnen. Danach bedarf es für die Täter zur Delinquenzbegehung bestimmter Rationalisierungen, um die gesamtgesellschaftlich geltenden Normen wirksam auszuschalten oder zu neutralisieren. Derartige

Techniken bzw. Einstellungen und Argumentationsfiguren werden im Verlauf der Sozialisation und abhängig von bestimmten subkulturellen Bedingungen gelernt. Zwar steht auch innerhalb dieses Ansatzes der Täter im Mittelpunkt, doch läßt sich daraus unschwer eine viktimologische Perspektive ableiten, indem man danach fragt, auf welche Weise ein Opfer dem Täter die Anwendung derartiger Neutralisierungstechniken ermöglicht bzw. erleichtert.

Soziale Normen weisen im Regelfall nicht die Form kategorischer Imperative auf, sondern gelten als „qualifizierte Richtlinien" für das Handeln, begrenzt in ihrer Anwendbarkeit durch Zeit, Ort, Personen und soziale Umstände (SYKES/MATZA 1968, S. 364), sind also mehr oder weniger flexibel („Not kennt kein Gebot"). Es gibt somit eine Reihe von Rechtfertigungsgründen wie Minderjährigkeit, Notwehrsituation usw., die gesellschaftlich anerkannt, aber auch rein individuell-subjektiv sein können. Letztere sind von besonderem Interesse, weil aufgrund spezifischer Opferqualitäten die Straftat für den Täter annehmbar, wenn nicht sogar geboten erscheint (vgl. 3.4.3.). Dies kann soweit gehen, daß er sich selbst als Richter — angesichts des aus seiner Sicht so empfundenen Versagens der Justiz — sieht (vgl. auch die Fallbeispiele 10, 91):

Fallbeispiel 94:

„Grausame Selbstjustiz übte der Vater eines ermordeten vierjährigen Kindes! Er erschoß mit seinem Jagdgewehr seinen Cousin. Dieser steht unter dem Verdacht, den kleinen Buben gefesselt in einen Bach geworfen zu haben. Mit der Aufklärung des Mordes ist seit Monaten die Kripo in dem Vogesenort L. beschäftigt. Die gefesselte Leiche des vierjährigen G. V. war am 16. Oktober in dem Mosel-Nebenfluß Vologne entdeckt worden. Nach schwierigen Ermittlungen wurde der 23jährige B. L. verhaftet. Er ist ein Vetter des Vaters des toten Kindes. Die beiden Familien sind seit Jahren verfeindet. Letzte Woche fiel plötzlich der Verdacht auf die Mutter des ermordeten Buben. C. V. und ihr Mann, beides erfolgreiche Geschäftsleute, wurden daraufhin neun Stunden lang verhört. Doch ein von den Ermittlungen enthobener Polizei-Offizier glaubte weiter an die Schuld des Cousins. Der Vater des Kindes lauerte ihm nun vor seinem Haus auf und drückte ab." (tz, 1.4.85)

Fallbeispiel 95:

„Die Not ließ in R. (Kreis W.) einen Familienvater (40) zum Bankräuber werden. Eine bunte Skimütze ins Gesicht gezogen, stürmte der Arbeitslose die Raiffeisenkasse des Ortes. Mit vorgehaltener Spielzeugpistole erpreßte er von einer Angestellten des Geldinstituts 30 000 Mark. In der Wohnung des Räubers, der mit dem eigenen Wagen zum Überfall gefahren war und so schnell ermittelt werden konnte, fand die Polizei bis auf 600 DM noch die gesamte Beute. Er hatte den hungrigen Kindern nur etwas zum Essen und Spielsachen gekauft und ‚für die Kühltruhe' (so die Polizei) Fleisch und Wurst im Wert von 450 Mark." (AZ, 19.2.85)

Fallbeispiel 96:

„Ein 71jähriger bettlägeriger Invalide hat in M. in Lothringen schwere Verletzungen erlitten, weil ihm die eigenen Kinder für eine ‚Teufelsaustreibung' das Bett anzündeten . . . Der 31jährige Sohn und die 36jährige Tochter des 71jährigen A. K. hatten ihm nach eigenem Geständnis am Montag die Bettwäsche angezündet, um ihm ‚den Satan auszutreiben'. Als sie die Teufelsaustreibung für erfolgreich ansahen, löschten sie das Feuer mit geweihtem Wasser und ließen den Invaliden allein. Das Feuer schwelte aber weiter und brachte dem Vater Verbrennungen dritten Grades am Rücken bei. Als er sich vor den Flammen aus dem Bett rollte, brach er sich die Oberschenkelknochen. Das Geschehen kam ans Licht, als Nachbarn die Polizei riefen, weil die beiden Schausteller, die nicht betrunken waren und keinerlei Vorstrafen hatten, bis nachts um zwei auf der Straße laut sangen." (AZ, 30.5.85)

Rache, Not und religiöser Wahn dienten in den drei Beispielen den Tätern als ausreichender Grund für ihr Vorgehen. In manchen Fällen ist es aber schwierig zu unterscheiden, ob die Wahrnehmung des Opfers als eigentlich Schuldigem durch den Täter tatsächlich in der Tatsituation erfolgte oder ob es sich nur um nachträgliche Rationalisierungsversuche vor Gericht handelt, um ein milderes Strafmaß zu erreichen.

SYKES/MATZA differenzieren zwischen folgenden Neutralisationstechniken (Die „Verdammung der Verdammenden" ist eine weitere Neutralisationstechnik, die aber für das Täter-Opfer-Verhältnis keine Rolle spielt, sondern eine Verlagerung der Aufmerksamkeit vom eigenen abweichenden Verhalten auf das „Fehlverhalten" des Kontroll- und Sanktionsapparates darstellt):

- *Ablehnung von Verantwortung:* Der Täter sieht sich als wehrloses Objekt unbeeinflußbarer Kräfte, auch oder vorwiegend von der Seite des Opfers ausgeübt (Beispiel: verlockendes Warenangebot im Selbstbedienungsladen).
- *Verneinung des Unrechts:* Die Straftat erscheint zwar als illegitim, aber nicht als moralisch verwerflich (Beispiel: Devisenschmuggel, Überfahren eines Rotlichts, wenn keine anderen Verkehrsteilnehmer vorhanden sind). Vor allem bei anonymen Opfern liegt dieses Art der Selbstrechtfertigung nahe.
- *Ablehnung des Opfers:* Das Opfer wird als der eigentlich Schuldige hingestellt, an dem der Täter unter Anwendung illegitimer Mittel Gerechtigkeit vollstreckt (Beispiel: Terrorismus).
- *Berufung auf höhere Instanzen:* Der Täter rechtfertigt seine Tat, indem er vorgibt, nicht aus Eigennutz, sondern höherer Interessen wegen zu handeln (Beispiel: Blockierung von Militärkonvois durch pazifistische Gruppen).

Die Schwäche dieses Ansatzes liegt u. a. darin, daß die Vorhersage einer bestimmten Neutralisationstechnik in einer bestimmten Situation nicht möglich ist, man also dem Opfer keine konkreten Handlungsanweisungen geben kann. Die Meinungen darüber, wann eine konkrete Verhaltensweise als „provozierend" gilt, dürften oft auseinandergehen (vgl. die Fälle 13, 16, 26, 28) und eine „Risikominimierungsstrategie" des Opfers ist weder immer durchsetzbar noch mit den Werten von persönlicher Freiheit und Verhaltensautonomie vereinbar.

Das Opfer erleichtert unbeabsichtigt Rationalisierungen, weil es anonym und unpersönlich ist bzw. so perzipiert und möglicherweise als provozierend wahrgenommen wird. Diese beiden Bedingungen allein reichen jedoch nicht aus. Zusätzlich sind gesellschaftlich anerkannte Muster erforderlich, die Aussagen darüber enthalten, unter welchen Bedingungen ein Opfer als mitverantwortlich angesehen werden kann. Ausmaß und Grad der Akzeptanz derartiger Muster sind dabei abhängig von sozio-kulturellen und kulturellen Bedingungen, von Bildungsstand, Alter, Geschlecht und generellen Einstellungen und Werthaltungen (vgl. dazu für Vergewaltigungen WEIS 1982). Unter prophylaktischer Zielsetzung käme es darauf an, der Entpersönlichung und Anonymisierung des Opfers und gängigen kulturellen Opfermythen (z. B. „eine Frau, die sich richtig wehrt, kann nicht vergewaltigt werden") entgegenzuwirken (vgl. hierzu S. 294 ff.). In diesem Zusammenhang ist auf negative Wirkungen einer „sauberen" Viktimisierung z. B. in Kriminal-, Kriegs- und Wildwestfilmen hinzuweisen: Das massenhafte Auftreten von Gewaltopfern bzw. ihre unproblematische Beseitigung ist nicht dazu angetan, zur Personalisierung des Opfers und zur Identifizierung damit beizutragen.

Zu 2. Die zuletztgenannten Überlegungen leiten über zum zweiten viktimologischen Aspekt von Konsistenztheorien, nämlich der Frage, wie bestimmte Einstellungen und Vorurteile gegenüber Verbrechensopfern entstehen, warum sie so zählebig sind und auf welche Weise sie sich im Interesse der Verbrechensopfer modifizieren lassen. Antworten darauf vermögen nicht nur die kognitiven Gleichgewichtstheorien zu geben. In einem anderen Zusammenhang wurde bereits darauf hingewiesen, daß die gesellschaftliche Ablehnung des Opfers auch damit zusammenhängt, daß Stärke, Erfolg und Unabhängigkeit zentrale Werte der modernen westlichen Industriegesellschaft sind und ein Opfer sich durch Non-Konformität diesen Werten gegenüber auszeichnet. Hinzu kommen Gefühle wie Angst und Unsicherheit bei der Konfrontation mit Straftaten, z. B. in den Massenmedien. Wenn auch nur ein Bruchteil der Befragten konkrete Verbrechensfurcht zeigt (KERNER 1980), ist doch ein diffuses Gefühl der Bedrohung weit verbreitet (NOELLE-NEUMANN 1974, 1976: STEPHAN 1980; vgl. zusammenfassend FÖRSTER/SCHENK 1984). Dieses Gefühl läßt sich leicht dadurch vermindern, daß man nach Gründen sucht, warum dem betreffenden Opfer dies passieren „mußte', während man sich selbst bestimmt vorsichtiger verhalten hätte. Insofern ist die Distanzierung vom Opfer nicht weiter verwunderlich, kann man doch so der eigenen Angst begegnen.

zu 3. Ein ähnlicher Mechanismus — die Suche nach neuen kognitiven Elementen zur Erklärung der Opferwerdung — kann auch der Verarbeitung des Viktimisierungsprozesses durch das Opfer bzw. dessen Angehörige dienen: So berichtet ERNST (1984) von einem Vater, der den Wunsch hat, den Mörder seiner Tochter zu töten, dabei aber unbewußt nach Entschuldigungsgründen für den Täter sucht (Unzurechnungsfähigkeit), um den Racheakt doch nicht ausführen zu müssen. Die Einbeziehung weiterer Informationen zur Erklärung des Unfaßbaren ist ein Stück der Trauerarbeit, die das Opfer und die mittelbar Betroffenen leisten müssen, bei der ihnen aber mehr Unterstützung zuteil werden sollte, um dem Risiko einer sekundären und insbesondere tertiären Viktimisierung entgegenzuwirken. Opfer und deren Angehörige suchen nach Erklärungen, nach Hilfen, die das Leiden annehmbar machen oder ihm gar einen Sinn verleihen. Im Unterschied zu früheren Epochen oder nicht-westlichen Gesellschaften ist dies bei gegenwärtig gegebenen gesellschaftlichen Verhältnissen wesentlich schwieriger: das Opfer fühlt sich zurecht von der Gesellschaft alleingelassen, die wegen des epochalen Säkularisierungsprozesses nicht länger in der Lage ist, (Schein-)Legitimierungen des Leids anzubieten.

3.4.6. Der Definitionsansatz

In verschiedenen Zusammenhängen wurde bereits auf die Bedeutung verwiesen, die den von den (potentiellen) Opfern vorgenommenen Situations- und Selbstdefinitionen im Prozeß der primären, sekundären und teritiären Viktimisierungen zukommt. Während die Situationsdefinition überwiegend vom Opfer selbst vorgenommen wird (wobei es sich bestimmter, vorgegebener, kultureller Muster bedient), geht im Fall der Selbstdefinition bei der sekundären und tertiären Viktimisierung die Initiative auch — u. U. sogar vorwiegend — von Dritten aus, von Zeugen, Polizisten, Anwälten usw., aber auch von der eigenen sozialen Umgebung, Freunden, Bekannten und dem familialen Nahraum.

Situations- und Selbstdefinitionen vor Deliktbegehung strukturieren nicht nur das Handeln, sondern beeinflussen bereits die Wahrnehmungen. Praktisch läuft dies meist auf eine Determination und Kanalisierung von Handlungsalternativen hinaus: Aus dem Universum prinzipiell möglicher Verhaltensweisen wird eine — allzu häufig verhängnisvolle — Selektion vorgenommen. Dazu ein Beispiel:

Fallbeispiel 97:

„Immer wieder wischte sich der 37jährige Angeklagte verstohlen die Tränen aus den Augen. ‚Ich hab's getan, weil ich dem Kind die Schande ersparen wollte', sagte er leise. Der Schlosser Johann H. ist des Mordes angeklagt. Drei Tage, nachdem seine 39jährige

Ehefrau wegen Betrugsverdachts verhaftet worden war, hatte der Familienvater seinem sechsjährigen Sohn die Kehle aufgeschlitzt. Das Kind verblutete.
Vor dem Landgericht Kempten bat jetzt Johann H., die Tat nicht selbst vortragen zu müssen. Deswegen verlas Richer Erich Knoll das schriftliche Geständnis . . .' Ich schämte mich, ihm zu erzählen, daß seine Mutter eine Lügnerin und Betrügerin ist', schrieb der Schlosser in einem Abschiedsbrief. Dann versuchte er, sich mit Tabletten zu vergiften. Die 39jährige Ehefrau ist im Prozeß Nebenklägerin. Sie wurde zu einem Jahr auf Bewährung verurteilt. Der Prozeß wird fortgesetzt." (AZ, 30.1.84)

In diesem Fall hatte eine — für Außenstehende belanglose — Verfehlung der Mutter des Opfers für den Täter eine Situation geschaffen, die er für sich und sein Kind als nicht mehr lebenswert ansah. Auch den von Müttern begangenen Kindstötungen liegen häufig Situationsdefinitionen zugrunde, die ein Weiterleben für Mutter und Kind in deren Beurteilung ausschließen.

Fallbeispiel 98:

„Eine junge Mutter hat ihr Kind in der Tiefkühltruhe ermordet! Die 29jährige wickelte ihre schlafende Tochter in eine Wolldecke und legte sie in die Truhe. Das Kind erstickte. Anschließend unternahm die Frau einen Selbstmordversuch.
Björhil H. aus Mandal (Norwegen) lebte allein mit ihrer zweieinhalbjährigen Tochter. Die unverheiratete Angestellte liebte ihre kleine Alma über alles. Bei Nachbarn galt die Frau als freundlich, glücklich und zufrieden. Das änderte sich jedoch, als die 29jährige Mitglied einer Sekte wurde. Sie kapselte sich von ihren Bekannten ab und steigerte sich immer mehr in religiöse Wahnvorstellungen. Nach einem Gottesdienst ihrer Sekte holte Björhil H. in ihrer Zweizimmerwohnung ihre fest schlafende Tochter aus dem Bett. Dann legte sie das Kind in die Tiefkühltruhe. Anschließend schrieb sie einen Brief an ihre Nachbarin und schluckte 60 Schlaftabletten. Noch bevor die Tabletten wirkten, rief die 29jährige ein Taxi und ließ sich in eine Nervenklinik bringen. Das tote Kind der Frau wurde erst nach vier Tagen entdeckt. Die Nachbarin, die den Brief der jungen Mutter erhalten hatte, hatte die Polizie alarmiert. Die Beamten brachen die Wohnungstür auf. In der Tiefkühltruhe fanden sie die Leiche des Mädchens. Die Polizei: ‚Es war qualvoll erstickt' ." (tz, 22.1.85)

Fallbeispiel 99:

„Eine 26jährige Mutter hat sich umgebracht. Ihre drei Monate alte Tochter wollte die Hausfrau aus Kummersbrück bei Amberg ebenfalls in den Tod mitnehmen. Das Baby jedoch überlebte. Der Vater der 26jährigen entdeckte gestern die beiden auf dem Dachboden, weil das Kleinkind laut weinte. Das mit einer Strumpfhose strangulierte Mädchen lag auf einem Stuhl. Die Mutter hatte sich an einem Dachbalken mit einer Strumpfhose aufgehängt. Die Ehefrau hinterließ einen Abschiedsbrief: Sie wählte den Freitod, weil sie glaube unheilbar krank zu sein. Die Tochter töte sie, weil das Kind die Krankheit geerbt habe." (tz, 20.3.85)

Objektiv gesehen hat selbst ein auf offener Straße ausgesetzter Säugling eine durchaus realistische Überlebenschance, doch wird dies von der Täterin nicht erkannt. Ihr Blickwinkel ist derart verengt, daß sie nur noch einen Ausweg sieht. Während aber bei der Kindstötung das Opfer meist keine Chance hat, der verengten Sichtweise des Täters einen „Alternativentwurf" entgegenzusetzen, besteht bei anderen Delikten eine mehr oder weniger große Wahrscheinlichkeit hierfür.

Manchmal können aber auch (ex post festgestellte) Fehlreaktionen des Opfers während des Tatgeschehens wesentlich zur Verengung der Handlungsalternativen beitragen: In Panik geratene Täter sind besonders gefährlich:

Fallbeispiel 100:

„Erst wollten die Burschen Sex, dann Geld. Zum Schluß ermordeten sie ihr Opfer! Michael N. (20) und Frank M. (18) aus Bremen schlugen die 27jährige Christa P. in ihrem Bett bewußtlos. Um die Spuren zu verwischen, zündeten sie die Wohnung an. Als die Feuerwehr kam, war die junge Frau schon tot — Rauchvergiftung! Die Täter stehen jetzt wegen Mordes vor Gericht.
Die Burschen hatten Christa in der Bremer Disco ‚Power-Play' kennengelernt. Michael vor Gericht: ‚Sie war schon etwas angetrunken. Sie hat schon oft gute Zechen in dem Lokal gemacht. Da dachten wir: ‚Die Frau hat Geld.' Wir beschlossen, sie auszunehmen.' Frank spielte den Kavalier und bot ihr an, sie mit dem Auto heimzubringen. Die Packerin war begeistert. Heimlich folgte Michael dem Paar. Während Frank mit Christa im Schlafzimmer ‚Sex machte', durchsuchte sein Freund die Wohnung. Er fand aber nichts. Später kam Frank aus dem Zimmer und sagte seinem Freund: ‚Jetzt geh' Du rein. Mach' aber kein Licht, dann merkt sie nichts.' Während Frank nach Beute suchte, schlief auch Michael mit ihr. Christa, offenbar etwas ausgenüchtert, schöpfte dann aber doch Verdacht. Sie schrie. Da schlugen die beiden Männer sie nieder. Die Verbrecher setzten das Bett in Brand und legten in der Wohnung Feuer. Dann flüchteten sie, konnten aber schon kurze Zeit später gefaßt werden.
‚Ich hätte nie geglaubt, daß ich zu so etwas in der Lage bin,' beteuerte Michael vor Gericht. Das Urteil wird voraussichtlich am heutigen Dienstag gesprochen." (tz, 16.7.85)

Natürlich vermag niemand mit Sicherheit zu sagen, wie der Ablauf gewesen wäre, wenn das Opfer die Tatsituation anders definiert und sich anders verhalten hätte. Kriminalbeamte weisen häufig darauf hin, daß allein schon ein entschlossenes Auftreten des auserwählten Opfers bzw. eine Nicht-Annahme der zugemuteten Opferrolle das Risiko einer Tat vermindern kann. Dagegen können die Selbstdefinition als Opfer (z. B. aufgrund von Kindheitssituationen, vorangegangenen primären und sekundären Viktimisierungen) und das Praktizieren opferähnlicher Verhaltensweisen vom Täter als „Offerte" perzipiert werden.

Der Münchner Kriminaldirektor Erwin Ludwig (1984, S. 64 ff.) kommt in einer Untersuchung von 180 Notzuchtfällen zu dem Ergebnis, daß sich Widerstand lohnen kann (obgleich sich daraus für den Einzelfall keine Empfehlungen ableiten lassen): 106 Frauen leisteten dem Gewalttäter Widerstand, davon 75 (= 71 %) erfolgreich; 52 der Widerstand leistenden wurden dabei verletzt (= 50 %), aber auch 39 (= 52 %) derjenigen 74, die keinen Widerstand leisteten.

Immer wieder gibt es Beispiele dafür, daß eine zugemutete Opferdefinition nicht angenommen wird, sei es auch nur deshalb, weil sie gar nicht „richtig“, d. h. in dem vom Täter gemeinten Sinn verstanden wird, wie der folgende Fall zeigt:

Fallbeispiel 101:

„ ‚Alles ruhig halten! Das ist ein Überfall!‘ Mit gezogenem Revolver bedrohte ein Räuber kurz vor Mitternacht die sieben Gäste einer Bar in Starnberg. Die hielten das Ganze allerdings für einen nicht sehr gelungenen Scherz und dachten gar nicht daran, ihr Geld herauszugeben. Schon leicht aus der Fassung gebracht rief der Räuber: ‚Der Überfall ist ernst.‘ Darauf kam der achte Gast, etwa zwei Meter groß und in den Schultern fast genauso breit, aus der Toilette. Beim Anblick des Hühnen rutschte dem traurigen Ganoven das Herz endgültig in die Hosentasche. Völlig verschüchtert machte er auf dem Absatz kehrt und suchte so schnell wie möglich das Weite.“ (tz, 20.3.85)

In den beiden folgenden Fällen unterblieb die Viktimisierung wegen einer hohen Selbsteinschätzung der ausgewählten Opfer:

Fallbeispiel 102:

„Hinter einer Säule im U-Bahnhof Therese-Giehse-Allee (Neuperlach) lauerte ein Räuber einer jungen Frau auf. Er umklammerte sie von hinten und hielt ihr mit der linken Hand den Mund zu. Die trainierte Wintersportlerin (32) ließ sich aber nicht einschüchtern. Sie versetzte dem Burschen einen Stoß in die Rippen und schlug ihn mit ihren Langlaufskiern in die Flucht.“ (tz, 10.1.85)

Fallbeispel 103:

„Mit einem Schrubber hat die 52jährige Chefin eines Freyunger Tabakladens einen Räuber verjagt. Wie die Polizei gestern mitteilte, war kurz nach Dienstschluß ein 19jähriger in das Geschäft gekommen. Mit dem ausgestreckten Zeigefinger in seiner Manteltasche täuschte er eine Pistole vor und verlangte Geld. Doch die Chefin ließ sich nicht beeindrucken. Die Frau, die gerade den Boden wischte, prügelte den Burschen mit dem Schrubber auf die Straße, wo ihn die Polizei festnahm.“ (AZ, 21.12.84)

Auch in zunächst aussichtlos erscheinenden Situationen hat das Opfer mitunter die Möglichkeit, durch eine Umdefinition der Situation den Täter von seinem Vorhaben abzubringen. Manche Vergewaltigungen sind unterblieben, weil es der bedrohten Frau gelang, den Täter in ein längeres Gespräch zu verwickeln (vgl. Fall 130). In diesem Zusammenhang schlägt die Bremer Kriminalpolizei vor, die Frau solle in einer Vergewaltigungssituation laut beten, da dies desexualisierend wirke (WIESENDANGER 1984, S. 62); Erfahrungen über die Wirksamkeit derartiger Alternativen liegen allerdings noch nicht vor.

Der Definitionsansatz läßt sich nicht nur auf den Vorgang der primären Viktimisierung anwenden, denn er beschränkt sich nicht auf Situationsdefinitionen, sondern er schließt auch Objekt- und Selbstdefinitionen ein. Grundlegend für die weiteren Überlegungen ist das von dem amerikanischen Sozialpsychologen W. I. THOMAS formulierte und nach ihm benannte Theorem: „Wenn Menschen Situationen als real definieren, sind sie in ihren Konsequenzen real' (THOMAS 1931, S. 332). Damit ist gemeint, daß es in erster Linie auf den subjektiven Sinn einer Handlung für die Handelnden, d. h. auf die der Handlung *zugeschriebene* Bedeutung aus der Sicht der Akteure ankommt. In Analogie zur Karriere des Kriminellen nach TANNENBAUM (1938, S. 20) kann die primäre, aber vor allem die sekundäre und tertiäre Viktimisierung als Prozeß des Markierens, Definierens, Absonderns, Beschreibens, Hervorhebens und des Wachrufens eines entsprechenden Bewußtseins beim Opfer selbst — wie auch in der Gesellschaft — charakterisiert werden. Das Individuum übernimmt die ihm zugeschriebene Rolle und richtet sich damit in seiner sozialen Umwelt ein. Zumindest kurzfristig kann die Opferrolle sogar als vorteilhaft erlebt werden (Erlangung von Beachtung und Publicity, Mitleid etc. (vgl. 4.3.)). Dabei scheint es unwesentlich, in welcher Absicht die Definition vorgenommen wurde. Wiederum in Analogie zur Entstehung einer Identität als Abweicher oder Krimineller gilt auch für das Opfer, daß ihm erst die Reaktionen der sozialen Umwelt seinen besonderen Status bewußt machen. Verhängnisvoll kann dies vor allem dann werden, wenn die Beurteilungen seitens der Interaktionspartner akzeptiert werden und das Selbst-Konzept der geschädigten Person sich in Richtung einer Opfer-Identität verändert.

Der Grundgedanke dieses Ansatzes besteht darin, daß individuelles Verhalten und Bewußtsein — in unserem Fall die Viktimisierung seitens des Täters, des Opfers und der Gesellschaft — aus dem sozialen Prozeß heraus erklärt wird, „der durch Muster aufeinander bezogener Handlungen strukturiert ist, wobei diese Muster dem Individuum sprachlich vermittelt sind und es ihm ermöglichen, in sich selbst die Erwiderungen hervorzurufen, die sein Handeln im Partner hervorruft und diese Erwiderungen zur Kontrolle seines eigenen Verhaltens einzusetzen' (BISLER 1975, S. 310). BLUMER (1973, S. 80 ff.), einer der bedeutendsten Theoretiker dieser als „symbolischer Interaktionismus" genannten Richtung, geht von drei grundlegenden Prämissen aus:

1. Menschen handeln „Dingen" gegenüber auf der Grundlage der Bedeutungen, die diese Dinge für sie besitzen: Erkennt ein Bankkassierer, daß es sich bei der auf ihn gerichteten Waffe um eine Wasserpistole handelt, so wird er anders reagieren, als wenn er von der Gefährlichkeit der Waffe überzeugt wäre.
2. Die Bedeutung dieser Dinge ist aus sozialen Interaktionen ableitbar: Im Verlauf seines Lebens hat der Kassierer gelernt (z. B. durch Filme), daß Schußwaffen gefährlich sind, Wasserpistolen nicht.
3. Die Bedeutungen werden in einem interpretativen Prozeß, den die Person in ihrer Auseinandersetzung mit den ihr begegnenden Dingen benutzt, gehandhabt und abgeändert: Eine Opferwerdung kann von dem bedrohten Kassierer zu Beginn seiner Laufbahn als Niederlage aufgefaßt werden; die Motivation, sich zu widersetzen, mag stark sein. Im Verlauf seines Berufslebens lernt er jedoch, den Wert von Geld und Heldentum zu relativieren; er wird einer Viktimisierung weniger Widerstand entgegensetzen. Erst wenn er sich absolut sicher ist, daß es sich nur um eine Wasserpistole handelt, wird er Alarm auslösen.

Handeln auf der Grundlage von Bedeutungen, die Genese der Bedeutungen aus sozialen Interaktionen und die Handhabung und Modifizierung von Bedeutungen in einem interpretativen Prozeß lassen sich auch auf den Vorgang der sekundären und tertiären Viktimisierung übertragen (vgl. 4.2. und 4.3.). Aus den Grundprinzipien des hier skizzierten Definitionsansatzes läßt sich als gewichtigste Forderung für die Reduzierung der sekundären und tertiären Viktimisierung die Konsequenz ziehen, daß es darauf ankommt, Selbstdefinitionen und Fremddefinitionen als Opfer entgegenzuwirken bzw. neue, Nicht-Opfer-Selbstdefinitionen aufzubauen. Konkret bedeutet dies z. B., daß ein aufgrund von Viktimisierung entstandenes negatives Selbstbild gezielt durch eine geeignete Einzel- oder Gruppentherapie abgebaut wird, daß Maßnahmen eingeleitet werden, die Erfolgserlebnisse vermitteln, und daß beabsichtigten oder gedankenlosen Versuchen entgegengetreten wird, die auf eine Verfestigung von Opferdefinitionen hinauslaufen.

3.4.7. Viktimologische Beiträge der Psychoanalyse

Obgleich wir uns um eine Soziologie des Opfers bemühen, erscheint der Erklärungsbeitrag der Psychoanalyse einer Untersuchung wert, da eine enge Wechselbeziehung zur Soziologie besteht (vgl. Marcuse 1967, Nolte 1970, Moser 1970) und psychoanalytische Begriffe und Erklärungen viktimologisch bedeutsam erscheinen (Schneider 1975, S. 120). Wir greifen einzelne Berührungspunkte heraus, müssen uns jedoch auf wenige Fallbeispiele aus Zeitungsberichten beschränken, da sich aus den insgesamt doch recht knappen

Mitteilungen kaum psychoanalytisch relevante Zusammenhänge rekonstruieren lassen.

Bereits an anderer Stelle wurde auf das Phänomen des Rückfallopfers verwiesen, wofür sich relativ einfache und plausible Erklärungen heranziehen lassen, etwa die vergleichsweise konstanten Merkmale Beruf (z. B. Geldbote, Taxifahrer) oder Persönlichkeitseigenschaften (z. B. Leichtsinn, Vertrauensseligkeit). Eine theoretische Alternative hierzu stellt der von FREUD 1932 beschriebene Wiederholungszwang dar, der sich zu Erklärung des Leidensgewinns auch einer pirmären Viktimisierung heranziehen läßt. Zunächst scheint der Wiederholungszwang dem als grundlegend erkannten Lustprinzip, als Drang nach uneingeschränkter Bedürfnisbefriedigung, zu widersprechen. Danach soll ein (scheinbar oder tatsächlich) sich selbst schädigendes Verhalten im Erwachsenenleben durch unbewußt getroffene Arrangements Situationen hervorrufen, die bereits in der frühen Kindheit erlebt wurden. FREUD erklärt dies mit der „konservativen Natur der Triebe", die dem menschlichen Konstanzbedürfnis entspräche: „Es ist uns aufgefallen, daß die vergessenen und verdrängten Erlebnisse der frühen Kindheit sich während der analytischen Arbeit in Träumen und Reaktionen, besonders in denen der *Übertragung*, reproduzieren, obwohl ihre Wiedererweckung dem Interesse des Lustprinzips zuwiderläuft, und wir haben uns die Erklärung gegeben, daß in diesen Fällen ein Wiederholungszwang sich selbst über das Lustprinzip hinaussetzt. Auch außerhalb der Analyse kann man ähnliches beobachten. Es gibt Menschen, die in ihrem Leben ohne Korrektur immer die nämlichen Reaktionen zu ihrem Schaden wiederholen oder die selbst von einem unerbittlichen Schicksal verfolgt scheinen, während doch eine genaue Untersuchung lehrt, daß sie sich dieses Schickal unwissentlich selbst bereiten" (FREUD 1940, S. 20 f.).

Ein für die weiteren Ausführungen zentraler Begriff ist der der Übertragung. Darunter versteht man die Verlagerung eines positiven oder negativen Affektbezuges von einem Objekt oder einer Person auf andere. Im engeren Sinne ist damit der Prozeß gemeint, in dessen Verlauf der Patient in der Psychotherapie die einem Mitmenschen (besonders Mutter und Vater) gegenüber bestimmenden Gefühle und Einstellungen auf den Analytiker überträgt (und der mit einer Ablösung beendet werden soll). „Die Übertragung wird von der Analyse nur aufgedeckt und isoliert. Sie ist ein *allgemein menschliches Phänomen*, entscheidet über den Erfolg bei jeder ärztlichen Beeinflussung, ja sie beherrscht überhaupt die Beziehungen einer Person zu ihrer menschlichen Umwelt . . . Diese überall vorhandene und allgemein menschliche Zuwendung erhält in der therapeutisch-dialogischen Beziehung der Psychoanalyse eine ganz besondere Bedeutung" (BALLY 1961, S. 222). Dieses Zitat macht deutlich, daß es sich bei der Übertragung um ein Element in jeder menschlichen Beziehung — und damit auch in einer Täter-Opfer-Beziehung — handelt. „Jeder überträgt dauernd seine Gefühle auf jeden erreichbaren Nebenmenschen. Es ist unmöglich, eine klare und verständliche Situation zu bekommen, wenn das Objekt der Übertragung ein zweites menschliches Wesen ist, weil a) der andere auf die übertragenen Gefühle reagiert und b) weil er seine eigenen unabgeführten Gefühle auf den ersten überträgt. Es gibt nur einen Weg, hier zur Klarheit zu kommen, nämlich das, was ich die ‚keimfreie' Arbeit nannte: die elastische, taktvoll passive Haltung des Analytikers, der seine eigene Übertragung vollkommen beherrscht" (BALINT 1969, S. 190, zuerst 1933).

Inwieweit ist aber nun die Übertragung viktimologisch relevant? In jeder Übertragung gibt es bewußte und unbewußte Anteile, wobei letztere abgewehrte Triebwünsche enthalten, die sich nicht selten in unangemessenen Handlungsweisen manifestieren, ähnlich frühkindlichen Interaktionsschemata, in welchen sprachliche Mitteilungen noch nicht möglich waren. Es hängt nun von der „Kommunikations-Kompetenz" oder „Ich-Fähigkeit" der Interaktionspartner ab, wieweit die unbewußten Anteile bewußt gemacht und damit sprachlich mitgeteilt werden können. M. a. W.: Es kann vorkommen, daß Gefühle, die in der Kindheit den Eltern als den damals wichtigsten Bezugspersonen gegolten haben, später im Erwachsenenalter in situationsunangemessener Weise auf andere, z. B. auf Autoritätspersonen, übertragen werden. Möglicherweise waren bei den Fallbeispielen 104, 131 derartige Mechanismen wirksam. Die „Schuld" des Opfers besteht dann darin, daß es über tief internalisierte Interaktionsmuster verfügt, die solche Prozesse initiieren. Es kann in unbewußter Inszenierung innerhalb des Handlungsgeschehens sowohl in länger ablaufenden Beziehungen als auch in kurzen (nicht notwendig verbalen) Interaktionen seine infantilen, in der Kindheit erlebten negativen Erfahrungen und Gefühle in Gestalt der negativen Übertragung auf den Täter miteinbringen. So kann eine Frau, die in einer „männerfeindlichen" Atmosphäre aufgewachsen ist (z. B. weil der Vater die Familie verlassen hat und die Mutter von der daraus resultierenden Enttäuschung geprägt war), ein negatives Bild vom Mann entwickeln und dieses auf einen potentiellen Vergewaltigungstäter übertragen, bevor dieser noch konkrete Schritte unternimmt. „Weil diese Verhaltensweisen und deren Wirkungen dem Opfer nicht bewußt sind, kann von Schuld hier nicht gesprochen werden, vielmehr von unbewußter Beteiligung oder, kombiniert mit dem Wiederholungszwang, von ‚latenter Prädisposition', welche aus der Not der früher erlebten Szenen Situationen zum eigenen Schaden heraufbeschwört" (GÖTTLER 1985, S. 10). Auch SCHNEIDER (1975, S. 120) weist auf die Gefährdung der Frauen hin und betont besonders die spezifischen Sozialisationsbedingungen in der Herkunftsfamilie: „Mädchen, die aus Elternhäusern kommen, in denen sie zurückgewiesen werden, oder aus einer materiell wie personell defizitären Umgebung und Mädchen, die sexuelle Führung und Schutz innerhalb der Familie entbehren, tendieren dazu, schnell im negativen Sinn selbständig zu werden. Indem sie nach neuen Erfahrungen Ausschau halten, die ihnen Schutz, Beachtung und Status verleihen sollen, werden diese Mädchen leicht Beziehungen eingehen und sich in Situationen einlassen, die mit Gefahren der sexuellen Ausbeutung und Erniedrigung befrachtet sind. Wenn Mädchen zu Hause zurückgewiesen werden, wird Sexualität für sie ein Weg, um Liebe und Intimität zu erlangen."

Unabhängig von idiosynkratischen oder typischen Sozialisationsbedingungen bzw. -defiziten erhöht bereits die Internalisierung der Geschlechtsrolle das Viktimisierungsrisiko für Frauen; die Opferrolle erscheint durch die geschlechtsspezifischen Verhaltensnormen erworben und in die weibliche Identität aufgenommen: Schwäche, Sanftheit und Passivität, die sich als aggressivgehemmte Verhaltensweisen zusammenfassen lassen, sind zentrale Elemente dieser Rolle; aggressives und besitzergreifendes Verhalten, wie es zum männlichen Rollenstereotyp gehört, erscheint als komplementäre Ergänzung dazu. Die latent vorhandene Aggression der Frauen wird — da nicht zum Rollenstereotyp passend — abgewehrt und auf Männer — auch als potentielle Täter — projiziert. Kommen die oben geschilderten Sozialisationsdefizite hinzu, so erhöht sich die Projektionsneigung, die Wahrscheinlichkeit einer Übertragung und damit letztlich das Viktimisierungsrisiko. Übertragungsvorgänge fallen beim Täter insofern auf „fruchtbaren Boden", als — je nach Persönlichkeitsstruktur — Konflikte aus der präödipalen oder ödipalen Phase wiederbelebt werden. „So kann z. B. eine negative Übertragung der oralen Phase einer bedrohlichen, weil übermächtigen Mutter gelten, deren Versagen, deren Unzuverlässigkeit oder unempathisches Verhalten an späteren Frauen vermeintlich gerächt werden. Ebenso wären Neid oder Rivalitätsprobleme Gleichaltrigen gegenüber eine negative Geschwisterübertragung" (GÖTTLER 1985, S. 9). Auf diese Weise ließe sich auch manche Viktimisierung durch jugendliche Schläger erklären (vgl. z. B. Fallbeispiele 105, 107, 108). Wie wir gesehen haben, unterliegen machtlose, schwächere Personen einem besonderen Viktimisierungsrisiko. Mit ihrem inferioren Status verbinden sich häufig sichtbare Unsicherheits- und Selbstunwertsgefühle. Narzißtisch gestörte Täter, die kein „gesundes Selbst" entwickeln konnten und entweder unter extremen Selbstunwertgefühlen leiden oder diese überkompensiert haben (vgl. hierzu z. B. MERTENS 1981), können aufgrund dieser Störung nicht empathisch und mitfühlend auf die offensichtlich schwache Person reagieren, weil gerade dieser Teil von ihnen selbst abgespalten werden muß. Das Opfer erlebt sich als Unwert oder gemäß früherer Erfahrungen als ohnmächtig, und so treffen beide Verhaltensmuster in einer Interaktion mit komplementären Rollen auf der gemeinsamen Basis des labilen Selbstwertgefühls, d. h. der narzißtischen Bedürftigkeit, zusammen (vgl. hier Fallbeispiele 33, 34, 88).

Betrachten wir den Leidensgewinn, der Ursache insbesonders wiederholter

Viktimisierungen sein soll: Mitscherlich (1967) sieht eine „erlaubte" Regression, d. h. ein legitimes Schwächegefühl, als Vorteil von Krankheiten oder Unfallfolgen. Der Patient erfährt mehr oder weniger intensive Zuwendung, aber auch Entlastung von den normalen Pflichten und Verantwortlichkeiten des Erwachsenenlebens. Verdrängte Regressionswünsche werden — aufgrund des Homöostasebedürfnisses des psycho-physischen Organismus — so mächtig, bis mittels Krankheit, Zusammenbruch oder Unfall unbewußt Situationen inszeniert werden, in deren Konsequenz man sich gestatten kann, schwach und hilflos zu sein, ohne daß das kulturelle Leitbild des Tüchtigen und Erfolgreichen in Frage gestellt werden muß. Es scheint naheliegend, auch das Zustandekommen mancher Viktimisierungen, vor allem aber die dauerhafte Übernahme der Opferrolle in die eigene Identität im Prozeß der tertiären Viktimisierung auf diese Weise zu erklären (vgl. Abschnitt 4.3.).

Inwieweit lassen sich die aufgezeigten Zusammenhänge praktisch, d. h. zur Verhinderung oder Reduktion von Viktimisierungsrisiken und -belastungen nutzen? Eine entsprechende Aufklärung kann das Phänomen der Übertragung bewußt machen und dazu führen, daß man bei eigenen unangemessenen Reaktionen (z. B. Wutanfall, wenn jemand falsch überholt) stutzig wird (vgl. hierzu Fallbeispiel 92), und damit unnötige Auseinandersetzungen, Streit und Viktimisierungsgefahren für sich und mögliche Interaktionspartner vermeidet. Dazu ein Fallbeispiel, das allerdings aufgrund der lückenhaften Informationen nicht angemessen interpretiert werden kann, bei dem sich aber bestimmte Vermutungen aufdrängen:

Fallbeispiel 104:

„Die Tat passierte am 17. Dezember vergangenen Jahres in der Wohnung des Opfers im oberbayerischen B. Wie nun Ralf G. gestand, habe er sich an diesem Tag nicht besonders gut gefühlt. ‚Depressiv und so. Unzufrieden, Scheißjob.' Der Vater von zwei kleinen Kindern meinte damit die psychischen Nachwirkungen des ‚inoffiziellen Rausschmisses' aus den Diensten bei der Grenzpolizei. Grund: Seine unkontrollierten Ausbrüche von Brutalität . . . (er) meinte damit auch seinen neuen Beruf als Helfer in einem Chemieunternehmen. In dieser ‚Mich-mag-niemand-Stimmung' traf er gegen 18 Uhr die sympathische Renate M. (19). Und Ralf G., der die 19jährige vielleicht zweimal gesehen hatte, muß instinktiv gemerkt haben, daß er sein Opfer gefunden hatte. Er brauche wenigstens einen Menschen auf dieser Erde, der ihm zuhören könne, bei dem er sein Herz ausschütten könne, flehte der junge Familienvater. Das Mädchen nahm den niedergeschlagenen jungen Mann mit. Warum? Weil sie immer half, wenn sie um etwas gebeten wurde. Gegen 19.30 hörte eine Nachbarin Krach aus der Wohnung. Es waren Todesschreie des Mordopfers. Renate M. hatte sich in ihrer Wohnung über eine Stunde lang die Probleme des Gastes angehört, hatte ihm sogar ein Getränk serviert. Deswegen wollte der Mann plötzlich mehr als eine Zuhörerin. Er forderte, bemitleidet zu werden. Und weil Renate M. schließlich zu verstehen gab, daß ihr Freund bald von der Schicht heimkommen werde, daß sie außerdem müde sei von der Arbeit, und jeder Mensch an seiner Entwicklung maßgeblich selbst beteiligt sei, wurde die 19jährige von dem Ex-Polizisten mit einer Machete totgemetzelt. ‚Du bist ein Versager', hat sie gesagt." (AZ, 30.5.85)

Eine Bewußtmachung der Übertragung kann dazuführen, unangemessene Äußerungen („Du bist ein Versager'; Fallbeispiel 104; „Du bist ja eine saure Gurke. Du solltest dir dein Ding abschneiden und den Raubtieren zum Fraß vorwerfen!"; Fallbeispiel 111), Gesten in ihrer Unangemessenheit als Übertragungen zu erkennen und als an eine frühere Bezugsperson gerichtet zu verstehen. Auf diese Weise kann eine narzißtische Kränkung sowohl unterlassen als auch leichter ertragen werden, wenn man bedenkt, daß man eigentlich nicht selbst gemeint ist, sondern stellvertretend für eine andere Person, z. B. die Mutter des Agressors steht. Dies hilft jedoch in bestimmten Tatsituationen, wie etwa der nachfolgenden, recht wenig:

Fallbeispiel 105:

„In schwarzen Lederjacken, Schaftstiefeln mit Lederkoppeln und Nazi-Emblemen und unter ‚Sieg-Heil'- und ‚Heil Hitler'-Rufen drangen am Montagabend fünf Neo-Nazis zweimal in die Gaststätte ‚Fraunhofer' ein, pöbelten die Gäste an und wurden zum Schluß handgreiflich . . . Einzelne wurden bedroht, geschlagen oder bekamen Bier ins Gesicht geschüttet." (AZ, 20.2.85)

In solchen und ähnlichen Fällen, in denen die physische Überlegenheit der Täter und die Dynamik des Geschehens keine Möglichkeit zur Reflexion und Umgestaltung der Interaktionsbeziehung bietet, stellt eine Anti-Viktimisierungsstrategie höchstens eine theoretische Möglichkeit dar, wie ja überhaupt die viktimologischen Beitäge der Psychoanalyse nur bei wenigstens rudimentärer (auch einseitiger) Täter-Opfer-Beziehung gegeben und abhängig vom Delikt sind. So nützlich sie für Tötungs- und Sexualdelikte bzw. generell für Beziehungsdelikte sein können, so wenig brauchbar erscheinen sie in bezug auf Gruppen, Organisationen oder Ordnungen bzw. sekundäre und tertiäre Opfer im Sinne von SELLIN/WOLFGANG (1964).

Neben der begrenzten präventiven Anwendbarkeit besteht ein weiteres Problem in der schwierigen Überprüfung der Aussagen. Die üblichen Methoden der empirischen Sozialforschung sind kaum einzusetzen. Zwar könnte man durchaus mittels einer standardisierten Befragung Korrelationen zwischen der erfahrenen Sozialisation oder dem Herkunftsmilieu und der Art und Häufigkeit erlebter Viktimisierungen feststellen, doch stehen zur Erklärung dieser Zusammenhänge weitere und „einfachere" Alternativen zur Verfügung, mit empirisch leichter faßbaren Variablen (z. B. schichtspezifische Sozialisation, rollen- und interaktionstheoretische Konzepte, verhaltenstheoretischer Ansatz usw.). Spezifisch psychoanalytische Hypothesen und Konzepte sind so jedenfalls kaum anwendbar. Die Verwendung von Einzelfallstudien mit Tiefeninterviews, die auf die Ermittlung frühkindlicher Sozialisationserfahrungen abzielen, bieten sich hier an, doch scheinen die so gewonnenen Einsichten eher zur Generierung von Hypothesen als zu deren Test geeignet.

3.5. Zusammenfassung

- Wir haben nach primärer, sekundärer und tertiärer Viktimisierung unterschieden. Es handelt sich dabei um — nicht zwangsläufig — aufeinanderfolgende Stadien im Prozeß der Opferwerdung. Unter primärer Viktimisierung versteht man die Opferwerdung im unmittelbaren Zusammenhang mit einer Straftat, unter sekundärer Viktimisierung deren Verschärfung durch Fehlreaktionen des sozialen Nahraums des (primären) Opfers und der Instanzen der formalen Sozialkontrolle. Bei der tertiären Viktimisierung handelt es sich um die dauerhafte Übernahme der Opferrolle in die Persönlichkeit des Opfers. Auf allen Stufen des Viktimisierungsprozesses lassen sich Maßnahmen treffen, die die Folgen mildern und einer weiteren Eskalation entgegenwirken.
- Viktimisierungen als Manifestationen sozialen Handelns können unter Heranziehung sozialwissenschaftlicher Theorien beschrieben und erklärt werden. Dazu stehen verschiedene Ansätze zur Verfügung, die z. T. konkurrieren und sich z. T. ergänzen. Die Brauchbarkeit der einzelnen Ansätze variiert je nach Fragestellung, Delikt, Viktimisierungsstadium usw.
- Überlegungen, die von Macht und Ungleichheit ausgehen, haben zwischen verschiedenen Aspekten zu differenzieren, nämlich der strukturell bedingten Ungleichheit zwischen Opfer und Täter (z. B. Opfer ist wohlhabender Geschäftsmann, Täter Arbeitsloser), der aktuellen Ungleichheit in der Tatsituation (z. B. unbewaffnetes Opfer, bewaffneter Täter) sowie der Ungleichheit in intellektueller, psychischer und interpersonaler Hinsicht. Je nach der Art des Delikts und anderen wichtigen Umständen der Tatsituation variiert die Bedeutung der einzelnen Dimensionen der Ungleichheit. Weiterhin sind — worauf auch andere Ansätze hinweisen — die Perzeption der Ungleichheit durch den Täter und der Beitrag des Opfers zu berücksichtigen.

  Während es im Stadium der primären Viktimisierung insbesondere auf die Ungleichheit im Verhältnis von Opfer und Täter ankommt, wird auf den weiteren Viktimisierungsstufen die relative Deprivation des Opfers innerhalb der Sozialstruktur bedeutsam. Opfer mit niedrigem Sozialstatus sind — unter sonst gleichen Bedingungen — weniger gut in der Lage, einer weiteren Viktimisierung entgegenzuwirken.

- Sozialer und kultureller Wandel und damit die Modifikation und Neubewertung von Straftatbeständen sind insofern relevant, als sich auf diese Weise Veränderungen der Viktimisierungsart und -häufigkeit ergeben und Diskrepanzen zwischen Viktimisierungen im Sinne des Strafgesetzbuches und Viktimisierungserlebnissen entstehen, woraus Unverständnis und Unzufriedenheit von Opfern resultieren. Differenzen in der Wahrnehmung von Viktimisierungen können auch daraus entstehen, daß Opfer und Täter verschiedenen sozio-kulturellen Kontexten angehören, in welchen unterschiedliche Vorstellungen über Viktimisierungen bestehen. Theoretische Ansätze hierzu können auch erklären, weshalb vom Opfer ausgehende Signale vom Täter in einer anderen als der vom Opfer gemeinten Weise interpretiert werden und dann ursächlich für die Tatbegehung sind. Im Unterschied zu psychologisch orientierten Theorien kommt es jedoch hierbei auf die jeweils relevanten sozio-kulturellen Welten an.
- Aus verhaltenstheoretischer Sicht kommt dem Anreiz und Belohnungswert, den ein Opfer einem (potentiellen) Täter verspricht, eine besondere Bedeutung zu, aber auch dem Leidensgewinn, der einem Opfer durch den Viktimisierungsprozeß zufällt. Der erstgenannte Aspekt läßt sich noch eingehender unter Zuhilfenahme sozialpsychologischer Theorien erklären, die die Wahrnehmung des Opfers durch den Täter behandeln.
- Weiterhin thematisieren sozialpsychologische Theorien den Interaktionsprozeß zwischen Täter und Opfer, sowie die Entstehung gesellschaftlicher Einstellungen gegenüber Verbrechensopfern. Auch die Verarbeitung der Viktimisierung durch die Betroffenen fällt hauptsächlich in ihre Zuständigkeit.
- Beim Definitionsansatz steht der Opferbeitrag, der darauf beruht, daß eine zunächst neutrale bzw. weniger gefährliche Situation fehlinterpretiert wird und so zur Tatbegehung oder zur Eskalation beiträgt, im Mittelpunkt der Betrachtung. Die zentrale Aussage lautet, daß eine Situation erst durch die Definition als „real-viktimogen" dies auch wird.
- Auch die Psychoanalyse kann grundlegende Beiträge zur Erklärung von Viktimisierungsprozessen leisten. Wesentlich ist hierbei die Übertragung, ein allgemein menschliches Phänomen der Verlagerung positiver oder negativer Affektbezüge. Ursprünglich anderen Personen geltende Gefühle werden auf einen (potentiellen) Täter übertragen, der nun (u. U. wegen eigener Störungen) wieder fehlreagiert. Durch Bewußtmachung der Übertragung lassen sich manche Viktimisierungen verhindern.

- Keiner der genannten theoretischen Ansätze (keine erschöpfende Zusammenstellung) kann sämtliche Viktimisierungen und die damit verbundenen Fragestellungen allein erklären. Wie unsere Ausführungen verdeutlichen sollten, gibt es zahlreiche Überschneidungen. So läßt sich z. B. der Leidensgewinn sowohl verhaltenstheoretisch (Lernen durch Verstärkung) als auch psycho-analytisch (Möglichkeit zur Regression) erklären, die Bevorzugung schwächerer Personen als Opfer durch deren Machtlosigkeit usw. Abb. 8 zeigt einige Überschneidungen. Die Entscheidung für die eine oder andere theoretische Richtung zur Erklärung der Opferwerdung hängt aber letztlich noch von anderen Gesichtspunkten (Fragestellung, Operationalisierbarkeit usw.) ab.

Abbildung 8: Anwendbarkeit sozialwissenschaftlicher Theorien in Abhängigkeit von den Stadien der Viktimisierung

	primäre Viktimisierung	sekundäre Viktimisierung	tertiäre Viktimisierung
Theorien der (sozialen) Ungleichheit	Auswahl schwächerer Opfer	sozio-strukturell bedingte ungleiche Chancen der Abwehr sekundärer und tertiärer Viktimisierung	
Theorien des sozialen und kulturellen Wandels	Diskrepanz zwischen Viktimisierungserlebnis u. Viktimisierung im juristischen Sinn		
Milieutheorien	milieuspezifische Viktimisierung		
Verhaltens theorien	Anreiz und Attraktivität von Opfern		Leidensgewinn durch tertiäre Viktimisierung
sozialpsychologische Theorien	Täter-Opfer-Interaktion	gesellschaftl. Einstellungen gegenüber Opfern	Verarbeitung der Viktimisierung durch das Opfer
Definitionsansatz	unterschiedliche Situationsdefinitionen durch Täter und Opfer		
psychoanalytischer Ansatz	Auswahl schwächerer Opfer		Leidensgewinn durch tertiäre Viktimisierung

4. Ergebnisse viktimologischer Untersuchungen

In diesem Kapitel geht es darum, die eher allgemein und abstrakt gehaltenen Ausführungen der vorangegangenen Überlegungen zu konkretisieren und vorhandene Theorien und Hypothesen mit empirischem Gehalt zu füllen. Opferwerdung hatten wir als sozialen Prozeß und nicht als punktuelles Ereignis gesehen, vor allem deshalb, weil wir uns nicht mit der ersten Stufe der primären Viktimisierung begnügen, sondern gerade auch die weitere Entwicklung in sekundärer und tertiärer Opferwerdung erfassen wollen. Im Mittelpunkt stehen aber auch die Täter-Opfer-Beziehungen insoweit, als das Handeln des einen (des Opfers) sinnhaft am Handeln des anderen (des Täters) orientiert ist — und umgekehrt (vgl. SCHNEIDER 1975, S. 99). Zunächst wollen wir im Rahmen der primären Viktimisierung einige Umstände der Tatsituationen und wichtige Opfervariablen näher untersuchen.

4.1. Primäre Viktimisierung

Um Opfer einer Straftat zu werden, bedarf es des Zusammenwirkens verschiedenster Bedingungen, die das Tatgeschehen konstituieren bzw. in seinem Ablauf beeinflussen. In der viktimologischen Literatur werden hier eine Reihe wichtiger Größen genannt (zusammenfassend SCHNEIDER 1975, 1979, AMELUNXEN 1970, PAASCH 1965): Eigenschaften des Täters (gestörte Persönlichkeitsstruktur, aktuelle Deprivation, Frustration), Situationsvariablen (Tatort, Tatzeit, Alkohol), Eigenschaften und Verhaltensweisen des Opfers (Isolation, Leichtgläubigkeit, „dynamische Lebensweise“ bzw. Provokation des Täters), sowie die spezifischen Merkmale der Täter-Opfer-Beziehung. Mit Ausnahme der Tätermerkmale wollen wir uns in diesem Abschnitt den genannten Variablengruppen zuwenden, die für die primäre Viktimisierung bestimmend sind.

Unter primärer Viktimisierung wird die Opferwerdung einer Person, einer Gruppe oder Organisation durch einen oder mehrere Straftäter verstanden, ausgelöst durch Situationsmerkmale, Opfereigenschaften, Opferverhalten und die Art der Täter-Opfer-Beziehung. Die genannten Größen und die ihnen zugehörigen Variablen wirken dabei wechselseitig aufeinander ein, so daß eine isolierte Betrachtungsweise ausgewählter Merkmale verkürzend ist und sich allein durch die leichtere Darstellbarkeit sowie bessere Verständlichkeit rechtfertigen läßt. Die Vereinfachung wird dadurch allerdings kompliziert, daß es selten einfache und eindeutige Zusammenhänge zwischen den einzelnen Variablen und deren Wirkungen auf die Wahrscheinlichkeit einer Viktimisierung gibt; in der Regel sind nur viktimisierungserhöhende und -erschwerende Einflüsse im Kontext vieler anderer Variablen feststellbar. (Die Zugehörigkeit eines Opfers zur Oberschicht wirkt insofern viktimisierungserhöhend, als die Attraktivität des Opfers hoch ist (der Täter verspricht sich eine wertvollere Beute), andererseits viktimisierungserschwerend, weil der Täter damit rechnen muß, auf effektive Abwehr- und Sicherungsmaßnahmen zu treffen: Attraktivität und Zugänglichkeit stehen also in einer komplementären Beziehung.)

4.1.1. Der Tatort

Für viele Viktimisierungen kommt dem Tatort eine wesentliche Bedeutung zu. Täter suchen gelegentlich geeignete Plätze aus, die ihnen den Zugang zu potentiellen Opfern erleichtern oder gute Fluchtmöglichkeiten bieten. Andererseits kann ein entsprechender Ort erst zur Tatbegehung ermuntern.

Die Bedeutung des Ortes für eine Viktimisierung hat ZIMBARDO (1969) in einem Feldexperiment eindrucksvoll demonstriert: Ein Auto ohne Nummernschild und mit geöffneter Motorhaube wurde in New York, ein anderes in der kalifornischen Kleinstadt Palo Alto abgestellt. Während letzteres über den gesamten Beobachtungsraum von 64 Stunden unversehrt blieb, waren bei dem in New York abgestellten Auto bereits nach einem Tag alle beweglichen Teile abmontiert; nach drei Tagen war nur noch das Skelett des Autos zu sehen (die Täter, überwiegend Weiße, arbeiteten meist tagsüber am Auto).

Wir wollen uns nicht nur auf den eigentlichen Tatort beschränken, an dem sich kriminalistisch und strafrechtlich bedeutsame Handlungen ereignen, (BURGHARD u.a. 1984, S. 277), sondern zunächst generell auf Zusammenhänge zwischen der *geographischen Lage* und der Wahrscheinlichkeit einer Viktimisierung eingehen.

In Abhängigkeit von bestimmten *sozial-geographischen Bedingungen* läßt sich eine Konzentration bestimmter Delikte in bestimmten Gegenden feststellen. Kriminalität und Viktimisierungschancen einer Großstadt unterscheiden sich mehr oder weniger deutlich von Kleinstädten oder ländlichen Gebieten.

Beschränken wir uns auf die der Polizei bekanntgewordenen Fälle, so ergibt sich für die Bundesrepublik Deutschland im Jahre 1972 folgende Situation:

Tabelle 6: Tatortverteilung der in der BRD 1972 der Polizei bekanntgewordenen Straftaten nach Gemeindegröße (Taten pro 100 000 Ew.). (BRAUNECK 1974, S. 47)

	Großstadt 500 000 E. und mehr		Mittelstadt 100 000-500 000 E.	Kleinstadt 20 000-100 000 E.	Landgebiet unter 20 000 E.
Einwohner am 30.6.1972:	10 396 000		9 345 700	12 619 400	29 312 400
		Großst.:Land			
Leib oder Leben	368,7	2,88	232,4	177,1	128,2
davon					
vorsätzliche Tötung	6,0	1,62	5,7	4,5	3,7
fahrlässige Tötung	0,8	0,53	0,7	1,0	1,5
Abtreibung	1,0	2,0	0,8	1,0	0,5
vorsätzliche Körperverletzung	328,0	3,42	200,9	136,7	95,8
fahrlässige Körperverletzung	33,0	1,24	24,3	34,0	26,7
„Sittlichkeit"	115,5	2,27	105,4	93,9	50,8
davon					
erzwungene Sexualbetätigung	22,6	2,31	18,4	15,8	9,8
Sexualbetätigung mit Kindern	29,9	1,71	28,7	28,3	17,5
homosexuelle Betätigung	8,6	6,62	3,3	2,5	1,3
Exhibition	21,1	2,09	25,8	24,5	10,1
Kuppelei, Zuhälterei, unzüchtige Erzeugnisse	28,7	4,28	20,8	14,2	6,7
Persönliche Freiheit	61,7	1,88	52,1	37,7	32,9
Vermögen	5 562,2	3,33	4 458,0	3 411,7	1 568,5
davon					
einfacher Diebstahl	2 107,7	3,03	1 845,6	1 455,3	696,5
schwerer Diebstahl	2 676,6	3,44	2 120,1	1 587,3	778,5
Raub u. räuberische Erpressung	71,3	7,35	51,9	29,0	9,7
Betrug	604,2	4,08	358,4	274,8	148,0
Wirtschafts-Nebengesetze	15,2	4,6	5,7	4,8	3,3
Sachbeschädigung	406,6	2,16	389,1	319,8	188,0
Öffentliche Ordnung, Widerstand	171,1	5,59	100,5	53,7	30,6
Staftaten insgesmt	7 223,2	3,01	5 727,8	4 451,4	2 400,1
n	750 924		535 306	561 737	703 524

Sowohl für die Delikte insgesamt als auch für die Mehrzahl der einzelnen Straftaten werden in den Großstädten die meisten Delikte pro 100 000 Einwohner registriert. Abweichungen des Gefälles zwischen Großstadt und Mittelstädten, Kleinstädten und Landgebieten zeigen sich bei den fahrlässigen Tötungen und den Sexualdelikten.

Der Grad des Gefälles nach der Ortsgröße (hier vereinfacht gemessen durch den Quotienten Großstadt : Land) ist am größten bei den Straftaten gegen die öffentliche Ordnung, gefolgt von Vermögensdelikten. Die „besondere Großstadtbetonung der Vermögensdelikte gegenüber einer geringeren der Delikte gegen die Personen — oder sogar ihrem Überwiegen in den kleineren Orten — entspricht einer alten und allgemeinen Erfahrung . . . Der Schluß liegt nahe, daß die Delikte gegen die Person sich eher unmittelbar aus zwischenmenschlichen Konflikten und Emotionen ergeben, die in kleineren Orten ebensogut, z. T. sogar eher vorkommen können als in großen. Die Vermögensdelikte scheinen dagegen eher gerade durch die größere Anonymität der Beziehungen in den größeren Orten gefördert zu werden" (BRAUNECK 1974, S. 46 ff.).

Ein noch differenzierteres Bild ergibt sich bei einer weiteren Aufschlüsselung von Taten gemäß der Größe des Quotienten Großstadt : Landgebiet (vgl. Tab. 7). U. a. läßt sich daraus die kriminogene und viktimogene Bedeutung großstädtischer Vergnügungszentren (Strichjungentätigkeiten, Zechenanschlußraub, Zuhälterei, Rauschgifthandel) und Handelszentren (Taschen- und Ladendiebstahl, Raub aus Geschäften) ersehen. Erwartungsgemäß sind die Zahlen für Wirtschaftskriminalität und Betrug in Großstädten höher. Andererseits bestimmen die besonderen ländlichen Gegebenheiten die Arten der Kriminalität (wie Großviehdiebstahl, Jagdwilderei, fahrlässige Brandstiftung, fahrlässige Tötung und Banküberfälle (Banken weniger gut gesichert als in der Großstadt)) (BRAUNECK 1974, S. 48 ff.).

Einschränkend ist jedoch zu erinnern, daß es sich hier nur um die offiziell registrierte Kriminalität handelt; man kann davon ausgehen, daß sich hinsichtlich der Sensibilität für Viktimisierungen, der Anzeigewahrscheinlichkeit und der Bereitschaft der Polizei zum Einschreiten doch wesentliche und auch deliktspezifische Unterschiede zwischen Stadt und Land bemerkbar machen können. Immerhin haben aber auch Täterbefragungen die höhere Kriminalitätsbelastung größerer Orte bestätigen können (vgl. zusammenfassend BRAUNECK 1974, S. 50 ff.).

Besondere Orte ziehen spezifische Personen an, woraus sich wiederum bestimmte Arten der Viktimisierung ergeben. AMELUNXEN (1970, S. 38) weist in diesem Zusammenhang darauf hin, daß Betrug und Heiratsschwindel in Kurorten und Seebädern blühen oder in Hafenstädten Beischlafdiebstahl und in entlegenen Bergdörfern Inzest besonders häufig sind. Abgelegene und rück-

Tabelle 7: Tatortverteilung nach der polizeilichen Kriminalstatistik in der BRD für 1972: Quotienten der Häufigkeitsziffern Großstadt : Land (BRAUNECK 1974, S. 49)

Strichjungentätigkeit	81,2	Verletzg. d. Unterhaltspflicht	2,83
Zechenanschlußraub	18,06	Notzucht, Einzelüberfall	2,82
Zuhälterei	17,39	Amtsdelikte	2,82
Taschendiebstahl	13,1	Gruppennotzucht insgs.	2,76
Werttransportraub	9,0	Autostraßenraub	2,68
sonstiger Straßenraub	8,64	schwerer Diebstahl Kioske	2,62
einfacher Ladendiebstahl	8,2	Moped- und Kraddiebstahl	2,59
Handtaschenraub	7,79	Kuppelei	2,48
Raub u. räuber. Erpressung	7,35	schwerer Diebstahl Arbeitsr.	2,36
schw. Diebstahl Keller, Böden	6,67	Fahrraddiebstahl	2,36
homosex. Betätigung insg.	6.62	Notzucht insgesamt	2,36
Widerstand gegen Beamte	6,02	schw. Diebstahl Baustellen	2,31
schwer Kfz-Diebstahl	5,73	Kindesmißhandlung	2,23
Raub aus Geschäften	5,66	Erpressung	2,2
öffentl. Ordnung u. Widerstand	5,59	Sachbeschädigung	2,16
Diebstahl aus Kfz	5,28	erzw. Sexualbetätigung	2,15
Rauschgifthandel	5,02	sexuelle Exhibition	2,09
Einbruch Schaufenster	4,72	Abtreibung	2,0
Wirtschafts-Nebengesetze	4,6	Beleidigung	1,95
Raubmord	4,44	persönliche Freiheit	1,88
Kfz-Diebstahl insgesamt	4,43	schw. Diebstahl Wohnräume	1,79
Gruppennotzucht, Überfall	4,25	Totschlag	1,72
einfacher Diebst. Arbeitsräume	4,22	Sexualbetätigung m. Kindern	1,71
Betrug	4,08	Mord ingesamt	1,59
Wucher	3,89	tödliche vorsätzl. Körperverl.	1,59
unzüchtige Erzeugnisse	3,55	Waffengesetz	1,47
leicht vorsätzl. Körperverl.	3,47	einfacher Kfz-Diebstahl	1,46
schw. Diebstahl insgesamt	3,44	Sexualmord	1,40
gefährl. u. schw. Körperverl.	3,43	Automatendiebstahl	1,37
schw. Diebstahl Läden	3,34	Raub aus Geldinstituten	1,25
Unterschlagung	3,2	fahrlässige Körperverletzung	1,24
Diebstahl an Kfz	3,2	Untreue	1,23
Rauschgift (ohne Handel)	3,11	vorsätzl. Brandstiftung	1,17
einfacher Diebstahl insg.	3,03	Kindestötung	1,0
Straftaten insgesamt	3,01	fahrlässige Brandstiftung	0,69
Leib oder Leben insgesamt	2,88	fahrlässige Tötung	0,53
Urkundenfälschung	2,88	schw. Diebstahl Geldinstitute	0,51
Falschgelddelikte	2,87	Jagdwilderei	0,31
einf. Diebstahl ohne Läden	2,84	Großviehdiebstahl	0,07

ständige Gebiete sind ein gutes Terrain für Okkultbetrüger (Amelunxen 1970, S. 84). Offenbar sind es soziologische Bedingungen, die sich auf die Viktimisierungschancen auswirken. Das Vorhandensein geeigneter Opfer (erlebnishungrige Seeleute), determiniert durch bestimmte sozialgeographische Faktoren (Hafenstadt), ruft entsprechende Täter (Prostituierte, Zuhälter) auf den Plan.

Mitunter tragen auch soziale Diskriminierungen und/oder gesetzliche Verordnungen zur Konzentration von Delikten auf bestimmte Orte und damit zu spezifischen Viktimisierungschancen bei (z. B. Homosexuellen-Subkultur und die sich daraus ergebende Kriminalität; Sperrbezirksverordnungen gegen die Prostitution).

Eine wichtige Rolle für die Tatortwahl spielt das Ausmaß sozialer Kontrolle durch die offiziellen Instanzen und den sozialen Nahraum: Großstädte, aber auch Regionen, die durch Massentourismus gekennzeichent sind, erleichtern eine Opferwerdung: Die relative soziale Inkompetenz der Touristen (mangelnde Sprachkenntnisse, Hilflosigkeit gegenüber der Polizei des Urlaubsortes) kann zur Viktimisierung beitragen, weil das Risiko für den Täter relativ gering bleibt. Hinzu kommen vielfach noch bestimmte Neutralisationstechniken („Die reichen Fremden können einen Verlust eher verschmerzen") bzw. ein Normencodex, der Straftaten gegenüber Ausländern möglicherweise als weniger verwerflich definiert als gegenüber Einheimischen.

Befassen wir uns nun mit dem eigentlichen Tatort. Wir unterscheiden zwischen dem *Tatort im engeren Sinne* (Ort, an dem sich die Tat unmittelbar ereignet hat und Veränderungen in der Außenwelt (= Spuren) im Zusammenhang mit dem Geschehen erwartet werden können (Fingerabdrücke, Kampfspuren) und dem *Tatort im weitesten Sinne* einschließlich der Zu- und Abgangsmöglichkeiten zum Geschehensort, zur näheren Umgebung (Burghard u. a. 1984, S. 217).

Auch für den Tatort zeigen sich deliktspezifische Besonderheiten: Taschen- und Ladendiebstähle werden vorzugsweise in Kaufhäusern, Verkehrsmitteln oder Bahnhöfen begangen; Raubüberfälle sowohl in Wohnungen als auch auf öffentlichen Straßen und Plätzen. Viele Beziehungsdelikte ereignen sich in der Wohnung des Täters oder des Opfers; eine in München durchgeführte Untersuchung ergab bei Vergewaltigungsdelikten, daß dies in 48 % der Straftaten so war (Ludwig 1984). Baurmann (1983) stellte beim Notzuchtdelikt fest, daß sich 28 % der *angezeigten* Fälle in der Wohnung des Opfers oder des Tatverdächtigen abspielten und 8 % in sonstigen Gebäuden, dagegen 73 % der Delikte, bei denen es zu einer *Verurteilung* kam. Sowohl in den Fällen mit Anzeige als auch mit Verurteilung ereigneten sich 6 % in Kraftfahrzeugen, während 59 % der angezeigten aber 19 % der Fälle mit Verurteilung auf der Straße oder an sonstigen Orten im Freien erfolgten. Da die Taten mit Verurteilungen als die schwerwiegenderen angesehen werden, schließt der Autor, „daß dem Opfer die größten Gefahren durch bekannte und verwandte Täter in der vertrauten Umgebung drohen“ (BAURMANN 1983, S. 10).

Bei der von uns in Zusammenarbeit mit dem „WEISSEN RING“ durchgeführten Opferbefragung waren öffentliche Straßen und Plätze der häufigste Tatort (41 %), gefolgt von der eigenen Wohnung (23 %), öffentlichen Parks und Wäldern (15 %), Gaststätten (6 %) und dem Arbeitsplatz (4 %). Deliktspezifisch ergab sich folgende Verteilung:

Tabelle 8: Relative Häufigkeit der Tatorte bei verschiedenen Hauptdeliktgruppen

Tatort	Tötungs-delikt	Körper-verl.	Sexual-delikt	Raub	sonst. Delikt	insgesamt
Wohnung	21 %	19 %	24 %	14 %	53 %	23 % (39)
Arbeitsplatz	—	8 %	—	6 %	—	4 % (6)
Straßen, Plätze	45 %	44 %	24 %	57 %	26 %	41 % (69)
Park, Wald	21 %	8 %	35 %	6 %	5 %	15 % (26)
sonstiges (Gaststätten, Verkehrsmittel etc.)	12 %	21 %	18 %	17 %	16 %	17 % (29)
insgesamt	99 % (33)	100 % (48)	101 % (34)	100 % (35)	100 % (19)	100 % (169)

In Wohnungen wurden vornehmlich „sonstige Delikte“ (meist Betrug) verübt. Straßen und Plätze waren vor allem bei Raub, Tötung und Körperverletzung überproportional vertreten, Parks und Wälder bei den Sexualdelikten. Fassen wir Wohnung und Arbeitsplatz zum überschaubaren und eher privaten Nahbereich, Straßen, Plätze, Parks, Wälder und Gaststätten als anonymen, eher öffentlichen Bereich zusammen, so zeigt sich in der befragten Population bei einer insgesamt vorfindbaren deutlichen Überrepräsentation öffentlicher Tatorte eine größere Bedeutung des privaten Bereichs nur bei den„sonstigen Delikten“ (vor allem Betrug, Brandstiftung und Kindesentführung):

Tabelle 9: Verteilung der Hauptdeliktgruppen auf eher private und eher öffentliche Bereiche

Bereich	Tötungs-delikt	Körper-verl.	Sexual-delikt	Raub	sonst. Delikt	insgesamt
privat	21 %	27 %	24 %	20 %	53 %	27 %
öffentlich	79 %	73 %	76 %	80 %	47 %	73 %
insgesamt	100 % (33)	100 % (48)	100 % (34)	100 % (35)	100 % (19)	100 % (169)

Zwischen dem Ausmaß der Isolation einer Person und dem Tatort war ein (allerding statistisch nicht gesicherter) Zusammenhang erkennbar: „Stark isolierte“ Personen erlebten das Verbrechen häufiger im privaten Bereich als „mittel“ oder „wenig isolierte“ (37 % : 26 % : 23 %). Differenziert nach Sozialschichten ergab sich eine häufigere Opferwerdung von Befragten aus der Mittelschicht im öffentlichen Bereich, verglichen mit Befragten aus der Unterschicht (63 % : 42 %).

Die Auswertung von Daten jugendlicher Tatverdächtiger aus der Münchner Polizeistatistik zeigte u. a., daß nur knapp 1/4 der Tatverdächtigten den Tatort zwecks Begehung einer Straftat aufsuchten, was auf einen massiven Anteil „zufälliger“ und situativer Einflüsse verweist. Es bestehen aber teilweise erhebliche deliktspezifische Unterschiede: bei schwerem Diebstahl und Fahrzeugdiebstahl wurde der Tatort am häufigsten zum Zwecke der Straftatenbegehung gewählt, während bei Körperverletzungsdelikten die Tatortwahl unerheblich schien (Lamnek 1982b, S. 124). Insbesondere für die Begehrlichkeits- bzw. utilitaristische Kriminalität stellt demnach der Tatort eine wesentliche Variable der Viktimisierung dar.

4.1.2. Tatzeit

Auch zwischen der Tatzeit und der Art der Viktimisierung bestehen Zusammenhänge. Nicht die Zeit an sich ist entscheidend, sondern die soziale Bedeutung, die bestimmte Zeitpunkte bzw. Perioden erhalten. Dabei sind jahreszeitliche, wöchentliche und tägliche Einflüsse und Periodizitäten zu berücksichtigen. So gibt es eine überproportionale Assoziation zwischen Aggressionsdelikten an den Wochenenden und vorangegangenem Alkoholkonsum. Auch Selbstmorde ereignen sich öfter an Wochenenden und an besonderen Feiertagen, weil dann von manchen Alleinstehenden die Isolation stärker empfunden wird als im normalen Arbeitsalltag. Kindsmißhandlungen und Kindstötungen sind häufiger am Abend, wenn die berufstätigen, ermüdeten und vielleicht gereizten Eltern von der Arbeit zurückkehren (vgl. Amelunxen 1970, S. 38). Vergewaltigungen finden besonders im Frühsommer und an Sonntagen statt, im Rheinland aber zusätzlich in der Karnevalszeit (Amelunxen 1970, S. 84). Auch andere, zeitlich und regional gebundene Großereignisse (z. B. Münchner Oktoberfest) und deren deliktspezifische Auswirkungen (z. B. Taschendiebstahl) sind zu berücksichtigen.

Bei der Tageszeit verdient eine Meldung des Bayerischen Rundfunks vom 8.9.81 Beachtung. Danach haben Experten von Scotland Yard die deliktspezifischen Schwerpunktzeiten errechnet, zu welchen die Unterwelt Englands aktiv wird. Danach sind zwischen 8.00 und 11.00 Uhr vormittags Betrug, Urkundenfälschung, Unterschlagung und Betriebsdiebstahl besonders häufig, von 11.00-13.00 Uhr steigt die Aktivität von Taschendieben, Hochstaplern, Heiratsschwindlern und Straßenräubern an. Zwischen 13.00 und 15.00 Uhr nimmt die Häufigkeit leichter Einbrüche, von Eifersuchtsdramen und Körperverletzungen zu, zwischen 15.00 und 17.00 Uhr die von mittelschweren Einbrüchen, Raubüberfällen und Gewaltverbrechen. In der Zeit von 17.00 bis 18.00 Uhr sind Kassen- und Taschendiebstähle häufiger, und von 18.00 bis 20.00 Uhr ist die Zeit der Profis. Mit der Dunkelheit werden die Straftaten immer schwerwiegender: Morde kommen hauptsächlich zwischen 20.00 und 1.00 Uhr vor. Zwischen 1.00 und 3.00 Uhr werden die Fassadenkletterer tätig (schwerer Einbruch), zwischen 3.00 und 6.00 Uhr häufen sich wieder die Gewaltverbrechen (Mord, Totschlag, Überfälle auf Frauen und schwere Bankeinbrüche) zwischen 7.00 und 8.00 Uhr morgens herrscht dann relative Ruhe (für den Einbruchdiebstahl vgl. auch S. 106).

Aus der von uns durchgeführten Opferbefragung ergab sich, daß die meisten Viktimisierungen nachts stattgefunden hatten. Dies gilt vor allem für die Tötungsdelikte:

Tabelle 10: Delikthäufigkeit in Abhängigkeit von der Tageszeit

Tageszeit	Tötungs-delikt	Körper-verl.	Sexual-delikt	Raub-überfall	sonstiges	insgesamt
tagsüber	22 %	31 %	32 %	34 %	63 %	34 %
abends	22 %	27 %	29 %	26 %	—	23 %
nachts	56 %	42 %	30 %	40 %	37 %	43 %
insgesamt	100 %	100 %	100 %	100 %	100 %	100 %
	(33)	(48)	(34)	(35)	(19)	(169)

4.1.3. Besondere Umstände der Tatsituation: Hemmungswegfall, Provokation und Sorglosigkeit

Viele Straftaten bzw. Viktimisierungen verdanken ihr Zustandekommen dem unglücklichen Zusammentreffen mehrerer Umstände, von denen jeder für sich genommen konsequenzenlos geblieben wäre. Manche Tat hätte sich nicht ereignet, wenn nicht wenigstens einer der Beteiligten alkoholisiert gewesen wäre. SCHNEIDER (1979, S. 56) stellte fest, daß bei 64 % der kriminellen Tötungen Alkohol in der Tatsituation eine Rolle spielte; in 70 % dieser Fälle hatten Täter und Opfer Alkohol zu sich genommen. GÖPPINGER (1981, S. 11) zufolge standen 50 % der Opfer von Tötungsdelikten und 20 % der Opfer von Notzuchtdelikten unter Alkoholeinfluß. Von den Tötungsopfern New Yorks im Jahre 1973 hatten nach den Ermittlung des New York City Police Departments 51,5 % nachweisbare Spuren von Alkohol oder Rauschgift im Blut. Der Anteil der alkoholisierten Opfer in der von uns durchgeführten Opferbefragung betrug 17 %.

Die tendenziell und potentiell viktimogene Wirkung des Alkohols (und anderer Betäubungsmittel) hängt damit zusammen, daß
- die Wehrfähigkeit (Reaktionsschnelle usw.) herabgesetzt ist. Bei körperlichen Auseinandersetzungen ist die stärker betrunkene Person einem höheren Viktimisierungsrisiko ausgesetzt (Schlägerei).
- Alkoholgenuß verschafft ein Gefühl von Stärke und Überlegenheit und provoziert zu unbesonnenen Handlungen, in deren Verlauf man Opfer wird (provozierte Auseinandersetzung).
- Alkoholkonsum baut *Hemmschwellen* ab; eine Person läßt sich auf eine Situation ein, die sie nicht mehr kontrollieren kann (z. B. Vergewaltigungsopfer).
- Alkoholgenuß und Trinkfestigkeit wie auch eine erhöhte Delinquenz-, Kriminalisierungs- und Viktimisierungschance sind Kennzeichen eines bestimmten Milieus (Kneipenkultur; Halb- und Unterwelt).

Alkoholkonsum kann demnach ein wichtiges auslösendes bzw. intervenierendes Moment der Viktimisierung sein, zugleich aber mehr beiläufig damit zusammenhängen. Die Viktimisierung kann auch auf die psychische Verfassung der beteiligten Personen zurückgehen (vgl. 4.1.4.). Diese wiederum wird durch äußere Umstände wie z. B. Arbeitsüberlastung, Termindruck, besondere bevorstehende Ereignisse usw. beeinflußt.

Eine außereheliche oder voreheliche Schwangerschaft kann z. B. zu einem Gefühl tiefer Verzweiflung bei der zukünftigen Mutter beitragen und damit sowohl eine Täterschaft (unerlaubte Abtreibung, Kindsmord) als auch eine Viktimisierung (die Frau wird Opfer eines illegalen Abtreibers) wahrscheinlicher machen. Die Schwangere weist also Merkmale auf, die auf potentielle Täter wirken und bei diesen zu vorsätzlichen, zielgerichteten *finalogenen kriminellen Akten* führen. Weitere Beispiele sind etwa ein erkennbarer Ausländerstatus (vgl. 4.1.4.2.), Alter, Geschlecht (4.1.4.1.) oder Beruf (z. B. Geldbriefträger).

Daneben unterscheidet man noch eine der Situation entsprungene *okkasiogene Kriminalität*. Hierunter fallen Verbrechen an einem Nebenopfer, das die ursprünglich begangene Tat beobachtet hat, aber auch Vergehen wie Fundunterschlagung oder schwere Körperverletzung anläßlich eines Streites. Okkasiogene Kriminalität ist häufiger bei jugendlichen Tätern (LAMNEK 1982b, S. 122 f.).

Es ist nicht immer leicht, die Grenze zwischen finalogener und okkasiogener Kirminalität zu ziehen, da es realiter eine breite Übergangszone gibt:

Ein frustrierter, arbeitsloser Jugendlicher, der den ganzen Abend darüber nachdenkt, wie man schnell zu Geld kommen könnte, sieht in einer Bar, wie ein angetrunkener Gast eine teure Zeche macht und ein dickes Bündel Geldscheine nachlässig in die Gesäßtasche steckt. Beim Vorbeigehen greift der Jugendliche unauffällig zu und erwischt einen Schein. Einerseits hat das sorglose Verhalten des Opfers eine günstige Gelegenheit zum Diebstahl ergeben, andererseits hat der Täter aber bereits mehr oder weniger konzentriert nach einer günstigen Gelegenheit Ausschau gehalten, so daß die Tat sowohl als okkasiogen als auch als finalogen gelten muß.

Ein wichtiger Tatauslöser ist — vor allem bei Jugendlichen — eine Gruppensituation: Bestehende Hemmungen fallen durch partielle Anonymisierung weg und die Verantwortung wird an die anderen und den Gruppenführer delegiert. Darüber hinaus entsteht auch Gruppendruck, bestimmte abweichende oder kriminelle Handlungen als Mutprobe zu begehen:

Fallbeispiel 106:

„Die 14jährige Bettina wußte selbst, daß sie zu dick war, und litt deshalb doppelt unter den ständigen Hänseleien ihrer Freundinnen. Da wollte sie ihnen halt beweisen, was in ihr steckte — und tötete einen wehrlosen alten Mann. Sie schlägt den Rentner nieder, tötet ihn dann mit einem Messer. Die Beute bei diesem grausigen Verbrechen: 100 Mark." (WOCHENEND 6/85)

Vor allem bei Körperverletzungsdelikten hat die Gruppensituation bei den Tätern wesentlichen Einfluß. Chrakteristisch sind jene Ereignisse, die sich fast jedes Wochenende im Zusammenhang mit dem Fußball abspielen:

Fallbeispiel 107:

„Die ‚roten Tiger', bundesweit organisierte Fußball-Anhänger von FC Bayern und Hertha, die lieber prügeln als Fußballspiele anschauen. Einen 18jährigen Malerlehrling schlugen die ‚red tigers' jetzt am Hauptbahnhof krankenhausreif. Der 18jährige war mit zwei Mädchen nachmittags durch das S-Bahn-Ladengeschoß gegangen. Plötzlich rempelten ihn zwei ‚Tiger' an. Als der Lehrling die Rowdys ignorierte, stänkerten sie: ‚Paßt dir was net?' Dann stürzten sich die zwei auf den 18jährigen und verprügelten ihn. Das Opfer mußte mit Kieferbruch und anderen Verletzungen ins Krankenhaus. Die Täter entkamen. Die Fußball-Arbeitsgruppe der Kripo ermittelt." (tz, 21.2.85)

Fallbeispiel 108:

„Riesenrandale beim Spiel Bayern gegen Stuttgart im Olympia-Stadion am Samstag! ‚Wir mußten 31 Personen vorläufig festnehmen', zieht Hans Summer von der Polizeipressestelle Bilanz. Von den Inhaftierten waren immerhin 26 Stuttgarter Anhänger. Die Latte der Delikte ist lang: Diebstahl, Sachbeschädigung, Widerstand, versuchte Gefangenenbefreiung, Raub, Verstoß gegen das Waffengesetz. Fast alle Täter waren erheblich betrunken. Sie wurden am Sonntag entlassen. ‚Die Polizeipräsenz verhinderte dennoch größere Ausschreitungen', sagt die Polizei, die mehrere Hundert Beamte eingesetzt hatte." (tz, 18.3.85)

Es ist schwierig anzugeben, welche Viktimisierungsmerkmale der Lehrling im Fallbeispiel 107 besessen hatte. War er ein Zufallsopfer, wie zufällig anwesende Passanten bei einem Bombenattentat? Oder hat er die Täter unwillentlich und unbewußt provoziert, weil er mit 2 Mädchen unterwegs war (was möglicherweise Neid erweckte)? (Wie Untersuchungen jugendlicher Fußballrowdys gezeigt haben, sind unter ihnen Angehörige niedrigerer sozialer Schichten und Arbeitslose deutlich überrepräsentiert.)

Bestimmte Anlässe können auch bei Beziehungsdelikten Auslöser bereits lang schwelender Konflikte sein. Von außen gesehene Geringfügigkeiten können verheerende Wirkungen haben:

Fallbeispiel 109:

„Meinungsverschiedenheiten darüber, ob eine Hauskatze auch in der lauen Silvesternacht allein Gassi gehen darf, waren nach Ermittlungen der Polizei in Schweinfurt einziges Motiv in einem Tötungsfall zur Jahreswende. Ein 24 Jahre alter arbeitsloser Mann hat inzwischen gestanden, daß er nur der Katze wegen mit seiner Lebensgefährtin, einer 49 Jahre alten Witwe, in Streit geraten sei. Nach Angaben der Staatsanwaltschaft trampelte der Mann auf der am Boden liegenden Frau herum und hat ihr dabei massive, tödliche Verletzungen am Oberkörper und am Kopf zugefügt. " (tz, 3.1.85)

Fallbeispiel 110:

„Ein Bauhelfer wollte sich einen Leberkäs in der Pfanne abbräunen. Doch die Mutter befahl: ‚Iß ihn kalt.' Daraufhin zog der 30jährige ein Fischmesser aus der Brusttasche und stieß das Messer der Mutter in die linke Brustseite. Die Frau wurde schwerverletzt ins Krankenhaus gebracht. Die Polizei nahm den Sohn fest." (tz, 18.1.85)

Es wäre verfehlt, hier von einer „Schuld" des Opfers zu sprechen, doch hat sein Verhalten die Tat (mit)verursacht. Inwieweit sich die Opfer der beiden zuletzt geschilderten Fälle unklug oder gar *provokativ* verhalten haben, läßt sich aufgrund der unvollständigen Informationen nicht entscheiden. Im nächsten Beispiel (vgl. auch S. 63) kann man dagegen dem Opfer eines Sexualmörders Unklugheit nicht absprechen:

Fallbeispiel 111:

„Als die junge Frau, die nachts ihre beiden Ponys auszureiten pflegte, ihn erneut zurückwies, riß H. W. sie vom Pony herunter und forderte sie auf, sich auszuziehen. Er ‚half' ihr beim Entkleiden, indem er ihr mit dem Messer den Büstenhalter durchschnitt. Sein Vorhaben, die Frau zu vergewaltigen, mißlang, da er, wie bei den meisten Frauen zuvor, impotent war. I. N. verspottete ihn: ‚Du bist ja eine saure Gurke. Du solltest dir dein Ding abschneiden und den Raubtieren zum Fraß vorwerfen! Außerdem geh ich jetzt zur Polizei!' Damit hatte I. N. selbst ihr Todesurteil ausgesprochen: H. W. metzelte sie mit 30 Stichen nieder. Zuletzt schnitt er ihr die Kehle durch." (AZ 23.10.84)

Nun scheint es einfach, im Nachhinein Ratschläge für überlegteres Opferverhalten zu geben, doch muß man der jungen Frau vorhalten: Spott gegenüber einem unsicheren, aber körperlich überlegenen und bewaffneten Täter ist sehr riskant; ebenso das Aussprechen von Drohungen. Im geschilderten Fall hat das Opfer den Täter so in die Enge getrieben, daß er keinen anderen Ausweg mehr sehen konnte; er mußte kämpfen, denn es ging gleichsam um Leben und Tod.

Wie an anderer Stelle ausgeführt, entscheidet oft der Zufall darüber, wer Opfer und wer Täter bei einer Auseinandersetzung wird. Für die Strafzumessung spielt es eine Rolle, wenn der Täter durch das Verhalten des Geschädigten ernstlich in Versuchung geführt wurde oder wenn er ungerechte Reizung oder Kränkung erdulden mußte (vgl. MAECK 1983). Nach § 213 StGB gilt eine Mißhandlung oder schwere Beleidigung durch den Getöteten strafmildernd; nach § 233 StGB besteht die Möglichkeit einer Aufrechnung wechselseitig begangener Straftaten, was ebenfalls eine Strafmilderung beinhaltet. Nach § 226a StGB beseitigt die Einwilligung des Opfers die Rechtswidrigkeit einer Körperverletzung, soweit die Tat nicht gegen die guten Sitten verstößt. Nicht immer wirkt sich eine Provokation durch das Opfer strafmildernd aus. Im folgenden Fall wurde die gesetzlich mögliche Höchststrafe verhängt:

Fallbeispiel 112:

„Mit einer Beinprothese erschlug Reiner K. seine Vermieterin! Auguste P. (76) hatte ihn rausgeworfen, weil der 27jährige Drogist aus Mitleid einen arbeitslosen Mann in seine Wohnung aufgenommen hatte ... Als Auguste P. erfuhr, daß der junge Mann einem Arbeitslosen Obdach gewährte, schickte sie dem Mieter sofort die Kündigung. ‚Ich dulde das nicht ohne Genehmigung', schrieb die Millionärin. Reiner K. fand auch eine neue Wohnung. Dazu benötigte er allerdings die 1500 Mark Kaution, die er von der Vermieterin zurückerwartete. Er fuhr zu deren Villa nach Bad Dürkheim, wo sie alleine mit drei Hunden lebte. ‚Ich brauch dringend das Geld,' sagte Reiner K., ‚sonst kann ich die neue Wohnung nicht beziehen.' Die Millionärin lachte ihn aus: ‚Von mir Geld?' Erst müsse die Wohnung renoviert werden, sagte sie. Die 76jährige wollte den Mann aus der Wohnung jagen. Doch da drehte der Drogist durch. Wütend schlug Reiner K. auf die alte Frau ein. Diese stürzte zu Boden. Der 27jährige schnallte sein Holzbein ab und schlug so lange auf sein Opfer ein, bis die Millionärin leblos in ihrem Blut liegen blieb ... Vor einem Schwurgericht in Mannheim wurde Reiner K. jetzt wegen Mordes zu lebenslanger Haft verurteilt." (tz, 26.2.85)

Bei der Berücksichtigung von „Anlässen“ handelt es sich nach AMELUNXEN (1970, S. 14) um Überreste des alten Racherechts, das es niemandem zumuten wollte, Schimpf und Beleidigungen ohne Gegenwehr zu ertragen. „Wer durch Wort oder Tat ‚den Streit anbringt‘, darf verletzt, manchmal sogar getötet werden.“ Ein vom Opfer ausgehender Anlaß (der sich nicht auf Angriffshandlungen beschränkt), bewirkte eine Milderung. Nach dem Stadtrecht von Neuötting galt: „Wer den anderen bringt zu einer Unzucht, der büße ihrer beider Schuld!“ Es gab provozierte Verbrechen, bei welchen der Täter zwar hingerichtet wurde, das Opfer aber den Henkerslohn zahlen mußte (AMELUNXEN 1970, S. 14).

Heute wird der Begriff der Provokation weiter gefaßt. MAECK (1983, S. 99) nennt hier äußere Anreize, wie bedrängte wirtschaftliche Lage, schwierige häusliche Verhältnisse, gesellschaftliche Unsitten, Eigenart des Lebenskreises, Verführung, Verlockung durch günstige Gelegenheit und Provokation (im oben gemeinten, engen Sinne); weiterhin aber auch Motive wie Haß, Rache, Eifersucht und Verzweiflung, die in der Regel durch äußere Umstände hervorgerufen werden. Derartige Anreize und Motive müssen nicht unbedingt vom Opfer ausgehen, dieses ist häufig nur ein sich gerade bietender Stellvertreter — etwa für die Abfuhr von Aggressionen —, wenn der eigentliche Aggressor unbekannt bzw. unangreifbar ist (vgl. 1.3.3.).

Fallbeispiel 113:

Fliesenleger Erich K. (34) war mächtig stolz auf seine blonde Freundin Angelika (26): Sie störte sich nicht an seiner Hasenscharte, auch nicht daran, daß er manchmal als ‚Schiefmaul‘ gehänselt wurde.
An einem Samstagabend geriet Erich K. in Wut: Diplom-Sozialpädagoge Gottfried H. (35) hatte seine Freundin beim Spazierengehen unter der Großhesseloher Brücke zufällig angerempelt. ‚Ich bring‘ dich um‘, schrie der kräftige Fliesenleger und schlug dem Mann ins Gesicht. Der stürzte zu Boden, hatte Kopfschmerzen, ging in die Klinik. Am nächsten Tag wurde er bewußtlos, lag vier Monate im Todeskampf. Dann starb er. Hirnblutungen! ‚Ich bin kein Schläger und hätte nie gedacht, daß meine Watsch'n so verheerende Folgen haben könnte‘, sagte Erich K. gestern vor dem Schwurgericht. Er ist wegen Körperverletzung mit Todesfolge angeklagt. Der Prozeß wird fortgesetzt.“ (BILD, 19.3.85)

Es scheint so, daß für den Beklagten die Rempelei ein willkommener Anlaß war, aufgestaute Frustrationen infolge erlittener Demütigungen wegen seiner körperlichen Mißbildung loszuwerden.

Fallbeispiel 114:

„Aus Verärgerung hat ein Familienvater eine Diskothek in Karlsruhe angezündet. Gestern gestand der 26jährige Busfahrer: ‚Ich war sauer, weil die mich nicht hineinlassen wollten.' Der Vater zweier Kinder schüttete daraufhin vor dem Eingang Benzin aus und legte Feuer. Wie durch ein Wunder konnten sich die 300 Gäste durch Notausgänge retten." (tz, 6.3.85)

Hier war es offensichtlich Ärger über eine als diskriminierend empfundene Behandlung. In solchen und ähnlichen Situationen stehen keine Möglichkeiten zur Verfügung, den Unwillen auf eine sozial genehme Weise auszudrücken, was bei geringer Frustrationstoleranz leicht zu Kurzschlußhandlungen führen kann. Wäre die Tat „gelungen", so wären aber nicht nur die provozierenden Opfer (Türsteher) geschädigt worden, sondern auch die Gäste als „ideale Opfer" im Sinne der Typologie von MENDELSOHN (1956).

Der Vollständigkeit wegen sind noch die Fälle zu erwähnen, wo eine „Viktimisierung" bewußt herbeigeführt werden soll. Hier ist dann der Täter eigentlich Opfer. Um ihm zu schaden oder zur Erreichung anderer Ziele (z. B. Abschreckung, Sicherung von Beweismaterial) wird er zu einer als ungesetzlich definierten Handlung verführt oder gereizt (vgl. auch Fallbeispiel 8):

Fallbeispiel 115:

„Die Frau ist jung und hübsch. Polizistin Susan Gonzales wird Olympia-Star Edwin Moses möglicherweise hinter Schloß und Riegel bringen. Als Sex-Mädchen getarnt war sie im Vergnügungsviertel von Hollywood von dem Goldmedaillen-Gewinner angesprochen worden. Moses bot nach ihrer Aussage 100 Dollar für zwei ‚außergewöhnliche' Sex-Spiele. Weltklasse-Leichtathlet Moses bestreitet dies: ‚Das war doch nur ein Scherz.' Er steht nun vor Gericht. Freiern droht in Kalifornien ‚wegen Förderung zur Prostitution' bis zu einem halben Jahr Gefängnis. Um solche Männer schnappen zu können, schickt die Polizei als Prostituierte getarnte Beamtinnen ‚auf den Strich'." (tz, 15.2.85)

Allzu offen gezeigte *Sorglosigkeit* des Opfers kommt in gewisser Weise einer Provokation gleich. Dazu gehört das Prahlen mit Bargeld in einer Bar, das Erzählen von einem größeren Geldbetrag, den man zu Hause habe, die Mitnahme von Zufallsbekanntschaften in die eigene Wohnung (vgl. Fallbeispiel 100) u.a.m. Dahinter steht neben Unwissenheit und dem Verdrängen der Gefahr oft Selbstüberschätzung, der relative Wohlstand, der auch den Wert teurer Konsumgüter reduziert hat, sowie „das unsoziale Versicherungsdenken" (AMELUNXEN 1970, S. 95). Immer wieder wird im Rahmen polizeilicher Aufklärungsaktionen davor gewarnt, Fremden den Aufbewahrungsort von Wertgegenständen und Geld zu zeigen. Aus unserer eigenen Erhebung ergeben sich folgende Befunde hierzu: 75 % der Opfer „sonstiger Delikte" (Betrug, Diebstahl, Fundunterschlagung) und 46 % der Überfallenen gaben an, daß der Täter das Versteck der entwendeten Gegenstände kannte. Nur 1/3 der Opfer war der Überzeugung, das gestohlene Eigentum sicher aufbewahrt zu haben; bei den Opfern von Raubüberfällen in der eigenen Wohnung waren es aber immerhin fast 80 %. Obleich 18 % eine Opferwerdung bereits vor der Tat befürchtet hatten, waren nur von 7 % Schutzmaßnahmen getroffen worden. Die Opfer von Überfällen waren mit einem Anteil von 15 % noch am vorsichtigsten.

Zur Erfassung des Mitwirkungsbeitrages des Opfers wurde der Index „Leichtsinn" konstruiert, dessen Wert um so höher war, je mehr der folgenden Bedingungen erfüllt waren:

- Der Befragte räumte ein, daß er zu sorglos und nachlässig gewesen sein oder daß sein Verhalten den Täter möglicherweise ermutigt haben könnte (subjektive Einschätzung).
- Der Richter hat dem Befragte eine Mitschuld bei der Straftat zugesprochen (objektive Einschätzung).
- Der Befragte läßt Fremde entweder im Regelfall oder nach seinem ersten persönlichen Eindruck in seine Wohnung.
- Der Befragte hatte — soweit er Opfer eines Eigentumsdeliktes geworden war — sein Eigentum nicht sicher aufbewahrt.
- Der Befragte hatte zur Tatzeit alkoholische Getränke zu sich genommen.

Somit konnten Werte zwischen 0 und 6 bzw. — für den Fall, daß kein Eigentumsdelikt vorlag und noch kein Verfahren stattgefunden hatte — zwischen 0 und 4 erreicht werden. 45 % der Befragten (61 von 136) erfüllten keine oder nur eine der genannten Bedingungen und wurden als nicht oder wenig leichtsinnig kategorisiert. 32 % (44) galten mit zwei „Leichtsinnspunkten" als mittel und 23 % (31) mit drei und mehr Punkten als erheblich leichtsinnig. Deliktspezifische Analysen ergeben dabei einen signifikaten (α = 0,005), aber nur schwachen Zusammenhang (γ = 0,12) zwischen „Leichtsinn" und Straftat. Überfallopfer sind mit 31 % bei den „Leichtsinnigen" überrepräsentiert, während die Opfer schwerer Körperverletzungen mit 23 % dem Durchschnitt entsprechen. Vergewaltigungsopfer können dagegen nach dieser Kategorisierung nur zu 3 % als erheblich leichtsinnig, dagegen zu 71 % als „nicht leichtsinnig" eingestuft werden. Gerade bei diesem Delikt, wo zumindest in populären Darstellungen und in Teilen der öffentlichen Meinung eine besondere Mitwirkung der Opfer unterstellt wird, scheinen diese Vorurteile bei unserer Population unbegründet.

4.1.4. Zur Person des Opfers

Obgleich die Opfervariablen untereinander wie auch mit den Täter- und Situationsmerkmalen in Wechselwirkung stehen, wollen wir sie zunächst isoliert und eher statisch betrachten, um dann im folgenden Abschnitt über die Täter-Opfer-Beziehung zu einer mehr prozessualen Sichtweise überzugehen.

Wir beschränken uns auf die Merkmale Geschlecht, Alter, soziale Sichtbarkeit, Beruf, soziale Stellung, Integration, Konstitution und (ausgewählte) Persönlichkeitsmerkmale. Je nach Ausprägung bestimmter Variablen und der Verbindungen, die sie mit anderen eingehen, können sich viktimogene Effekte kumulieren. PAASCH (1965, S. 59) geht von einer spezifischen Eignung mancher Menschen aus, Opfer eines speziell gegen sie gerichteten Angriffs zu werden, wobei die Opferneigung primär auf biologischem, psychologischem und soziologischem Gebiet liegen kann. Wie noch zu zeigen sein wird, kommt es aber letztlich doch auf soziale Zusammenhänge und Beziehungen an, die zur Opferwerdung prädisponieren: Nicht etwa das Alter an sich — als biologisches Faktum — ist entscheidend, sondern die damit einhergehende physische und psychische Unterlegenheit sowie das Machtgefälle, die eine Person als lohnendes Opfer erscheinen lassen.

4.1.4.1. Alter und Geschlecht

Entscheidende Bedingungen der Viktimisierungschance einer Person sind die beiden Variablen „Attraktivität" und „Zugänglichkeit". Beide sind wesentlich durch das Alter bestimmt: *Alte Menschen* sind deshalb eine bevorzugte Zielgruppe für Straftäter, weil sie infolge physischer, mentaler und psychischer Behinderungen, aber auch wegen relativer sozialer Isolation (Ableben gleichaltriger Kontaktpersonen; Segregation des Alters in unserer Gesellschaft) oft vergleichsweise hilflos und/oder einsam sind. Sie bemerken die Straftat erst später, können sich weniger leicht wehren und haben größere Schwierigkeiten im Kontakt mit den Verfolgungsbehörden. Andererseits sind sie aber deshalb attraktiv, weil bei ihnen eher Ersparnisse oder Wertgegenstände vermutet werden, die leicht zugänglich sind (Sparstrumpf) oder in Geld umgesetzt werden können. Alte Menschen werden bevorzugt Opfer von Raubmorden (SCHNEIDER 1979, S. 61), aber auch von Trickdieben und Betrügern. Dazu drei alltägliche Beispiele:

Fallbeispiel 116:

„In einem Lokal am Bahnhof lernte eine Rentnerin (68) zwei Frauen kennen. Sie lud beide spater in ihre Wohnung in der Schellingstraße (Schwabing) ein. Die Gäste verabschiedeten sich nach einer Weile und die Rentnerin verließ kurz danach ebenfalls das Haus, um ihren Mann im Krankenhaus zu besuchen. Als sie abends zurückkehrte, stellte sie fest, daß eingebrochen worden war und Schmuck für 57 000 Mark fehlte. Die Frauen, zwei Trickdiebinnen, hatten während ihres Besuchs heimlich die Zweitschlüssel geklaut und waren während der Abwesenheit der Rentnerin in die Wohnung eingedrungen." (tz, 17.1.85)

Fallbeispiel 117:

„Mit einem gemeinen Trick hat ein etwa 25jähriger Mann mit spitzer Nase und dunklem Haar einer 72jährigen Rentnerin 200 Mark gestohlen. Der Täter hatte am Rosenmontag gegen 18 Uhr an der Wohnungstür der 72jährigen in Neuhausen geklingelt. Er gab vor, Putzlappen und Seifen für Behinderte und das Kinderhilfswerk zu verkaufen. Als die Rentnerin ablehnte, bat sie der Trickdieb um ein Glas Wasser. Während die Frau in die Küche ging, klaute der Mann aus einem Nachtkasten das Geld." (AZ, 20.2.85)

Fallbeispiel 118:

„ ‚Ich verkaufe Bürsten, Wäscheklammern und Wäscheleinen. Der Gewinn kommt Behinderten zugute', stellte sich eine Betrügerin einer 80jährigen Münchnerin in ihrer Wohnung an der Ruffinistraße in Neuhausen vor. Aus Mitleid wollte die Frau eine Wäscheleine für 20 Mark kaufen. Während sie das Geld holte, klaute die ewa 45jährige Frau aus dem Schlafzimmer unbemerkt 1500 Mark, die als Geschenk für den Enkel gedacht waren, und flüchtete." (tz, 15.1.85)

Junge Menschen sind durch ihre aktivere Teilnahme am Leben und damit durch eine größere Konflikthäufigkeit von Viktimisierungen bedroht. So erwiesen sich die Chancen der Opferwerdung der 14- bis 30jährigen und besonders der 21- bis 30jährigen am größten (Schwind u. a. 1975). Göppinger (1981) gibt den Opferanteil der unter 21jährigen mit 40 % an, ein — im Vergleich zu der viel größeren Altersgruppe der über 21jährigen — sehr hoher Wert. Jüngere sind ebenfalls eher Opfer von Gewaltdelikten (Stephan 1980, S. 53). Bei den Sexualdelikten sind 18- bis 20jährige überproportional vertreten (Brauneck 1974, S. 279). Aus viktimologischen Untersuchungen aus den USA geht hervor, daß die persönliche Opferwerdung in der Altersgruppe zwischen 12 und 24 Jahren am größten ist (vgl. zusammenfassend Schneider 1979, S. 34).

Eine Analyse der Münchner Polizeistatistik für unter 21jährige Tatverdächtige zeigte altersspezifische Variationen bei bestimmten Delikten (Lamnek 1982b): Mit zunehmendem Opferalter (bis ca. 20 Jahre) nahmen die Anteile an schwerer Körperverletzung zu. Umgekehrt verhielt es sich aber mit den Sexualdelikten. Raub und Körperverletzung sind im Kindesalter, bis zu 10 Jahren, gemäß ihrer Randverteilung verteilt. Schwere Körperverletzung richtete sich im Alter von 10 bis 50 Jahren fast ausschließlich gegen Männer, um dann mit zunehmendem Alter auch wieder Frauen mehr zu betreffen (vgl. auch Schafer 1968).

Das *Geschlecht des Opfers* hat ebenfalls erhebliche deliktspezifische Auswirkungen. Sexualdelikte gehen fast ausschließlich zu Lasten der Frauen; bei den meisten anderen Delikten liegt der Frauenanteil bei den Opfern unter dem Anteil der Männer, vor allem bei den Rohheitsdelikten. Dennoch werden Frauen wesentlich leichter zu Opfern als zu (registrierten) Tätern:

Der Antel weiblicher Täter bewegt sich für die Bundesrepublik Deutschland etwa um 20 % (KAISER 1985, S. 79 ff.), der der weiblichen Opfer liegt bei 40-45 %. GÖPPINGER (1981, S. 9) stellte bei allen in der Kriminalstatistik erfaßten Opfern einen Frauenanteil von 37,4 % fest. Dabei zeigen sich mehr oder weniger große deliktspezifische Unterschiede:

Tabelle 11: Deliktspezifische Opferanteile von Frauen (nach GÖPPINGER 1982, S. 8 f.)

Delikt	Anteil weibl. Opfer
Vergewaltigung, Menschenhandel, sexueller Mißbrauch unter Gewaltanwendung	100 %
sexueller Mißbrauch unter Ausnutzung eines Abhängigkeitsverhältnisses	94,4 %
sexuelle Nötigung	91,1 %
Sexualmord	91,3 %
sexueller Mißbrauch von Kindern	76,4 %
Exhibitionismus	(„fast nur Frauen")
Handtaschenraub	91,6 %
Zechanschlußraub	5,2 %
sonstiger Raub	16,1 %
gefährliche und schwere Körperverletzung	20,6 %

Auch in ausländischen Statistiken und Untersuchungen zeigt sich ein generell geringeres Viktimisierungsrisiko der Frauen. Aus einer in Israel durchgeführten Studie ergab sich ein Anteil von 43 % weiblichen Opfern (und nur 9 % weiblichen Tätern) (LANDAU/DRAPKIN/ARAD 1974). Der Anteil der 1972 in New York getöteten Frauen betrug 16,1 % (272 von 1691; NEW YORK CITY POLICE DEPARTMENT 1973a; zit nach SCHNEIDER 1975, S. 105) Diese und vergleichbare Untersuchungen stimmen darin überein, daß der Frauenanteil bei den Sexualdelikten wesentlich größer ist als der der Männer, die bei den Rohheits- und Begehrlichkeitsdelikten (abgesehen von Ausnahmen wie dem Handtaschenraub) überrepräsentiert sind. In den höheren Altersgruppen nimmt der Frauenanteil bei den Opfern allgemein zu (vgl. z. B. GÖPPINGER 1981), was sich zum einen aus der größeren Lebenserwartung der Frauen erklärt, zum anderen aber mit der von den Tätern perzipierten größeren Hilflosigkeit älterer Frauen — gegenüber der älterer Männer — zusammenhängen dürfte.

Aus der zitierten Analyse der Münchener Polizeistatistik (LAMNEK 1982b) ergaben sich beim Geschlecht des Opfers in Abhängigkeit vom Alter für verschiedene Delikte folgende Frauenanteile:

Tabelle 12: Dreifachkorrelation zwischen Delikt und Alter bei Konstanz des Geschlechts des Opfers. Die Tabelle enthält nur die Anteilswerte für weibliche Opfer; die Werte für die männlichen errechnen sich in Ergänzung zu 100 %.

Alter	Sexual-delikt	Raub	Körperverl. schwer	Randvert. für alle Delikte	Cramer's V
1 u. 5	78,6	33,3	42,9	16,2	0,52
5 u. 12	76,3	22,2	6,9	34,9	0,65
12 u. 15	100	12,5	4,3	25,1	0,78
15 u. 18	100	11,5	5,7	24,7	0,69
18 u. 22	100	33,3	9.1	20,4	0,62
22 u. 30	100	12,7	10,2	13,2	0,40
30 u. 40	100	21,0	5,4	14,3	0,51
40 u. 50	100	60,9	13,8	37,3	0,53
50 u. 60	100	57,1	14,3	52,3	0,45
60 u. 70	0	87,0	50,2	77,8	0,58

insgesamt 9875 (6,6 %)

Der Wert von Cramer's V für die bivariate Korrelation „Delikt" mit „Geschlecht des Opfers" betrug 0,23. In der Erklärung des Delikts durch das Opfer wirkten also Alter und Geschlecht einander verstärkend, wie den Korrelationskoeffizienten der letzten Tabellenspalte zu entnehmen ist.

Die Abbildung 9 auf Seite 190 setzt die Verteilung der Opfer nach Geschlecht in den einzelnen Altersklassen in Beziehung zu den Bevölkerungsanteilen gemäß den Angaben im Statistischen Jahrbuch (1980, S. 59). Wir gehen dabei davon aus, daß sich die Verteilung der Bevölkerung nach Geschlecht im Bereich des Polizeipräsidiums München nicht wesentlich von der entsprechenden Verteilung für das gesamte Bundesgebiet unterscheidet.

Danach waren Frauen unter 50 Jahren in allen Altersklassen unterrepräsentiert, deutlich überrepräsentiert jedoch bei den über 60jährigen. Relativ groß (wenn auch unterproportional) war der Anteil der 5- bis 12jährigen Mädchen bei den Opfern.

Eine deliktspezifische Betrachtung kann weitere Aufschlüsse liefern, wobei wir uns auf Raub, schwere Körperletzung und Sexualdelikte beschränken. Bei schwerer Körperverletzung sind Frauen als Opfer in der Regel deutlich unterrepräsentiert (vgl. Abbildung 10).

Abbildung 9: Geschlechtsproportionen der Opfer in den einzelnen Altersklassen für alle Delikte

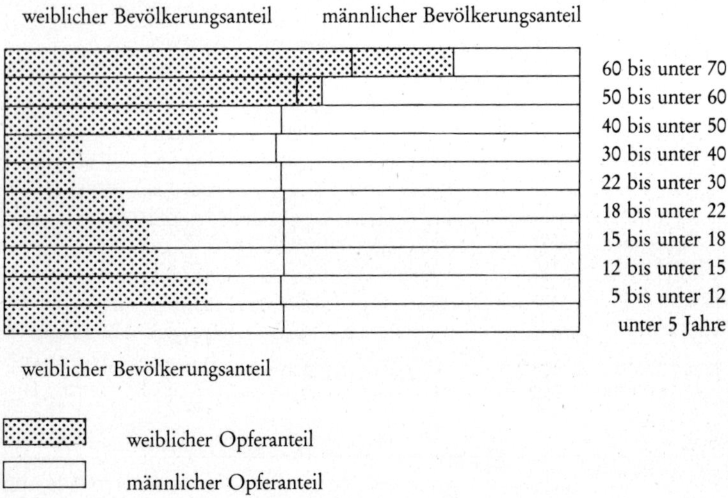

Abbildung 10: Geschlechtsproportionen in den einzelnen Altersklassen bei den Opfern mit schwerer Körperverletzung

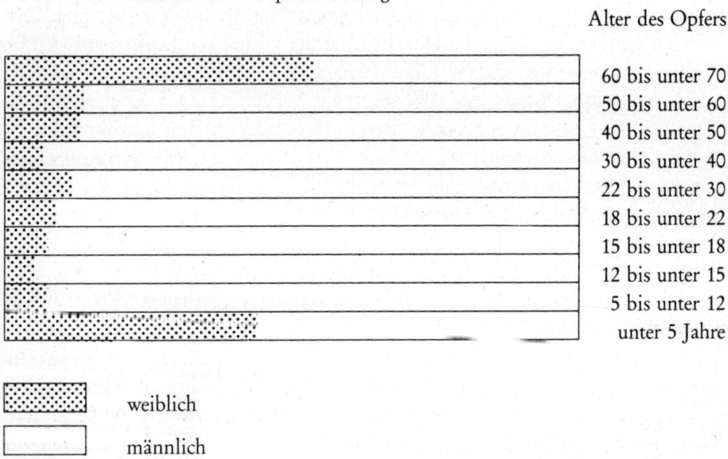

Wie zu erwarten, gehen Sexualdelikte nahezu ausschließlich zu Lasten des weiblichen Geschlechts; nur in den Alterklassen „unter 12 Jahre“ waren männliche Opfer zu finden:

Abbildung 11: Geschlechtsproportionen in den einzelnen Altersklassen bei den Opfern von Sexualdelikten

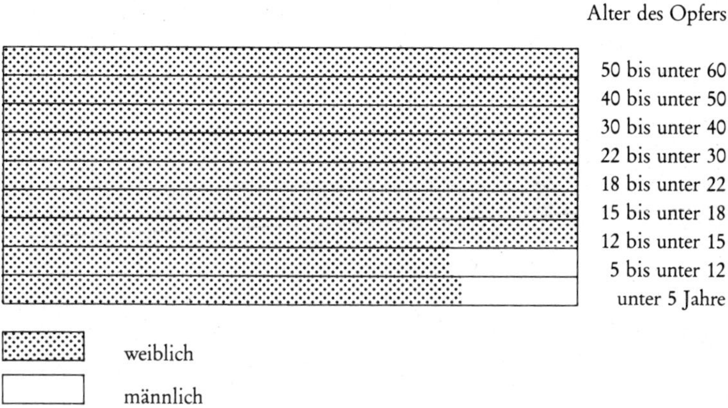

Beim Raub übt das Geschlecht des Opfers kaum einen Einfluß aus, doch werden mit höherem Alter Frauen tendenziell öfter betroffen, was auch mit dem größeren Frauenanteil in den höheren Altersgruppen erklärt werden kann.

Abbildung 12: Geschlechtsproportionen in den einzelnen Altersklassen bei den Raubopfern jugendlicher Straftäter

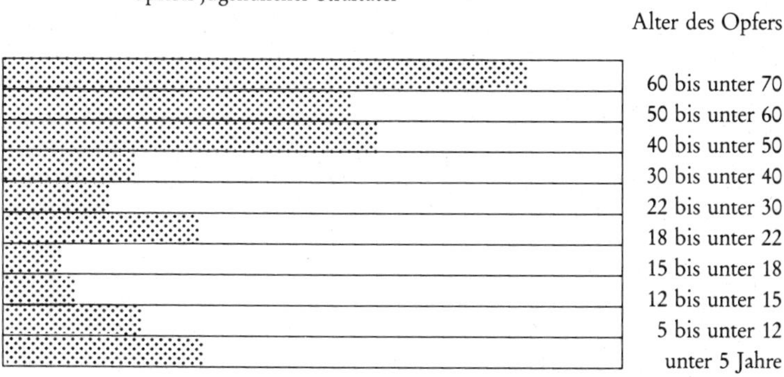

● *Zusammenfassend können wir festhalten, daß bei den Opfern von Raubdelikten in der Altersgruppe der bis zu 40jährigen die Männer überwiegen, bei den älteren Opfern die Frauen. Mit Ausnahme der unter 5jährigen und über 50jährigen sind die Opfer von Körperverletzungsdelikten überwiegend Männer, während von Sexualdelikten nahezu ausschließlich Frauen betroffen sind.*

4.1.4.2. Nationalität

Fremde und Emigranten, Angehörige von Minderheiten und Flüchtlinge sind sowohl individuell als auch kollektiv einem besonderen Viktimisierungsrisiko ausgesetzt (vgl. v. HENTIG 1948, S. 414 ff., 1962, S. 400 f., PAASCH 1965, S. 51 ff.). Die Gründe hierfür sind leicht einzusehen, erscheinen Fremde doch häufig als besonders wehrlose Opfer. Der Sprache des Gastlandes nicht oder nur begrenzt mächtig, ohne großen sozialen Rückhalt, unsicher im Umgang mit Behörden und vor allem mit der Situation in der Aufnahmegesellschaft nicht vertraut, hat ein Täter bei solchen Opfern relativ wenig zu befürchten. Häufig kommt eine aktuelle Notsituation hinzu, die zu Betrügereien, Wucher oder Erpressung geradezu prädestiniert (Letzteres vor allem dann, wenn die Opfer im Gastland Straftaten begangen haben.). Dazu ein besonders krasses Beispiel:

Fallbeispiel 119:

„Polizisten verhafteten in Italien rund 100 Tamilen als Rauschgifthändler. Einigen war die Zunge herausgeschnitten worden, damit sie ihre Bosse nicht verraten konnten." (BILD, 19.3.85)

Zur „normalen", an Ausländern oder Fremden begangenen Kriminalität gehört u. a., daß sie in Nepp-Lokale abgeschleppt und dort ausgenommen werden:

Fallbeispiel 120:

„Teurer Spaß für einen türkischen Bergarbeiter: Während er sich nackt in einem Sex-Club in H. amüsierte, wurden ihm 85 000 Mark gestohlen. Er hatte 100 000 Mark in seiner Kleidung in einem Spind deponiert. Das Geld stammte aus einer Unfallrente, die der 40jährige sich hatte auszahlen lassen." (tz, 14.2.84)

Besonders häufig sind der Verkauf gefälschter Aufenthalts- und Arbeitsbewilligungen sowie Führerscheine, das Eintreiben von Schutz- und Vermittlungsgeldern bei Restaurantbesitzern und Arbeitsuchenden (zumeist durch Landsleute). Im letztgenannten Fall sehen sich die Geschädigten oft gar nicht als Opfer, weil ein derartiges Gebaren Bestandteil des in ihrer Heimat herrschenden traditionellen Klientilismus-System ist (vgl. CAMPBELL 1964), obgleich derartige Praktiken auch dort vielfach offiziell verboten sind.

Gerade bei der Situation von Ausländern bzw. ethnischen Minderheiten zeigt sich ein enger Zusammenhang der strukturellen Viktimisierung und der Viktimisierung im engeren Sinne: Die im Gastland objektiv vorhandenen Schwierigkeiten, Beschränkungen und Diskriminierungen tragen nicht nur zu einem Delinquenz- und Kriminalisierungsrisiko bei (vgl. KAISER 1985, S. 275 ff., SCHÜLER-SPRINGORUM 1983), sondern erhöhen auch das Viktimisierungsrisiko, weil sich potentielle Täter die Behinderungen (z. B. bei der Arbeits- oder Wohnungssuche) zunutze machen. Dabei handelt es sich bei Opfern und Tätern häufig um Landsleute (vgl. Fallbeispiele 122, 123), wobei sich die Täter meist schon länger im Gastland aufhalten, sich den Opfern gegenüber also im Vorteil befinden und auch den einheimischen (deutschen) Kriminellen — durch ihre Kenntnis von Sprache, Mentalität und Gewohnheiten der Opfer — überlegen sind. Dies ist vor allem bei utilitaristisch motivierten Beziehungsdelikten (Betrug) der Fall. Auch für andere Beziehungsdelikte besteht eine erhöhte Wahrscheinlichkeit, daß Opfer und Täter derselben Gruppe angehören. Bei 95 % der in Israel begangenen Tötungsdelikte waren Täter und Opfer beide Juden oder beide Araber (LANDAU/DRAPKIN/ARAD 1974). Dies hängt zum einen mit der größeren intraethnischen Interaktionsdichte zusammen, zum anderen aber auch damit, daß es sich häufig um Familienkonflikte und Vergeltungsakte handelt, aus denen man die Polizei des Gastlandes bzw. der Bevölkerungsmajorität heraushalten möchte. Anstatt sich an die offiziellen Kontrollinstanzen zu wenden, versucht man, die Angelegenheit unter sich zu regeln, wobei auch ein Opfer leicht zum Täter werden kann:

Fallbeispiel 121:

„Zweieinhalb Jahre Gefängnis für die fünffache türkische Mutter S. S. (25) wegen Totschlagversuchs. So urteilte jetzt das Schwurgericht München II. Die Türkin hatte mit einem Küchenmesser auf ihren Exgeliebten S. F. (36) eingestochen, nachdem dieser sie mit Aktfotos zu neuen Liebesbeziehungen nötigen wollte." (AZ, 19.5.85)

Fallbeispiel 122:

„Der Mann, der in der Nacht zum 25. Juni 1984 auf der Lindwurmstraße einer Zivilstreife buchstäblich in die Arme getaumelt war, hatte einen Herzstich. Für den Türken H. A. (33) war die zufällige Begegnung lebensrettend: Trotz seiner lebensgefährlichen Verletzung konnte er gerettet werden. Sein Landsmann Ö. A. (28), der jetzt wegen versuchten Totschlags vor dem Münchner Schwurgericht steht, beruft sich hingegen auf einen ‚unglücklichen Zufall', durch den er unschuldig in Verdacht geraten sei. Eine deftige Wirtschausschlägerei in der Gaststätte ‚Bayerischer Herold', die der türkische Fernfahrer H. durch seine Stänkereien ausgelöst hatte, war den Stichen vorausgegangen. ‚Ich sah, wie der Wirt Ali in die Küche rannte. ich lief ihm hinterher. Als ich ihm dort das große Messer wegnahm, wurde ich an der Hand verletzt.' So erklärt Ö. jetzt, warum er mit blutverschmierter Kleidung und einem Messer in der Hand gesehen wurde. Nicht er habe auf H. eingestochen, sondern der Wirt Ali, der nach der Rangelei ein zweites Küchenmesser ergriffen habe. Wie's der Zufall will: der Angeklagte und der verletzte H. haben dieselbe Blutgruppe, so daß die Blutspuren an O.s Kleidung nicht eindeutig zuzuordnen sind. Ausgerechnet der lebensgefährlich verletzte H., der zunächst durch den starken Blutverlust auch sein Gedächtnis verloren hatte, bestätigte die Version, die Ö. jetzt erstmals vor Gericht erzählte." (tz, 22.1.85)

Manche Viktimisierungen beruhen letztlich auf den anderen Wertvorstellungen und Normen. Die Straftat im nächsten Beispiel erfolgte offenbar deshalb, weil der Täter glaubte, gemäß seiner Rechtsauffassung eine Strafe vollstrecken zu müssen (vgl. auch die Fallbeispiele 10, 91).

Fallbeispiel 123:

„Die Grenzpolizei in Passau nahm im Hamburg-Belgrad-Express einen Kaufmann aus Hannover fest. Der 41jährige türkische Gemüsehändler soll seine Tochter erdrosselt haben. Der Vater von acht Kindern war über die 17jährige furchtbar empört, weil sie Haschisch rauchende Schulfreunde hatte. Er stellte deshalb seine Tochter zur Rede. Dabei tötete er das Mädchen. In einem Brief, den er neben die Leiche legte, gab er an, mit dieser Tat habe er die Familienehre retten müssen. Danach floh er in Richtung Türkei." (tz, 23.2.85)

Schließlich sind noch die von Einheimischen an Fremden begangenen Viktimisierungen aufgrund ethnischer Andersartigkeit zu erwähnen. Hierbei handelt es sich in der Regel um nicht utilitaristisch motivierte Delikte — wenn auch gelegentlich in Verbindung mit einer Raubtat. Fremdenhaß und Ausländerfeindlichkeit, die häufig hinter solchen Taten stehen, sind Symptome für darunterliegende strukturelle Probleme und Überfremdungsängste (Kaiser 1985, S. 276; Schmid 1984, S. 31 f.). Insbesondere bei Menschen, die in gewisser Weise selbst strukturell viktimisiert sind, kommt es dann gelegentlich zu dramatischen Eruptionen:

Fallbeispiel 124:

„Tödlich endete auch der von purem Ausländerhaß begleitete Streit zwischen Nachbarn in einem Mietshaus in G. Wie schon so oft mußten auch am Abend des 20. Mai der Inder Balkar Singh Mand und seine deutsche Ehefrau Bettina maßlose Beschimpfungen und Handgreiflichkeiten über sich ergehen lassen. Es kam zu einem heftigen Wortgefecht zwischen einer Mitbewohnerin, die im ganzen Haus für ihre Unverträglichkeit und ihr herrisches Wesen bekannt war, und dem jungen Inder. Plötzlich kam auch der Ehemann hinzu und stach mit einem Bajonett auf den völlig überraschten Balkar Singh Mand ein. Der Verteidiger des wegen Totschlags Angeklagten beleuchtete die Situation später treffend: ‚Er wollte ein einziges Mal auch den Helden spielen.' Gegen die Frau, die nach Zeugenaussagen und Meinung der Gutachter ihren Mann völlig beherrschte, wurde wegen Mittäterschaft ebenfalls Anklage erhoben. Unfaßbare Szenen spielten sich am Tatort ab. Vom Bajonett getroffen taumelte das Opfer auf die gegenüberliegende Straßenseite. Die Ehefrau des Täters lief hinterher und schlug mit ihren Hausschuhen immer wieder auf den Sterbenden ein. Bettina Mand, die ihrem Mann zu Hilfe kommen wollte, wurde von einer Freundin der gewalttätigen Familie verprügelt . . . Die Familie des Totschlägers feierte nach der Bluttat unbekümmert weiter, lärmte und zechte bis in den frühen Morgen. Auch nach dem Tod ihres Mannes wurde Bettina Mand immer weiter belästigt. Sie erhielt auch Drohbriefe, in denen ihre Kinder als ‚gelbe Ratten' bezeichnet wurden." (WEISSER RING 6/83)

Für die kollektive Viktimisierung von Minderheiten gibt es im Laufe der Geschichte zahlreiche Beispiele von mehr oder weniger subtilen Diskriminierungen über Beschlagnahmungen und Ausweisungen zu Pogromen und Genoziden. Besonders schreckliche Beispiele in diesem Jahrhundert sind die Dezimierung der Armenier durch die Türken während des ersten Weltkrieges sowie die der Juden (und anderer Minderheiten) während der nationalsozialistichen Herrschaft, weiterhin Massenverfolgungen vor allem in Ländern der Dritten Welt (vgl. hierzu z. B. MENDELSOHN 1968, DADRIAN 1972, 1976, FATTAH 1979). Häufig geht es den Initiatoren derartiger Aktionen darum, von eigenen Unzulänglichkeiten durch den Verweis auf Sündenböcke abzulenken, wozu sich Minderheiten wegen ihrer relativen Machtlosigkeit und der kollektiven Angst, die sie aufgrund ihrer Andersartigkeit bei der Mehrheit auslösen (häufig auch von Neid begleitet, wenn es die Minorität zu einem gewissen Wohlstand gebracht hat, wie die Armenier im Osmanischen Reich, die Juden in Deutschland oder die Inder in Uganda), besonders eignen.

- *Zusammenfassend läßt sich zur ethnischen bzw. nationalen Zugehörigkeit für die individuelle Viktimisierung festhalten: Der Status des Fremden erleichtert die Opferwerdung bei utilitaristisch motivierten Delikten aufgrund vermuteter (relativer) sozialer Inkompetenz. Angehörige von Minderheiten und Fremde werden dabei sowohl von Angehörigen der Aufnahmegesellschaft als auch von den eigenen Landsleuten bedroht. Wegen der größeren Interaktionsdichte innerhalb der Minderheitengruppe ist die Wahrscheinlichkeit einer Viktimisierung vor allem bei den Beziehungsdelikten größer. Freiwillige und unfreiwillige Abschottungstendenzen fördern informelle Konfliktregelungen, die auch zu Opfern führen können. Weitere Viktimisierungsrisiken ergeben sich aus der als unzureichend perzipierten Rechtsauffasung des Gastlandes sowie aus strukturell und psychologisch erklärbaren Gefühlen der Fremdenfeindlichkeit.*

4.1.4.3. Beruf und Sozialstatus

Die Auffassungen darüber, in welcher Weise das Viktimisierungsrisiko von der Sozialschicht beeinflußt wird, gehen auseinander. SCHWIND u. a. (1975) stellten fest, daß die Unterschichtenangehörigen bei den Opfern unterproportional vertreten sind. Von den von ihnen Befragten aus der Oberschicht wurden im Berichtsjahr knapp die Hälfte zum Opfer gegenüber einem Drittel aus der Mittelschicht und nur einem Viertel aus der Unterschicht. Während 15 % der Dunkelfeldbefragten der Unterschicht zugerechnet wurden, betrug der entsprechende Opferanteil nur 11 %. Dem Befragtenanteil von 74 % Mittelschichtenangehörigen stand dagegen ein Opferanteil von 80 % gegenüber und für die Oberschicht ergab sich ein Befragtenanteil von 7 % und ein Opferanteil von 9 %. STEPHAN (1980) fand, daß die höchste Sozialschicht den relativ größten Anteil bei den geschädigten Haushalten stellte, die zweitniedrigste Schicht dagegen den geringsten.

Andere Untersuchungen haben jedoch erbracht, daß Opfer eher aus den niedrigeren sozialen Schichten stammen (vgl. z. B. zusammenfassend SCHNEIDER 1975, S. 58, SCHNEIDER 1977, S. 137), besonders, soweit es sich um Gewaltdelikte handelt (PRESIDENTs COMISSION 1967, McCLINTOK 1963, S. 45, STEPHAN 1980, S. 53). Abgesehen von deliktspezifischen Unterschieden läßt sich dieser Widerspruch aber auch durch eine schichtspezifische Perzeption und Anzeigebereitschaft delinquenter Akte erklären: „Opferbefragungen spiegeln zunächst lediglich eine erhöhte Perzeption oberer Schichten bzw. eine größere Toleranz unterer Schichten wider. Sie zeigen, daß abweichendes Verhalten in höheren Schichten eher als ‚kriminell' perzipiert wird und damit eher eine Chance der Kriminalisierung entsteht." (BLANKENBURG/FEEST 1975, S. 264)

Deliktspezifische Unterschiede lassen sich aufgrund größerer Anreize einerseits und geringerer Verfolgungsrisiken andererseits, aber auch unter Bezugnahme auf das Milieu („Subkultur der Gewalt"; WOLFGANG/FERRACUTTI 1967) erklären.

Ein wichtiges viktimogenes Merkmal ist die berufliche Tätigkeit, die einen Großteil sozialer Beziehungen und Kontakte induziert und aufrechterhält. (Der Beruf ist darüber hinaus auch als Indikator der Sozialschicht viktimologisch relevant). Berufstätige sind stärker gefährdet als Nicht-Berufstätige, doch wird dies durch den Alterseffekt (größere Gefährdung der jüngeren, noch nicht berufstätigen und der älteren, nicht mehr berufstätigen Jahrgänge) teilweise wieder kompensiert. So stellte SCHWIND (1975, S. 140) bei seiner Dunkelfeldbefragung fest, daß die Hälfte der Opfer berufstätig und ein Drittel in der Ausbildung (Lehrlinge, Schüler, Studenten) waren. Bei denjenigen, die keine Viktimisierung erfahren haben, war der Anteil der Berufstätigen mit 43 % etwas geringer.

Die erhöhte Opfergefährdung bestimmter Berufe ist keine kulturelle oder historische Invariante: Früher waren Haustöchter und Dienstmädchen dadurch gefährdet, daß ihre Tötung als Ausweg erschien, sich den Konsequenzen einer unehelichen Vaterschaft zu entziehen (SCHNEIDER 1975, S. 58 f.). Die Verbreitung und Praktizierung effektiver Methoden der Empfängnisverhütung hat insofern vielleicht manches Leben gerettet. Angehörige sog. „unehrlicher“Berufe waren dadurch gefährdet, daß ihre Viktimisierung keine oder nur eine geringe Strafe nach sich zog (vgl. S. 18).

Vielfach gerät man erst durch die Berufstätigkeit in viktimogene Situationen. Besonders gefährdet erscheinen hier vor allem solche Berufspositionen, deren Inhaber

- Bargeldbeträge mit sich führen (Geldboten, Kassierer, Ladeninhaber, Händler, aber auch Taxifahrer und Kellnerinnen),
- in einem schwer kontrollierbaren Bereich arbeiten (Prostituierte, Zuhälter),
- intensive Kontakte mit kriminellen Subkulturen unterhalten (müssen) (Polizisten),
- eine relativ unstetige, dynamische Lebensweise führen (Vertreter, Journalisten),
- mit Schutz- und Ermittlungsaufgaben betraut sind (Polizisten, Wachpersonal).

Da der Beruf — ungeachtet der Mobilitätserfordernisse in der modernen Gesellschaft — immer noch ein relativ beständiges Merkmal darstellt, ist es erklärlich, daß der Anteil der Rückfallopfer in bestimmten Professionen besonders groß ist. Die erhöhte Viktimisierungswahrscheinlichkeit ist eine Art Arbeitsplatzrisiko, das mehr oder weniger bewußt eingegangen wird.

4.1.4.4. Isolation und soziale Sichtbarkeit

Isolation bzw. geringe soziale Integration, werden häufig als viktimogene Merkmale genannt (SCHNEIDER 1975, S. 58, 1977, S. 142 ff.; PAASCH 1965, S. 52; v. HENTIG 1962, S. 400 f.; ELLENBERGER 1959, S. 112). Dabei ist zu differenzieren, ob die Ursache für die Isolation in einem erzwungenen Außenseitertum (z. B. älterer, verwitweter und behinderter Mensch), in einer freiwillig gewählten Absonderung oder in Kontaktschwäche liegt. (Der Vollständigkeit halber ist auf sozial isolierte Gruppenopfer, wie kleine ethnische Minderheiten, hinzuweisen; der geringe Umfang der Gruppe läßt nur eine beschränkte Erfüllung der sozialen Bedürfnisse zu; eine Ausweitung der Kontakte über die Gruppe hinaus stößt jedoch auf Schwierigkeiten). Abgesehen von denen, die sich freiwillig absondern, leiden die sozial Isolierten unter ihrer Einsamkeit, was sie für verschiedene Arten strafbarer Taten (z. B. Heiratsschwindel, Trickbetrug, Sexualdelikt, Zechanschlußraub usw.) anfällig macht.

Als eine Ursache für die offenbar weitverbreitete Isolation wird die moderne, durch Anonymität gekennzeichnete Wohn- und Lebensweise (z. B. in Appartmenthäusern) angesehen. Der dadurch bedingte Ausfall der informellen Primärkontrolle durch Familienangehörige oder Nachbarn wird zwar vielfach im Sinne zunehmender Freiheit geschätzt, stellt aber für viele doch eine schwer zu bewältigende Konsequenz dieser Freiheit dar. Die formelle Sozialkontrolle durch Polizei und Strafjustiz ist nicht fähig — und soll dies auch nicht sein —, die zurückgehende Primärkontrolle zu ersetzen. Da man einander kaum kennt, ist man nicht in der Lage, außergewöhnliche Vorkommnisse beim Nachbarn überhaupt wahrzunehmen. Selbst wenn dies der Fall wäre, bewirkt die relativ große Distanz doch Hemmungen, sich einzumischen, zumal sich bei geringer Kontaktdichte und großem Abstand ein Gefühl von Verantwortung und Solidarität schwer ausbilden wird (vgl. 4.1.7.). Täter haben dies längst antizipiert und richten sich danach. Ein Beispiel hierfür sind tagsüber stattfindende Serieneinbrüche in Appartmenthäusern.

Die von uns durchgeführte Opferbefragung weist auf eine verbreitete objektive und subjektive Isolation der Opfer hin: Sie leben zum großen Teil in 1-Personen-Haushalten, haben wenig Freunde und eine geringe Neigung zu außerhäuslichen Aktivitäten.

Tabelle 13: Größe der Opferhaushalte (nur direkte Opfer)

Anzahl der Haushaltsmitglieder (einschließlich des Opfers	schwere Körperverletzung	Sexualdelikt	Raub	sonst. Delikt	insges.		stat. Jahrb.: BRD 1982
1	35 %	29 %	46 %	53 %	41 %		31 %
2	8 %	27 %	9 %	11 %	14 %		29 %
3	21 %	6 %	17 %	16 %	15 %		
4	19 %	15 %	17 %	5 %	16 %	45 %	40 %
5 und mehr	17 %	24 %	12 %	16 %	14 %		
insgesamt	100 %	101 %	101 %	101 %	100 %		100 %
	(48)	(34)	(35)	(19)	(138)		

Danach war das Alleineleben insbesondere bei den Raubopfern und den Opfern sonstiger Delikte (meist Betrug) verbreitet. Dies dürfte nicht ohne Einfluß auf die erfolgte Viktimisierung gewesen sein, ist es doch für die Durchführung der entsprechenden Staftat und die Nichtentdeckung des Täters wesentlich, das Opfer alleine vorzufinden.

Als weiteren Indikator für das Merkmal Isolation/Integration wurde das Ausmaß außerhäuslicher Freizeitaktivitäten des Opfers untersucht. Je nach vorgenommener Differenzierung (nach Sozialschicht, Delikt usw.) waren es zwischen 85 % und 95 % der Befragten, die ihre Freizeit „häufig" zu Hause verbrachten. Die anderen der im Fragebogen vorgegebenen Alternativen erhielten dagegen nur vergleichsweise wenig Nennungen:

Tabelle 14: Orte, an denen die Freizeit „häufiger" verbracht wird (Mehrfachnennungen)

Orte der häufigeren Freizeitaktivitäten	schwere Körperverl.	Vergewaltigung	Raub	sonst. Delikt	insgesamt
zu Hause	85 %	94 %	77 %	90 %	88 %
Verein, Club etc.	15 %	15 %	11 %	–	11 %
kulturelle Veranstalt.	23 %	30 %	20 %	37 %	25 %
Sportveranstaltungen	13 %	12 %	9 %	16 %	12 %
Gaststätte	17 %	6 %	17 %	5 %	12 %
im Freien	29 %	24 %	29 %	32 %	28 %
Fallzahl	(48)	(34)	(35)	(19)	(142)

Dieses Ergebnis läßt sich nicht im Sinne tertiärer Viktimisierung (sozialer Rückzug des Opfers aufgrund vorangegangener primärer und sekundärer Viktimisierung) interpretieren, da wir über keine Informationen vor der Tat verfügen. Bemerkenswert erscheint allenfalls die doch größere Häuslichkeit der Vergewaltigungsopfer, die ihre Freizeit auch in geringerem Ausmaß in der Öffenlichkeit zu verbringen scheinen, was aber mit dem eindeutig größeren Frauenanteil in dieser Deliktgruppe zusammenhängen kann.

Ein besserer Indikator für das Ausmaß der Isolation ist die Anzahl der engeren Freunde. Neben den Vergewaltigungsopfern befinden sich auch die Opfer der „sonstigen" Delikte in einer relativen Vereinsamung. Ohne dies mit unseren Daten im einzelnen belegen zu können, scheint doch die Vermutung plausibel, daß dem Opfer sonstiger Taten die relative Isolation der Tat schon vorausgeht (z. B. betrogene Rentner), während sie bei den Vergewaltigungsopfern eher eine Tatfolge sein dürfte.

Tabelle 15: Anzahl der engeren Freunde in Abhängigkeit vom erlittenen Delikt

Anzahl der Freunde	schwere Körperverl.	Vergewaltigung	Raub	sonstiges Delikt	insgesamt
keine	9 %	22 %	15 %	26 %	10 %
1 - 4	35 %	19 %	32 %	26 %	31 %
5 - 10	43 %	44 %	35 %	42 %	45 %
11 und mehr	11 %	16 %	17 %	5 %	14 %
insgesamt	(44)	(32)	(34)	(19)	(142)
$\bar{x}$	6,4	7,0	9,5	4,2	7,3

Da die bisher genannten Indikatoren Isolation jeweils nur partiell erfassen (jemand, der seine Freizeit überwiegend zuhause verbringt, muß nicht notwendigerweise sozial isoliert sein), wurde ein Index konstruiert, der zwischen stark, mittel und schwach isolierten Personen differenziert. Wir sind davon ausgegangen, daß die Wahrscheinlichkeit einer Isolation um so größer ist, je mehr der folgenden Bedingungen erfüllt sind:

—der Befragte lebt in einem 1-Personen-Haushalt;
—der Befragte zählt höchstens eine Person zu seinem engeren Freundeskreis;
—der Befragte verbringt seine Freizeit überwiegend zuhause;
—der Befragte übt keinerlei häufige Freizeitaktivitäten außerhalb seiner Wohnung aus.

Somit können insgesamt Werte zwischen 0 (keine Indizien für Isolation) und 4 (maximale Isolation) erreicht werden. Für sämtliche Befragten ergab sich folgende Verteilung:

Tabelle 16: Verteilung der Befragten nach der Ausprägung des Isolationsindex

Punkte	Opfer insgesamt
0	5 %
1	32 %
2	37 %
3	21 %
4	5 %
insgesamt	100 %
$\bar{x}$	1,9

Mehr als drei Fünftel der Opfer hatten auf dem Index mindestens 2 Punkte erzielt, waren also relativ stark isoliert. Die nachfolgende Tabelle (17) informiert über die arithmetischen Mittel für verschiedene Populationen. Die Mittelwerte weisen darauf hin, daß Geschlecht, Familienstand, Alter und soziale Schicht auf das Ausmaß der Isolation einen mehr oder weniger großen Einfluß haben, während die Wohnortgröße kaum eine Rolle spielt. Abgesehen von den sonstigen Delikten (zum großen Teil an älteren Menschen begangene Eigentums- bzw. Betrugsdelikte) scheinen auch kaum straftatenspezifische Unterschiede zu bestehen. Die Bedeutung der anderen Variablen für die Isolation ist plausibel und mehrfach belegt: Ungeachtet der (langfristig feststellbaren) Angleichung der Geschlechterrollen nehmen Frauen immer noch in geringerem Umfang am sozialen Leben teil, doch ist das Alter (und damit die Teilnahme am Erwerbsleben) noch bedeutsamer.

Tabelle 17: Isolationsindex (Wertebereich 0 - 4)

Kategorie	Mittelwert	
insgesamt	1,9	
Männer	1,7	Geschlecht
Frauen	2,1	
Ledige	1,7	
Verheiratete	1,7	Familienstand
Verwitwete, Geschiedene	2,3	
unter 21 Jahre	1,4	
21 bis unter 35 Jahre	1,9	
35 bis unter 50 Jahre	1,8	Alter
50 bis unter 65 Jahre	1,6	
65 Jahre und mehr	2,5	
Unterschicht	2,0	Schicht
Mittelschicht	1,5	
Tötungsdelikt	1,7	
schwere Körperverletzung	1,8	
Sexualdelikt	2,0	Delikt
Raubüberfall	1,8	
sonstiges Delikt	2,2	
unter 2000 Einwohner	1,9	
2000 bis unter 10 000 Einwohner	1,8	
10 000 bis unter 50 000 Einwohner	1,9	Heimatgemeinde
50 000 bis unter 500 000 Einwohner	1,9	
500 000 Einwohner und mehr	1,9	

Für weitere Analysen wurde der Isolationsindex wie folgt zusammengefaßt:
— keine oder geringe Isolation (Wert 0 und 1; insgesamt 37 %)
— mittlere Isolation (Werte 2; insgesamt 37 %)
— starke Isolation (Werte 3 und 4; insgesamt 26 %)

Wie bereits aus den Mittelwerten der Tabelle zu entnehmen ist, korreliert die Isolation mit den Variablen Alter, Geschlecht und Familienstand.

— Ledige und Verheiratete differieren kaum voneinander (46 % bzw. 42 % „wenig“, 35 % bzw. 37 % „mittel“ und 20 % bzw. 19 % „stark“ isoliert). Von den Verwitweten und Geschiedenen gehören fast die Hälfte zur Kategorie der stark isolierten (α = 0,058; γ = 0,35).
— Frauen sind häufiger isoliert als Männer (α = 0,0051; γ = 0,32).
— Ältere Befragte sind stärker isoliert als jüngere (α = 0,0035; γ = 0,29). Während nur 7,1 % der unter 21jährigen der Kategorie der „stark Isolierten“ angehören und dieser Anteil bei den übrigen Altersgruppen zwischen 19 % und 27 % schwankt, müssen ihr 68 % der über 65jährigen zugeordnet werden.
— Zwischen Isolation und Schichtzugehörigkeit besteht ein (allerdings statistisch nicht ganz gesicherter) Zusammenhang (α = 0,069; γ = 0,39). Von den Befragten der Mittelschicht gelten 16 % als „stark isoliert“, von denjenigen der Unterschicht 37 %. Bei Einbeziehung der indirekten Opfer verstärkt sich die Beziehung (α = 0,0012; γ = 0,45).

Es stellt sich die Frage, ob ein Zusammenhang zwischen der Isolation und den Auswirkungen (insbesondere seelischer Art) der Straftat besteht. Vor allem bei den bleibenden seelischen Folgen ist von einer derartigen Beziehung auszugehen: Ist ein Opfer isoliert, wird es schwieriger sein, sich über die Tatfolgen auszusprechen und Spannungen abzubauen. Aus unseren Daten ergibt sich tendenziell ein solcher Zusammenhang, wenn auch das übliche Signifikanzniveau von 0,05 knapp verfehlt wird (α = 0,07). 7 % der wenig Isolierten, aber 74 % der stark Isolierten gaben als Auswirkungen der Tat bleibende seelische Schäden an. Hinsichtlich der übrigen Folgen (vorübergehende seelische, vorübergehende und bleibende körperliche Konsequenzen) zeigen sich aber keine Unterschiede zwischen wenig, mittel und stark Isolierten.

„*Soziale Sichtbarkeit*“ meint die Möglichkeit, von anderen in einer Gemeinschaft gesehen und gekannt zu werden (SCHNEIDER 1979, S. 23). Sie steht in einer umgekehrten Beziehung zur Isolation, greift aber über die „Nicht-Isolation“ noch hinaus. Wie bei den meisten in diesem Abschnitt analysierten Variablen gehen auch von ihr sowohl viktimisierungsfördernde als auch viktimisierungserschwerende Effekte aus. Dabei ist jedoch zu unterscheiden zwischen sozialer Sichtbarkeit im Sinne der Identifizierbarkeit einer Person in einer Gemeinschaft (geeignete Operationalisierungen sind hier z. B. die Dauer des Wohnens am Wohnort, die Anzahl näherer Bekannter und Verwandter in der Wohnumgebung, die Mitgliedschaft in Organisationen), also ihre von außen wahrnehmbare Integration und soziale Sichtbarkeit im Sinne einer exponierten Stellung in der Öffentlichkeit (z. B. Filmstar, Politiker).

Soziale Sichtbarkeit im erstgenannten Sinne dürfte insofern einer Viktimisierung entgegenwirken, als viktimogene Merkmale wie Einsamkeit und Isolation nicht vorliegen, die Chance einer Übertölpelung oder Überraschung gering ist (das vorgesehene Opfer kann sich bei Betrugsversuchen an andere wenden, ein Überfallopfer könnte Besuch bekommen usw.); andererseits besteht aber für den Täter die Chance (z. B. über Gespräche mit Nachbarn), etwas über das Opfer und dessen Lebensgewohnheiten in Erfahrung zu bringen.

Das Viktimisierungsrisiko bei sozialer Sichtbarkeit im zweiten Sinne besteht darin, daß solche Personen erhöhte Aufmerksamkeit und Beachtung genießen, das öffentliche Interesse auf sich ziehen und sich durch sie gesellschaftliche Konflikte personalisieren lassen. Vielfach erfüllen sie eine Sündenbock-Funktion und verschaffen den Tätern die Chance einer besonderen Publizität, was die Attraktivität solcher Opfer — insbesondere für geltungssüchtige und/oder psychisch gestörte Täter — ausmacht. Sozial gut sichtbare Menschen sind von Attentatsversuchen, obszönen oder beleidigenden Anrufen und vielen Arten von Unfug betroffen. Andererseits können sich solche Personen auch gut gegen Viktimisierungen schützen: Geheime Telefonnummern, Bewachungspersonal, elektronische Sicherheitseinrichtungen usw. vergrößern das Risiko für den Täter bzw. reduzieren seine Chancen, das gewünschte Ziel zu erreichen. Eine Konsequenz derartiger prophylaktischer Maßnahmen ist die Ausweitung der sozial gut sichtbaren Opfern zugedachten Straftaten auf weniger sichtbare und vermutlich weniger gut geschützte Opfer. Wenn diese auch zunächst nicht so interessant erscheinen, bedeuten sie doch eine Verminderung des Risikos.

Ebenso wie sich zumindest weniger professionalisierte Einbrecher vermehrt auf Appartmenthäuser und Wohnblocks — anstatt auf die an sich ergiebigeren Einfamilienhäuser und Villen — (Quantität statt Qualität) konzentrieren, richten sich auch terroristische Aktivitäten zunehmend gegen anonyme Zufallsopfer, wird doch so das Ziel, Publizität zu erlangen, leichter erreicht als durch ein risikoreiches und schwieriges Mordkomplott gegen einen gut abgeschirmten Politiker. Diese bleiben dennoch gefährdet, da es keinen absoluten Schutz und keine Möglichkeit gibt, die soziale Umwelt effektiv zu kontrollieren, wie die Attentate der neueren Zeit demonstriert haben (Sadat, Gandhi, Johannes Paul II.).

Soziale Sichtbarkeit bezieht sich nicht allein auf Personen, sondern auch auf Gegenstände bzw. Organisationen. Von den anti-deutschen Ausschreitungen (1977) im Ausland im Zusammenhang mit den Terroristen-Selbstmorden wurden vorzugsweise weltbekannte deutsche Firmen bzw. deren Niederlassungen (Daimler-Benz, Lufthansa) betroffen. Gerade staatliche oder halbstaatliche Fluglinien als sichtbare und prestigeträchtige nationale Repräsentanten sind besonders beliebte Ziele des internationalen Terrorismus.

Die soziale Sichtbarkeit von Personen, Organisationen oder Gegenständen spielt für die Viktimisierung insofern eine Rolle, als sie die Aufmerksamkeit potentieller Täter auf sich richtet und die Möglichkeit gibt, am Prestige des Viktimisierungsobjekts teilzuhaben. Gegenstrategien könnten darin bestehen, diesen Wert zu vermindern, etwa durch eine zurückhaltendere Berichterstattung, weniger Publicity, weniger Aufdringlichkeit im Erscheinungsbild (z. B. Banken) u.a.m. Da dem aber andere, primär ökonomische Interessen (Werbewirksamkeit usw.) entgegenstehen, sind keine Änderungen zu erwarten, zumal die Kosten terroristischer und vandalistischer Akte leicht abgewälzt werden können (Versicherung) oder sich auf andere Personengruppen verlagern lassen.

Ein Abwägen viktimisierungsfördernder und viktimisierungserschwerender Effekte läßt sich nicht generell vornehmen, sondern nur im Blick auf konkrete Fälle und Situationen, so daß eine simple Aufzählung konkreter, vorbeugender Maßnahmen nicht möglich ist.

4.1.4.5. Physische Konstitution und Opferpersönlichkeit

Vor allem bei Gewalt- und Affektdelikten kann der physischen Konstitution eine entscheidende Bedeutung für die Opferwerdung zukommen: Oft entscheidet sich erst in der Tatsituation und aufgrund der körperlichen Verfassung der Beteiligten, wer Opfer und wer Täter wird. Neben Kraft, Ausdauer, Reaktionsgeschwindigkeit usw. spielt auch die Alkoholverträglichkeit eine Rolle (vgl. 4.1.3.).

In der viktimologischen Forschung ist man gelegentlich der Frage nachgegangen, inwieweit sich Zusammenhänge zwischen Konstitutionstypen (z. B. von Kretschmer 1961) und deliktspezifischen Viktimisierungen herstellen lassen (für die Täter vgl. Sheldon 1949). So hat man u. a. festgestellt, daß bei den Betrugsopfern die Leptosomen überrepräsentiert sind, wofür sich folgender Erklärungsversuch findet: „Ist es vielleicht so, daß der empfindliche Leptosome mehr zur Anzeige neigt, als der dickfellige Pykniker oder der phlegmatische Athletiker und dadurch mehr Betrugsdelikte gegen Leptosome verfolgt werden als gegen andere? Oder ist es darauf zurückzuführen, daß der in sich gekehrt lebende Leptosome, der über der Masse zu stehen wünscht und u. U. mit einem gewissen Dünkel behaftet ist, ein lohnenderes und einfacheres Opfer ist, gerade weil ihm der nahe Kontakt zu seinem Mitmenschen fehlt und damit die Kenntnis so mancher alltäglich sich ereignender Dinge, die man wissen muß, um einem Schwindler nicht auf den Leim zu gehen“ (AMELUNXEN 1970, S. 96; vgl. auch LENZ 1961).

Mit der Frage, inwieweit allgemeine Lebenseinstellungen und psychische Haltungen eine generelle Opferneigung fördern, hat man sich bereits seit längerer Zeit beschäftigt. Diesbezügliche Überlegungen haben auch in die verschiedenen Opfertypologien Eingang gefunden. Thomas de QUINCEY stellte bereits 1827 fest, daß es bestimmte Menschen gäbe, die aufgrund charakteristischer Eigenschaften (wie Geiz oder der Neigung zum Alleinleben) eher als andere zu Verbrechensopfern disponiert seien (zit. nach AMELUNXEN 1970, S. 29). Eingehend mit der Opferpersönlichkeit haben sich u. a. die Kriminologen EXNER (1949, S. 262), ELLENBERGER (1954, S. 111) und PAASCH (1965, S. 242) beschäftigt. „Gewinnsucht“ und „Lebensgier“ werden als zentrale Opfereigenschaften für die Viktimisierung in Betrugsfällen angesehen. Nach ELLENBERGER (1954, S. 110) ist man niemals so nahe daran, getäuscht zu werden, als wenn man selbst täuschen will (vgl. hierzu bes. Fallbeispiel 68). Konzepte wie „Lebensgier“ sind jedoch — abgesehen von der damit verbundenen negativen Bewertung — unscharf und für die konkrete psychologische Forschung wenig brauchbar. Es handelt sich um Dispositionen auf einem relativ hohen Abstraktionsniveau. Aufschlußreicher erscheinen dahinterstehende Persönlichkeitszüge und frühkindliche Erfahrungen, die Bestandteile entsprechender theoretischer Konzepte sind, wenn auch für praktische Zielsetzungen derart allgemeine Begriffe genügen mögen.

Die Beschäftigung mit viktimogenen Persönlichkeitszügen erfordert (im Prinzip) stets auch die Berücksichtigung der Sozialisationsgeschichte: Wer in seiner Kindheit und Jugend häufig zum Opfer körperlicher Aggression von Eltern oder Mitschülern geworden ist, wird dazu neigen, eine Vielzahl von Situationen als bedrohlich zu definieren und eine Demuts- oder eine feindselige Haltung einnehmen, womit Aggressionen der Interaktionspartner womöglich erst provoziert werden. Eine derartige Situation liegt beim sog. „Simplicissimus-Effekt“ vor, wenn ein vorher gedemütigtes Opfer zum Täter wird (vgl. AMELUNXEN 1970, S. 31). Dazu ein typischer Fall:

Fallbeispiel 125:

„Drei Todesopfer fordete ein Dreiecksverhältnis zwischen einem Ehepaar und seinem Untermieter. Der 57jährige erschoß zunächst den Hausherrn. Dann lebte er noch tagelang mit dessen 22 Jahre alter Frau neben der Leiche — bevor er auch die Frau ermordete. Schließlich richtete sich der Mörder selbst.

Als Tischler arbeitete Johann K. (57) seit zwölf Jahren in Krems (Niederösterreich). Vor drei Monaten suchte sich der Junggeselle eine neue Wohnung. Er wurde Untermieter im Hause des Ehepaares Veronika (22) und Vinzenz P. (60).

Zwischen dem Tischler und der jungen Frau kam es bald zu einem Verhältnis, von dem

auch der Ehemann nach kurzer Zeit erfuhr. Doch er schwieg. Trotzdem beschloß der Untermieter, den 60jährigen umzubringen.
Mit einem Kleinkalibergewehr tötete Johann K. den Ehemann. Die Leiche wickelte er in Decken ein und versteckte sie im Schlafzimmer. Drei Tage lang verführte er dann die 22jährige zu Sexspielen. Nachbarn sagte er: ‚Der Vinzenz ist zu Verwandten gefahren.‘ Als Nachbarn sich über den Leichengeruch aus der Wohnung beklagten, erschoß er auch die 22jährige. Dann jagte er sich selbst eine Kugel in den Kopf.
Der Täter hatte schon einmal gemordet. 1950 erschlug er seinen Arbeitgeber — weil er sich von ihm schikaniert fühlte. Dafür wurde er zu lebenslanger Haft verurteilt, aber 1973 entlassen. Der Täter hatte den Großteil seiner Kindheit in Heimen verbracht — als Vollwaise. Denn sein Vater hatte seine Mutter ermordet und dann Selbstmord verübt. Bekannte: ‚Darüber ist er nie hinweggekommen.‘ “ (tz, 2.8.85)

Eigenschaften, die das Viktimisierungsrisiko erhöhen, sind oft schwer veränderbar (was wiederholte Viktimisierungen (Rückfallopfer) erklärt); dies auch deshalb, weil sie in anderer Hinsicht durchaus funktional sein können, etwa indem sie dem beruflichen Erfolg förderlich sind oder zur Stabilisierung der Persönlichkeit beitragen. Häufig handelt es sich um zentrale Persönlichkeitszüge. Nach Ellenberger prädestinieren Selbstfeindlichkeitskomplexe, Schuldkomplexe und Schwächungen des Vitaltriebs besonders zur Opferwerdung. Ein geringes Selbstwertgefühl oder eine niedrige Selbsteinschätzung führen zu Unterwürfigkeit und zu frühzeitigen Fluchtversuchen, womit sich der Tatverlauf zuungunsten des Opfers beschleunigen kann. Andererseits kann gerade dies in bestimmten Situationen die Viktimisierungschance reduzieren. Nach Schneider (1979, S. 15) ist die Gefährdung einer Person vor allem dann gegeben, wenn das äußere Erscheinungsbild Minderwertigkeitskomplexe, geringes Selbstbewußtsein, einen schwachen Willen oder ein geringes Durchsetzungsvermögen erkennen läßt. Auch hier gibt es keine eindeutigen, immer gleichgerichteten Beziehungen zwischen bestimmten Variablenausprägungen und der Wahrscheinlichkeit einer Viktimisierung. Sicherlich ist deliktspezifisch zu differenzieren: Jemand mit erkennbar schlechtem Durchsetzungsvermögen wird vermutlich leicht zum Opfer kleinerer Betrügereien, vermeidet aber auch eher bestimmte Arten von Gewaltkriminalität, weil er anderen kaum als Bedrohung erscheinen mag.

Neben relativ konstanten Eigenschaften wie z. B. intellektuellen Defiziten (Betrug), bestimmten „Perversionen“ (die zu schweigsamen und zahlungswilligen Erpressungsopfern disponieren) oder Depressionen (Tötung von Angehörigen und Selbsttötung) kann die Opferneigung aufgrund emotionaler Stimmungslagen wie Eitelkeit, Eifersucht, Einsamkeit, Anschlußbedürfnis oder Mitleid noch verstärkt werden. Hierfür sind oft Ausnahmesituationen entscheidend, die ein Übermaß an Freude oder Trauer einschließen oder eine ausweglos erscheinende Lage herbeiführen. Solche Situationen treten auch verschiedentlich im Zusammenhang mit Lebensübergängen auf: alternde Frauen sind bevorzugte Opfer von Heiratsschwindlern; Trauernde von Grußbestellern und Nachnahmebetrügern usw. Pubertät, Schwangerschaft oder das Klimakterium sind Abschnitte, in welchen vorhandene Opferdispositionen noch eine Verstärkung erfahren können.

Die relative Bedeutung von Persönlichkeits- und Statusmerkmalen variiert deliktspezifisch. STEPHAN (1980, S. 52) stellte fest, daß individuelle psychische Merkmale im allgemeinen für die Opferdisposition eine größere Bedeutung hatten als Sozial- und Statusmerkmale. Dies galt insbesondere für die Disposition, Opfer von Eigentumsdelikten zu werden. Bei den Opfern von Gewaltdelikten hatten die individuellen psychischen Merkmale einen Moderatoreffekt: War die Opferdisposition aufgrund von Sozial- und Statusvariablen hoch, so bestand Unabhängigkeit von den individuellen psychischen Merkmalen; bei geringer Opferdisposition war es dagegen notwendig, daß individuelle psychische Aspekte hinzutraten, damit es zu einer Viktimisierung kam. In der Regel handelte es sich bei den Opfern von Gewaltdelikten um jüngere, ledige Personen aus den unteren Sozialschichten. Angehörige höherer Schichten wurden nur dann Opfer, wenn Anzeichen persönlicher Aggression vorhanden waren, doch sind Generalisierungen aufgrund der geringen Fallzahlen nicht möglich.

4.1.5. Die Täter-Opfer-Beziehung

Die Täter-Opfer-Beziehung ist so bedeutsam für das Verständnis der Straffälligkeit und der Verbrechenskontrolle, daß auf diese Relation — auch für die krimonologische Analyse — nicht verzichtet werden kann (KAISER 1977, S. 380). Viktimologisch ist bei der Täter-Opfer-Beziehung zunächst zwischen der objektiven und subjektiven Komponente zu differenzieren (vgl. SCHNEIDER 1975, S. 99): Zur ersteren gehört die räumliche und zeitliche Nähe beider Akteure, zur letzteren die zwischen ihnen bestehende soziale Beziehung nach Dauer, Art und Qualität. Bei den meisten der normierten Tatbestände handelt es sich um „Beziehungsdelikte" insofern, als ein spezifisches Opfer in Erscheinung tritt, zu dem der Täter bereits vor der Tat in einer mehr oder weniger engen Beziehung steht (AMELUNXEN 1970, S. 51), vielleicht auch nur insoweit, als es in seine Überlegungen und Phantasien als handelndes, agierendes und reagierendes Subjekt eingeht. Reine Zufallsopfer (z. B. von einem Amokschützen Getötete) kommen fast nur bei psychisch gestörten Tätern vor. Je enger die Beziehungen zwischen Opfer und Täter sind, desto größer die mitwirkende Rolle des letzteren, die sich ebenso aus Schwäche und Hilflosigkeit wie auch aus Povokation und Tyrannei ergeben kann (vgl. hierzu Fallbeispiele 7, 26, 51).

Schultz (1956, S. 171) definiert Beziehungsdelikte als „Taten, bei denen direkte oder indirekte vor-deliktische Täter-Opfer-Kontakte bestanden, die für die Partner bewußt oder unbewußt mindestens in einem Punkt krimonogen-viktimell derart spezifisch waren, daß sie eine konkrete Auseinandersetzung forderten, ermöglichten oder erleichtertn".

Bei den Täter-Opfer-Beziehungen lassen sich prinzipiell folgende vier Arten unterscheiden:

1. Opfer und Täter sind einander fremd; vor der Tat hat kein Kontakt zwischen ihnen stattgefunden. Diese Situation ist typisch für bestimmte Formen der Straßenkriminalität, etwa den Handtaschenraub: Ein Täter sucht sich ein aufgrund äußerlicher Kennzeichen (Gebrechlichkeit, gediegene Kleidung) geeignetes Opfer (vgl. Fallbeispiele 24, 31, 54, 66).
2. Es besteht eine einseitige soziale Beziehung zwischen Täter und Opfer; es ist dem Täter vom Ansehen her bekannt. Dies ist bei manchen Sexualdelikten der Fall, aber auch bei Arten der Begehrlichkeitskriminalität, wenn es darauf ankommt, daß der Täter gewisse Kenntnisse über das Opfer (Lebensgewohnheiten, Tageslauf) besitzt (Fallbeispiele 44, 89).
3. Zwischen Opfer und Täter besteht ein gegenseitiger, aber eher oberflächlicher sozialer Kontakt. Auch diese Situation ist für viele Sexualdelikte typisch (Fallbeispiele 49, 100).
4. Es existieren relativ enge freundschaftliche oder verwandtschaftliche Beziehungen zwischen Täter und Opfer. Hier ist u. a. an Tötungsdelikte innerhalb der Familie zu denken, an die Tötung von Partnern (z. B. aufgrund von Eifersucht), Kindsmißhandlungen, Inzest, Vergewaltigung in der Ehe, sexueller Mißbrauch von Kindern u. a. m. (Fallbeispiele 7, 26, 33).

Zwischen diesen Beziehungstypen bestehen fließende Übergänge in Abhängigkeit von wichtigen Variablen wie:

- Dauer der Bekanntschaft von Täter und Opfer;
- Intensität der Beziehung;
- Art des Kontakts (z. B. überwiegend beruflich oder privat);
- Grad der Wechselseitigkeit der Beziehung (z. B. kann das Opfer eine wesentliche Rolle für den Täter spielen, während umgekehrt der Täter für das Opfer nur eine Randfigur in dessen Lebenswelt darstellt);
- Macht- und Autoritätsgefälle zwischen Täter und Opfer;
- Art des Delikts (für manche Delikte ist es wesentlich, daß keine, eine einseitige oder eine wechselseitige Täter-Opfer-Beziehung besteht: Während ein erfolgreicher Betrüger darauf Wert legen muß, daß das Opfer möglichst keine Kenntnisse über ihn erhält, daß also keine vordeliktische Beziehung besteht, setzt Inzest normalerweise das Vorhandensein einer langen und intensiven Täter-Opfer-Beziehung voraus).

Die Art der bestehenden sozialen Beziehung zwischen Täter und Opfer kann Ursache einer Straftat sein, diese nur mitbedingen oder erleichtern. (Ein hilfloses Kleinkind bietet sich als leicht erreichbares und risikoloses Opfer für das Abreagieren erlittener Frustrationen an; die Kenntnis der Lebensgewohnheiten eines Bekannten erleichtern es, ihn zu bestehlen usw.) Verwandte, gute Bekannte oder Arbeitskollegen können auch deshalb leicht zu Opfern werden, weil wegen der vergleichsweise engen Beziehungen das Konfliktpotential zwischen den Beteiligten, dem (späteren) Täter und dem (späteren) Opfer gewachsen ist, und aufgrund von Kommunikationsproblemen oder einer psychologisch bedingten Lösungsunfähigkeit eine rationalere Form der Konfliktbewältigung nicht möglich war. Die Unfähigkeit, mit den innerhalb der Sozialbeziehung entstandenen Problemen fertig zu werden (z. B. auch durch Trennung oder Scheidung), läßt oft ein gewaltsames Ende als einzigen Ausweg erscheinen:

Fallbeispiel 126:

„Ein US-Soldat hat in Schweinfurt seine Frau grausam ermordet. Am ganzen Körper fügte er ihr mit einer Fleischgabel, einem Küchenmesser und einer Schere Stichwunden bei. ‚Das ganze Schlafzimmer war blutbesudelt', sagte ein Polizeisprecher am Sonntag. Der 27jährige Steven L. Davis, der mit seinem Pkw flüchtete, wurde später gefaßt. Das Paar lebte in Trennung. Die 22jährige Mutter eines vier Jahre alten Kindes wollte in die USA zurück. Um Kleidung zu holen, war die Ehefrau in die Wohnung gekommen." (tz, 1.4.85)

Fallbeispiel 127:

„Zwei Todesopfer hat ein blutiges Eifersuchtsdrama in Fürth gefordert. Ein 43jähriger Kraftfahrer erschoß seine Lebensgfährtin, weil sie sich von ihm trennen wollte. Dann setzte er seinem Leben selbst ein Ende. ‚Ich habe Angst', hatte die 27jährige Ulrike R. schon vor Wochen geäußert. ‚Hans hat mir gedroht, mich zu erschießen.' Die junge Frau lebte getrennt von ihrem Ehemann. Doch auch bei Hans Sch. (43) fand sie nicht die Geborgenheit, nach der sich Ulrike R. sehnte. Sie hatte einen neuen Mann kennengelernt, zu dem sie ziehen wollte. Als es wieder zum Streit kam, drehte er durch. Der Mann tötete die Frau durch einen Kopfschuß und dann sich selbst. Verwandte von Ulrike R. alarmierten die Polizei, nachdem niemand das Telefon abhob. Beamte entdeckten die beiden Toten im Bett." (tz, 21.1.85)

Fallbeispiel 128:

„Mord in Giesing! Weil sie eine Bekannte besucht hatte, mußte die Hausfrau Irene Ö. (36) aus Giesing sterben. Sie wurde von ihrem eifersüchtigen Ehemann Ibrahim (38) so brutal geschlagen und gewürgt, daß sie kurz darauf an den Verletzungsfolgen starb.
Irene Ö., die seit vier Jahren mit dem türkischen Bauhelfer Ibrahim Ö. verheiratet war, hatte am Dienstag nachmittag eine Freundin aufgesucht. Kurz nach 18 Uhr kam sie

nach Hause in die Erdgeschoß-Wohnung. Wütend schrie Ibrahim Ö. sie an. Der Arbeiter, der bereits eine Stunde zuvor heimgekehrt war, wollte wissen, bei wem die Hausfrau gewesen war. ‚Das sage ich Dir nicht, Das geht Dich nichts an', antwortete Irene Ö. Sofort prügelte der eifersüchtige Ehemann wie ein Besessener auf die Fau ein, würgte sie mehrmals. Trotz der schweren Verletzungen flüchtete die 36jährige nicht, sondern schleppte sich ins Bett. Kurz darauf war sie tot. Der Täter, der aus erster Ehe zwei Kinder hat, versuchte noch Mund-zu-Mund-Beatmung. Ein Nachbar alarmierte schließlich den Notarzt und die Polizei. Der Türke wurde wegen Totschlags festgenommen. Der Staatsanwalt hat Haftbefehl beantragt. Die Polizei: ‚Ibrahim war bereits als gewalttätig bekannt.' " (tz, 14.2.85)

Fallbeispiel 129:

„Seine Ehefrau erschossen hat Alfred M.: Vor Weihnachten besuchte der Kraftfahrer seine Frau Elisabeth im Forchheimer Krankenhaus. Die 35jährige war wegen eines Selbstmordversuches in der Klinik. Im Besucherraum warf der 38jährige ihr vor, daß sie wiederholt fremdgegangen sei. Dann zog er eine Pistole und schoß zweimal auf die Mutter von fünf Kindern. Elisabeth M. sank von einem Lungensteckschuß getroffen zu Boden. Die Hausfrau lag seitdem im Koma. Gestern starb sie. Alfred M. stellte sich noch im Dezember der Polizei." (tz, 8.2.85)

Wie im Abschnitt 3.2. gezeigt wurde, variiert die Art der Täter-Opfer-Beziehung deliktspezifisch. Bei Tötungsdelikten ist nur in einer Minderzahl der Fälle das Opfer dem Täter vor der Tat unbekannt.

Abbildung 13: Art der Täter-Opfer-Beziehung bei Mord und Totschlag

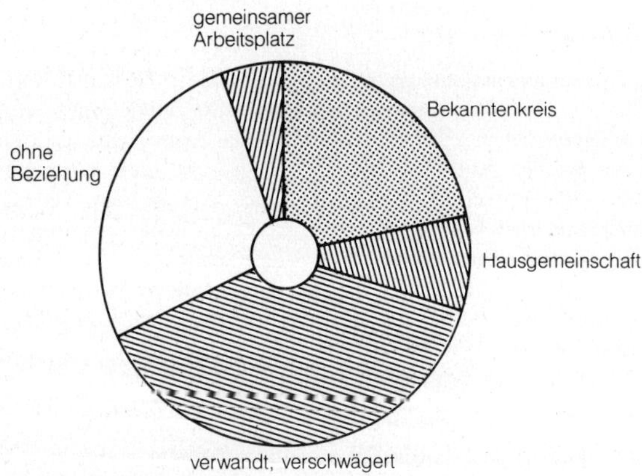

(Quelle: Innenminister des Landes Schleswig-Holstein, Kriminalpolizeiamt (Hrsg.): Polizeiliche Kriminalstatistik 1973 für das Land Schleswig-Holstein. Kiel 1974, S. 99; entnommen aus Schneider 1975, S. 108)

Dies gilt vor allem dann, wenn es sich um weibliche Täter handelt. SESSAR (1979) spricht in diesem Zusammenhang vom „familiären Charakter“ der Tat, der auch bei anderen Gewaltdelikten – wie der Mißhandlung von Kindern und Ehegatten –, aber auch beim sexuellen Mißbrauch von Kindern besteht. Bei Vergewaltigungsdelikten liegt eine enge Täter-Opfer-Beziehung bei etwa der Hälfte der Fälle vor (GÖPPINGER 1981, S. 14); berücksichtigt man aber, daß die Anzeigeneigung gering ist, so dürfte dieser Anteil vermutlich noch größer sein.

Beschränken wir uns auf die aufgeklärten Fälle, so ergibt sich aus der polizeilichen Kriminalstatistik 1973 von Schleswig-Holstein bei der Kindsmißhandlung der höchste Anteil von Täter-Opfer-Beziehungen (96 %), gefolgt von Totschlag (72 %), Mord (knapp 66 %), Unzucht mit Kindern (48 %), Gewalt- und Abhängigkeitsunzucht (43 %), gefährliche und schwere Körperverletzung (38 %), Notzucht (38 %), Raub (24 %) und Betug (9 %). Der Anteil der Täter-Opfer-Beziehungen an allen aufgeklärten Fällen mit Opfererfassung lag jedoch unter 20 %. (Dies ist durch die zahlreichen Fälle von Eigentumskriminalität (z. B. Kaufhaus- und Taschendiebstahl), in welchen keine Täter-Opfer-Beziehung besteht, begründet.)

Abbildung 14: Anteil der Täter-Opfer-Beziehung an den aufgeklärten Fällen (Quelle: INNENMINISTER des Landes Schleswig-Holstein; Kriminalpolizeiamt (Hrsg.) 1975, S. 93; Abb. aus SCHNEIDER 1977, S. 142)

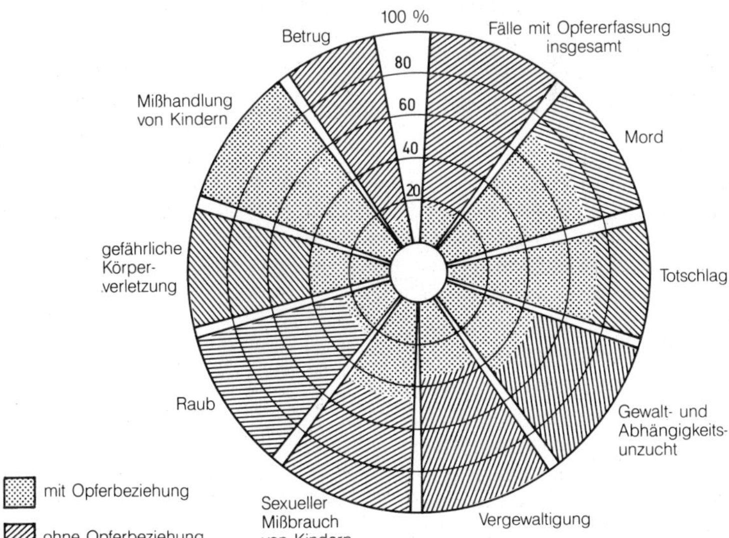

LANDAU/DRAPKIN/ARAD(1965) fanden bei 65 % der von ihnen untersuchten Tötungen eine Primärbeziehung zwischen Täter und Opfer; bei 42 % bestanden familiäre Bindungen. Bei den Opfern, mit welchen den Täter keine Primärbeziehungen verbanden (35 %), handelte es sich um Fremde, sexuelle Konkurrenten, Mitglieder rivalisierender Clans oder sonstige Feinde. POKORNY (1965) fand bei der Analyse von kriminellen Tötungen, daß in 65 % untersuchten Fälle Opfer und Täter räumlich nahe beisammen (weniger als eine Meile Entfernung) lebten. VOSS/HEPBURN (1968) ermittelten, daß bei 47,4 % der in Chicago Getöteten die Täter Familienmitglieder oder enge Feunde waren; bei den weiblichen Opfern betrug dieser Anteil sogar 96 %. BLOCK/ZIMRING (1973) fanden bei ihrer Untersuchung desselben Delikts in derselben Stadt im Jahr 1970 einen Anteil von 62 %, bei dem Opfer und Täter zumindest einander bekannt waren. Dieser Wert betrug 1965 noch 76 %, 1966-1968 73 % und 1969 63 %. Bei MULVIHIL/TUMIN/CURTIS (1969, S. 207) ist bei den kriminellen Tötungen der „Fremdenanteil" 16 %, bei Körperverletzung 21 %, bei Notzucht 53 %, beim bewaffneten Raubüberfall 79 % und beim unbewaffneten Raub 86 %. Derartige Untersuchungen (vgl. zusammenfassend SCHNEIDER 1975, S. 103 ff.) stimmen relativ gut darin überein, daß Täter-Opfer-Beziehungen besonders häufig bei den vorwiegend emotional bedingten Delikten wie Mord, Notzucht und Unzucht mit Kindern sind, wesentlich seltener dagegen bei der überwiegend zweckrational motivierten Bereicherungskriminalität.

4.1.6. Gefühle und Reaktionen des Opfers in der Tatsituation und unmittelbar danach

In der von uns durchgeführten Befragung von Opfern interessierte u. a. auch das Erleben und Empfinden der Tat durch die Opfer. Wie aus Tabelle 18 hervorgeht, stellten sich am häufigsten Angst und Wut ein, gefolgt von Selbstvorwürfen (wegen Leichtsinn), Angst vor Neugier anderer und Schamgefühlen, insbesondere bei den Vergewaltigungsopfern:

Tabelle 18: Erlebte Empfindungen der Opfer während der Tat (Mehrfachnennungen) in Abhängigkeit vom Delikt.

Empfindung	Tötung Angehör.	schwere Körp.Verl.	Vergewaltigung	Raub	sonstiges Delikt	direkte Opfer insg.
Wut	59 %	35 %	15 %	34 %	53 %	31 %
Furcht	85 %	79 %	88 %	75 %	58 %	74 %
Scham	—	5 %	55 %	3 %	5 %	17 %
Angst vor der Neugier anderer	7 %	5 %	46 %	6 %	16 %	17 %
Selbstvorwürfe	19 %	16 %	24 %	16 %	37 %	19 %
Mitleid mit dem Täter	—	2 %	—	—	11 %	3 %
Sonstiges	11 %	7 %	21 %	9 %	5 %	8 %
Fallzahl	(36)	(46)	(33)	(35)	(19)	(139)

Es zeigen sich teilweise erhebliche und charakteristische deliktspezifische Unterschiede:

- Bei den Angehörigen getöteter Opfer waren Furcht und Wut besonders häufig.
- Vergewaltigungsopfer erlebten die meisten Empfindungen und weichen deutlich von den übrigen Opfern ab: Neben der Furcht vor dem Täter spielten bei ihnen vor allem Scham und Angst vor der Neugier eine wichtige Rolle. Während Wut vergleichsweise selten genannt wurde (Ergebnis geschlechtsspezifischer Sozialisation?), war der Anteil derjenigen mit Selbstvorwürfen ziemlich hoch. Es ist zu vermuten, daß Aggressionen auf die eigene Person gelenkt wurden (vgl. WEIS 1982, S. 81f.).
- Noch häufiger erheben die Opfer „sonstiger Delikte" Selbstvorwürfe (was mit der größeren Opfermitwirkung in dieser Deliktgruppe zusammenhängen dürfte).
- Zwischen den Opfern schwerer Körperverletzung und Raubopfern bestehen in den Reaktionen nur geringe Unterschiede.

Wie Tabelle 19 zeigt traten auch schichtspezifische Unterschiede auf (wobei wir uns auf die eindeutig zuzuordnenden Opfer beschränken):

Tabelle 19: Erlebte Empfindungen der Opfer während der Tat (Mehrfachnennungen) in Abhängigkeit von der Sozialschicht

Empfindung	Unterschicht	Mittelschicht	Signifikanz	Korrelation
Wut	44 %	20 %	α = 0,063	γ = 0,24
Furcht	89 %	63 %	α = 0,016	γ = 0,31
Scham	11 %	27 %	statistisch nicht gesichert	
Angst vor der Neugier anderer	11 %	23 %		
Selbstvorwürfe	20 %	27 %		
Mitleid mit dem Täter	4 %	7 %		
sonstiges	4 %	10 %		
Fallzahl	(46)	(30)		

Die ermittelten relativen Reaktionshäufigkeiten in Abhängigkeit von der Sozialschicht entsprechen tendenziell den Ergebnissen der Sozialisationsforschung, wonach Mittelschichtangehörige stärker als Mitglieder der sozialen Unterschicht zu verinnerlichten Reaktionen (Scham, Angst vor Neugier, Selbstvorwürfen) neigen und weniger primäre Gefühlsregungen wie Wut und Angst zulassen (vgl. Gottschalch u. a. 1971). Weiterhin zeigt sich bei den Opfern aus der Mittelschicht eine größere Vielfalt von Empfindungen, während bei den Unterschichtopfern eine starke Konzentration auf Wut und Furcht festzustellen ist.

In der Regel lösen primäre Viktimisierungen Abwehr- und Schutzmaßnahmen des Opfers aus, die sowohl von der Opferpersönlichkeit als auch von der Tatsituation abhängig sind. Das Opferverhalten kann diesbezüglich und prinzipiell danach klassifiziert werden, ob es situationsadäquat oder situationsinadäquat abläuft. So erscheint etwa der aktive Widerstand eines einzelnen Opfers gegen eine größere Gruppe bewaffneter Angreifer bei vorhandenen Fluchtmöglichkeiten inadäquat, dagegen bei einem körperlich unterlegenen und unbewaffneten Einzeltäter als geeignete Abwehrmaßnahme. In der Realität ist die Entscheidung für eine geeignete Strategie meist erheblich schwieriger:

1. Häufig wird die Begehung einer Straftat vom Opfer gar nicht bemerkt (Taschendiebstahl) bzw. geschieht so rasch, daß keine geeigneten Abwehrmaßnahmen ergriffen werden können.
2. Die Wahrnehmung der Situation hat stets von der subjektiven Opferperspektive auszugehen. Seine Situationsdefinition und nicht die eines neutralen Beobachters ist maßgebend. Ein körperlich sich unterlegen fühlendes,

aber „objektiv" kräftiges Opfer handelt situationsadäquat, wenn es sich gegenüber einem „objektiv" unterlegenen Täter nicht zur Wehr setzt.

3. Die meisten Tatsituationen sind komplex und mehrdeutig, was die Einschätzung des Täters, eine zutreffende Beurteilung der Situation, wie auch die Wahl geeigneter Abwehrmaßnahmen erschwert. Ein Opfer, das über vollständige Information verfügt und zweckrational handelt, dürfte den Ausnahmefall darstellen.
4. In vielen Opfersituationen besteht — auch unter Abwägung aller Begleitumstände — ein hohes Maß nicht reduzierbarer Ungewißheit, die jegliche Abwehrstrategie zum Risiko macht. Ein Beispiel hierfür ist die kontrovers diskutierte und letztlich wohl unentscheidbare Frage, ob sich eine Frau einer drohenden Vergewaltigung aktiv widersetzen soll oder nicht. WIESENDANGER (1984, S. 62) macht die Problematik von Ratschlägen deutlich: „Verhängnisvoll kann alles sein — oder auch nicht. Mut machen Statistiken, nach denen sich Frauen vielfach erfolgreich zur Wehr setzten, indem sie davonrannten, körperlich Widerstand leisteten und um Hilfe schrien. Andere Studien wissen dagegen: Je größer der Widerstand, desto größer die Brutalität, mit der dem Opfer begegnet wird; ‚sexuell stimulierend' könne der nämlich wirken; zusätzliche Aggressionen freisetzen, die Quälerei erst recht zum sadistischen Vergnügen machen."

Vielfach wird den Vergewaltigungsopfern empfohlen, ein Gespräch mit dem Täter zu suchen, von eigenen Kindern zu erzählen und sich darüber zu wundern, „warum er so etwas mache, wo er es doch gar nicht nötig hätte". Dies würde den Täter beruhigen, Aggressionen abbauen und möglichen Panik- oder Kurzschlußreaktionen entgegenwirken. Wenn dies auch nicht immer eine Vergewaltigung verhindert, läßt sich durch eine besonnene Reaktion doch häufig Schlimmeres verhüten. Dazu ein Zitat aus unserer Opferuntersuchung:

„Ich bin damals nur mit dem Leben davon gekommen, weil ich mit dem Täter sprach. Ich erzählte ihm von meinem sechs Monate alten Kind, das die Mutter dringend braucht. Deshalb ließ er mich leben . . . Eine Vergewaltigung ist die mit Abstand verabscheuungswürdigste Demütigung für eine Frau. Und das einzig Kluge, was sie tun kann, ist stillzuhalten." (76)

Im folgenden Fall hat das Reden mit dem Täter sogar die Vergewaltigung verhindert, doch befanden sich hier die Opfer auch in einer zahlenmäßigen Überlegenheit:

Fallbeispiel 130:

„Die drei Opfer hatten keine Chance zur Gegenwehr. Denn der Mann, der vor der Disco in den Wagen gesprungen war, packte eines der Mädchen an der Kehle und schrie: ‚Losfahren, sonst bring ich sie um.' Ingrid (24), Roswitha und Helga (26) waren fast eine

Stunde lang in der Gewalt eines Sex-Gangsters. Aber trotzdem gelang es den drei Disco-Mädchen, den Mann, der sie vergewaltigen wollte, zur Aufgabe seines Vorhabens zu überreden. Nach den Ermittlungen der Fahnder begann das Verbrechen vor einer Diskothek im Landkreis Traunstein. Ingrid, Roswitha und Helga (alle Namen geändert) hatten sich bis gegen zwei Uhr früh in dem Lokal amüsiert. Was die drei Freundinnen nicht ahnten: Die ganze Zeit über beobachtete sie der 22jährige Jürgen W. Als sie zur Heimfahrt in ein Auto stiegen, sprang der Mann in den Wagen und erzwang die Fahrt in ein Waldstück. Trotz panischer Angst redeten die Mädchen auf den Täter ein und versuchten, ihn zu beruhigen. Nach einer Stunde sprang der 22jährige Angestellte aus dem Wagen und flüchtete. Schon am anderen Tag wurde er gefaßt und kam in Untersuchungshaft. Nach seinem Geständnis hat der verheiratete Mann auch andere Sexualstraftaten begangen." (AZ, 31.5.85)

Im folgenden Fall scheint dagegen kaum ein Handlungsspielraum bestanden zu haben. Die einzig Chance des Opfers wurde durch die größere Schnelligkeit des Täters zunichte gemacht:

Fallbeispiel 131:

„S. B. (21) befand sich auf dem Heimweg von einem Gitarren-Konzert. Kurz vor ihrem Elternhaus sprach sie ein 28jähriger an. Als sie davonlaufen wollte und zu schreien anfing, schlug der Mann zu. Das blonde Mädchen stürzte, R. S. zückte einen Revolver und ermordete mit fünf Schüssen in den Kopf die Schülerin... S. B galt als schüchtern... Einen festen Freund hatte sie nicht. Nach dem Abitur wollte die 21jährige aus T. Krankengymnastin werden. Als sie der Mann in der Nacht zum 12. Januar ansprach, reagierte sie, so das Gericht, auf die einzige mögliche Art: mit Fluch'. Ein körperlicher Widerstand sei angesichts des 28jährigen — eines durchtrainierten Boxers, der zweimal bayerischer Vize-Meister war — sinnlos gewesen." (tz, 23.10.85)

Somit kann die Beurteilung von Abwehrmaßnahmen als „angemessen" immer nur in Annäherung erfolgen. Je nach Delikt, Tatsituation, Täter- und Opferpersönlichkeit, Befindlichkeit des Opfers, Täter-Opfer-Beziehung usw. können gleiche oder ähnliche Reaktionen einmal richtig und einmal falsch sein. Eher „hilflos-passive" und „überlegen-aktive" Reaktionsformen können auf der anderen Seite gleichermaßen effizient sein. „Überlegen-aktiv" bedeutet, daß die Strategie des Opfers darin besteht, die ungleiche Situation (Machtgefälle) umzukehren oder ihr zu entkommen. Betrachten wir hierzu die Häufigkeit der einzelnen Reaktionsweisen bei den von uns befragten Opfern in Abhängigkeit vom Delikt:

Tabelle 20: Deliktspezifische Opferreaktionen (Mehrfachnennungn)

Reaktion	schwere Körp.Verl.	Vergewaltigung	Raub	sonst. Delikt	insgesamt
aus Angst passiv	26 %	24 %	24 %	11 %	23 %
aus Unkenntnis passiv	4 %	—	3 %	50 %	9 %
um Hilfe gerufen	44 %	42 %	58 %	11 %	42 %
geschimpft	9 %	18 %	15 %	6 %	11 %
handgreiflich gewehrt	22 %	42 %	36 %	6 %	29 %
versucht, mit Täter zu reden	11 %	70 %	24 %	—	26 %
Überlistungsversuch	4 %	21 %	6 %	—	8 %
Verfolgungsversuch	—	—	9 %	11 %	4 %
Fluchtversuch	24 %	33 %	12 %	—	20 %
ans Mitleid des Täters appelliert	7 %	27 %	9 %	—	11 %
nachgegeben	4 %	33 %	9 %	6 %	12 %
Fallzahl	(46)	(33)	(35)	(19)	(140)

Passivität aus Angst war — abgesehen von den Opfern sonstiger Delikte, die ihre Viktimisierung weit überdurchschnittlich häufig zunächst gar nicht bemerkt hatten — bei den übrigen Opfergruppen etwa gleich häufig und die dritthäufigste Reaktion überhaupt. In der Mehrzahl der Fälle haben die Opfer um Hilfe gerufen (wobei ebenfalls die Opfer sonstiger Delikte unterrepräsentiert sind).

Handgreifliche Gegenwehr kam vor allem bei den Vergewaltigungs- und Raubopfern vor; erstere leisteten etwas öfter auch verbale Gegenwehr (schimpfen) und versuchten vor allem, mit dem Täter zu sprechen. Hilferufe, handgreifliche Gegenwehr und Schimpfen können dazu beitragen, den Täter in Panik zu versetzen, so eine Verengung der Wahrnehmung und Reaktionsweise bewirken und damit zur Eskalation des Tatgeschehens — aber auch zur Flucht beitragen. Überlistungsversuche waren selten und nur bei den Vergewaltigungsopfern etwas häufiger. Diese appellierten auch am ehesten an das Mitleid des Täters. Nachgeben und Fluchtversuche waren selten.

Insgesamt zeigen die Vergewaltigungsopfer die größte Variabilität an Reaktionen. Außer „Passivität aus Unkenntnis" und Verfolgungsversuchen kamen alle Alternativen mit relativ großen Häufigkeiten vor. Einschränkend zur Reaktionsvielfalt bei den Vergewaltigungsopfern ist jedoch zu bemerken, daß ihre Gegenwehr im Unterschied zu anderen Opfern einer stärkeren gesellschaftlichen Erwartung unterliegt, was Antworttendenzen in Richtung sozialer Erwünschtheit hervorgerufen haben könnte. Jemand, der sich etwas stehlen läßt, wird schlimmstenfalls als ungeschickt beurteilt, doch dürfte eine Frau — auch in der richtigen Erkenntnis, daß Gegenwehr zwecklos ist —, auf Unverständnis sowohl im sozialen Nahbereich als auch vor Polizei und Gericht stoßen (vgl. 4.2.1.-4.2.3.).

Die Raub- und Körperverletzungsopfer haben — verglichen mit den Vergewaltigungsopfern — weniger unternommen, wobei erstere noch etwas aktiver waren: Sie haben häufiger um Hilfe gerufen, geschimpft, versucht mit dem Täter zu reden und handgreifliche Gegenwehr geleistet. Sie haben weniger oft versucht, zu fliehen und statt dessen sogar vorgehabt, den Täter zu verfolgen. Das Machtgefälle zum Täter wurde demnach von ihnen als weniger groß und die eigene Person als weniger hilflos wahrgenommen. Demgegenüber zeigten sich die Opfer sonstiger Delikte in ihrer Reaktion reduzierter, was auch damit zusammenhängt, daß die Hälfte von ihnen die Viktimisierung gar nicht bemerkt hatte.

4.1.7. Die Tatzeugen

Ein großer Teil von Viktimisierungen erfolgt im Beisein Dritter. Soweit diese den Vorgang bemerkt haben, handelt es sich um (zunächst potentielle) Zeugen. Erst indem sie ihre Beobachtung zu erkennen geben, werden sie zu Zeugen im eigentlichen Sinn. Somit findet ein mehrstufiger Selektionsprozeß statt: Zunächst muß eine Viktimisierung bemerkt werden, danach muß die Wahrnehmung in Aktionen umgesetzt werden und schließlich gilt es, der anfänglich bekundeten Zeugenbereitschaft auch weitere Taten folgen zu lassen.

Zeugenschaft ist mit Kosten verbunden. Diese können bestehen in Aufregung, Zeitopfern, in einer viktimisierungsähnlichen Behandlung bei Polizei und Gericht, ungewollter Publizität u. a. m. Es verwundert daher nicht, wenn vielfach die Absicht besteht, sich der Zeugenschaft nach Möglichkeit zu entziehen, zumal der erkennbare Eintritt in die Tatsituation auch für den Zeugen gefährlich werden kann, wenn er zum Nebenopfer wird (Fallbeispiel 27). Andererseits wurden schon viele potentielle Opfer von einer Viktimisierung oder zumindest deren Eskalation bewahrt, weil Dritte anwesend waren, auch wenn diese noch keine Bereitschaft zum Eingreifen erkennen ließen.

Die Anwesenheit Dritter macht aus der viktimologischen Dyade von Täter und Opfer eine Triade von Täter, Opfer und Zeuge. Zu den wechselseitigen Wahrnehmungen und Erwartungen der Täter und Opfer und ihren Interaktionen treten die der dritten Partei hinzu, die von den beiden anderen in ihr soziales Handeln einzubeziehen sind. Nicht selten sind aber Zeugen offenbar zu vernachlässigende Größen, weil deren Hilfsbereitschaft als gering zu veranschlagen ist:

Fallbeispiel 132:

„Auch laute Schreie bewirkten nichts: kein Passant half dem 22 Jahre alten Mann in der C-Ebene des Hauptbahnhofs, der in der Nacht zum Montag von sechs Jugendlichen beraubt und brutal gefoltert wurde. Selbst die Polizei mochte niemand informieren. Das Polizeipräsidium schilderte den Vorfall so: Gegen 1 Uhr war der junge Mann auf dem Heimweg in den Hauptbahnhof gegangen, um eine Bahn zu besteigen. Auf der Rolltreppe zwischen der B- und der C-Ebene wurde er plötzlich von zwei jungen Leuten, die von der Polizei wegen ihrer Aufmachung als ‚Skinheads' bezeichnet wurden, gepackt und hinuntergestoßen. Dann wurde er in eine Ecke gedrängt und von insgesamt sechs Jugendlichen umringt. Einer der Angreifer schlug dem jungen Mann die Faust in den Leib. Da die anderen ihn festhielten, konnte er sich nicht wehren. Als er sich weigerte, sein Geld herauszugeben, wurde er weiter geschlagen. Dann nahm man ihm die Geldbörse mit rund sechzig Mark gewaltsam ab. Der Anführer der Bande bedrohte das Opfer dann noch mit einem Springmesser, zwei der Verbrecher drückten brennende Zigaretten an seinen Oberarmen aus. Es entstanden Brandnarben so groß wie Pfennigstücke. Während er gequält wurde, kamen mehrmals Passanten vorbei, die der Überfallene umsonst um Hilfe bat. Die Bundesbahn hat gestern angekündigt, sie werde die Streifentätigkeit verstärken, vor allem Zivilstreifen einsetzen. Die Bahnpolizei beklagte jedoch den Mangel an Hilfsbereitschaft der Bevölkerung. Die Streifen könnten nicht übreall zugleich auftauchen und seien darauf angewiesen, in solchen Fällen informiert zu werden." (FAZ, 20.3.84)

Fallbeispiel 133:

„Ein 20jährige ist von ihrem Freund zu Tode geprügelt worden! Obwohl die Frau fast eine halbe Stunde um Hilfe rief, alarmierte keiner der Nachbarn die Polizei. Wie die Beamten in Lompoc (US-Staat Kalifornien) mitteilten, sei ein Wohnungsnachbar zwar den Schreien nachgegangen und habe die Frau am Boden liegen gesehen, doch er wollte sich nicht einmischen." (tz, 28.12.84)

Fallbeispiel 134:

„Bei eisiger Kälte hat ein Familienvater eine 22jährige im Schnee vergewaltigt — mehrmals. Als das Opfer fliehen und zu einem nahen Haus laufen konnte, erlebte es eine böse Überraschung. Die Besitzerin öffnete zwar, sagte aber dann: ‚Das geht doch mich nichts an.' . . . Der 32jährige zerrte sein Opfer zum Auto zurück, riß ihm die Kleider herunter und vergewaltigte es. Eine Zeitungsträgerin, die wenig später vorbeikam, deutete den Verzweiflungskampf des Mädchens falsch. Sie sagte zu dem Täter, den sie kannte: ‚Geh, vertragt euch doch wieder.' Als die Frau außer Sicht war, vergewaltigte der Familienvater Stefanie erneut . . . Der Täter wurde verhaftet." (tz, 12./13.1.85)

Fallbeispiel 135:

„... Nach 800 Metern mußte Sabine nach rechts in die v. Stein-Straße. Der Engländer soll ihr nachgeschlichen sein, sie von hinten gepackt, unter den Rosen- und Forsythienbusch am Straßenrand gezerrt haben. Das Unfaßbare: Sabine hat um Hilfe geschrien, gellend laut. Und Anwohner in den weißen Familienhäusern ringsum haben die Schreie gehört! Aber eine Frau sagt: ‚Das kommt hier doch öfter vor, daß jemand schreit.' Und ein Mann: ‚Ich sah nur aus dem Fenster, ob mit meinem Wohnwagen was los ist.' " (BILD, 8.6.85)

Es ist nicht schwer, weitere Beispiele unterlassener Hilfeleistung bzw. unterlassener Zeugenschaft zu finden. Die Übergänge zwischen Nicht-Sehen, falschen Situationsdefinitionen, Nicht-Wahrhaben-Wollen, bewußtem Wegschauen und offener Ablehnung einer Intervention zugunsten des Opfers sind dabei fließend. Fälle, in welchen eine fingierte Viktimisierung Helfer und Zeugen anlocken soll, die dann zu Opfern werden, sind nicht so selten und dienen oft als Rechtfertigung der Passivität. Gleichgültigkeit, zumindest aber Nicht-Einmischung treten aber auch dann auf, wenn der potentielle Zeuge keine schwerwiegenden Nachteile befürchten muß, wie ein Feldexperiment in einem Kaufhaus gezeigt hat (MERTESDORF 1974):

Die Meldung eines beobachteten Diebstahls erfolgte häufiger, wenn die entwendeten Gegenstände einen großen Wert hatten. Der Einfluß Dritter (eines instruierten Zeugen) auf den „naiven" Kunden hatte wenig Einfluß auf die Verstärkung normgerechten Verhaltens (d. h. die Meldung des Diebstahls). Probanden, die den Diebstahl berichteten, hatten häufiger früher schon einmal einen Diebstahl beobachtet, sie sprachen sich in stärkerem Maße für eine Belohnung für die Meldung als Maßnahme zur Verhinderung von Diebstählen aus und erzielten höhere Punktwerte auf einer „Recht- und Ordnung-Skala". „Als wichtigstes Ergebnis unserer Untersuchung können wir festhalten, daß Kaufhauskunden bei Beobachtung von Ladendiebstählen bei subjektiv eindeutigem Tatbestand und geringem Aufwand (wegen der Nähe eines Verkäufers) weit häufiger eine Meldung machen als es nach der Untersuchung von BLANKENBURG (1968) den Anschein hatte, und zwar relativ unabhängig von Alter und Geschlecht." (MERTESDORF 1974, S. 321). Kritisch räumt der Verfasser allerdings ein, daß aufgrund der ungeklärten Repräsentativität eine Generalisierung nicht möglich ist, doch würden die Ergebnisse die Vermutung stützen, „daß Diskrepanz zwischen verbaler Einstellung und Verhalten zumindest teilweise auf Situationsfaktoren zurückzuführen sind, die sich gegen das Handeln im Sinne der Einstellung auswirken." (MERTESDORF 1974, S. 321).

Für die Bereitschaft, zu helfen oder als Zeuge aufzutreten, haben sich u. a. folgende Variablen als bedeutsam erwiesen (zusammenfassend LÜCK 1975, bes. S. 62 ff.):

- *Die Eindeutigkeit, mit der eine Situation als Notlage definiert werden kann.* CLARK/WORD (1972, 1974) fanden, daß bei völlig klaren und eindeutigen Notsituationen 96 % ihrer Probanden halfen, doch sank dieser Anteil bei mehrdeutigen Situationen stark ab. Auch für einen weniger willigen Zeugen/Helfer bedarf es in klaren Situationen eines erheblichen Rationalisierungsaufwandes, sich einer internalisierten Verpflichtung zur Hilfeleistung zu entziehen.
- *Die Vertrautheit mit der Umgebung:* DARLEY und LATANE (1970) fanden in einem Feldexperiment, daß bei einem fingierten Kollaps eines Invaliden im Flughafen und in der U-Bahn im letztgenannten Fall mehr als doppelt so viele Passanten halfen. Entgegen der anfänglichen Vermutung waren hierfür nicht Schichtunterschiede ausschlaggebend, sondern die größere Vertrautheit mit der U-Bahn-Situation.
- *Die wahrgenommenen Kosten der Zeugenschaft.* Vielfach herrscht bei möglichen Zeugen nur eine diffuse Angst vor „Scherereien" mit Behörden und anderen Belastungen wie Verdienstausfällen. Hinzu kommt mitunter die Furcht vor Repressalien des Täters oder seiner Angehörigen. Aufklärung über die tatsächlichen Belastungen sowie das Bemühen, diese Kosten möglichst gering zu halten, könnten auf lange Sicht die Aussagebereitschaft erhöhen.
- *Die Leichtigkeit, mit der sich ein potentieller Zeuge der Aussage bzw. Hilfe entziehen kann.* Dies ist vor allem dann möglich, wenn sonst niemand anwesend ist (hier wird aber auch der verinnerlichte Druck zu helfen groß sein) oder wenn sehr viele Zeugen anwesend sind. (LÜCK 1970, S. 384). Es kommt dann zum Abschieben der Verantwortung und viele Zeugen werden sich fragen: „Warum gerade ich?". LATANE/DARLEY (1968, 1970) begründen dies mit der „Diffusion der Verantwortlichkeit": Der einzelne fühlt sich aufgrund der Gruppensituation nicht allein verantwortlich, er schiebt seine Mitverantwortung auf andere ab. Indem jeder so handelt, unterbleibt die Hilfeleistung. Hinzu kommt — wie von MANDELBAUM (1952) und SCHACHTER (1959) schon früher betont —, daß die Gruppensituation unter bestimmten Bedingungen angstreduzierende Wirkungen ausübt (ohne daß die Ursache der Angst verändert wird). Gegen die Erklärung unterlassener Hilfeleistung aufgrund der Möglichkeit des Abschiebens von Verantwortung wurde angeführt, daß häufig auch Einzelpersonen nicht helfen (vgl. die Fälle 132-135. LATANE/DARLEY (1968) ermittelten einen Anteil von 25 % nichthelfender Alleinzeugen; STAUB (1970) sogar 68 %. Umgekehrt gibt es immer wieder Beispiele großer Hilfsbereitschaft auch in anonymen Massensituationen (vgl. PILIAVIN/RODIN/PILIAVIN 1969; DARLEY/LATANE 1970).
- *Vorbild und Unterstützung durch andere.* Dies bedeutet keinen Widerspruch zur oben erwähnten Abschiebung von Verantwortung bei Anwesen-

heit einer größeren Menge. Entscheidend ist, ob es sich um eine bloße Menschenansammlung oder um eine interagierende Gruppe handelt. In Experimenten konnte gezeigt werden, daß die Hilfsbereitschaft in Einzelsituationen am größten ist, gefolgt von der in interagierenden Gruppen. Bei nichtinteragierenden Pseudo-Gruppen (oder Mengen) ist sie dagegen am geringsten (LÜCK 1975, S. 98).

- *Das Ausmaß, in dem sich ein möglicher Zeuge von der Tat selbst betroffen fühlt.* Dafür ist u. a. entscheidend, wie stark sein eigenes Rechtsbewußtsein betroffen ist oder wie sehr er sich mit dem Opfer identifiziert. Bei den nachfolgend geschilderten Feldexperimenten (verprügeltes Kind bzw. Schlägerei unter Schülern) bestehen offenbar wenig Identifizierungsmöglichkeiten (großer Altersabstand, Annahme, daß die Opfer möglicherweise zu ihrer Behandlung beigetragen hatten). Dagegen kann es bei vergleichsweise geringfügigen Delikten im Straßenverkehr vorkommen, daß Zeugen für eine Seite Partei ergreifen und sich geradezu aufdrängen.
- *Die spezifischen Lebensbedingungen in der Großstadt:* Gerade durch die große räumliche Nähe ist der Wunsch entstanden, sich gegenüber anderen abzugrenzen und auf die Einhaltung einer Privatsphäre zu achten. Ebensowenig wie man selbst nicht behelligt werden möchte, gesteht man dies auch anderen zu. Unterstützt wird dieses Verhalten gerade durch die verbreitete Furcht vor Viktimisierungen aufgrund der Anonymität.

Zur mangelnden Hilfsbereitschaft und Zeugenschaft — aus welchen Gründen auch immer — ein Feldexperiment des Deutschen Kinderschutzbundes: Aus den geöffneten Fenstern einer Wohnung an einer belebten Straße in Hamburg drangen (von einem Tonband) die Schreie eines geprügelten Kindes und die Stimme des schlagenden Vaters. Bei dem Experiment, das eine Stunde dauerte, gingen fast 1000 Passanten an dem Haus vorbei. Nur vier (!) davon benachrichtigten die wenige Meter entfernte Polizeiwache. Drei weitere klingelten an der Tür des Hauses und wollten eingreifen. Insgesamt wollten also weit weniger als 1 % helfen.

Die geringe Hilfsbereitschaft von Großstadtbewohnern wird auch damit erklärt, daß — im Unterschied zum Leben in überschaubaren Räumen — die Erfüllung der Reziprozitätsnorm unwahrscheinlicher und die soziale Kontrolle für Gleichgültigkeit geringer ist: Jemand, der der Bitte eines Unbekannten nach einer Gefälligkeit nicht nachkommt, hat keine weiteren Konsequenzen zu befürchten, während nicht-hilfsbereites Verhalten in einem nicht-anonymen Umfeld stark mißbilligt werden kann.

Ähnlich entmutigende Ergebnisse wie das Experiment des Kinderschutzbundes erbrachte ein Versuch von Schülern eines Frankfurter Gymnasiums, die auf offener Straße einen Überfall auf eine Klassenkameradin fingierten.

Die meisten Passanten blickten verlegen zur Seite. Bei der Befragung von Personen, die den Vorfall bemerkt haben mußten, war die häufigste Antwort „Ich habe nichts bemerkt“, „Ich habe keine Zeit“, „Das kommt doch hier dauernd vor“. Etwa 20 % der Befragten erklärten, daß es ratsam sei, bei solchen Vorkommnissen die Augen zu schließen (WEISSER RING 6/83).

Sich als Zeuge (und Helfer) zur Verfügung zu stellen ist eine Variante „prosozialen Verhaltens“. Dieser Begriff bezeichnet verschiedene Formen hilfreichen oder verantwortlichen Handelns. (LÜCK 1975, S. 18). Inwieweit prosoziales Verhalten auftritt, hängt von bestimmten Gegebenheiten der Situation, den Beteiligten usw. ab. Offenbar ist solches Verhalten nicht gerade die Regel. Vielen Zeugen ist nicht bewußt, welch verhängisvolle Konsequenzen sich für das Opfer wegen ihrer Gleichgültigkeit ergeben:

Fallbeispiel 136:

„Vor den Augen unzähliger Passanten wurde Herr B. 1979 in der überfüllten Rüdesheimer Drosselgasse von mehreren angetrunkenen Tätern, die den Rauswurf aus einem Lokal ‚verarbeiten‘ mußten, sinnlos niedergeprügelt. Beobachtet haben dies viele, doch Zeugen gab es keine, weil das Geschehen entweder als alltägliche Prügelei angesehen wurde oder weil die braven Bürger an Unannehmlichkeiten oder an ihr Abendessen oder an gar nichts dachten.

Doch ohne Zeugen blieb Herr B. — nach Auffassung des Versorgungsamtes — den Beweis schuldig, Opfer einer vorsätzlichen Straftat geworden zu sein. Folge: keine Versorgung nach dem Opferentschädigungsgesetz für die bleibenden Verletzungsfolgen. Ganz zu schweigen von möglichen Schadensersatz- und Schmerzensgeldansprüchen gegen einen unbekannten Täter, der vielleicht hätte ermittelt werden können“ (WEISSER RING 6/83).

Aussagebereite Tatzeugen treten — sieht man davon ab, daß Zeugen vom Täter beschafft wurden — meist zugunsten des Opfers auf, wenn sie überhaupt dazu bereits sind. Aus der von uns durchgeführten Befragung ergab sich eine durchgängig günstige Perzeption der Zeugen durch die Opfer. Die Zeugen waren dabei anhand der Dimensionen „Fairneß“, „Aufgeschlossenheit“, „Freundlichkeit“, „Opferorientierung“, „Vertrauen“, „Diskretion“, „Mitgefühl“ und „Wärme“ anhand einer 5-Punkte-Skala zu beurteilen:

Tabelle 21: Beurteilung der Tatzeugen hinsichtlich verschiedener Dimensionen (Wertebereich 1 (günstig) — 5 (ungünstig)

Dimension	indirekte Opfer	schwere K.verl.	Vergewaltigung	Raub	sonst. Opfer
fair (1) — unfair (5)	1,8	1,9	1,4	1,0	2,8
aufgeschlossen (1) — desint. (5)	1,3	2,2	1,8	1,2	3,7
freundlich (1) — unfreundlich (5)	2,0	1,8	1,4	1,3	2,8
für mich (1) — gegen mich (5)	1,7	1,7	2,0	1,4	2,0
hat mir geglaubt (1) — hat mir nicht geglaubt (5)	1,4	1,5	1,2	1,1	1,8
diskret (1) — indiskret (5)	2,5	1,8	1,6	1,9	3,3
mitfühlend (1) — spöttisch (5)	1,0	1,8	1,4	1,0	3,0
warm (1) — kalt (5)	2,2	2,1	1,8	1,3	2,8
$\bar{x}$ insgesamt	1,7	1,8	1,6	1,3	2,8
Fallzahl	(6)	(24)	(5)	(11)	(3)

Der Aussagewert dieser Übersicht ist durch die teilweise sehr geringen Fallzahlen eingeschränkt. Bemerkenswert ist, daß den Opfern von Körperverletzungsdelikten — im Unterschied zu den anderen Opfern — die Zeugen als relativ kalt und desinteressiert erschienen sind. Die Hinterbliebenen Getöteter äußerten sich noch am kritischsten auf den Dimensionen „Diskretion" und „Wärme", Vergewaltigungsopfer hinsichtlich der Opferorientierung. Insgesamt fühlten sich die Körperverletzungsopfer von den Zeugen am wenigsten günstig, die Raubopfer am günstigsten behandelt.

Die generell positive Zeugenbeurteilung durch die Opfer darf nicht darüber hinwegtäuschen, daß es sich bei den in Erscheinung getretenen Zeugen häufig um das Ergebnis eines Selektionsprozesses handelt: Wer im Verlauf einer primären Viktimisierung eingreift und hilft, handelt im Sinne des Opfers und wird entsprechend wahrgenommen. Der Rest der gleichgültigen „Pseudo-Zeugen" stand nicht zur Beurteilung an. Schließlich ist noch zu berücksichtigen, daß selbst gut gemeintes prosoziales Verhalten von Zeugen als Manifestation einer sekundären Viktimisierung erscheinen kann (vgl. 4.2.).

4.1.8. Schaden und Schadenshöhe

Der Satz, wonach sich Verbrechen nicht bezahlt mache, gilt immer noch zuallererst für das Opfer. Das entscheidende Kriterium einer Viktimisierung besteht in der Zufügung eines Schadens, der jedoch nicht immer meßbar ist.

Während sich materielle Schäden relativ leicht feststellen lassen, ist dies bei körperlichem Leid, seelischen Schäden und den sozialen Auswirkungen von Straftaten kaum möglich, ebenfalls bei den Schäden, die abstrakten Opfern — wie der Rechtsordnung — zugefügt werden. GÖPPINGER (1981, S. 27) beklagt, daß trotz zahlreicher Publikationen über viktimologische Probleme bislang nur wenige, einigermaßen gesicherte Aussagen über die Wirkung der Tat auf das Opfer vorlägen und daß der Schaden zumeist nur materiell gemessen werde. Häufig treten stets mehrere Schadensarten zugleich auf. Anhand eines alltäglichen Beispiels sollen die Auswirkungen einer Straftat und die dabei möglichen Schäden verdeutlicht werden (Abb. 15).

Zunächst läßt sich der Schaden danach klassifizieren, ob er direkt aus der Straftat bzw. der primären Viktimisierung resultiert (Primärschaden), oder ob er als Ergenbis der sekundären Viktimisierung (Sekundärschäden), also aufgrund der informellen oder formellen Reaktionen auf die Opferwerdung entstanden ist (SCHNEIDER 1983, S. 239). Eine zweite Klassifikation differenziert zwischen unmittelbaren und mittelbaren Schäden. Beispiel für einen unmittelbaren Schaden ist der Wert eines geraubten Gegenstandes, für einen mittelbaren die Kosten, die mit der Therapie eines Opfers verbunden sind. Unabhängig von diesen beiden Differenzierungen wird zwischen materiellen, ideellen, physischen, sozialen und moralischen Schäden unterschieden, die in konkreten Straftaten meist kombiniert auftreten und in Wechselwirkung zueinander stehen (z. B. nachträgliche körperliche Symptome psychischer Schäden; soziale Isolation aufgrund dauernder Körperbehinderung).

Materielle Schäden beziehen sich entweder auf Geldbeträge oder den Wiederbeschaffungswert entwendeter oder zerstörter Gegenstände. Bei ideellen Schäden handelt es sich auch häufig um materielle Werte, doch empfindet das Opfer den Schaden größer als seinen in Geld ausdrückbaren Wert (Diebstahl einer alten geerbten Uhr). Physische Schäden sind Körperschäden vorübergehender oder dauernder Natur. Psychische Schäden können ebenfalls vorübergehend oder dauernd sein. Ihre Beseitigung macht u. U. langwierige therapeutische Maßnahmen erforderlich. Soziale Schäden gehen im wesentlichen auf die sekundäre und tertiäre Viktimisierung zurück. Sie umfassen die durch die Straftat und insbesondere durch die sich daraus ergebenden Konsequenzen hervorgerufenen Veränderungen im sozialen Verhalten der Opfer (Isolation, Mißtrauen, Ängstlichkeit, Arbeitslosigkeit etc.). Moralische Schäden bestehen im Verlust des Vertrauens und der Selbstachtung des Opfers durch die Straftat, aber auch — bei abstrakten Opfern wie der Rechts- oder moralischen Ordnung — in der Diskreditierung und Aushöhlung von Normen und Leitbildern. Diese Kategorie erscheint entbehrlich, da sich individuelle moralische Schäden, wie der Verlust der Selbstachtung, den psychischen Schäden zuordnen lassen und abstrakte Opfer außerhalb unserer Betrachtung bleiben (vgl. 1.1. u. 1.3.).

Abbildung 15: Auswirkungen einer Straftat (aus: WEISSER RING 2/1985, S. 11; entnommen der vom Weissen Ring herausgegebenen Arbeitsmappe für Schulen: Jugendkriminalität)

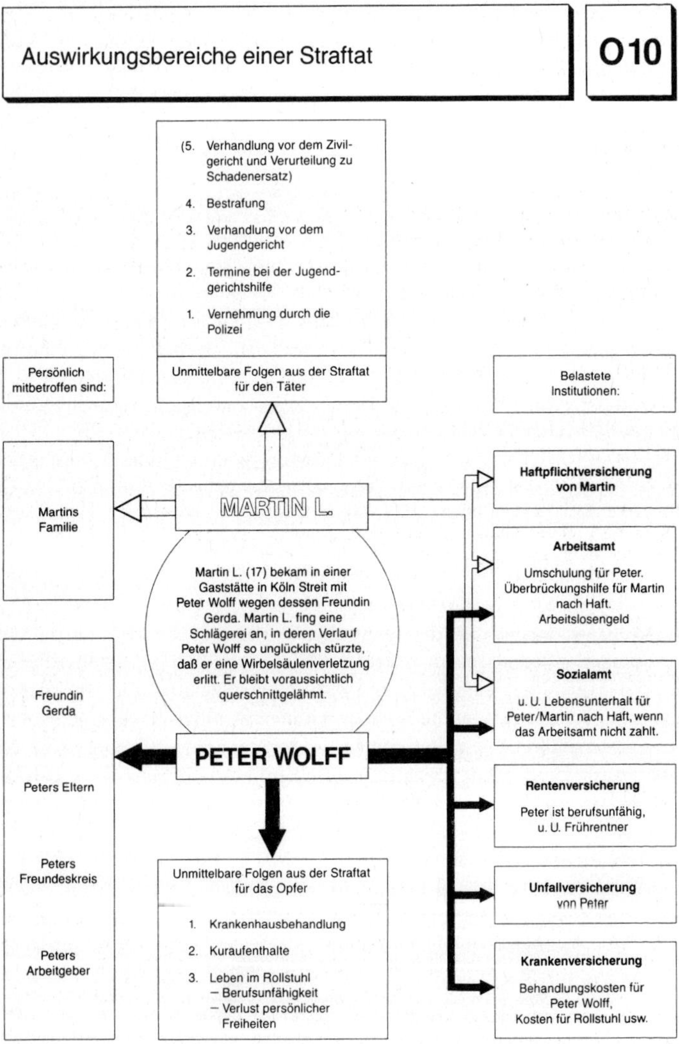

Physische Schäden erstrecken sich von leichten Verletzungen wie Hautabschürfungen bis zu schwerwiegenden körperlichen Verstümmelungen, an welchen das Opfer auch bei Anwendung aller möglichen Rehabilitationsmaßnahmen sein gesamtes restliches Leben leidet. Die Ursachen können auf Fahrlässigkeit, Gleichgültigkeit, Tötungsabsichten oder bewußtem Sadismus beruhen. Hierzu Beispiele:

Fallbeispiel 137:

„In der Nähe der Stadtmauer wurde Marianne F. ohne jede Vorwarnung von hinten angefallen und durch mehrere Beilhiebe auf den Kopf so schwer verletzt, daß ihr seither jede weitere Erinnerung an den Überfall fehlt. . . Noch heute leidet sie unter Dauerkopfschmerzen, Gleichgewichtsstörungen, zeitweisen Bewußtseinstrübungen sowie einer Minderung der Belastbarkeit." (Weisser Ring 5/1985)

Fallbeispiel 138:

„Wie in einem Horror-Video hat ein Schüler aus Duisburg eine Frau gefoltert und lebensgefährlich verletzt! Der 16jährige wurde verhaftet. Er hat seinem Geständnis zufolge sein 26jähriges Opfer aus einer Telefonzelle gezerrt und in ein Waldstück verschleppt. Dort zwang er die Frau zu sexuellen Handlungen. Mit einem Grillspieß und Angelhaken fügte er ihr tiefe Fleischwunden in Brust und Gesäß zu. Anschließend würgte er die Frau mit einer Hundeleine und schnitt ihr beide Handgelenke auf. Der Schüler: ‚Eigentlich wollte ich sie umbingen.' " (tz, 15.10.84)

Fallbeispiel 139:

„Von der eigenen Familie ist ein 19jähriger aus Fulda unglaublich brutal gefoltert worden. An ihm wurden brennende Zigaretten ausgedrückt, mit Tritten auf die Zehen wurde der geistig etwas behinderte Mann für seine ‚Schusseligkeit' bestraft. Er bekam oft tagelang nichts mehr zu essen und wog gerade noch 30 Kilogramm, als die Polizei den 19jährigen befreite. Sämtliche Zehen des Opfers waren bis auf die Knochen abgefault." (tz, 23.2.85)

Fallbeispiel 140:

„Mit äußerster Brutalität haben zwei Burschen einen Taxifahrer zusammengeschlagen, um ihn auszurauben. Der Überfallene, der dabei zwei Zähne verlor, konnte noch den Alarmknopf drücken, worauf die Täter flüchteten. Sie wurden jedoch gefaßt.
Laszlo S. (45) hatte die beiden Räuber am Rosenmontag gegen 23.50 Uhr an der St. Veit-Straße aufgenommen. Er fuhr sie nach Markt Schwaben. Als er am Ziel kassieren wollte, erhielt er plötzlich von dem hinter ihm sitzenden Lehrling Stefan S. (18) einen Schlag auf den Kopf. Der Schläger hatte an der Hand einen mit Metallbändern gehaltenen

Gipsverband. Gleichzeitig versetzte der neben dem Taxifahrer sitzende Schüler Hendrik H. (18) dem Opfer einen so heftigen Schlag ins Gesicht, daß zwei Vorderzähne ausbrachen." (AZ, 20.2.85)

Die von uns durchgeführte Opferbefragung ergab die schwerwiegendsten körperlichen Schäden bei den Opfern von schwerer Körperverletzung und Raubüberfällen, bei denen der Anteil mit stationärem Krankenhausaufenthalt am größten war:

Tabelle 22: Ausmaß der Verletzungen in Abhängigkeit vom Delikt

Verletzung	Körperverletzung	Sexualdelikt	Raubüberfall	sonst. Delikt	insgesamt
höchstens leichte Verletzungen	—	47 %	18 %	17 %	19 %
ernste Verletzungen (ambulante Behandlung)	8 %	32 %	15 %	33 %	18 %
ernste Verletzungen (stationäre Behandlung)	92 %	21 %	68 %	50 %	63 %
insgesamt	100 % (48)	100 % (34)	100 % (34)	100 % (6)	100 % (122)

Die Verschlechterung der wirtschaftlichen Situation durch eine Straftat zeigte sich am Beispiel eines 26jährigen Mannes, der untertags auf der Straße von zwei heranwachsenden Tätern niedergestochen wurde und dabei u. a. sein rechtes Auge verlor, was eine längere Arbeitslosigkeit zur Folge hatte:

„Rente für das verlorene Auge 148,— DM, dazu vom Sozialamt oft mit Ärger verbunden 246,— DM, also im Monat 394,— DM. Davon muß ich 200,— DM meinen Eltern geben, weil meine zwei Kinder und ich bei ihnen sind. Meine Eltern bekommen für die Kinder keine Unterstützung, nur das Kindergeld von monatlich 150,— DM." (122)

Das Ausmaß der Verletzungen und die Dauer des Krankenhausaufenthalts sind aber lediglich grobe Indizien für den Leidensweg, der durch amtliche Eingriffe noch verschärft werden kann, wie der folgende Fall zeigt:

„Aus Gründen des Kostendämpfungsgesetzes wurde ich nach drei Wochen stationärer Behandlung ins Pflegeheim V in X verlegt . .. Nach Verschlechterung meines gesundheitlichen Zustandes kam ich durch den Notarzt wieder ins Krankenhaus. Nach drei Wochen Verlegung ins Pflegeheim W. in Y. Zustände dort nicht beschreibbar . . . Dort herausgeholt durch Einsatz des Weissen Ringes (41).

Über 1/5 der Vergewaltigungsopfer unserer Befragung mußten im Krankenhaus stationär behandelt werden. (Dieser hohe (wenn auch im Vergleich zu den anderen Deliktgruppen noch günstige Wert) beruht auf der schon wiederholt erwähnten Überrepräsentation schwerstbetroffener Opfer in unserer Stichprobe.) Nach SCHNEIDER (1981; zit. in SCHNEIDER 1983) weisen „nur" 7 % der Opfer von Gewaltverbrechen so schwere körperliche Verletzungen auf, daß ihr Aufenthalt im Krankenhaus notwendig wird (im Gegensatz zu 80 % der Raubüberfallopfer und 69-90 % der Opfer körperlicher Angriffe). Dagegen kommen bei über 50 % der Vergewaltigungsopfer leichte körperliche Verletzungen vor, zusätzlich zu den meist schweren *psychischen Schäden*, die sich nach kurz- und langfristigen untergliedern lassen. WEIS (1982, S. 101 ff.) nennt hier u. a. Schocks, Bewegungs- und Reaktionsunfähigkeit, weiterhin Ekelgefühle, negative Einstellungen zum eigenen Körper, Identitätsprobleme, sexuelle Störungen, Angstzustände, die auch lebenslänglich andauern können, sowie Alkoholabhängigkeit und sogar Selbstmordabsichten. „Ein ... Ausweg, zu dem einige der vergewaltigten Frauen Zuflucht nehmen, ist der Alkohol ... Wesentlich zahlreicher waren demgegenüber die Fälle, in denen mitgeteilt wurde, das Leben der vergewaltigten Frauen sei völlig aus der Bahn geworfen. Entweder kapselten die Opfer sich ganz von allen übrigen Menschen ab, oder ihre Ehen scheiterten, oder ihre Depressionen begleiteten ihr bisheriges Leben" (WEIS 1982, S. 115). Dazu einige Zitate aus dieser Untersuchung:

„Und dann fing ich an zu zittern und zittere heute noch. Ich hab seitdem 22 Pfund abgenommen und bin arbeitsunfähig. Ich kann meinen Zustand nicht verbergen und kann also deshalb nicht arbeiten." (115)

„Mit 25 habe ich dann geheiratet und das war für mich entsetzlich, diese Ehe, diese Berührung. Und ich hab das ein Jahr ertragen in der Hoffnung, ein Kind zu bekommen und bin dann zu Frauenärzten gegangen. Und die sagten mir, ich sei organisch vollkommen gesund, das hätte psychische Ursachen." (115)

„Ich hab deswegen nie geheiratet. Immer wenn ich jemanden kennengelernt habe, war das immer im Vordergrund. Ich hab auch deswegen nie, man glaubt mir das nicht, daß ich allein bin. Die glauben auch nicht, daß ich niemanden habe, das glauben die nicht. Das können die nicht verstehen. Aber was der Grund ist — das ist mit ein Grund." (115)

Die intensive Beschäftigung mit den Opfern von Notzuchtdelikten darf nicht den Eindruck erwecken, als ob sich bei den von anderen Straftaten Betroffenen generell keine oder weniger schwerwiegende psychische Auswirkungen ergeben. Der erlittene Schock, die Angstgefühle und eine fehlende Betreuung nach der Tat können sogar zu Kurzschlußhandlungen wie im folgenden Fall führen:

Fallbeispiel 141:

„Eine 73jährige hat nach einem Raubüberfall,der auf sie verübt wurde, Selbstmord begangen. Ein maskierter Unbekannter war am Donnerstag nachmittag in das Haus der Frau in B. G. eingedrungen. ‚Geld her, und zwar sofort,' sagte er und zückte eine Pistole. Die Rentnerin händigte ihm ihre Ersparnisse von rund 8000 Mark aus. Die Frau hatte der Überfall so geschafft, daß sie erst eine Stunde später die Polizei alarmierte. Die 73jährige stand unter Schock und konnte kaum Einzelheiten des Verbrechens schildern. Als Polizisten sie am Freitag morgen nochmals befragen wollten, war sie tot. Sie hatte sich erhängt." (tz, 19.9.85)

Dieses Beispiel macht die Notwendigkeit einer tatanschließenden Opferbetreuung — zumindest in besonderen Fällen — deutlich. Manche bedürfen einer Hilfestellung, um mit den seelischen Tatfolgen, insbesondere der Verarbeitung von Angst und Aggression, fertigzuwerden.

Betrachten wir die Folgen der Straftat in unserer Opferbefragung:

Tabelle 23: Folgen der Straftat (Mehrfachnennungen)

Folgen	Opfer insges.	nur direkte Opfer	schwere K.verl.	Sexual delikt	Über- fall	sonst. Delikt
geringe Auswirkungen	1 %	1 %	—	3 %	—	—
Schock	14 %	18 %	13 %	29 %	17 %	11 %
kurzzeit. körperl. Beeinträchtigung	9 %	11 %	2 %	24 %	11 %	5 %
längerdauernde körperliche Beeinträchtigung	46 %	51 %	52 %	71 %	40 %	26 %
längerdauernde Arbeitsunfähigkeit	35 %	40 %	65 %	24 %	40 %	11 %
bleibende körperliche Folgen	39 %	46 %	83 %	12 %	40 %	16 %
bleibende seelische Folgen	64 %	66 %	75 %	7 %	63 %	32 %
	(169)	(136)	(48)	(34)	(35)	(19)

Hinsichtlich physischer Tatfolgen ist die Situation der Überfall- und Körperverletzungsopfer am ungünstigsten, hinsichtlicher psychischer Konsequenzen die der Vergewaltigungs- und Körperverletzungsopfer. Opfer sonstiger Delikte sind vergleichsweise glimpflich davongekommen.

Zur präziseren Erfassung der Tatfolgen wurde der Indikator „Auswirkungen" herangezogen. Er erreicht einen um so höheren Wert, je mehr der folgenden Bedingungen erfüllt sind:
— die Tat hatte längerdauernde körperliche Beeinträchtigungen zur Folge;
— die Tat war mit längerdauernden seelischen Auswirkungen verbunden;
— wegen der Tat ergab sich eine längerdauernde Arbeitsunfähigkeit;
— die Tat verursachte bleibende körperliche Folgen;
— die Tat verursachte bleibende seelische Folgen;
Maximal konnte somit der Wert 5 erreicht werden. Zur Vermeidung zu geringer Fallzahlen wurden jedoch 1 und 2 Auswirkungen einerseits und 3-5 Auswirkungen andererseits zusammengefaßt, so daß unterschieden wurde zwischen
— „keine Auswirkungen"
— „geringe Auswirkungen"
— „erhebliche Auswirkungen".

Nach Deliktarten differenziert ergab sich unter Einbeziehung der indirekten Opfer ein statistisch signifikanter, jedoch sehr schwacher Zusammenhang zwischen Straftat und Auswirkungen (α = 0,0000; γ = 0,05). Opfer von Körperverletzungsdelikten sind am meisten betroffen, gefolgt von Überfall- und Vergewaltigungsopfern, während sich die Opfer „sonstiger Delikte" in der günstigsten Situation befinden. (Damit erfährt auch unsere bislang nur implizit zugrundgelegte Rangfolge der Delikte (nach der Schwere) eine nachträgliche Rechtfertigung.) Vernachlässigen wir die indirekten Verbrechensopfer, so wird die Beziehung zwischen Deliktart und Tatauswirkung deutlich stärker, Gamma erhöht sich auf 0,50.

Tabelle 24: Auswirkungen der Tat in Abhängigkeit vom Delikt (nur direkte Opfer)

Auswirkungen	schwere K. verletzung	Vergewaltigung	Raub	sonstiges Delikt	insgesamt
keine	2 % (1)	6 % (2)	9 % (3)	58 % (11)	13 % (17)
geringe	35 % (17)	62 % (21)	51 % (18)	26 % (5)	45 % (61)
erhebliche	63 % (30)	32 % (11)	40 % (14)	16 % (3)	43 % (58)
insgesamt	100 % (48)	100 % (34)	100 % (35)	100 % (19)	100 % (136)
$\bar{x}$ (Wertebereich 0-2)	1,6	1,3	1,3	0,6	1,3

Vergleichen wir die direkten Opfer mit den indirekten, so werden gravierende Differenzen deutlich: 44 % der indirekten Opfer gaben „keine“, 35 % „geringe“ und 21 % „erhebliche“ Auswirkungen der Straftat an, der Mittelwert betrug bei ihnen „nur“ 0,76. Dies weist darauf hin, daß der auch noch so schmerzliche Verlust eines Angehörigen im Laufe der Zeit offenbar leichter überwunden werden kann als eine selbst erlittene Querschnittlähmung, der Verlust eines Auges oder die Erfahrung einer Vergewaltigung.

In den allermeisten Fällen waren mit den seelischen und körperlichen Auswirkungen auch erhebliche materielle Verluste verbunden. Es bestand ein signifikanter und relativ starker Zusammenhang (α = 0,001; γ= 0,49):

Tabelle 25: Materieller Gesamtschaden und Auswirkungen der Tat

Auswirkungen	unter 500 DM	500 - u. 2000 DM	2000 - u. 10000 DM	über 10000 DM	insgesamt
keine	30 %	17 %	9 %	6 %	13 %
geringe	56 %	61 %	41 %	35 %	44 %
erhebliche	15 %	22 %	50 %	59 %	44 %
insgesamt	101 %	100 %	100 %	100 %	100 %
	(27)	(18)	(32)	(65)	(142)

Der materielle Aspekt der Tatauswirkungen beinhaltet vor allem die erheblichen Rehabilitations- und Folgekosten der körperlichen und seelischen Beeinträchtigungen. Selbst wenn diese voll ersetzt würden, ist damit doch nur ein Bruchteil der Opferschäden ausgeglichen; kein noch so großer materieller Ersatz entschädigt für ein Leben im Rollstuhl (Fallbeispiel 142) oder den Verlust naher Angehöriger. Dies sollte Grund genug sein, weitere Viktimisierungen von den Opfern fernzuhalten (vgl. Abschnitt 4.2.).

4.1.9. Viktimisierung und Anzeigeerstattung

Um tätig werden zu können, ist die Polizei in der überwiegenden Anzahl aller Fälle auf Anzeigen aus der Bevölkerung angewiesen; nur in etwa 10 % der Straftaten werden die Ermittlungsorgane von sich aus aktiv. 90 % gehen dagegen auf die Initiative von Opfern und Zeugen strafbarer Handlungen zurück (Stephan 1980, S. 43). (Hierbei ist allerdings zwischen einer Anzeige im juristischen Sinne und einer bloßen Information der Polizei (einem anonymen Anruf) zu unterscheiden; die Angabe, daß eine Anzeige erstattet wurde, kann nicht ungeprüft zur Abschätzung des Dunkelfeldes herangezogen werden;

STEPHAN 1980. S. 57). Das Opfer und (zum geringeren Teil der Zeuge) trifft somit in den meisten Fällen eine Auswahlentscheidung im Selektionsprozeß der Strafverfolgung (vgl. KERNER 1973); die gemeldeten Straftatbestände sind nur eine Teilmenge der bemerkten Straftaten. Nur etwa die Hälfte aller Delikte wird überhaupt angezeigt. Ein vergleichbarer Anteil wurde auch für die Schweiz, die USA, Kanada, Australien und Finnland ermittelt (STEPHAN 1980, S. 49; vgl. auch WEIS 1972).

Die Anzeigebereitschaft hängt von einer Vielzahl von Größen ab. Entscheidend sind u. a.:

— *Die Höhe des entstandenen Schadens.* Schwere Delikte werden in der Regel eher angezeigt als leichte (STEPHAN 1974, 1980; SCHWIND u. a. 1975, S. 118 ff.; ENNIS 1967, EISENBERG 1972, S. 113). Das Opfer wägt ab, ob die Umstände der Anzeigeerstattung den möglichen Nutzen aufwiegen; Versuche werden seltener angezeigt als vollendete Taten. Der entsprechende Anteil beim Diebstahl in und aus Wohnräumen betrug 84 %, beim versuchten Raub dagegen nur 11 %.

— *Das Ausmaß der persönlichen Betroffenheit* (STEPHAN 1980, S. 554 ff.): Unmittelbar betroffene Opfer erstatten eher Anzeige als Zeugen (die z. B. die Zerstörung öffentlichen Eigentums bemerken; vgl. hierzu auch MERTESDORF 1973).

— *Das Ausmaß der Mitbeteiligung des Opfers an der Straftat.*
Wer selbst kein ganz reines Gewissen hat, wird sich scheuen, einen Partner, der ihn hereingelegt hat, anzuzeigen.

— *Die Art der bestehenden vordeliktischen Täter-Opfer-Beziehung.* Innerhalb des sozialen Nahraums (Familie, Freunde, Arbeitskollegen) ist von einer größeren Bereitschaft zur informellen Regelung von Konflikten auszugehen.

— *Das Ausmaß der befürchteten sekundären Viktimisierung.*
Vielfach würde eine Anzeige dem entstandenen Schaden noch den Spott hinzufügen. Auch bei Straftaten innerhalb der Familie (Mißhandlung von Ehepartnern, Inzest) erscheint den Opfern das weitere Erdulden oft als das geringere Übel.

— *Einstellungen in der Bevölkerung gegenüber Straftaten* bzw. die Veränderung von Einstellungen. Obgleich die Sensibilität für Fälle von Wirtschafts- und Umweltkriminalität zugenommen haben dürfte, gelten solche Taten — soweit sie überhaupt wahrgenommen werden — immer noch als Kavaliersdelikte. Bestimmte Arten der Bereicherungskriminalität (Versicherungsbetrug, Ladendiebstahl, Steuerhinterziehung) stoßen teilweise auf Verständnis; in bestimmten Subkulturen läßt sich eine „Robin-Hood-Mentalität" feststellen.

– *Die Sicherheit des Opfers, ob überhaupt eine Viktimisierung stattgefunden hat.* Zweifel können auftreten, ob z. B. eine Geldbörse gestohlen wurde oder ob man sie bloß liegengelassen hat.
– *Das Vorhandensein von Anreizen zur Anzeigeerstattung.* Versicherungen bestehen darauf, daß bei der Polizei Anzeige erstattet wurde, um so das Risiko eines Betrugs zu mindern.
– *Die Einstellung der Opfer gegenüber Polizei und Gericht.* Jugendliche Opfer stehen der Polizei teilweise reserviert gegenüber, was mit subkulturellen Einflüssen („Jugendkultur"), Gruppennormen (Konflikte sollen ohne Beteiligung Dritter geregelt werden), mit Zweifeln an der Effektivität der polizeilichen Ermittlungsarbeit (STEPHAN 1974) und mit spezifischen Täter-Opfer-Beziehungen (Zufallsabhängigkeit von Opfer und Täter) zusammenhängt (vgl. VILLMOW 1980, S. 60). Dagegen fand STEPHAN (1980, S. 52) keinen wesentlichen Unterschied hinsichtlich der Einstellungen gegenüber der Polizei zwischen Anzeigern und Nichtanzeigern. Die Justiz wird häufig kritischer als die Polizei beurteilt. 70 % weißer und 53 % schwarzer Amerikaner äußerten sich hinsichtlich der Abschreckungswirkung der Strafrechtspflege skeptisch. 70 % waren der Ansicht, daß die Strafrechtspflege härter werden müsse, 79 % sprachen sich für strengere Strafen und 50 % für die Todesstrafe aus (HINDELANG 1974). Auch deutsche Untersuchungen ließen eine verbreitete Unzufriedenheit mit der Strafrechtspraxis erkennen. Die Arbeit der Gerichte wurde von 27 % der Befragten in der Stuttgarter Opferbefragung mit „nicht so gut" oder „überhaupt nicht gut" bewertet; 35 % gaben an, die Arbeit nicht beurteilen zu können (STEPHAN 1980, S. 52).

Der Vergleich der Deliktbewertung jugendlicher Straftäter, nicht strafrechtlich in Erscheinung getretener Jugendlicher (die aber ebenfalls delinquent wurden) und konformer Jugendlicher erbrachte kaum Abweichungen hinsichtlich der Rangordnung der Schwere der Straftaten, dagegen deutliche Unterschiede zum durch das Strafgesetzbuch vorgegebenen Rahmen (KIEFL/LAMNEK 1983). Selbst die Rangordnungen von Opfern und Tätern unterschieden sich weniger als die Rangordnung jeder dieser Kategorien mit dem Rahmen des Strafgesetzbuches (KIEFL 1984). Dies deutet auf eine erhebliche Unzufriedenheit mit der Sanktionierung der Delinquenz in der Bevölkerung hin, die durch eine Sensationspresse noch geschürt wird. Daher verwundert auch nicht, wenn einerseits die Anzeigebereitschaft zurückgeht, andererseits aber bestimmte Formen der Selbstjustiz Zustimmung finden. „Die an sich berechtigte Kritik an den Handlungen der Selbstjustiz übersieht jedoch, daß möglicherweise schon Jahre voraus die Einstellungspraxis der Staatsanwaltschaft den Rechtsschutz und das Geltungsbedürfnis des Opfers erheblich geschwächt hat (KAISER 1974, S. 385). Noch schärfer äußert sich AMELUNXEN (1970, S. 80), wenn er feststellt, daß eine Rechtsordnung, die mit den Rechten der Opfer lax umgeht, diese sowohl direkt als auch indirekt viktimisiert. Letzteres geschieht dadurch, daß das Vertrauen der Bürger in die Justiz sinkt, was sich negativ auf die Anzeigebereitschaft auswirkt und damit wiederum den Tätern zugute kommt.

— *Persönlichkeitsmerkmale des Opfers:* Nach den Ergebnissen von STEPHAN (1980, S. 50) hängt die Anzeigebereitschaft weder von der Kriminalitätsfurcht noch der allgemeinen Kriminalitätswahrnehmung oder Merkmalen des Sozialstatus ab, sondern von individuellen psychischen Eigenschaften wie Optimismus, Selbstvertrauen, autoritär-konformistischem Denken und einem größeren Aggressionspotential in der Durchsetzung persönlicher Interessen. V. HENTIG (1948, S. 50 ff.) spricht in diesem Zusammenhang — etwas überspitzt — von „geistiger Rauflust". Straf- und Rachebedürfnisse des Opfers spielen hier sicher eine entscheidende Rolle (WEIS/MÜLLER-BAGEHL 1971), doch werden vielfach Hemmungen bestehen, sie auch zuzugeben. HEINZ (1972, S. 143) betont hier zurecht, daß die angegebenen Gründe für eine Anzeigeerstattung und die tatsächlichen Motive nicht übereinstimmen müssen. Sozial mißbilligte Beweggründe (Rachegefühle) können daher aufgrund von Befragungsergebnissen leicht unter-, sozial gebilligte Gründe (z. B. Anzeige, um weitere Straftaten zu verhindern) leicht überschätzt werden.

— *Angst vor Repressalien durch den Täter* bzw. dessen Angehörige und Freunde. Dazu einige Befürchtungen der von uns befragten Opfer:

„Der kann nach der Haftentlassung des Täters Repressalien ausgesetzt sein, d. h. er muß weiterhin mit existentieller Angst rechnen." (124)

„Die Täter laufen (bis zum Gerichtsverfahren) noch frei herum, wissen um die Anzeige gegen sie durch den Geschädigten, um die Strafverfolgung und wissen die Adresse des Strafantragsstellers. Solche Täter sind durchaus zu weiteren und größeren Straftaten fähig." (117)

„Schriftliche Morddrohungen von Seiten des Täters waren und sind keine Seltenheit." (76)

„Wenn man bedenkt, eines nicht zu fernen Tages wird dieses Subjekt dann wieder auf die Menschheit losgelassen und auf mich, ohne vorher informiert zu werden." (32)

— *Zeitbedingte Sensibilität für bestimmte Arten der Viktimisierung.* Man kann heute von einer größeren Aufgeschlossenheit gegenüber Umweltdelikten ausgehen, als noch vor zehn Jahren. Veränderungen der äußeren Situation aufgrund politischer oder wirtschaftlicher Einflüsse können sich ebenfalls auf die Anzeigebereitschaft auswirken. So nahm zu Beginn des I. Weltkriegs die Anzeigebereitschaft ab, was wegen der äußeren Bedrohung mit einer verstärkten Gruppensolidarität, einem intensiveren „Wir-Gefühl" erklärt wurde (v. HENTIG 1964, S. 50 ff.). ASCHAFFENBURG (1933) führt die Zunahme der Verfahren wegen Majestätsbeleidigung nach dem Jahr 1879, in dem einige Attentate auf Fürsten verübt wurden, auf die starken Gefühlsregungen königstreuer Untertanen zurück. Im Gefolge der Terrorwellen Ende der siebziger Jahre konnte ebenfalls eine vermehrte Anzeigefreudigkeit wegen kritischer Äußerungen beobachtet werden.

— *Vorherige Erfahrungen der sekundären Viktimisierung.* Die Mehrzahl der befragten Opfer geben an, in einem ähnlichen Fall wiederum Anzeige zu erstatten. Lediglich bei bestimmten, als besonders belastend empfundenen Delikten, wie Vergewaltigung, ist der Anteil derjenigen, die wieder Anzeige erstatten würden, niedriger!

— Mit *steigendem sozio-ökonomischen Status* nimmt auch die Anzeigebereitschaft zu. Dies mag damit zusammenhängen, daß in diesen Fällen der Wert der entwendeten Gegenstände größer ist, daß häufiger Versicherungen abgeschlossen wurden (die auf einer Anzeige bestehen) und daß zugleich Selbstvertrauen und soziale Kompetenz der Opfer gegenüber der Polizei größer sind.

— *Fehlendes Interesse* an einer Strafverfolgung, besonders bei Delikten im persönlichen Nahbereich.

Die wesentlichen Faktoren, die die Anzeigebereitschaft beeinflussen, lassen sich untergliedern in solche, die mit der *Persönlichkeit des Opfers* zusammenhängen (Selbstvertrauen, Aggressivität), mit *Sichtbarkeit, Art und Umfang des Schadens*, mit *dem Vertrauen gegenüber Polizei und Gericht*, den perzipierten *Kosten und Konsequenzen der Anzeigeerstattung* sowie allgemeinen *gesellschaftlichen Wertvorstellungen* (Straftaten, die grundlegende Werte betreffen (z. B. Eigentum, körperliche Unversehrtheit) werden eher angezeigt, als solche, die (noch) als zweitrangig empfunden werden (z. B. Verstöße gegen Gleichheits- und Gleichbehandlungsgrundsätze). Änderungen von Wert- und Moralvorstellungen wirken sich hier deliktspezifisch aus).

Zur Anzeigebereitschaft und ihren Motiven einige Ergebnisse aus der von uns durchgeführten Opferbefragung. Da es sich bei den Probanden hauptsächlich um von Schwerkriminalität betroffene Opfer handelt, verwundert es nicht, daß 92 % Anzeige erstattet haben. In 76 % der Fälle erfolgte die Anzeige unmittelbar nach der Tat. Opfer von Sexualdelikten erstatteten zu 82 % unmittelbar im Anschluß an die Tat Anzeige, Opfer von Raubüberfällen zu 84 %. 16 % der (direkten) Opfer entstanden wegen der Anzeigeerstattung Schwierigkeiten, doch haben Freunde und Verwandte des Opfers nur in 5 % der Fälle von einer Anzeige abgeraten. Die Gründe hierfür waren (Mehrfachnennungen):

— weil die Tat nicht als schlimm empfunden wurde 5 %;
— wegen der Aussichtslosigkeit der Strafverfolgung 3 %;
— wegen eines möglichen Geredes der Nachbarn 1 %;
— aus sonstigen Gründen 2 %.

Nahezu alle Opfer äußerten die Bereitschaft, im Wiederholungsfalle wiederum Anzeige zu erstatten. Bei den Vergewaltigungsopfern beträgt dieser Anteil jedoch nur 90 % gegenüber 100 % bei den Opfern schwerer Körperverletzung. Bei den letztgenannten tragen möglicherweise die Aussichten auf eine materielle Entschädigung zur Kompensation der negativen Erfahrungen mit Polizei und Gericht bei. Bei den Gründen, die für eine Anzeige sprachen, ergaben sich folgende Häufigkeiten:

Tabelle 26: Gründe für die Anzeigeerstattung (Mehfachnennungen)

Grund	Tötung	schw. K.verl.	Vergewaltig.	Raub	sonst. Delikt	insgesamt
Um den Täter zu bestrafen	82 %	74 %	75 %	78 %	56 %	74 %
wegen des begangenen Unrechts	64 %	62 %	66 %	78 %	61 %	66 %
um weitere Taten zu verhindern	75 %	62 %	75 %	69 %	50 %	67 %
wegen Schadenersatz	54 %	62 %	22 %	31 %	44 %	43 %
um Öffentlichkeit zu informieren	54 %	33 %	38 %	34 %	39 %	39 %
Auf Anraten von Polizei/Anwalt	39 %	45 %	22 %	19 %	22 %	31 %
aus Angst vor Täter	36 %	24 %	25 %	38 %	17 %	28 %
wegen Versicherung	14 %	29 %	6 %	22 %	28 %	20 %
wegen Zivilverfahren	21 %	26 %	3 %	13 %	17 %	16 %
sonstige Gründe	—	10 %	3 %	—	6 %	4 %
Fallzahl	(28)	(42)	(32)	(32)	(18)	(152)

Motive der Entschädigung und Wiedergutmachung waren vor allem für Opfer von Körperverletzung, Raub und „sonstigen Delikten“ bedeutsam („wegen Schadenersatz“, „wegen Versicherung“ und „wegen Zivilverfahren“). Angehörige von Hinterbliebenen und Vergewaltigungsopfer betonten demgegenüber mehr „sozialethische“ Beweggründe wie „Verhinderung weiterer Taten“, „Information der Öffentlichkeit“ und „Bestrafung des Täters“.

Aus viktimologischer Sicht spricht vieles dafür, die Anzeigebereitschaft zu erhöhen, werden doch nur angezeigte Straftaten verfolgt und aufgeklärt. Es kommt darauf an, diejenigen Faktoren zu identifizieren und verändern, die die Anzeigebreitschaft behindern. Konkret würde dies bedeuten, Aufklärungsarbeit zu betreiben, das Vertrauen in Polizei und Rechtsprechung zu stärken und die funktionale Verantwortung des Opfers (SCHAFER 1968), d. h. seine Verpflichtung, alles zu unternehmen, was eine Straftat verhindert, stärker zu betonen, wozu neben prophylaktischen Maßnahmen und einem (vernünftigen) Widerstand gegen Viktimisierungen die Anzeigeerstattung gehört. Der Verzicht auf eine Anzeige kann eine „kriminelle Komplizenschaft" mit dem Täter bedeuten (AMELUNXEN 1970, S. 80). Das Opfer ist ja nicht nur Vertreter seiner eigenen Interessen. Es trägt einen Teil der Verantwortung für die Viktimisierung Dritter. Eine Frau, die z. B. einen Vergewaltiger nicht anzeigt, nimmt billigend in Kauf, daß auch noch andere Frauen vom selben Täter bedroht werden. T. G. MASARYK (1850-1937) macht in dem Satz „Solange es Märtyrer gibt, wird es Tyrannen geben"die Verantwortung der Opfer deutlich.

Andererseits bedeutet aber eine Erhöhung der Anzeigebereitschaft neben einer (unwillkommenen) Mehrbelastung für Polizei und Justiz eine größere Häufigkeit von Kriminalisierungsprozessen. Bei gleichbleibender tatsächlicher Delinquenz entsteht der Eindruck ihrer Zunahme, was Auswirkungen auf die Verbrechensfurcht und auf das Vertrauen gegenüber den Strafverfolgungsorganen haben wird. Weiterhin bedeutet es für noch mehr Menschen einen Beitrag zur Einleitung einer kriminellen Karriere. Schließlich aber würde eine wesentliche Erhöhung der Anzeigebereitschaft die Ermittlungsbehörden so belasten, daß die mangelnde Effektivität ihrer Arbeit offenkundig würde, was wiederum ein Anreiz für potentielle Straftäter wäre und überdies die dahinterstehenden Normen ernsthaft in Frage stellt. Nicht die Tatsache einer (auch massenhaften) Abweichung ist bedrohlich, sondern die umfassende Information über die geringe Wirksamkeit von Normen. Nicht-Wissen über Abweichung hat präventive Wirkung für deren Stabilität (POPITZ 1968)!

Somit gibt es neben den Gründen, die für eine Stärkung der Anzeigebereitschaft sprechen auch Argumente, die ein derartiges Vorgehen kritisch beurteilen. Grundsätzliche Lösungen für dieses Dilemma sind nicht in Sicht. Die Forderung nach Schaffung vor- bzw. außergerichtlich tätiger Schiedskommissionen, die einerseits die Interessen des Opfers berücksichtigen und sich — soweit sinnvoll — um einen Täter-Opfer-Ausgleich bemühen, die aber andererseits keine Stigmatisierung für den Täter bedeuten (vgl. zusammenfassend RÖSSNER/WULF 1985; JANSSEN/KERNER (Hrsg.) 1985), könnten ein Schritt in die richtige Richtung sein. (Man vergleiche hierzu die Diskussionen um Diversion (etwa ALBRECHT 1983) und Abolitionismus.)

4.2. Sekundäre Viktimisierung

Die sekundäre Viktimisierung als „Verschärfung des primären Opferwerdens durch Fehlreaktionen des sozialen Nahraums des Opfers und der Instanzen der formellen Sozialkontrolle“ (SCHNEIDER 1979, S. 16; auch WEIS 1982, S. 27 f.) erscheint uns als ein Zentralbegriff der „Soziologie des Opfers“. Er schließt Dramatisierung, übertriebene Ängstlichkeit der Angehörigen des Opfers (die z. B. Druck ausüben, aus Angst vor Repressalien durch den Täter oder vor der Meinung der Nachbarn, von einer Anzeige abzusehen), wie das Desinteresse die Tat aufnehmender Polizeiorgane, das Vorgehen des Verteidigers im Strafprozeß, wie es vor allem bei Vergewaltigungsdelikten (vgl. bes. WEIS 1982, WIESENDANGER 1984, MÜTZELBURG 1982) zunehmend kritisiert wird, und schließlich die Darstellung in den Massenmedien ein. In vielen Fällen können die Konsequenzen einer sekundären Viktimisierung schwerwiegender sein als die unmittelbaren Tatfolgen (vgl. Fallbeispiele 45, 47, 52). Ebenso wie bei der primären Viktimisierung empfiehlt sich eine deliktspezifische Betrachtung, wobei eine besondere Bedeutung den Sexualdelikten zukommt, handelt es sich doch hier um einen — trotz aller vordergründigen Liberalisierung — immer noch tabuisierten Bereich, der auf entsprechendes Interesse stößt.

Wichtige Agenten einer sekundären Viktimisierung können sein:

- der soziale Nahraum (Verwandte, Bekannte, Freunde, Nachbarn, Arbeitskollegen),
- die Öffentlichkeit bzw. die Medien,
- die Tatzeugen,
- die Polizei,
- Staatsanwalt und Gericht,
- der Verteidiger des Täters,
- der Täter und dessen Angehörige.

Wenn auch die sekundäre Viktimisierung der Vergewaltigungsopfer zurecht die größte Aufmerksamkeit in der letzten Zeit erfahren hat (vgl. WEIS 1982, BAURMANN 1983, WIESENDANGER 1984, KRÖHN 1985), so kann sie bei nahezu jedem Delikt gegeben sein; sie läßt sich nicht einmal auf Opfer von Straftaten beschränken: Sekundäre Viktimisierung findet auch in „primitiven“ Gruppen statt, wenn diejenigen, die von einem Unglück betroffen wurden, zusätzlich noch gemieden werden, weil man glaubt, daß auf ihnen ein Fluch laste (vgl. LEVY-BRUHL 1927, 1931). Ein aktuelleres Beispiel für eine sekundäre Viktimisierung im weiteren Sinne sind die gesellschaftliche Mißachtung und der Ausdruck von Feindseligkeit, die wehrpflichtige Vietnam-Veteranen nach ihrer Rückkehr in den USA erfahren haben: Zur primären (im weiteren Sinne) durch den Krieg sind sekundäre Viktimisierungen in Form von Ablehnung und Mißachtung hinzugetreten. Auch die — oft durchaus gut gemeinte — Behandlung Behinderter durch demonstrative Hilfeleistung oder die herablassende Behandlung von Kranken und Behinderten durch gedankenlose Pflegekräfte („Wie geht es uns denn, Oma?") lassen sich als eine Art von sekundärer Viktimisierung auffassen.

In den folgenden Abschnitten stützen wir uns vorwiegend auf die umfassende und materialreiche Studie über Vergewaltigungsopfer von WEIS (1982). Dabei werden wir auch zahlreiche Originalzitate zu den einzelnen Aspekten der sekundären Viktimisierung wiedergeben. Neben diesen zumeist negativen Beispielen (wir haben uns auf eine kleine Auswahl beschränkt), wurden von vielen Opfern auch durchaus mitfühlende und verständnisvolle Reaktionen seitens der sozialen Umwelt und der Verfolgungsorgane erwähnt. Bei den Angaben von WEIS ist aber auch zu berücksichtigen, daß ein großer Teil der berichteten primären Viktimisierungen bis zu 20 Jahre und mehr zurückliegt und derzeit doch von einem größeren Problembewußtsein auch bei der Polizei ausgegangen werden kann. Neben den Ergebnissen von WEIS wurden auch die Äußerungen von Opfern aus der eigenen Befragung herangezogen, die ebenfalls Hinweise auf stattgefundene sekundäre Viktimisierungen geben.

Es ist nicht schwer, anhand von Befragungsergebnissen Beispiele zur Illustration verschiedener Aspekte einer sekundären Viktimisierung zu erhalten. Um für ihr Ausmaß eine brauchbare Maßzahl zu erhalten, haben wir in unserer Untersuchung die Konstruktion eines entsprechenden Index versucht. Die sekundäre Viktimisierung galt danach als um so stärker, je mehr der folgenden Bedingungen erfüllt waren:

— das befragte Opfer hatte nach der Tat bzw. Anzeige Schwierigkeiten mit Bekannten oder Freunden bekommen;
— das Opfer hat nach der Tat bzw. nach der Anzeige Schwierigkeiten mit Familienangehörigen bekommen;
— das Opfer hat nach der Tat bzw. nach der Anzeige Schwierigkeiten am Arbeitsplatz erfahren;
— das Opfer hat nach der Tat bzw. nach der Anzeige Schwierigkeiten mit sonstigen Personen erfahren;
— der Befragte erlebte die Tatzeugen (die Polizei, den Staatsanwalt, den Rechtsanwalt des Täters, den Richter) als
  — „eher unfair" oder „sehr unfair",
  — „eher desinteressiert" oder „sehr desinteressiert",
  — „eher unfreundlich" oder „sehr unfreundlich",
  — „eher feindlich" oder „sehr feindlich",
  — „eher ungläubig" (gegenüber den Angaben des Opfers) oder „sehr ungläubig"

— „eher indiskret“ oder „sehr indiskret“,
— „eher spöttisch“ oder „sehr spöttisch“
— „eher kalt“ oder „sehr kalt“;

— das Opfer empfand das erneute Zusammentreffen mit dem Täter als belastend;
— dem Befragten fiel es schwer, vor Gericht über den Tathergang auszusagen;
— für das Opfer peinliche Dinge kamen vor Gericht zur Sprache;
— dem Opfer wurde vom Richter Mitschuld zugesprochen.

Insgesamt konnten somit im ungünstigsten Fall 48 Viktimisierungspunkte erreicht werden. (Die Beurteilung „fair“, „desinteressiert“, „unfreundlich“ usw. wurden jeweils für Tatzeugen, Polizei, Staatsanwalt, Richter und Rechtsanwalt des Angeklagten erhoben.)

Bezogen auf die Opfer, die das Verfahren bereits hinter sich hatten, zeigte sich folgende Verteilung:

Tabelle 27: Ausmaß der sekundären Viktimisierung in einer Opferbefragung

Anzahl der erreichten Viktimisierungspunkte	Opfer insgesamt	nur direkte Opfer
0	11	6
1	6	4
2	10	9
3	11	7
4	13	9
5	5	4
6	5	5
7	6	4
8	4	3
9	4	4
10	2	1
11	2	2
12	1	1
13	3	3
14	4	4
16	1	0
18	1	1
20	3	3
27	1	1
30	1	1
35	1	1
$\bar{x}$	6,43	7,21
Fallzahl	(95)	(73)

Erwartungsgemäß weisen die direkten Verbrechensopfer eine stärkere sekundäre Viktimisierung auf als die indirekten Opfer, für die dieser Begriff ohnehin nicht so recht paßt. Wir beschränken uns deshalb für die weiteren Analysen auf die unmittelbar von einer Straftat und dem Gerichtsverfahren Betroffenen. Aus Analyse- und Darstellungsgründen wird eine Zusammenfassung nach Viktimisierungspunkten vorgenommen:

1. keine oder relativ geringe sekundäre Viktimisierung: 0-4 Punkte: 47,9 % (35 von 73)
2. mittlere sekundäre Viktimisierung: 5-9 Punkte: 27,4 % (20 von 73)
3. hohe sekundäre Viktimisierung: 10-35 Punkte: 24,7 % (18 von 73)

Bei weiteren Einzelanalysen ermittelten wir, daß zwischen dem Index, „Auswirkungen der Tat" (vgl. 4.1.8.) und der sekundären Viktimisierung kein statistisch nachweisbarer Zusammenhang (α = 0,51; γ = 0,18), zwischen den Verletzungen und der sekundären Viktimisierung nur ein tendenzieller Zusammenhang (α = 0,10; γ = 0,37) besteht:

Tabelle 28: Sekundäre Viktimisierung in Abhängigkeit von den erlittenen Verletzungen

sekundäre Viktimisierung	Verletzungen: ambulante Behandlung	Verletzungen: stationäre Behandlung	insgesamt
niedrig	36 %	66 %	48 %
mittel	29 %	27 %	27 %
hoch	36 %	18 %	25 %
insgesamt	101 %	101 %	100 %
	(28)	(45)	(73)

Je ernsthafter nach dieser Tabelle die Verletzungen des Opfers waren (gemessen an der notwendigen ärztlichen Behandlung), desto geringer ist (tendenziell) die erfahrene sekundäre Viktimisierung. *Offenbar wird die Schwere der äußeren Verletzungen als Maßstab für die Glaubwürdigkeit des Opfers herangezogen!* In diesen Fällen mit massiveren Verletzungen wird dann das Opfer auch so behandelt, daß mögliche Spätfolgen der Tat weniger wahrscheinlich werden.

Zwischen dem erlittenen materiellen Gesamtschaden und dem Ausmaß der sekundären Viktimisierung besteht zwar eine statistisch signifikante, aber sehr schwache Beziehung (α = 0,004; γ = 0,11). Dagegen zeigt sich kein statistisch gesicherter und interpretierbarer Zusammenhang zwischen dem unmittelbaren materiellen Schaden und der erlebten sekundären Viktimisierung (α = 0,10; γ = —0,19). Abgesehen von körperlichen Beeinträchtigungen *scheint die Höhe des Schadens nicht im Sinne einer schonenderen Behandlung durch Dritte, Polizei und Gericht, zu wirken.*

Verläßt man das für die sekundäre Viktimisierung prototypische Delikt der Notzucht, so sind deliktspezifische Besonderheiten kaum nachweisbar (da die „sonstigen Delikte" nur zwei Fälle enthielten, wurden sie ausgesondert):

Tabelle 29: Ausmaß der sekundären Viktimisierung in Abhängigkeit vom erlittenen Delikt

	schwere Körperverl.	Sexual-delikt	Raub-überfall	insgesamt
gering	47 %	52 %	43 %	48 %
mittel	33 %	26 %	29 %	30 %
groß	20 %	22 %	29 %	22 %
insgesamt	100 %	100 %	101 %	100 %
	(30)	(23)	(14)	(67)

Der in der Tabelle enthaltene Befund, wonach *sekundäre Viktimisierungen relativ unabhängig vom jeweils zugrundeliegenden Delikt* auftreten, ist eine nachträgliche Legitimation für das Herausgreifen der Notzucht, die stellvertretend für die anderen Straftaten stehen kann. Die relativ günstigen Werte der Vergewaltigungsopfer sind möglicherweise eine Konsequenz des gestiegenen Problembewußtsein.

Das Ausmaß der sekundären Viktimisierung hat einen Einfluß auf das Strafbedürfnis des Opfers (S. 286). *Je geringer die erlittene sekundäre Viktimisierung war, desto geringer ist auch das Strafbedürfnis,* wie aus der folgenden Tabelle tendenziell (das übliche Signifikanzniveau von 0,05 wurde knapp verfehlt) hervorgeht.

Tabelle 30: Strafbedürfnis in Abhängigkeit von der sekundären Viktimisierung

Strafbedürfnis	gering	mittel	hoch	insgesamt
niedrig (0,01)	20 %	20 %	11 %	18 %
mittel (2)	40 %	20 %	11 %	27 %
hoch (3,4)	40 %	60 %	78 %	55 %
insgesamt	100 %	100 %	100 %	100 %
	(35)	(20)	(18)	(73)
$\bar{x}$	2,2	2,6	3,0	2,6

(α = 0,09; γ = 0,31)

Dieses Ergebnis (das noch der Absicherung an einer größeren Stichprobe bedürfte) scheint für die Praxis nicht uninteressant: *Bemühungen hinsichtlich einer Verringerung der sekundären Viktimisierung von Opfern kämen indirekt auch der Förderung des Resozialisationsgedankens zugute*, wenn weniger starke Ressentiments gegenüber dem Täter auftreten.

4.2.1. Reaktionen im sozialen Nahbereich

Angehörige und andere wichtige Bezugspersonen können das Ausmaß des durch eine Viktimisierung erfahrenen Leids in positiver wie auch negativer Weise beeinflussen. Wie die Untersuchung von WEIS zeigt, sind mitfühlende und stützende Reaktionen von Partnern und Familienmitgliedern gegenüber den Vergewaltigungsopfern keinesfalls selbstverständlich. Ein Viertel der befragten Frauen berichtete, daß sie ihren Eltern nichts von der Vergewaltigung erzählt hätten, weil diese (ihrer Einschätzung nach) nur mit Unverständnis, Mißtrauen und Schuldvorwürfen reagiert hätten. Von denjenigen, die die Tat erzählten, mußten einige unangenehme Erfahrungen machen:

„Schrecklich, grauenhaft: Meine Eltern, die wollten sich ... Also meine Mutter, die hat gesagt, Du kannst das nicht anzeigen, das darf nicht in die Zeitung, wenn das rauskommt, wenn unser Name da drin steht!" (S. 130)
„Da kam dann mein Vater an, stocksauer, und hat gemeint, hoffentlich weißt Du, was Du da machst, und ob das überhaupt der Wahrheit da entspricht. Und ich hab dann natürlich nichts mehr gesagt." (S. 131)

Immerhin ein Viertel berichtete über positive Reaktionen der Eltern:

„Meine Mutter war phantastisch" (S. 130)

„Ja, meine Eltern haben ganz normal reagiert. Ich habe ihnen leid getan, aber sie haben weder geschimpft noch sonst etwas. Sie haben mir auch sofort geglaubt." (S. 130)

„Ja, meine Mutter, würde ich sagen, war die Einzige, die das richtig erkannt hatte und die da Mitgefühl hatte." (S. 130)

Auch (Ehe-)Partner vergewaltigter Frauen verhielten sich z. T. verständnislos und unsensibel. Gerade in einer Situation, in der sie auf Zuspruch, Trost und Hilfe angewiesen gewesen wären, wurden manche Frauen stark enttäuscht:

„So ein Aufruhr, hat mein Mann gesagt ... Daß es so was überhaupt gibt, das kann mein Mann auch nicht verstehen, das kann keiner verstehen." (S. 125)

„Mit meinem Mann habe ich darüber geredet. Der hat das aber abgetan, der wollte davon nichts wissen. Und das war an sich meine Sache, damit fertig zu werden." (S. 126)

„Ich meine, ich lebe mit meinem Mann glücklich zusammen, aber seit das passiert ist, er hat mich zwei Jahre nicht mehr angerührt, und das ist für eine Ehe sehr schlimm. Er kann nicht, er hat Angst, irgendwie mit mir ein sexuelles Verhältnis zu haben." (S. 126)

„Das wird mir sowieso vorgeworfen, bei jedem Krach und bei jedem Streit: Ja, mit dem bist Du ins Bett gegangen." (S. 126)

„Fürchterlich. Rücksicht hat er nie genommen auf irgendwas. Manchmal hat er nachts nach mir getreten und hat gesagt — ja, ich schäme mich fast, das am Telefon zu sagen — ‚Du alte Hure, bei mir willst du nicht, damals hast Du die Füße auseinandergemacht.' Ich sag's Ihnen jetzt ganz genau, wie er es gesagt hatte. Es war schrecklich." (S. 127)

Bereits im engsten Familienkreis kann somit die sekundäre Viktimisierung einsetzen oder der Gefahr einer weiteren Opferkarriere Einhalt geboten werden. Verwandte, Bekannte, Nachbarn und Arbeitskollegen können auch zu einer weiteren Verschärfung der Viktimisierung beitragen:

„Und dann habe ich Angst, daß die Verwandten und Bekannten über mich herziehen. Wahrscheinlich, also ganz bestimmt nicht offen, sondern ich vermute, daß sie dann hinterher sagen, das kann auch nur der passieren, oder so irgendwie in der Richtung, oder das war für die angenehm." (S. 129)

„Die haben zu mir gesagt: Och, Du warst ja immer so lustig, jetzt hast Du das mal gut verdient. Das war dann das Endergebnis. Und ich wohne jetzt hier alleine und ich hab überhaupt keine Bekannten mehr, meine Schwiegereltern ja, aber die sprechen alle nicht so gern darüber. Das sind ältere Leute und das ist für die unangenehm." (S. 133)

„Ich habe dann auf einer neuen Arbeitsstelle angefangen. Und der wollte dann hören, warum ich bei der alten aufgehört habe, und hat bei der Dienststelle angefragt. Der hat dann auch gleich zur Auflage gemacht: ‚Sagen Sie das bloß nicht. Was meinen Sie, was die Leute denken, das sind alles so heruntergekommene Frauen usw. usf.' " (S. 133)

„Ich hab damals im Krankenhaus gearbeitet. Und so um Mitternacht hat mich die Polizei im Krankenhaus abgeliefert bei der Oberin. Und am nächsten Tag war ich dann entlassen." (S. 134)

„Nur wie die Bevölkerung darauf reagiert hat, das war ja quasi das Letzte, daß ich quasi von der Schule mußte. Kinder sind grausam, nicht? Die Kinder haben dafür gesorgt, und auch die Lehrerin hat dann meine Eltern daraufhin angesprochen. Ich war eine Belastung für die Klasse, da haben meine Eltern mich in ein Internat gegeben." (S. 133)

„Ich habe meinem Chef die Zeitungsanzeige gezeigt und gesagt: , Das bin nun ich. Muß man sich das gefallen lassen?' Jetzt kam ganz spontan von ihm: ‚Eine kluge Frau zeigt sowas sowieso nicht an. Ich erwarte von Ihnen, daß sie lügen. Wenn noch irgendetwas herauskommt . . . Ich will kein Gerede auf dem Amt' . . ." (S. 133)

Während auch wenig wohlwollende Familienmitglieder in der Regel kein Interesse an einer Publizität des Ereignisses haben, besteht bei einem größeren Publikum, mit dem das Opfer vergleichsweise lose Beziehungen unterhält, diese Hemmschwelle nicht. „In vielen Fällen setzte nach Mitteilung der Vergewaltigung an weitläufigere Bekannte, Freundinnen und Nachbarn das ein, was . . .unter „Sekundärer Viktimisierung“ beschrieben wurde. Die soziale Umgebung glaubte dem Vergewaltigungsopfer seine Version des Tathergangs nicht, bezweifelte, ob es sich um eine Vergewaltigung handelte, und vermutete, das Opfer habe die ‚Tat‘ gewollt, unterstellte ihm provozierendes Verhalten und Mitschuld und fand, daß es sich in der Sache allzu wichtig nahm. Hier äußerten sich alle gesellschaftlichen Mythen von der Vergewaltigung, hier kamen alle gesellschaftlichen Vorurteile wieder zum Tragen und riefen beim Vergewaltigungsopfer weitere psychische Schäden, in einigen Fällen auch negative soziale Konsequenzen hervor“ (Weis 1982, S. 133). Besonders deprimierend kann es für ein Opfer sein, wenn gerade solche Personen, von denen es sich — abgesehen von Angehörigen und Freunden — Hilfe verspricht, versagen. Ärzte und Seelsorger, die wegen ihrer sozialen Stellung vielfach als helfende Autoritätspersonen betrachtet werden, kamen in einigen der von Weis beschriebenen Fälle ihren Erwartungen nicht nach und trugen statt dessen zur Entstehung von Schuldgefühlen bei:

„Ich bin vom Arzt behandelt worden, als wenn ich eine Dirne wäre. Ja und da hab ich gesagt, schließlich bin ich verheiratet, ich hatte den Mann gar nicht gesehen. Und dann sagte er, naja, warum steigen Sie denn auch in ein fremdes Auto?“ (S. 123)

„Der Arzt sagte zu mir: ‚Ja, das kann ich Ihnen glauben, das kann ich Ihnen nicht glauben. Das können sie jetzt gut sagen. Sie hätten das gleich sagen müssen.‘ Er hat das einfach nicht verstanden. Er hat gesagt, das kann er mir glauben oder nicht. Ich kann ja auch so ein Flittchen sein, das aufgeflogen ist.“ (S. 123)

„Ich hatte es dem Psychologen damals gesagt, konnte mit ihm aber nicht darüber reden. Er nahm deshalb wohl an, daß das eine erfundene Geschichte sei.“ (S. 134)

„Dann habe ich mich als erstes meinem Beichtvater, dem Pfarrherrn, anvertraut. Also, das war noch ein Herr der ganz alten Schule. Sehr gut katholisch, aber ich konnte das damals nicht so richtig beurteilen. Aber der hat mich zum zweiten Mal erschreckt. Der hat gesagt: ‚Ja, mein liebes Kind, hast Du Dich auch genug gewehrt?‘ Naja, ich konnte mich ja gar nicht wehren, ich wurde überfallen und hab sofort ein feststehendes Messer auf den Hals gelegt gekriegt. Ich habe die Wahl gehabt, ich wußte ja nicht, sticht der wirklich zu oder nicht. Also mir war auf alle Fälle mein Leben lieber. Und ich meine, in der heutigen Zeit denkt man anders darüber. Ja, ich war so befangen, daß ich sozusagen einen Schock damals erlebt habe dann bei der Beichte. Das war gräßlich für mich, und ich hab es nie fertig gebracht, mal wieder in irgendeiner anderen Beichte mit irgendjemand anderem darüber zu sprechen. Der hat gesagt: ‚Ja, Du bist schuldig, Du bist schuldig. Du hättest Dich wehren müssen bis aufs Blut.‘ Ach du lieber Gott, war der so hart.“ (S. 134)

Auch das offenbar voyeuristische Verhalten des Arztes im folgenden Fall stellt eine Art von sekundärer Viktimisierung dar:

„Dann sind wir noch zum Arzt gegangen. Der guckt uns nur an und sagte dann gleich erstmal: Oberkörper freimachen. Ich hatte also am Oberschenkel Blutergüsse und meine Freundin auch, und im Gesicht. Also am Busen hatten wir nichts. Das haben wir dem auch gesagt, wir hätten wirklich nichts an der Brust. Und dann hat der den Busen abgetastet, obwohl da wirklich nichts dran war. Für eine Unterleibsuntersuchung war der glücklicherweise nicht eingerichtet." (S. 123)

Es scheint sehr schwierig, derartigen, zumeist auf Gedankenlosigkeit, mangelnder Sensibilität oder Hilflosigkeit beruhenden, Arten sekundärer Viktimisierung entgegenzutreten, zumal dann, wenn die Interaktionspartner der Opfer aus ihrem Verhalten diesen gegenüber „Profit" ziehen; jemanden der — wenn auch nur vorübergehend — schwach ist, zu drücken, verschafft gerade unsicheren und unter Minderwertigkeitsgefühlen leidenden einen billigen Triumph. Während sich Viktimisierungen durch Polizei und Gericht durch entsprechende Anweisung, Schulungskurse usw. immerhin prinzipiell eingrenzen lassen, ist den vielfältigen, oft subtilen Viktimisierungen im Nahbereich schwer beizukommen. Spott, Klatsch und viele andere Formen von Lieblosigkeit lassen sich nicht durch Verordnungen verhindern, so daß es aus der Sicht des einzelnen Opfers durchaus vernünftig sein kann, auf eine Strafanzeige zu verzichten, auch dann, wenn die offiziellen Kontrollinstanzen Aufgeschlossenheit gegenüber den Geschädigten zeigen. Leider ist aber auch das nicht immer selbstverständlich.

4.2.2. Das Verhalten der Polizei bei der Ermittlungsarbeit

In der Regel ist der Polizeikontakt ein konstituierendes Element im Viktimisierungsprozeß. Die Einstellungen der Opfer gegenüber der Polizei — aber auch die der Bevölkerung generell — sind eher positiv. So fand HINDELANG (1974), daß 77 % viel und 17 % etwas Respekt vor der Polizei hatten. Der Respekt war dabei um so größer, je kleiner der Wohnort der Befragten war. Etwa 60 % der Befragten beurteilten die Arbeit der Polizei günstig und 87 % äußerten die Bereitschaft, mit der Polizei bei der Verbrechensbekämpfung zusammenzuarbeiten. Mit zunehmendem Bildungsgrad und wachsender Einkommenshöhe stieg die Bereitschaft zur Zusammenarbeit an.

Diese Ergebnisse aus den USA lassen sich nicht ohne weiteres auf Europa oder die Bundesrepublik übertragen. Immerhin stellte aber auch STEPHAN (1980) in allen Bevölkerungsgruppen eine überwiegend positive Einstellung zur Polizei fest. Von 43 % der Befragten wurde sie als „gut" und von 45 % als „durchschnittlich" beurteilt (wobei die Werte für Zürich günstiger als die für Stuttgart waren). 37 % hielten das Statement „Die Polizei, dein Freund und Helfer" für „vollkommen zutreffend" und 55 % für „ziemlich richtig". 75 % plädierten für „mehr Macht der Polizei gegenüber Straftätern", 52 % waren der Ansicht, daß Arme und Schwache von der Polizei nicht schlechter behandelt würden als Reiche und Mächtige (vgl. hierzu FEEST/BLANKENBURG 1972, GIRTLER 1980). Dagegen wurde die Aufklärungseffizienz bei Straftaten relativ kritisch beurteilt. „Daß die Polizei in mehr als 50 % der Vorkommnisse den Täter faßt", vermuteten für Raubüberfälle 37 %, für Einbrüche 27 % und für Diebstähle 22 %. Während das Geschlecht keinen Einfluß auf die Einstellung gegenüber der Polizei hat, genießt die Polizei bei älteren Menschen und bei Unterschichtangehörigen mehr Ansehen als bei jüngeren Personen bzw. Mitgliedern der Mittelschicht. „Insgesamt läßt sich sagen, daß Gruppen, die subjektiv eine stärkere Gefährdung durch die Kriminalität erleben (Frauen, Angehörige niedrigerer sozialer Schichten, ältere Personen), eine besonders positive Einstellung zur Polizei haben. Demgegenüber scheint das tatsächliche Ausmaß der persönlichen Kriminalitätsbelastung nur einen geringen Einfluß zu haben. Zwischen Opfern und Nichtopfern von Delikten konnten keine wesentlichen Einstellungsunterschiede festgestellt werden (STEPHAN 1980, S. 56).

Die Opfer unserer Befragung beurteilten Arbeit und Verhalten der Polizei eher günstig. Lediglich ein Opfer beklagte sich ausdrücklich über polizeiliches Fehlverhalten:

„Empörend und unverständlich ist, daß ich nach der Wundversorgung im Krankenhaus von der Polizei wieder in unser Eigenheim, den Tatort, gebracht wurde, wo ich befürchten mußte, den Täter anzutreffen. Keiner konnte mir sagen, ob und wann der Täter nach dem Verhör in das gemeinsame Haus zurückentlassen würde. Es blieb keine Schutzperson bei mir und den Kindern". (63)

Relativ kritisch nehmen sich dagegen die Kommentare von Vergewaltigungsopfern aus der Untersuchung von WEIS (1982) aus:

„Na ja, und die Polizei! Ich hätte die Stelle wiedergefunden, aber die sind gar nicht mit uns dahin gefahren. Da lagen noch Taschen, Schuhe, alles rum. Die haben überhaupt nichts gemacht, weiter gar nichts unternommen. Der hatte uns zwei Stunden verhört, ein Protokoll aufgenommen und wollte alle Einzelheiten wissen, wo sie uns nun hingefaßt haben und was, am liebsten noch gezeigt." (S. 165)

„Aber vorher diese Untersuchung und die Vernehmung bei der Polizei, das war zum Heulen. Da ist mir glatt gesagt worden: ‚Da kann ja jede kommen, das müssen wir erst mal prüfen.'" (S. 166)

„Ich bin also zur Polizei gegangen. Ich muß sagen, es war noch schlimmer als überhaupt die Vergewaltigung, weil es ist so entwürdigend, die gehen von vorneherein erst einmal davon aus, daß die Frau lügt." (S. 166)

„Ich wurde an die weibliche Kriminalpolizei verwiesen. Da hat die Frau zu mir gesagt: ‚Naja, ich sollte nachts nicht allein auf die Straße gehn' ... so ein bißchen unterschwellig, ich wäre ja teilweise selber dran schuld." (S. 167)

„Also bei der weiblichen Kriminalpolizei bekam ich dann ganz böse Sachen zu hören wie: ‚Das glauben wir Ihnen nicht. Sie haben den Mann verführt.' Auch als ich meine Narben zeigte — und ich habe auch starke Würgemale am Hals gehabt — hat man mir das nicht abgenommen." (S. 166)

Das letztgenannte Beispiel, Gespräche mit Vertreterinnen des „Notrufs für vergewaltigte Frauen" (vgl. 5.4.2.) und Opferinterviews weisen darauf hin, daß allein die Einschaltung der weiblichen Kriminalpolizei noch keine Gewähr für eine schonendere Opferbehandlung bietet. WEIS (1982, S. 166) macht hierfür auch kriminalistische und viktimologische Fachbücher verantwortlich, die dazu raten, Vergewaltigungsopfern zu mißtrauen. Wenn sich auch Falschaussagen nicht ausschließen lassen (vgl. hierzu Fallbeispiele 79 und 80), so scheint es doch bemerkenswert, daß ein Großteil der einschlägigen Literatur einer möglichen Verlogenheit der Anzeigeerstatterin mehr Aufmerksamkeit schenkt als der Situation des Tatopfers (WEIS 1982, S. 167).

Neben diesen negativen Beispielen (wir haben hier nur eine Auswahl zitiert), erwähnen viele Frauen auch durchaus mitfühlende und verständnisvolle Reaktionen. Bei den Angaben von WEIS ist zu berücksichtigen, daß ein großer Teil der Taten schon mehrere Jahre zurückliegt und derzeit doch von einem größeren Problembewußtsein bei den Organen der Strafverfolgung ausgegangen werden kann, was neuere Untersuchungen (z. B. KRÖHN 1985) nahelegen.

In unserer Erhebung zeigte sich zunächst eine schwer zu interpretierende Haltung gegenüber der polizeilichen Aufklärungsarbeit, wobei deren *Leistung* kritischer als das übrige Verhalten gesehen wurde. Für die Beurteilung der Aufklärungsarbeit ergaben sich auf einer Skala von 1 (gut) bis 5 (schlecht) folgende Mittelwerte für verschiedene Kategorien von Befragten:

Tabelle 31: Beurteilung der polizeilichen *Aufklärungsarbeit* von 1 (= gut) bis 5 (= schlecht)

indirekte Opfer	2,9	schwere Körperverletzung	3,4
direkte Opfer	2,8	Vergewaltigung	1,6
Männer	3,0	Raub	2,8
Frauen	2,8	sonstiges Delikt	4,6
Unterschicht	2,6		
Mittelschicht	2,9		

Insgesamt liegen die Bewertungen etwa in der Skalenmitte; ob dies als eher neutral, indifferent oder ambivalent zu verstehen ist, muß offen bleiben. Die unterschiedliche Beurteilung der polizeilichen Arbeit durch Vergewaltigungsopfer einerseits und durch die Opfer sonstiger Delikte andererseits (s. Tabelle 31) ist offenbar nicht auf die Informationsweitergabe zum Ermittlunsstand zurückzuführen, denn beide Gruppen erfuhren in dieser Hinsicht eine tendenzielle Gleichbehandlung, wie nachfolgende Tabelle nahelegt:

Tabelle 32: Information der Opfer über den Ermittlungsstand

Information	indirektes Opfer	schwere Körp.verl.	Vergewaltigung	Raub	sonstiges Delikt
unaufgefordert	47 %	36 %	59 %	54 %	58 %
nur nach Anfrage	34 %	48 %	22 %	20 %	21 %
keine Information	19 %	16 %	19 %	25 %	21 %
insgesamt	100 %	100 %	100 %	99 %	100 %
	(32)	(31)	(34)	(35)	(19)

Die Polizei scheint gegenüber den Opfern nicht allzu mitteilungsfreudig gewesen zu sein, denn knapp die Hälfte der Betroffenen mußte selbst Initiative ergreifen, um weitere Informationen zu erhalten und bei knapp einem Fünftel blieb eine Nachfrage ergebnislos. Angesichts dieses Umstands verwundert die vergleichsweise positive Einschätzung der Polizei sogar. Es ist zu vermuten, daß sich hier auch das persönliche Verhalten der Polizisten ausgewirkt hat, worauf die entsprechenden Werte der folgenden Tabelle hinweisen, die ein deutlich positiveres Ergebnis als bei der Aufklärungsarbeit zeitigt: Im Schnitt wird das polizeiliche Verhalten mit einer Tendenz nach „gut“ bewertet. Offenbar konnte die teilweise mangelhafte Informationsweitergabe durch das persönliche Verhalten der Polizisten kompensiert werden:

Tabelle 33: Beurteilung des Verhaltens der Polizei (Mittelwerte; Wertebereich 1 - 5)

Dimension	indirektes Opfer	schwere Körp.verl.	Verge-waltigung	Raub	sonstiges Delikt
fair (1) — unfair (5)	2,5	1,6	1,4	1,5	2,4
aufgeschlossen (1) — desinteressiert (5)	2,2	1,7	1,4	1,7	2,6
freundlich (1) — unfreundlich (5)	2,3	1,6	1,6	1,6	2,3
für mich (1) — gegen mich (5)	2,3	1,8	1,7	1,6	2,5
hat mir geglaubt (1) hat mir nicht geglaubt (5)	2,1	1,5	1,4	1,4	1,9
diskret (1) indiskret (5)	2,3	1,7	1,5	1,4	1,9
mitfühlend (1) — spöttisch (5)	2,4	1,7	1,7	1,7	2,5
warm (1) — kalt (5)	2,7	1,9	1,8	2,2	2,8
$\bar{x}$ insgesamt	2,3	1,7	1,6	1,6	2,4
Fallzahl	(24)	(37)	(30)	(29)	(15)

Bemerkenswert ist, daß die Angehörigen Getöteter und die Opfer „sonstiger Delikte" deutlich kritischer urteilen als Raub-, Körperverletzungs- und Vergewaltigungsopfer. Insbesondere auf der Dimension „warm" — „kalt" schneidet die Polizei vergleichsweise schlecht ab.

Nimmt man eine grobe, immanente Ordinalklassifizierung der insgesamt sicher schweren Delikte vor, indem man Tötungen als besonders schwere, Körperverletzungen, Vergewaltigungen und Raubdelikte als „mittlere" und die „sonstigen Delikte" als eher „leichtere" Straftaten betrachtet, so zeigt sich eine u-förmige Beziehung zwischen der Deliktschwere und der Bewertung des Verhaltens der Polizei: Indirekte Opfer schwerer Straftaten und Opfer eher leichterer Eigentums-, Betrugs- und Sachbeschädigungskriminalität fühlen sich durch die Polizei schlechter behandelt als Opfer mittelschwerer Kriminalität.

Hier bieten sich mehrere Erklärungsversuche an: Die Interaktion mit unmittelbar vorher überfallenen, verletzten oder vergewaltigten Opfern löst bei der Polizei mitfühlendes, hilfreiches oder solidarisches Verhalten aus, während im Kontakt mit Hinterbliebenen die unmittelbare Konfrontation mit dem Leid fehlt. Auch die „sonstigen Delikte" appellieren weniger stark an prosoziales Verhalten bei der Polizei. Möglicherweise haben aber auch Hinterbliebene und Opfer „sonstiger Delikte“ unrealistische Erwartungen an die Polizei: Hinterbliebene erhoffen Trost und Hilfe und empfinden die Befragung als Qual, bei der der Getötete nicht als Angehöriger sondern als „Fall“ perzipiert wird. Die Erwägungen einer etwaigen Tatbeteiligung erscheinen schnell als „unfair“ oder indiskret; Nachfragen bei den Schilderungen der Dritten (der Hinterbliebenen) werden als Zweifel empfunden usw. Bei den Opfern sonstiger Delikte handelt es sich zum großen Teil um Betrugsdelikte, bei denen dem Opfer ein gewisses Mitverschulden nicht abgesprochen werden kann; möglicherweise rührt die eher kritische Beurteilung der Polizei daher. Vielleicht spielt aber auch die bei dieser Art von Delikten niedrigere Aufklärungsquote eine Rolle.

Vergewaltigungsopfer urteilen generell am positivsten. Die vielfach in den Medien geäußerte Kritik an der Opferbehandlung durch die Polizei scheint zumindest für die hier untersuchte Population nicht zuzutreffen. (Auch eine andere, neuere Untersuchung über Vergewaltigungsopfer (Kröhn 1985) bescheinigt der Polizei ein mehrheitlich korrektes, hilfreiches Verhalten). Fast 60 % der vergewaltigten Frauen haben die Vernehmung durch die Polizeibeamten als ausgesprochen positiv bewertet, 38 % empfanden sie als neutral, während nur 3 % über Taktlosigkeit, Voyeurismus oder unwürdige Behandlung klagten. Vermutlich haben sich hier auch die Kampagnen zugunsten von Vergewaltigungsopfern ausgewirkt, die bei der Polizei auf positive Resonanz gestoßen sind. Vorkommnisse wie das der „Sex-Sklavin“ Sylvia H., die, als Kindermädchen angeworben, 15 Monate lang von einem Ehepaar gefangengehalten, sexuell mißbraucht und gefoltert wurde, und die, als sie nach ihrer Freilassung zur Polizei ging, von den Beamten, die ihre Angaben für Aufschneiderei hielten, wieder weggeschickt wurde (AZ vom 17.11.1984, S. 4), stellen Einzelfälle polizeilichen Fehlverhaltens dar, die keinesfalls generalisiert werden dürfen. Dazu gibt die Untersuchung von Kröhn (1985) deutliche Hinweise, derzufolge die Behauptung einer herabwürdigenden Behandlung von Vergewaltigungsopfern durch die Polizei ein Klischee darstellt. Als problematisch wurde allein die teilweise fehlerhafte Protokollierung der Vernehmung empfunden, die sich vor Gericht dann rächen kann, wenn der Verteidiger des Angeklagten seine Strategie auf Protokollfehler aufbaut.

Vermutlich besteht auch eine Abhängigkeit des Ausmaßes der sekundären Viktimisierung von der Größe und personellen Ausstattung des aufnehmenden Polizeireviers: während man in Großstädten über reichliche Erfahrungen der Opferbehandlung bei schwerwiegenden Delikten verfügt und häufig auch Spezialisten (Polizeipsychologen etc.) vorhanden sind, dürfte ein einzelner, womöglich unerfahrener Polizist auf dem Lande, der vielleicht mit seinem ersten Notzuchtfall konfrontiert wird, hinsichtlich des Erfordernisses einer einfühlsamen Opferbehandlung überfordert sein. Aus diesem Grund ist es wünschenswert, gerade solche Vertreter der formellen sozialen Kontrolle mehr als bisher mit der Problematik der sekundären Viktimisierung vertraut zu machen, die erfahrungsgemäß im Rahmen ihrer Alltagsroutine weniger mit den Opfern schwerwiegender Straftaten zu tun haben.

4.2.3. Das Gerichtsverfahren

Die vergleichsweise schwache Stellung des Opfers im Strafprozeß ist allgemein bekannt und zu bedauern. Im Unterschied zur polizeilichen und staatsanwaltschaftlichen Ermittlungsarbeit, die häufig erst auf Initiative des Opfers hin zustandekommt und — zumindest im Anfangsstadium — wesentlich auf Opferangaben beruht, geht der Richter primär vom Tatverdächtigen und dessen Schilderungen aus. Das Opfer ist in der Regel nur Zeuge und hat — sofern es nicht als Nebenkläger auftritt — anderen Zeugen gegenüber keine bevorzugte Stellung. Da Täter und Opfer divergierende Intentionen verfolgen, sind konfligierende Auffassungen geradezu unvermeidbar:
„In der Hauptverhandlung prallen die gegensätzlichen Interessen von Täter und Opfer nicht selten hart aufeinander . .. Diese schwierige Situation zu meistern, ist in erster Linie Aufgabe und Verpflichtung des Strafrichters. Er muß selbstverständlich dafür sorgen, daß der Angeklagte seine gesetzlichen Rechte wahrnehmen kann (daß er z. B. vor Falschaussagen geschützt wird). Er muß sich aber auch im Klaren darüber sein, daß das Recht des Angeklagten auf unbehinderte Verteidigung seine Grenzen findet am Recht des Zeugen auf menschenwürdige Behandlung". (MÜTZELBURG 1982, S. 11).

Die Gerichtssituation ist für das Opfer in mehrfacher Weise belastend: Es wird (wie auch der Täter) durch das stark formalisierte und ritualisierte Verfahren (das sich damit von der polizeilichen Befragung abhebt) eingeschüchtert. Hier kann es auch auf scheinbare Nebensächlichkeiten ankommen: „Wenn der Staat schon darin versagt hat, das Opfer vor der Straftat zu schützen, so kann er wenigstens dafür sorgen, daß dem Verbrechensopfer bequeme Warteräume bei Gericht zur Verfügung gestellt werden" (SCHNEIDER 1983, S. 240). Schwerer als die oft kalte und triste Atmosphäre dürfte — sicher auch deliktspezifisch differentiell — die Anwesentheit der Öffentlichkeit, sei es als individuelle Zuschauer oder indirekt als Vertreter der Medien, für das Opfer wiegen. Vor allem aber sieht es sich spätestens jetzt mit dem Täter konfrontiert. Verdrängte bzw. aufgestaute Emotionen werden wach; Wut, Angst, Weinkrämpfe oder seelische Zusammenbrüche können eintreten:

Fallbeispiel 142:

„Vier Wochen lang rang die junge Frau (ein schwerverletztes Vergewaltigungsopfer; d. Verf.), die sehr viel Blut verloren hatte, mit dem Tod. Nachdem sie wieder zu Bewußtsein kam, brachten ihr die Ärzte in der Unfallklinik M. schonend bei, daß sie nie wieder gehen könne. Die im Gericht ängstlich um sich blickende Eva S. steht noch immer unter dem Schock dieser Tat. Aus diesem Grund wurde gestern während ihrer Vernehmung die Öffentlichkeit ausgeschlossen. Sogar der wegen Vergewaltigungsversuch und Mordversuch Angeklagte Verkäufer Peter R. mußte den Saal verlassen, weil zu befürchten war, daß die Zeugin bei seinem Anblick nicht in der Lage ist, eine Aussage zu machen." (AZ, 31.10.85)

Anders als bei der polizeilichen oder staatsanwaltschaftlichen Einvernahme muß sich das Opfer nun auf eine aktive — und oft auch aggressive — Gegenstrategie des Verteidigers des Täters einstellen.

Die Interessen des Angeklagten, die Wahrheitsfindung und der Opferschutz befinden sich in einem unlösbaren Dilemma. Von juristischer Seite werden zur tendenziellen Lösung dieses Problems zum Teil unterschiedliche Gewichtungen vorgenommen. So meint AMELUNXEN (1969, S. 179), der Vorschlag, bei Sittlichkeitsdelikten an Kindern in der Hauptverhandlung fallweise von der Vernehmung der geschädigten Kinder abzusehen, sei zwar im Interesse der Pädagogik und des Jugendschutzes gut gemeint, doch sei der Grundsatz der Unmittelbarkeit der Beweisaufnahme ein so wesentliches, ja „königliches" Prinzip des deutschen Strafverfahrens, daß man es nicht ohne Gefahr für die materielle Gerechtigkeit durchlöchern könne. Auch ein Kommentar zur Strafprozeßordnung betont, daß die Sachaufklärung der Rücksichtnahme auf den Zeugen vorgehe, doch sehen andere hierin eine Verletzung des Grundsatzes der Verhältnismäßigkeit. Es sei mit dem Prinzip der Gerechtigkeit nicht zu vereinbaren, das Schicksal des Opferzeugen dem staatlichen Strafanspruch und einer möglichen Veruteilung des verdächtigen Angeklagten nachzuordnen: „Sind schwere seelische Folgen nicht auszuschließen, so hat das Gericht diese Frage zu unterbinden, auf die Gefahr, den Angeklagten freisprechen zu müssen. Besser und gerechter scheint es mir, den verdächtigten Täter straflos zu lassen, als dessen Opfer durch das staatliche Gerichtsverfahren nicht wiedergutzumachende seelische Schäden zuzufügen" (MÜTZELBURG 1982, S. 12).

Zwar ist es eine „selbtverständliche Pflicht der Strafverfolgungsorgane, die dem Tatopfer aus dem Strafverfahren gegen den Täter entstehenden Nachteile möglichst gering zu halten", doch ist hier ein Opferschutz nirgends gesetzlich verankert (MÜTZELBURG 1982, S. 14). Immerhin ist aber der Staatsanwalt angewiesen, darauf zu achten, daß die Tatopfer durch Fragen und Erklärungen des Beschuldigten und seiner Verteidiger keinen größeren Belastungen ausgesetzt werden, als dies im Interesse der Wahrheitsfindung hingenommen werden muß (Bekanntmachung über den Opferschutz im Strafverfahren in Bayern vom 27.6.1983). SCHNEIDER (1982, S. 240) bemerkt ausdrücklich, daß niemandes Bedürfnisse im Ermittlungs- und Strafverfahren mehr Beachtung geschenkt werden müsse als denjenigen des Opfers.

Es bleibt zu fragen, ob unter den besonderen und als mehr oder weniger belastend erlebten Bedingungen das eigentliche Ziel des Strafprozesses, die Wahrheitsfindung, erreicht werden kann und ob Änderungen möglich sind, die — ohne dieses Ziel zu verletzen — einen besseren Opferschutz gewährleisten.

Vor allem im Zusammenhang mit Vergewaltigungsfällen ist in den letzten Jahren eine gewisse Sensibilisierung der Öffentlichkeit festzustellen, woran neben dem WEISSEN RING auch verschiedene feministische Interessengruppen Anteil haben. Auf die Belastungen durch das Verfahren weisen die Untersuchungen von BAURMANN (1982), WEIS (1982) oder KRÖHN (1985) hin; auch die von uns durchgeführte Opferbefragung gibt deutliche Hinweise. KRÖHN spricht in diesem Zusammenhang von einer „zweiten Vergewaltigung im Gericht". Seiner Meinung nach sind die Prozesse ein „hanebüchendes Füllhorn männlich-chauvinistischer Weisheiten". (So wurde z. B. von einem Berliner Gericht im Falle eines dreifachen Sexualmörders strafmildernd bewertet, daß sich die Frau „leichtfertig in die Wohnung" des Täters begeben habe. (tz, 21.3.85))

Jede dritte der von KRÖHN befragten Frauen, die einen Vergewaltigungsprozeß hinter sich hat, würde das Verbrechen im Wiederholungsfall nicht mehr anzeigen. Nachdenklich stimmt, daß selbst Mitarbeiterinnen des Münchner „Notrufs für vergewaltigte Frauen" (vgl. 5.4.2.) ihren Klientinnen nicht zu einer Anzeige raten wollen, obgleich sie eine Anzeigeerstattung prinzipiell begrüßen.

Die sekundäre Viktimisierung vor Gericht soll nun anhand einiger konkreter Fälle näher beleuchtet und demonstriert werden. Die Erfahrungen der von WEIS befragten Frauen waren überwiegend negativ; es wurden nur vier positive Stellungnahmen abgegeben. Die negativen Berichte reichten von Diskriminierungen des Opfers bis zur Abwälzung der Schuld an der Vergewaltigung nicht nur durch Strafverteidiger sondern auch durch Staatsanwälte und Richter (WEIS 1982, S. 171):

„Und dann wurde gesagt — wirklich, das hat dann der Verteidiger gesagt —, man müßte auch berücksichtigen, daß ich eine geschiedene Frau sei. Man wüßte ja auch nicht, was man da für Gefühle kriegte, wenn man so vergewaltigt würde. Daraufhin mußte die Verhandlung erst einmal abgebrochen werden, weil ich einen Nervenzusammenbruch bekam. Der Oberstaatsanwalt hat dann erstmal sofort einen Arzt geholt." (S. 173)

„Ich habe schon zwei Verhandlungstermine bei Gericht gehabt. Ich wollte nur mal sagen, wie es Frauen geht, die so was anzeigen. Wie die hinterher am Gericht stehen, als wenn sie lügen würden. Also es wird einem nichts geglaubt. Als wenn das gar nicht wahr wäre. Und dann ist der Richter auch noch hingegangen und hat gesagt, ich soll's mir gut überlegen, daß ja dem jungen Mann dann die Zukunft versaut wäre, wenn er ins Gefängnis müßte usw. und so fort. Das ist jetzt noch nicht aus, weil der junge Mann angibt, er sei betrunken gewesen, was überhaupt nicht stimmt." (S. 174)

Auch von den Opfern unserer Befragung berichten einige über unangenehme Erlebnisse im Zusammenhang mit der Verhandlung:

„Auch mußte ich mir bei Gericht von Seiten seiner (des Täters) Mutter die Beschimpfung ‚dreckige Hure' gefallen lassen". (76)

„Ich persönlich würde mir bei einer 2. Vergewaltigung überlegen, ob ich Anzeige erstatten würde, schon aus dem Grund: die Vergewaltigung selber könnte man verdrängen, aber dadurch, daß es immer wieder aufgerollt wird
— Protokollaufnahmen (bis ins kleinste Detail erzählen)
— bei Gericht noch einmal, und das schlimmste ist, wenn es erst ein Jahr später ist. Hat man es erst soweit geschafft, nicht mehr sooft daran zu denken und psychisch aufgebaut zu sein, um sein Leben wiederaufzunehmen, kommt das Gericht und rollt noch einmal alles auf.
— Umwelt: Viele wissen erst durch die Anzeige davon; man wird darauf angesprochen und es wird einem die Schuld noch gegeben und dazugedichtet." (79)

„Angesichts so ungeheuerlicher Aspekte (u. a. spöttische Bemerkungen des Verteidigers des Angeklagten, Außerachtlassung eines für den Angeklagten negativen psychologischen Gutachtens) kann ich mir, und das werde ich immer empfinden, solange ich nicht eines Besseren belehrt werde, regelrecht hilflos und ausgeliefert vor, zumal die hervorragende Nebenklagetätigkeit meines Anwalts, den ich im übrigen als geschädigte Hinterbliebene auch noch selbst bezahlen darf, nur zur Kenntnis genommen wurde; manchmal nicht mal das, und fertig. Mir und mehreren anderen, die als Gäste der Verhandlung beiwohnten, ist von dem ursprünglichen Glauben an deutsche Rechtsstaatlichkeit fast nichts mehr übriggelbieben. Die Floskeln wie ‚Alle Menschen seien vor Gericht gleich' oder ähnliches weise ich nach diesen Erfahrungen weit von mir". (32)

Schließlich noch einige Schilderungen besonders gravierender sekundärer Viktimisierungen:

1. „Im Mai 1979 wurde eine 38jährige geschiedene Frau von einem jungen Mann vergewaltigt. Über den Prozeß, in dem sie als Zeugin aussagen mußte, schreibt sie: ‚Man wird vor Gericht zerpflückt und kommt sich vor, als sei man selbst angeklagt. Die Vorwürfe, die man hören muß, warum man nichts getan habe, den Tathergang, den man genau schildern muß und die Adresse, die man angeben muß, sind entmutigend und zermürbend. Das Ganze läuft darauf hinaus, daß man noch einmal seelisch vergewaltigt wird. Der Schock kommt dann noch mal etwas später. Einen Anwalt zu nehmen, kann man

keiner Frau raten. Wenn man gerade dabei ist, die Geschehnisse und die Gerichtsverhandlung zu vergessen, bekommt man einen Kostenfeststellungsbeschluß über 1.700,– DM für eine Tat, dessen Opfer man selbst war.'

2. Im Juni 1979 wurd eine junge Frau Opfer einer brutalen Gruppennotzucht. Zeugin und Familie mußten einen zwei Jahre dauernden Prozeß mit allen negativen Begleiterscheinungen über sich ergehenlassen. Falschaussagen von Freunden der Täter führten zu neuen Verfahren gegen diese, in denen aber die vergewaltige Frau wieder als Zeugin auftreten mußte. Durch ständige ausführliche Presseberichte wurde sie noch mehr belastet. Sie bedurfte ärztlicher und kurtechnischer Behandlung, weil sie den dauernden seelischen Belastungen nicht gewachsen war.

3. Im Juni 1980 wurde ein 16jähriges Mädchen von fünf Männern, die teilweise verheiratet waren, brutal vergewaltigt. Während des Prozesses sah sie sich dauernden Angriffen und Drohungen der Familien der Täter ausgesetzt. Über die Verhandlung schreibt ihr Anwalt: ‚Die Angelegenheit gestaltete sich besonders schwierig, weil Fräulein W. als die einzige Belastungszeugin zur Verfügung stand. Die Verteidigung versuchte durch eine Vielzahl von verfahrensverzögernden Beweisanträgen die Glaubwürdigkeit der Mandantin zu erschüttern. Sie wurde dadurch erheblich unter Druck gesetzt. Im ganzen fanden neun ganztätige Verhandlungstermine statt, bei einem erlitt die Zeugin einen Nervenzusammenbruch.'

4. 1976 wurde eine 34jährige verheiratete Frau von einem Frauenarzt vergewaltigt. Da das Strafverfahren gegen den Täter wegen Strafmaßrevision immer noch anhängig ist, wird dieses Opfer seit sechs Jahren immer wieder mit dem Tatgeschehen konfrontiert und ist kaum in der Lage, das Erlebnis seelisch zu verarbeiten.

5. Eine in Italien zum Opfer einer brutalen Gruppennotzucht gewordene 20jährige Studentin schreibt über den Prozeß: ‚Das lange Hinziehen der Ermittlungen über 4 1/2 Jahre, die drei notwendigen Italienbesuche zum Prozeß haben meine Ängste immer wieder aufgewühlt, auf Dauer konnte ich nicht zur Ruhe kommen, ich hatte immer wieder gravierende seelische Tiefs. Die brutale Erfahrung des ersten Prozesses im August 1980 ließ mich für den zweiten im Januar 1981 das Schlimmste befürchten. Immer wieder mußte ich an den alten Prozeß denken: Das lange Kreuzverhör durch drei Verteidiger der Gegenseite, denen keine Mittel zu primitiv waren, die abgebrühten Gesichter der Vergewaltiger, die Unschuld mimten, der aggressive Familienklan der Angeklagten, der mich in ordinärer Weise beschimpfte und bedrohte, so daß wir nach der Urteilsverkündung das Gericht nur unter Polizeischutz verlassen konnten. Das Erlebte hat meine Persönlichkeit grundlegend verändert, am stärksten wiegen für mich psychische Folgen.' " (MÜTZELBURG 1982, S. 11)

Gutachter nehmen häufig eine Schlüsselrolle im Strafprozeß ein. Ihr Befund kann nicht nur das Urteil und das Strafmaß beeinflussen, sondern auch die Entscheidung über Art und Höhe einer etwaigen Opferentschädigung. Negative Erfahrungen bleiben nicht aus:

„Dasselbe (schlechte Erfahrungen) kann ich auch über gewisse Gutachten von Ärzten sagen. Komme mir manchmal vor wie ein Tennisball, der von einem zum anderen geschlagen wird . . . ‚Tut mir leid, da kann ich nichts machen' heißt es dann immer wieder." (39)

In einem vollendeten Mordfall beklagte die hinterbliebene Ehefrau dagegen, daß das Urteil der Gutachter nicht genügend berücksichtigt wurde:

„Die Jugendbeihilfen der beiden Angeklagten hatten während der Untersuchungshaft jener die Gelegenheit, sich ca. 1 1/2 Stunden mit dem Haupttäter zu unterhalten. Sie waren nach dieser Kommunikation zu der Erkenntnis gelangt und legten sie dem Gericht auch so dar, daß aus dem mehrfach, ohne Erfolgstendenzen absehen zu können, Vorbestraften doch noch ein ordentliches Individuum zu machen wäre. Wie illusorisch, wenn man im Gegensatz dazu das Ergebnis von Experten hört: Auch während der U-Haftzeit wurde der, der seine gewalttätige, unverbesserliche Laufbahn nun mit einem grausamen, heimtückischen Mord krönte, von einem mehrköpfigen, langjährig erfahrenen Psychologenteam 4 Wochen lang in deren Institut beobachtet und multigetestet. Das Ergebnis: Von wissenschaftlicher Sicht aus ist bei dieser fehlentwickelten, voll zurechnungsfähigen, jedoch schizoid tendierenden Person keine geistige bzw. verhaltensveränderende Weiterentwicklung mehr für die Zukunft zu erwarten. . . Die Quintessenz aus dem 1 1/2stündigen Gespräch von Sozialarbeitern im Gegensatz zu den fundierten Beobachtungs- und Testergbnissen von Experten war die, daß den Erstgenannten viel mehr Substanz zugemessen wurde als der zweitgenannten Expertise. Unglaublich, aber dennoch geschehen" (32).

Das Opfer eines Mordversuchs:

„Was mir unangenehm war, waren die Gutachteraussagen vor Gericht, in denen der Täter zwar als willensschwacher und haltloser Psychopath dargestellt wurde, der zu verwahrlosen drohte (Alkohol, Drogen, arbeitslos), mir aber gerade wegen dieser Tatsache ein großer Teil Mitschuld zugesprochen wurde, da ich den Täter angeregt habe, sich einer Entziehungskur zu unterziehen und sich Arbeit zu suchen, ihn aber verließ, als ich bei ihm keinerlei Anstalten bemerkte, etwas an seiner verfahrenen Situation zu tun. Hier setzten die Gutachter an: ich, die erfolgreiche Krankenpflegeschülerin mit überdurchschnittlichen Noten mache ihm erst Hoffnungen und verlasse ihn dann; na wer da nicht zuschlägt." (145)

So verwundert nicht, wenn insbesondere bei Sexualdelikten Maßnahmen zum besseren Schutz der Opfer und des Ausschlusses der Öffentlichkeit diskutiert werden. Prozeßregelungen im Ausland scheinen „opferfreundlicher". So werden in den USA Opfer und Zeugen vor der Verhandlung mit dem Prozeßverlauf bekanntgemacht, um ihre Scheu davor zu mildern. Weiterhin gilt dort:

— Die Folgen der Straftat (z. B. Verletzungen) müssen im Gerichtsverfahren vorgebracht werden.

– Wiedergutmachungsleistungen werden im Strafverfahren festgesetzt. Die Gerichte haben die Pflicht, Ersatzansprüche des Opfers gegen den Täter schnellstens durchzusetzen.
– Gerichtliche Anordnungen, wie z. B. vorzeitige Entlassung des Täters, sind dem Geschädigten mitzuteilen. Der Täter erhält die Auflage, sich von Opfern und Zeugen fernzuhalten. Bedrohungen und Einschüchterungen sind strafbar.
– Es ist ausdrücklich festgelegt, daß Opfer und Zeugen vor Gericht „fair" zu behandeln sind.

In den meisten amerikanischen Bundesstaaten wurden außerdem Opferentschädigungsgesetze erlassen, wobei der Staat wiederum auf den Täter zurückgreifen kann. Den Gerichten, die die Strafen aussprechen, obliegt auch die Entscheidung über eine Wiedergutmachung, so daß die zeit- und risikoreichen sowie kostenintensiven Zivilprozesse entfallen können. Im Bundesstaat Oklahoma wurde ein „Opfer-Ombudsmann" (Dussich 1976) berufen, dessen Aufgabe darin besteht, den Opfern und Zeugen vor, während und nach der Gerichtsverhandlung beizustehen (Weisser Ring 1/1984, S. 3 f., vgl. auch Rössner/Wulf 1985).

Die wenigen gerichtlichen Möglichkeiten im deutschen Recht sind vielen Zeugen bzw. Opferzeugen nicht bekannt, weshalb sie auch nicht auf die Einhaltung bestehender Schutzbestimmungen drängen. So kann das Opfer für die Dauer seiner Aussage die Entfernung des Täters oder den Ausschluß der Öffentlichkeit beantragen. Weiterhin besteht Unkenntnis über die Möglichkeit, als Nebenkläger aufzutreten. Als solcher hat es das Recht auf Anwesenheit in der Verhandlung, auf Stellung von Anträgen und auf Einlegung von Rechtsmitteln (§ 395-402 StPO). Ludwig (1984, S. 87) meint, daß jedes Vergewaltigungsopfer gut beraten wäre, als Nebenklägerin aufzutreten, um schon die ersten Verteidigungsversuche des Täters zu beeinflussen.

Über bestehende Grundsätze und Regelungen des Opferschutzes vor Gericht hinausgehend stellt die Arbeitsgruppe „Gesetzgebung und Recht" im Weissen Ring Forderungen:

„1. Ausschluß der Öffentlichkeit, wenn ‚für einen Zeugen, der durch eine Straftat verletzt ist, die öffentliche Erörterung eine schwere psychische Belastung darstellt' (§ 272 Gerichtsverfassungsgesetz). Der Weisse Ring geht damit über einen Vorschlag der SPD-Bundestagsfraktion hinaus, die diesen Aussschluß der Öffentlichkeit nur bei der Behandlung von Straftaten gegen die sexuelle Selbstbestimmung vorsieht.
Begründung: Auch bei anderen Delikten (z. B. Menschenhandel, Geiselnahme und anderen Gewalttaten) können für Zeugen durch das Vorhandensein der Öffentlichkeit erhebliche psychische Belastungen auftreten.

2. Entfernung des Angeklagten aus dem Sitzungszimmer ‚in Fällen, in denen es dem Tatopfer mit Rücksicht auf seine schutzwürdigen Interessen nicht zumutbar ist, seine Aussage in Gegenwart des Angeklagten zu machen'. (§ 247 StPO).
Begründung: Nach bisherigem Recht kann der Angeklagte nur aus dem Saal gewiesen werden, wenn zu befürchten ist, daß der Zeuge in seiner Anwesenheit nicht die Wahrheit sagt. Die möglichen großen psychischen Belastungen für den Zeugen und ihre schädigenden Folgen waren bisher kein Grund, den Angeklagten aus dem Saal zu verweisen. Das erscheint nicht angemessen.

3. Rechtsbeistand: Die Opferzeugen sind schon bei der Vorladung zur Vernehmung auf die Möglichkeit hinzuweisen, einen Rechtsbeistand oder eine Vertrauensperson hinzuzuziehen. Ein ‚berechtigtes Interesse' nachzuweisen, wie es die derzeitige Regelung verlangt, erscheint unangemessen. Außerdem soll der Staatsanwalt darauf hinwirken, daß ‚das Tatopfer in einer möglichen späten Phase der Beweisaufnahme als Zeuge vernommen wird.' (Richtlinien für das Straf- und Bußgeldverfahren Nr. 19 A).
Begründung: Die Gerichtspraxis zeigt, daß Opferzeugen in vielen Fällen äußerst belastenden Vernehmungen und Fragen ausgesetzt sind, die sich im nachhinein als nicht zwingend notwendig erweisen, da die für das Gericht notwendigen Erkenntnisse oft in anderer Weise, beispielsweise durch andere Zeugen oder Beweismittel sowie die Einlassung des Täters gewonnen werden können.

4. Opferanwalt. Dem Opfer eines Gewaltverbrechens ist — auch bereits im Ermittlungsverfahren — ein Rechtsanwalt (Opferanwalt) beizuordnen. Der Opferanwalt hat das Recht, bei allen Vernehmungen anwesend zu sein, Anträge zur Gestaltung der Beweisaufnahme zu stellen und Akteinsicht zu nehmen.
Begründung: Es erscheint geboten, daß gesetzliche Voraussetzungen geschaffen werden, die es dem Beistand des Opferzeugen ermöglichen, dessen spezifische Rechte umfassend zu wahren. Der Weisse Ring hält es für notwendig, nicht nur Opfern von Sexualdelikten — so wie von der SPD-Bundestagsfraktion beantragt — sondern auch den Opfern von schwerwiegenden Gewalttaten einen Opferanwalt beizuordnen." (Weisser Ring, 4/84, S. 3)

Auch andere haben Überlegungen zur Verbesserung der Situation von Opfern angestellt. So fordert ein Gesetzentwurf der SPD — teilweise über den Entwurf des Justizministers hinausgehend —, daß das Opfer einen Beistand erhalten könne. Ferner soll es die Aussage auf höchstpersönliche Fragen verweigern dürfen, den Ausschluß der Öffentlichkeit beantragen können und in jedem Fall über die Prozeßtermine unterrrichtet werden. Bei einer Straftat gegen die sexuelle Selbstbestimmung muß das Opfer auf Antrag stets einen Beistand erhalten. Auf die Möglichkeit der Nebenklage soll aufmerksam gemacht werden. (Darüber hinaus enthält dieser Entwurf aber auch Vorschläge zur Verbesserung der Situation des Beschuldigten: so soll sein Bemühen um Wiedergutmachung beim Strafmaß berücksichtigt werden, eine Aussetzung von Geldstrafen zur Bewährung möglich sein u. a. m.; SZ, 11.7.85). Dies sind jedoch immer noch Absichten und Pläne.

Viele Opfer antizipieren die durch das Verfahren sich ergebenden Schwierigkeiten und bleiben daher, sofern sie nicht vorgeladen werden, der Verhandlung fern, womit sie sich allerdings auch um eine mögliche Chance zur Aufarbeitung der Tat bringen. Bei den von uns befragten Opfern sind in einem Drittel der Fälle die Angehörigen getöteter Personen nicht zur Verhandlung erschienen. Bei den Raubopfern betrug dieser Anteil 21 %, bei den Körperverletzungsopfern 10 % und bei den Vergewaltigungsopfern 9 %. Erwartungsgemäß fiel es den erschienenen Opfern mehrheitlich schwer, zum Tathergang auszusagen. Nur ein Teil der Opfer, die am Verfahren teilnahmen, ließ sich von einem Rechtsbeistand vertreten oder nahm zumindest eine juristische Beratung in Anspruch, wobei sich deliktspezifische Unterschiede ergaben:

- Indirekte Opfer, Körperverletzungsopfer und solche von Sexualdelikten ließen sich etwa zur Hälfte von einem Anwalt vertreten, sonstige Opfer dagegen nur zu 15- 20 %.
- Überhaupt keine Hilfe durch einen Rechtsbeistand hatten vor allem Opfer von Sexualdelikten, Raubopfer und sonstige Opfer.
- Abgesehen von den Vergewaltigungsopfern zeigt sich die Tendenz, wonach mit zunehmender Deliktschwere die Wahrscheinlichkeit eines rechtsanwaltschafltichen Beistands und/oder einer anderweitigen Beratung zunimmt. Vergewaltigungsopfer nehmen entweder gleich einen Rechtsanwalt oder verzichten überhaupt auf einen Beistand.

Das Verhalten von Staatsanwalt und Richter gegenüber dem Täter wurde von den Opfern allgemein als „fair" beurteilt. Auf einer 7-Punkte-Skala ergaben sich dabei folgende Mittelwerte:

Tabelle 34: Beurteilung des Verhaltens von Staatsanwalt und Richter gegenüber dem Angeklagten hinsichtlich der Dimension „fair" (= 1) — „unfair" (= 7)

	Tötung v. Angehör.	schw. K. verletz.	Vergewaltigung	Raub	sonst. Delikt
Staatsanwalt	2,2	2,3	2,5	1,8	1,5
Richter	2,1	1,6	2,4	1,8	2,5

Während die Differenzen zwischen Richter und Staatsanwalt bei Tötungsdelikten, Vergewaltigung und Raub unbedeutend sind, ergeben sich bei der schweren Körperverletzung und bei den sonstigen Delikten doch deutliche Unterschiede: Die Opfer von Körperverletzungen sehen den Richter für wesentlich fairer gegenüber den Angeklagten an; bei den sonstigen Delikten wird dem Staatsanwalt mehr Fairneß zugesprochen. Bedenkt man, daß die Urteilsfindung Aufgabe des Richters ist, so kann dies indizieren, daß nach Meinung der Opfer die Täter bei der Körperverletzung unverhältnismäßig gut weggekommen sind (vgl. auch Tab. 37), während bei den sonstigen Delikten der Staatsanwalt möglicherweise als zu milde empfunden wurde. Im Zusammenhang mit der Bewertung des Verhaltens von Staatsanwalt und Richter gegenüber dem Opfer selbst werden wir darauf nochmals zurückkommen.

Es überrascht nicht, daß der Staatsanwalt, dessen Aufgabe im Verfahren in der Anklageerhebung besteht und vom Opfer als eine Art natürlicher Verbündeter wahrgenommen wird, eine überwiegend günstige Beurteilung erfährt. Nicht in jedem Fall wirkt er jedoch stützend auf das Opfer, wie die Aussage einer der von WEIS befragten vergewaltigten Frau zeigt:

„Ja und der Staatsanwalt, der war ja so unverschämt. Jede Frage hat der zehnmal wiederholt, als wenn er sich daran noch weiden würde. Ja, ob ich da Gefühle dabei gehabt hätte und ob ich nicht auch ein bißchen Lust gehabt hätte und lauter so Dinger haben die gesagt . . . Und dann kreuz und quer die Fragen gestellt, ob mir das schon öfter passiert wäre. Also so eine Frechheit. Naja, sagte er, Sie sind attraktiv, der Mann hat halt Gefallen an Ihnen gefunden." (WEIS 1982, S. 169)

Zwei Probanden unserer Befragung kritisierten dagegen das Desinteresse des Staatsanwalts:

„(Der Staatsanwalt) . . . stellte weder an mich noch an den Täter eine Frage." (51)

„Es ist mir unverständlich, daß ein eingereichtes Strafverfahren vor Gericht oder Staatsanwaltschaft mit Schweigen endet." (41)

Möglichlicherweise lagen hier unrealistische, wenn auch nicht unverständliche Erwartungen der Opfer vor: In einer neutralen bis feindseligen Atmosphäre dürfte der Wunsch nach Beistand besonders ausgeprägt sein. Nicht der Staatsanwalt, sondern ein Opferanwalt sollte diese Lücke füllen. Generell erwiesen sich jedoch die Beurteilungen des Staatsanwalts durch die Opfer als vergleichsweise günstig:

Tabelle 35: Beurteilung des Staatsanwalts durch das Opfer

Dimension	indir. Opfer	schwere K.verl.	Vergewalt.	Raub
fair (1) — unfair (5)	1,6	2,0	1,8	2,2
aufgeschl. (1) — desinteressiert (5)	1,7	2,0	1,6	2,4
freundlich (1) — unfreundlich (5)	1,6	1,8	1,5	2,7
für mich (1) — gegen mich (5)	1,9	2,2	1,9	1,8
hat mir geglaubt (1) — hat mir nicht geglaubt (5)	1,1	1,7	1,6	1,5
diskret (1) — indiskret (5)	1,3	2,1	1,7	2,2
mitfühlend (1) — spöttisch (5)	1,6	2,1	1,9	2,4
warm (1) — kalt (5)	1,6	2,4	2,1	2,7
$\overline{x}$ insgesamt	1,5	2,0	1,8	2,2
Fallzahl	(10)	(23)	(19)	(11)

Insgesamt fühlen sich die Hinterbliebenen vom Staatsanwalt am besten behandelt, die Raubopfer am schlechtesten. Die polizeiliche Opferbehandlung (Tabelle 33) ließ eine andere Rangfolge der Bewertungen erkennen; Hinterbliebene äußerten sich dort am unzufriedensten, die übrigen Opferkategorien differierten in der Gesamtbewertung kaum. Die „Stärken" des Staatsanwalts lagen (über alle Opferkategorien hinweg) auf den Dimensionen „Vertrauen" (hat mir geglaubt) und „Diskretion", wohingegen auf der Dimension „Wärme" relativ ungünstige Werte erreicht wurden.

Betrachten wir die Beurteilungen, die der Richter vom Opfer erhält:

Tabelle 36: Beurteilung des Richters durch das Opfer

Dimension	indir. Opfer	schwere K.verl.	Vergewalt.	Raub
fair (1) — unfair (5)	3,3	2,1	1,6	1,9
aufgeschlossen (1) — desinteressiert (5)	1,9	2,0	1,7	1,8
freundlich (1) — unfreundlich (5)	2,3	1,9	1,5	1,8
für mich (1) — gegen mich (5)	2,2	2,1	2,2	2,0
hat mir geglaubt (1) — hat mir nicht geglaubt (5)	2,3	1,8	1,2	1,5
diskret (1) — indiskret (5)	1,7	1,9	1,9	1,9
mitfühlend (1) — spöttisch (5)	1,6	1,9	1,9	2,1
warm (1) — kalt (5)	2,6	2,4	2,4	2,1
$\overline{x}$ insgesamt	2,2	2,0	1,8	1,9
Fallzahl	(7)	(25)	(18)	(10)

Im Unterschied zur Behandlung durch den Staatsanwalt sind bei den Richtern die indirekten Opfer am unzufriedensten. Besonders bemerkenswert erscheint die ungünstige Bewertung auf der „Fairneß"-Dimension, wodurch auch die Gesamtbewertung relativ schlecht wird. Noch etwas ungünstiger, jedoch ausgeglichen, ist die Bewertung auf der Dimension „Wärme". In einem Fall wurde das Desinteresse des Richters beklagt:

„Der Richter blätterte erst nach meiner Mitteilung der Verletzungen im Akt. Er war überhaupt nicht informiert." (51)

Die vergleichsweise ungünstige Richterbeurteilung auf den Dimensionen Fairneß und Opferorientierung „für mich – gegen mich" dürfte mit der Unzufriedenheit mit den teilweise von den Opfern als zu milde empfundenen Strafen zusammenhängen:

„Mein Ehemann versuchte, nach der ersten Straftat (Tötungsversuch), die Kinder zu entführen. Es erfolgte keine Bestrafung. Die dabei mitwirkenden Detektive wurden nicht bestraft! Die Klage wurde niedergeschlagen." (51)

„Ein Bergrat schlägt einen Frührentner grundlos zusammen. Er, der Schläger gesteht die Tat (ich habe alle Belege noch) und kein Gericht erkennt es an – Unfaßbar ...
Ich möchte ... empfehlen, daß Gewalttäter mit härteren Strafen, sprich Arbeiten in heißen Betrieben oder Steinbrüchen rechnen müßten ... Der Täter soll soviel schwere oder heiße Arbeiten (Stahlwerke, Bergwerke o. ä.) verrichten, daß er immer wieder daran denken muß und nicht rückfällig wird." (144)

Die verhängten Strafen wurden von den Opfern überwiegend als „zu mild" oder wenigstens als „mild" beurteilt:

Tabelle 37: Beurteilung der verhängten Strafarten (a) und Strafhöhen (b)

a) Strafart

Bewertung	indir. Opfer	schwere K.verl.	Vergewaltigung	Raub	sonst. Delikt
zu mild (1)	68 %	73 %	43 %	15 %	50 %
mild (2)	5 %	4 %	–	31 %	–
angemessen (3)	23 %	19 %	57 %	54 %	50 %
streng (4)	–	4 %	–	–	–
zu streng (5)	5 %	–	–	–	–
insgesamt	101 %	100 %	100 %	100 %	100 %
	(22)	(26)	(21)	(13)	(2)
$\overline{x}$	1,7	1,5	2,1	2,4	2,0

Tabelle 37 (Fortsetzung)

b) Strafhöhe

Bewertung	indir. Opfer	schwere K.verl.	Vergewaltigung	Raub	sonst. Delikt
zu mild (1)	71 %	83 %	50 %	50 %	—
mild (2)	14 %	8 %	5 %	30 %	—
angemessen (3)	10 %	4 %	45 %	20 %	100 %
streng (4)	—	4 %	—	—	—
zu streng (5)	5 %	—	—	—	—
insgesamt	100 % (22)	99 % (26)	100 % (21)	100 % (10)	100 % (2)
$\bar{x}$	1,5	1,3	2,0	1,7	3,0

Je niederiger $\bar{x}$, desto eher wurde die Bestrafung des Täters durch das Opfer als mild eingeschätzt. Bei größerer Unzufriedenheit mit dem Richter (indirekte und Körperverletzungsopfer) wurden auch die Strafhöhen als milder angesehen.

Von allen Prozeßbeteiligten wird — abgesehen vom Täter — der Strafverteidiger verständlicherweise am kritischsten beurteilt. In den Bemühungen, ein günstiges Urteil für den Angeklagten zu erreichen, mag die Versuchung groß sein, auf Kosten des Opfers Punkte zu gewinnen. Im Fall eines als „Sex-Sklavin" bekanntgewordenen gefangengehaltenen, mehrfach vergewaltigten und schwer mißhandelten Mädchens wurde das Verhalten der Verteidiger auch vom Gericht kritisiert:

„Schwer gerügt wurden vom Gericht die beiden Verteidiger der Angeklagten. Denn man habe sich oft gefragt, wer in diesem Prozeß Täter und wer Opfer ist. Der Gesetzgeber müsse dafür sorgen, daß Verteidiger in einem Prozeß nicht wieder eine derartige ‚Demontage einer Person' betreiben könnten, wie es mit S. geschehen sei." (tz, 19.1.85)

Die Frau eines von zwei jugendlichen Einbrechern ermordeten Mannes unserer Untersuchung berichtete über die Situation vor Gericht und insbesondere über das Verhalten der Strafverteidiger der Angeklagten:

„Als dann allerdings im Verhandlungsverlauf sich immer mehr steigernd abzuzeichnen begann, welche psychologischen, ja fast schon suggestiven Einfluß ein sogenannter ‚Staranwalt' auf die Verhandlungsführung und letztlich die Urteilsfindung hat, war abzusehen, daß die mehrfach vorbestraften Täter mit fast nur einem blauen Auge davonkommen würden. Nun, diese Vermutung bestätigte sich dann auch. So hatte der Haupttäter unbewiesenermaßen, da keine toxikologische Untersuchung vorgenommen wurde,

angeblich vor seiner Mordtat irgendwelche, nicht konkret bezeichneten Tabletten zu sich genommen. Dieser lediglichen Behauptung wurde aber durch den Anwalt ein derartiges Gewicht beigemessen, als ob es bewiesene Tatsache sei. Der vorsitzende Richter ließ sich durch die geschickte, teils manipulatorische Wortführung des besagten Verteidigers zu diesem fadenscheinigen Aspekt unverkennbar stark beeindrucken. Meine fast zwangsläufige Überlegung dazu: Man geht also heute sozusagen her und trinkt vor einem Verbrechen eine gewisse Menge Alkohol bzw. schluckt irgendwelche Medikamente. Ach, was sage ich hier, wenn man einen entsprechenden Anwalt und das entsprechende Kleingeld hat, so braucht man derartiges nicht wirklich zu tun, nein, man behauptet es nur mit Nachdruck und läßt es per Anwalt entsprechend interpretieren. Ja und schon kann man bei der Strafzumessung auf die Berücksichtigung rechnen, unter Drogeneinfluß gestanden zu sein, ein Verbrechen begangen zu haben. Das drückt sich dann so aus, als daß man zur Tatzeit nicht voll zurechnungsfähig war. Ja, so einfach ist das bei entsprechend vorgegebener Gesetzgebung oder aber irrationaler Auslegung.
Was ich nun noch, um ein drittes und letztes Beispiel von noch vielen anderen anführen möchte, ist die Umschreibung eines unglaublich niederträchtigen Ereignisses, das sich während der Untersuchungshaftzeiten der beiden Täter zutrug. Gleich vorweg, auch derartiges findet vor Gericht keine Sühne: In einem der Briefe des Angeklagten an seine Mittäterin schrieb der Mörder: ‚Die Witwe ist ja noch erst 24 Jahre jung, ich werde ihr mal eine Besucherkarte schicken und sie dann fragen, ob sie nicht den Mörder ihres Mannes heiraten will.' Im weiteren Textverlauf: ‚Der Mörder war diesmal nicht der Gärtner, sondern der (Eigenname).' Diese, jeglicher Vokabel entbehrend, mit maßlosem Spott einhergehende Gemeinheit und Negation meiner Würde als Frau des Opfers hat in mir, weil sie ungeahndet blieb, tiefgreifende seelische und bleibende Schäden verursacht. Man nahm es lediglich zur Kenntnis bzw. wurde von seiten der Verteidigung darüber gar noch gelächelt und gewitzelt, mit Duldung des Gerichts wohlgemerkt." (32)

Auch die Beurteilung des Verteidigers anhand der Einschätzungsskalen offenbart eine deutlich kritische Sichtweise der Opfer:

Tabelle 38: Beurteilung des Verteidigers des Angeklagten durch das Opfer

Dimension	indir. Opfer	schwere K.verl.	Vergewalt.	Raub
fair (1) — unfair (5)	3,5	3,9	3,2	4,5
aufgeschlossen (1) — desinteressiert (5)	2,7	3,3	3,1	3,3
freundlich (1) — unfreundlich (5)	3,5	3,6	3,2	4,0
für mich (1) — gegen mich (5)	4,0	4,0	3,4	4,7
hat mir geglaubt (1) — hat mir nicht geglaubt (5)	3,0	3,4	3,2	3,8
diskret (1) — indiskret (5)	3,0	3,3	2,9	3,6
mitfühlend (1) — spöttisch (5)	3,7	3,3	3,3	4,1
warm (1) — kalt (5)	3,7	4,0	3,6	4,2
$\bar{x}$ insgesamt	3,4	3,6	3,3	4,0
Fallzahl	(6)	(22)	(19)	(10)

Am besten behandelt fühlen sich noch die Vergewaltigungsopfer, gefolgt von Hinterbliebenden, Körperverletzungsopfern und Raubopfern. Der Verteidiger wurde deutlich als Mitglied der Gegenpartei wahrgenommen. Die ungünstigsten Werte erreichte er auf den Dimensionen „Opferorientierung" („für mich" – „gegen mich"), „Wärme" und „Fairneß", die günstigsten auf den Dimensionen „Aufgeschlossenheit", „Diskretion' und „Vertrauen".

Stellen wir abschließend alle Gesamtbeurteilunen der Ermittlungs- und Prozeßbeteiligten durch die Opfer gegenüber:

Tabelle 39: Gesamtwertungen (Wertebereich 1-5)

	indir. Opfer	schwere K.verl.	Vergewalt.	Raub
Zeugen	1,7	1,8	1,6	1,3
Polizei	2,3	1,7	1,6	1,6
Staatsanwalt	1,5	2,0	1,8	2,2
Richter	2,2	2,0	1,8	1,9
Verteidiger	3,4	3,6	3,3	4,0
$\bar{x}$	2,2	2,2	2,0	2,2
Fallzahl	(6)	(22)	(19)	(10)

Insgesamt betrachtet gleichen sich die Beurteilungen der einzelnen Deliktgruppen aus (nur die Vergewaltigungsopfer empfinden eine etwas günstigere Behandlung). Die Verfahrensbeteiligten werden jedoch durchaus unterschiedlich wahrgenommen. Während die Zeugen noch am ehesten hilfreiches, prosoziales Verhalten zeigen können, ist der Verhaltensspielraum der Ermittlungsorgane (Polizei, Staatsanwalt, Richter) begrenzt. Der Verteidiger stellt sich für das Opfer nicht als eine Rolle mit affektiver Neutralität dar, sondern als Gegner, wenn nicht als Feind. Unter dieser Voraussetzung ist vom Strafverfahren in der üblichen Form kaum ein Beitrag für einen etwaigen Täter-Opfer-Ausgleich zu erwarten (vgl. 5.3.). Damit ist zu fragen, ob die Teilnahme am Verfahren dem Opfer – außer den Belastungen und dem Risiko einer sekundären Viktimisierung – überhaupt etwas gebracht hat, insbesondere hinsichtlich seiner Einstellung zur Kriminalität, zur Tat und zum Täter.

Wie an anderer Stelle gezeigt werden konnte, beurteilten Opfer, die am Verfahren teilgenommen hatten, eine Reihe von vorgegebenen Delikten als etwas weniger schwerwiegend, verglichen mit Opfern ohne Prozeßerfahrung (S. 286). Die Beurteilungen variieren dabei deliktspezifisch. Vor allem Kaufhausdiebstahl, Betrug, unterlaubter Schußwaffenbesitz, Schwarzfahren und Einbruch wurden milder bewertet. Weiterhin zeigte sich, daß Opfer, die am

Strafverfahren teilgenommen hatten, die Entwicklung der Jugendkriminalität etwas weniger pessimistisch einschätzten. Obgleich nur ein Teil der Unterschiede statistisch signifikant war, ist dennoch die durchgängige Tendenz bemerkenswert. Sie kann sowohl als Ergebnis eines Lerneffekts interpretiert werden (das Opfer hat durch das Verfahren neue Informationen über Kriminalität erhalten), aber auch als Ausdruck der erfahrenen Genugtuung: Obgleich eine weitgehende Unzufriedenheit mit der Art und Höhe der Strafe besteht, leitet doch das Wissen um die Sanktionierung der Tat ein Sich-Abfinden mit dem Geschehen ein.

Erwartungsgemäß empfanden die Opfer das Zusammentreffen mit dem Täter vor Gericht als sehr belastend. Auf einer Skala von 1 (nicht belastend) bis 7 (sehr stark belastend) ergaben sich dabei folgende Mittelwerte:

Tabelle 40: Belastung beim Zusammentreffen mit dem Täter vor Gericht (Wertebereich 1-7)

indirekte Opfer	5,8
schwere Körperverletzung	5,4
Vergewaltigung	6,8
Raub	6,5
sonstiges Delikt	6,0
Unterschichtopfer	6,1
Mittelschichtopfer	6,4

Bemerkenswert erscheint bei der deliktspezifischen Betrachtung das Ergebnis, wonach Vergewaltigungsopfer die Begegnung als am meisten belastend erlebt haben, im übrigen aber die dem Täter gegenüber am wenigsten punitive Einstellung zeigten (vgl. S. 287). Dies mag zum großen Teil damit zuammenhängen, daß bei den Vergewaltigungsopfern die Bereitschaft zu Selbstvorwürfen — nicht zuletzt aufgrund entsprechender gesellschaftlicher Vorurteile — relativ groß ist.

Begreiflicherweise haben die Opfer auch das Verhalten des Täters vor Gericht ziemlich negativ bewertet. Die Beurteilung auf einer 7-Punkte-Skala von 1 (sehr sympathisch) bis 7 (sehr unsympathisch) erbrachte insgesamt recht hohe Werte, wobei zwischen den einzelnen Kategorien kaum Differenzen auftraten. Opfer aus der Mittelschicht und Vergewaltigungsopfer waren hier am besten in der Lage, persönliche Gefühle von Situationsbeschreibungen zu trennen: Obgleich sie überdurchschnittlich unangenehme Gefühle beim Zusammentreffen mit dem Täter vor Gericht hatten, wurde von ihnen das Verhalten des Täters etwas günstiger beurteilt.

Auch unter sorgfältigster Berücksichtigung der Belange der Opfer werden sich bestimmte Arten sekundärer Viktimisierung nicht ganz vermeiden lassen, denn das Interesse an der Wahrheitsfindung und die Wahrnehmung der Rechte des Beschuldigten können einer optimalen Opferbehandlung tendenziell widersprechen. Man kann hier — in partieller Analogie zur Wirtschaftspolitik — von einem „magischen Dreieck" sprechen: Ein Ziel ließe sich vollständig nur über die Vernachlässigung von wenigstens einem anderen erreichen. Eine Orientierung allein an den Interessen des Opfers gefährdet bzw. erschwert den Wahrheitsfindungsprozeß und läßt mögliche Strafmilderungsgründe außer acht. Genauso falsch ist es aber, über die beiden zuletztgenannten Ziele die berechtigten Interessen des Opfers zu vernachlässigen. Ein ständiges Abwägen zwischen den Interessen und Zielsetzungen scheint geboten.

Neben den — in gewisser Weise unvermeidlichen — Viktimisierungen durch das Strafverfahren gibt es aber solche, für die sich schwer „höhere" Rechtfertigungen finden lassen. Wir denken dabei an allzu detaillierte und sensationell aufgemachte Berichte in den Massenmedien.

4.2.4. Die Verantwortung der Medien

Verbrechen sind das „tägliche Brot" der Massenmedien, insbesondere der Boulevardpresse. Die geschilderten Fälle sind dabei das Produkt eines Selektionsprozesses. Eine Straftat hat um so größere Chancen aufgenommen zu werden, je mehr der folgenen Kriterien zutreffen:

— Die Tat erfolgt im Verbreitungsgebiet der Zeitung.
— Es handelt sich um eine besonders grausame, seltene oder komische Tat.
— Opfer und/oder Täter sind bekannt oder gar prominent.
— Opfer und/oder Täter weisen Besonderheiten auf (z. B. Reichtum, Schönheit, bewegtes Vorleben).

Die Beeinflussung des Wissens über Kriminalität und der Kriminalitätsfurcht durch die Auswahl und Art der Berichterstattung manifestiert sich darin, daß etwa bei der Stuttgarter Opferbefragung (STEPHAN 1980) der Kriminalitätsanstieg im *eigenen Wohnviertel* vorwiegend auf die Zunahme von Diebstahl, Einbruch und Sachbeschädigung zurückgeführt wird, der für die *Bundesrepublik Deutschland* jedoch auf den Anstieg der Überfälle, Sexual- und Aggressionsdelikte. Während innerhalb des Nahbereichs auch unbedeutende Delikte eine gewisse Chance der Berichterstattung haben, müssen mit zunehmender Distanz andere Qualitäten (besondere Grausamkeit, höhere Opferzahl, besondere Raffinesse, komische Tatumstände usw.) hinzukommen. Inner- und außerhalb des Nahbereichs erfolgt somit eine unterschiedliche Kriminalitätswahrnehmung durch den selektiven Multiplikatoreffekt der Medien.

Gelegentlich wird gegenüber den Medien der Vorwurf von Vorverurteilungen, Verleumdungen oder Rufmorden erhoben, doch läßt sich dies schwer nachweisen (GÖPPINGER 1981, S. 25). Das Problem besteht darin, die Grenze zwischen der Information der Öffentlichkeit und einer rufschädigenden, herabsetzenden Berichterstattung zu ziehen. Zwar gibt es seitens der Medien bzw. des Gesetzgebers gewisse Richtlinien (eingeschränkte Berichterstattung bei Jugendlichen, Nennung nur von Vornamen und abgekürzten Familiennamen), doch ist die Identifizierung von Opfern (und Tätern) oft nicht schwierig. Opfer, die einen normabweichenden Lebenswandel führten (Homosexualität, Promiskuität) unterliegen in besonderem Maße dem Risiko einer sekundären Viktimisierung durch die Medien.

Daneben sind aber auch die Opfer betroffen, deren Verhalten sich bevorzugt zur Befriedigung des Spottbedürfnisses eignet, vor allem Betrugsopfer, die auf Tricktäter hereingefallen sind. Schadenfreude gilt vielfach als die schönste Freude, deren tieferer Sinn darin liegt, daß durch die Herabsetzung des anderen das eigene Selbst (des Lesers) aufgewertet wird. Dazu einige illustrative Beispiele:

Fallbeispiel 143:

„Ein falscher Arzt hat reihenweise Kranke, Geschäftsleute und einige seiner ‚Kollegen' genarrt. Die Polizei in Augsburg erstattete jetzt Anzeige gegen den 29jährigen. Von Beruf Elektriker, hatte er vor zwei Jahren begonnen, als Arzt aufzutreten. Er verordnete meist Aufbauspritzen. Der Augsburger stellte auch zwei Artzhelferinnen und ein Lehrmädchen ein. Zu einem Block Blankorezepte kam er, indem er einer Ärztin vorschwindelte, er hab die seinen in der Klinik vergessen." (tz, 20.3.85)

Fallbeispiel 144:

„Durch das Erdgeschoßfenster klettert ein Einbrecher ins Schlafzimmer, mißbraucht die Mieterin. Sie erstattet keine Anzeige, weil sie denkt, der betrunkene Freund wär's gewesen." (tz, 11.8.84)

Fallbeispiel 145:

„Mit milden Strafen ging in Turin der Berufungsprozeß gegen Ebe G. zu Ende, die jahrelang einen von der Kirche nicht anerkannten Orden leitete, sich als Heilige verehren ließ und ihre Anhänger auf schamlose Weise finanziell ausnutzte. Die 52jährige ‚Mamma Ebe' erhielt sechs Jahre Hausarrest. Frau G. darf künftig ihr Zuhause nicht mehr verlassen und keine Telefonanrufe empfangen. Ihre Besucher müssen sich überprüfen lassen." (tz, 23.5.85)

Auch wenn derartige Berichte die Naivität der Opfer noch relativ dezent umschreiben bzw. nicht weiter darauf eingehen und eine systematische Analyse von Kriminalfällen in ausgewählten Erzeugnissen der Boulevardpresse keine ausgesprochen „opferfeindliche" Tendenz erkennen läßt, kann doch der Eindruck entstehen, das Opfer habe sein Schicksal irgendwie verdient, wie in folgenden Fällen (vgl. auch die Fallbeispiele 10, 26, 51, 68):

Fallbeispiel 146:

„Eine Ehefrau hat ihren Mann beim Seitensprung mit einer 19jährigen ertappt — und das nackte Pärchen mit kochendem Wasser übergossen. Der Richter: ‚Für diese Tat habe ich volles Verständnis.' Rose H. (27) aus London, Mutter zweier Kinder, war zum drittenmal schwanger. Als sie eines Nachts aufwachte, hörte sie aus dem Nebenzimmer lustvolles Stöhnen. Sie schlich hinüber und überraschte ihren Mann (28) beim Sex mit einem jungen Mädchen. Wortlos ging die Ehefrau ins Bad, holte eine Plastikwanne heißes Wasser und goß es über die beiden. Ihr Mann lag anschließend mit schweren Verbrennungen drei Wochen auf der Intensivstation. Die 19jährige konnte nach kurzer Behandlung wieder entlassen werden. Die Ehefrau stand jetzt wegen schwerer Körperverletzung vor Gericht. Dabei stellte sich heraus, daß ihr Mann regelmäßig Freundinnen mit in die gemeinsame Wohnung gebracht hatte. Der Richter verständnisvoll: ‚Das war für Sie eine Provokation.' Rose H. wurde zu zwei Jahren Haft auf Bewährung verurteilt. Die 27jährige hat nun die Scheidung eingereicht." (tz, 24.1.85)

Fallbeispiel 147:

„George K. (45) wurde rasend vor Wut, als er seine 20jährige Tocher Polly nackt mit einem fremden Mann im Bett erwischte. Zusammen mit seinem Sohn Dimitris ging er auf Martin A. los. Während der Sohn den Mann festhielt, riß George K. dem 46jährigen die Genitalien mit bloßen Händen fast völlig ab! Mit 40 Stichen mußte der Unglückliche in der Klinik genäht werden." (tz, 22.2.85)

Fallbeispiel 148:

„Zwei Frauen haben bei einem Rendezvous versucht, einen 37jährigen Familienvater anzuzünden! Djalila (22) aus Wissembourg bei Straßbourg hatte mit dem Mann vor Jahren ein Verhältnis. Als die gebürtige Marokkanerin jetzt einen Landsmann heiraten wollte, verlangte dieser, daß sie sich von einem Arzt ihre Jungfräulichkeit bescheinigen lassen soll. Daraufhin beichtete Djalila das Sex-Abenteuer. Ihre Mutter befahl ihr, die ‚Schande' zu rächen. Sie kaufte Schwefelsäure und Brennspiritus. Dann zwang sie ihre Tochter, den Ex-Liebhaber zu Liebesspielen in den Wald zu locken. Trotz der Kälte machte sich der 37jährige frei. Plötzlich besprühte Djalila seinen Unterleib mit der Säure. Die in der Nähe wartende Mutter überschüttete das Opfer auch noch mit Brennspiritus. Nur weil die von den Frauen angezündeten Streichhölzer ausgingen, konnte sich der Familienvater schwer verletzt an eine Straße retten. Ein Autofahrer brachte ihn in eine Klinik. Die beiden Frauen wurden gefaßt. Das Opfer wird für immer zeugungsunfähig bleiben." (tz, 19.2.85)

Solche und ähnliche Meldungen können (erzwungene) Tugendhaftigkeit belohnen und zur Selbstgerechtigkeit beitragen, indem abweichende, häufig vorhandene, uneingestandene Wünsche „bestraft" werden.

Neben der Sanktionierung verdrängter eigener Neigungen resultiert ein Teil der Aufmerksamkeit aus der Heroisierung des (aktiven) Täters und der Ablehnung von Passivität und Leid auf der Opferseite. Die Identifikation mit dem Aggressor ist ein nützlicher psychologischer Mechanismus zur Kompensation eigener Unterlegenheitsgefühle. Gerade im Zusammenhang mit Betrugskriminalität bieten sich hierzu vielfältige Möglichkeiten, während Gewalttäter eher in spezifischen subkulturellen Milieus Anklang finden dürften. Gelegentlich wird die Heroisierung der Täter durch sozialkritische Argumente unterstützt bzw. der Täter als Vollstrecker einer (aus seiner Sicht) höheren Gerechtigkeit dargestellt. Robin Hood- oder Schinderhannes-Figuren werden so zu dankbaren Objekten in den Medien, über die die Opfer leicht in Vergessenheit geraten — vor allem dann, wenn die Tat schon länger zurückliegt. Eine Aufgabe der Medien könnte darin bestehen, auf dem Gebiet der Berichterstattung über Kriminalität dem Grundsatz entgegenzuarbeiten, daß die Geschichte immer von den Siegern geschrieben werde, wenn dem Leid der Opfer wenigstens ebenso viel Aufmerksamkeit wie der Verwegenheit und Raffinesse der Täter gewidmet wird.

Weiter wäre aus der Sicht der betroffenen Opfer zu begrüßen, wenn sich die Polizei mehr Zurückhaltung bei der Weitergabe persönlicher Daten und besonderer Einzelheiten der Tat auferlegen würde.

4.3. Tertiäre Viktimisierung

Bevor wir uns mit der tertiären Viktimisierung als langfristigen Auswirkungen der primären und/oder sekundären Viktimisierung auf das Selbstbild des Opfers beschäftigen, ist darauf hinzuweisen, daß dieser Begriff bereits in einem anderen Zusammenhang Eingang in die Kriminologie gefunden hat: SELLIN/WOLFGANG (1964) verstehen darunter Straftaten gegen die öffentliche Ordnung, gegen die soziale Harmonie und gegen den Staat, wie z. B. Beteiligung an einer ungenehmigten Demonstration. Auf diese Bedeutungsvariante des Begriffs, die bereits im Zusammenhang mit den Opferdefinitionen (vgl. Abschnitt 1.3.1.) erwähnt wurde, wollen wir jedoch hier nicht weiter eingehen.

4.3.1. Begriff und Formen der tertiären Vitkimisierung

Das entscheidende Kriterium einer tertiären Viktimisierung ist die Dominanz der Selbstdefinition als Opfer. Es handelt sich dabei um einen mehr oder weniger langen Prozeß, in dem sich Erfahrungen und Einstellungen derart verfestigen, daß es zu einer Verengung der Sicht- und Erlebnisweisen und einer Reduzierung der Handlungsmöglichkeiten kommt. Entscheidende Bedingungen dafür sind aber nicht nur die (Fehl)Reaktionen der sozialen Umwelt, sondern auch Lebensgeschichte, Persönlichkeitsstruktur (etwa das Unvermögen, mit erlittenen Frustrationen adäquat umzugehen) und soziales Milieu des Opfers.

Vorausgegangene Opferwerdung kann zu Selbstviktimisierung führen, was auch einen „Profit" für das Opfer — vergleichbar dem „Krankheitsprofit" (Parsons) — beinhalten kann: Das Opfer erfährt — zumindest vorübergehend — Beachtung und Mitleid, wenn nicht gar echte Zuwendung (vgl. 3.4.4. und 3.4.7.). Je weniger gesättigt sein Bedürfnis danach ist, desto größer wird — unter sonst gleichen Bedingungen — der positive Wert einer Viktimisierung sein. Ein weiterer „Vorteil" für das Opfer kann in der Nachsicht liegen, die es zeitweise oder dauernd — beanspruchen kann, so daß man in Extremfällen sogar von parasitären Opfern sprechen kann, die ihre Opferrolle ausschlachten (Göppinger 1981, S. 26).

Selbstdefinitionen scheinen insbesondere im Kontext struktureller Viktimisierungen (1.3.3.) bedeutsam, bieten sie doch vielfältige Entlastungen und Rationalisierungen gegenüber den Anforderungen der soziokulturellen Umwelt. Erfahrene Benachteiligungen können zum Anlaß genommen werden, sich von der Verantwortung für die Gestaltung des eigenen Lebens weitgehend freizusprechen, was auch häufig in der Argumentation von Straftätern auftaucht (vgl. die Neutralisierungsthese von Sykes/Matza). Bei Verwendung eines weiten Viktimisierungsbegriffes, der auch die strukturelle Opferwerdung einschließt, bedarf es für das Phänomen der tertiären Viktimisierung nicht einmal einer primären (und auch keiner sekundären) Viktimisierung. Streng genommen setzt auch bei Zugrundlegung eines engen Begriffs der Viktimisierung die tertiäre Viktimisierung nicht in jedem Fall die beiden anderen Viktimisierungsarten voraus, die somit weder hinreichende noch notwendige Bedingungen darstellen: Primäre und sekundäre Viktimisierungen führen nur unter bestimmten Bedingungen zu einer tertiären Viktimisierung, und eine tertiäre Viktimisierung bedarf weder der einen noch der anderen vorausgehenden Viktimisierungsstufe. Wenn wir trotzdem bei den gewählten Bezeichnungen bleiben, so um den idealtypischen Ablauf einer großen Anzahl von Viktimisierungen zu charakterisieren.

Formen der tertiären Viktimisierung beschränken sich nicht auf das Individuum, sondern können sich auch auf soziale Gruppen erstrecken. Lang andauernde Diskriminierungen von Minderheiten können bei diesen zu Selbststigmatisierungen und Selbstabwertungen führen (z. B. Farbige in den USA, die ihre eigene ethnische und kulturelle Identität verleugnen). Die Beurteilung und Rangordnung, die die Majorität vergibt, erscheinen als legitim und werden von den Unterdrückten verinnerlicht, so daß auch aktive Versuche zur

Veränderung unterbleiben oder erschwert werden. Auch Viktimisierungen, die niemals aufgedeckt oder bestraft werden, können zu (auch unbewußt bleibenden) tertiären Viktimisierungen führen. So besteht für das Opfer häufiger Kindsmißhandlungen auch in der Schule eine erhöhte Wahrscheinlichkeit, von Mitschülern geschlagen zu werden, so daß die Erfahrungen der eigenen Unterlegenheit für das ganze spätere Leben prägend werden und zum Selbstbild des „underdog“ beitragen. (Ein derartiges Image kann dabei die eigene Bequemlichkeit verstärken und rechtfertigen).

Die Erfahrung eines Gerichtsverfahrens kann die Tendenzen zur tertiären Viktimisierung wesentlich steigern, erhält doch das Opfer nun seinen besonderen Status „offiziell“ zugesprochen, und erwirbt damit gleichsam eine zusätzliche Identität. Gerade das Fehlen eines wirklichen Täter-Opfer-Ausgleichs verhindert ein Ausbrechen aus dieser Rolle: Solange es keine Genugtuung – auch für die schmerzlichen Erfahrungen der teilweise im Interesse der Rechtsfindung notwendigen sekundären Viktimisierung erfahren hat, bleibt die eigene Opferdefinition erhalten. Das Unverständnis der sozialen Umwelt und die Unempfindlichkeit der Justiz wird vielleicht zur Unterdrückung der Symptome führen (man wird sich nicht ewig über sein Schicksal und die Ungerechtigkeit beklagen), den angesammelten Groll jedoch eher noch vermehren, so daß eine wirkliche Aussöhnung nicht möglich ist.

Als weiterer Aspekt der tertiären Viktimisierung ist zu berücksichtigen, daß nicht nur das Selbst, sondern auch die soziale Umwelt verstärkt unter den Kategorien der Opferwerdung bzw. der Straftatenbegehung gesehen wird. Betrachtet sich jemand nur noch als Opfer, so wird ihm zwangsläufig seine menschliche Umgebung als bedrohlich erscheinen; seine Wahrnehmung für Kriminalität wird sensibilisiert und er lebt in einer permanenten Angst vor neuerlichen Viktimisierungen, nicht nur der eigenen Person, sondern auch der ihr nahestehenden. Solange derartig stabile Opferdefinitionen nicht aufgebrochen werden können, sind die Chancen zur Änderung des in „Gut“ und „Böse“ polarisierten Weltbildes gering.

Eine Selbstviktimisierung scheint auch real die Wahrscheinlichkeit einer (neuerlichen) Opferwerdung zu erhöhen: Opferselbstdefinitionen bedeuten eine übertriebene Kriminalitätsfurcht und führen damit auch zu voreiligen (aktuellen) Opferdefinitionen, was wiederum einen potentiellen Täter provozieren oder ermuntern könnte (vgl. 3.4.7.). Auch das aus Selbstviktimisierungen resultierende mangelnde Vertrauen gegenüber anderen Menschen und Or ganisationen kann erneute Viktimisierungen wahrscheinlicher machen, indem es zum Rückzug und zur Desintegration kommt.

4.3.2. *Langfristige Wirkungen der Straftat*

Eine tertiäre Viktimisierung unterbleibt bzw. kann dann als beendet angesehen werden, wenn die Verarbeitung der primären und sekundären Viktimisierung gelungen ist. Neben materiellen Verlusten und körperlichen Schädigungen haben viele Opfer von Straftaten und insbesondere von Gewaltdelikten unter psychischen Folgen und Nachwirkungen zu leiden. Diese Konsequenzen können aus der Tatbegehung selbst herrühren (z. B. Gefühl, durch eine Vergewaltigung beschmutzt worden zu sein), aus den bleibenden physischen Beeinträchtigungen (z. B. Verlust des Sehvermögens) sowie aus den sich aus der Tat ergebenden ökonomischen und beruflichen Nachteilen (z. B. Verpassen von Aufstiegschancen, längerfristige Arbeitslosigkeit). Somit stellen sich im Anschluß an die Tat häufig Spannungszustände, Apathie, Depression, Wut, Alpträume, Angstzustände, psychosomatische Störungen ein, die Selbstachtung und das Vertrauen in die Gesellschaft können verlorengehen, bei Vergewaltigungsopfern kann es zu Kohabitationsbeschwerden und zu Störungen in der Partnerschaft kommen. MÜTZELBURG (1982, S. 11) berichtet von einer 1978 durch einen Arzt vergewaltigten Ehefrau, die durch Presseveröffentlichungen und Drohungen der Täterfamilie derart seelisch gelitten hat, daß die Ehe gescheitert ist. „Die Wissenschaft stimmt in der Erkenntnis überein, es gibt seelische Folgen solcher Straftaten, die im ganzen Leben nicht abklingen; es gibt solche, die die betreffenden Menschen jahrelang quälen, im Traum verfolgen, ihre geistige Initiative und Regsamkeit stoppen, sie seelisch abstumpfen lassen, auch wenn sie nicht völlig debil werden". KRÖHN berichtet, daß 60 % der von ihm befragten Vergewaltigungsopfer ein Jahr nach der Tat immer noch Beeinträchtigungen zeigten. Die Frauen gingen seltener zu Veranstaltungen, zogen sich von Freunden und Bekannten zurück, schränkten also ihren Bewegungsspielraum stark ein. Schlafstörungen, Menstruationsbeschwerden, Kopfschmerzen, Depressionen, Schuldgefühle, eine allgemeine Zunahme von Angst, Herzbeschwerden, Verdauungsstörungen und sexuelle Probleme traten bei fast allen Vergewaltigungsopfern auf. Es gab Auswirkungen auf bestehende soziale Beziehungen durch Überforderung und Verständnislosigkeit der Umwelt, insbesondere der männliche Partner. Viele Frauen waren nach der Tat nicht an weiteren geschlechtlichen Beziehungen interessiert, doch wurde auch ein scheinbar gegenteiliger Effekt beobachtet: Offenbar aufgrund einer Art von Männerverachtung kam es in Einzelfällen auch zu nymphomanischen Reaktionen (KRÖHN 1985).

Es scheint plausibel, daß eine eingetretene Viktimisierung die Furcht erhöht, wiederum Opfer eines kriminellen Aktes zu werden, doch zeigt sich dies nicht nur bei den tatsächlichen Opfern. Die Publizität, die Straftaten und insbesondere sensationelle und grausame Taten erfahren, provoziert in der

Öffentlichkeit vielfach den Eindruck allgegenwärtiger Bedrohung. Selbsterfahrene Opferwerdung verstärkt diese Tendenz, besonders wenn es sich um schwerwiegende Taten handelt:

„Die ersten Tage waren ganz besonders schlimm. Angefangen hat es damit, daß ich in den ersten Tagen meine Freundinnen nicht erkannt habe beim Aufwachen; daß ich überall immer nur den Täter sah, egal wo ich war. Ich habe ihn hinter jeder Ecke gesehen, ich meinte, jeder Mann, der mir entgegenkommt, müßte sofort seine Pistole aus der Hose ziehen. Ich habe mich nicht mehr getraut, auch nur einen Schritt außerhalb des Hauses allein zu machen. Ich bin deshalb nur noch in Begleitung anderer, mir bekannter Menschen gegangen. Ich habe den Mülleimer nicht mehr alleine vor die Tür bringen können. Ich habe panische Angst bekommen, wenn es geklingelt hat ... Es war merkwürdig: einerseits wollte ich nie alleine sein, weil ich Angst hatte, mir könnte etwas passieren, andererseits wollte ich auch nicht unter Menschen sein, weil ich wieder gedacht habe, je mehr Menschen, um so mehr Gefahren drohen mir von ihnen." (WEISSER RING 3/84, S. 9).

STEPHAN (1980, S. 49) fand, daß die überwiegende Mehrheit der von ihm befragten Stuttgarter (je nach Kategorisierung zwischen 60 % und 73 %) Sorge hatten, Opfer eines Delikts wie Einbruch oder Diebstahl zu werden; 80 % fühlten sich in bestimmten Stadtvierteln unsicher. Das Ausmaß der persönlichen Kriminalitätsbelastung, d.h. die Anzahl selbst erlittener Viktimisierungen beeinflußt dabei die Kriminalitätsfurcht und Kriminalitätswahrnehmung nur zum Teil. Daneben spielten Persönlichkeitszüge eine Rolle: Unsichere, ängstliche und eher pessimistische Menschen haben eine größere Kriminalitätsfurcht als sichere und optimistische Befragte. Weitere Unterschiede zeigten sich bei den Variablen Geschlecht und Alter: Frauen hatten mehr Angst vor Gewalttaten als Männer (76 % : 57 %) und mehr Frauen als Männer räumten der Kriminalität einen bedeutenden Platz unter den Problemen der Stadt ein. Ältere Befragte hielten die Kriminalitätsentwicklung zu einem größeren Anteil für „sehr bedeutsam" als jüngere (bei den unter 50jährigen waren es zwischen 54 % und 58 %, bei den über 50jährigen zwischen 70 % und 92 %). Unter 20jährige fürchteten besonders tätliche Angriffe, Einbruch und Diebstahl. Auch Angehörige der unteren Sozialschicht maßen der Kriminalität eine höhere Bedeutung zu, wobei hier die Angst vor Asozialen, Schlägern und Autodieben besonders häufig war. In den oberen Sozialschichten fürchtete man sich dagegen mehr vor Betrunkenen, Überfällen und Raubtaten. Bei der von uns durchgeführten Befragung ergab sich ebenfalls eine größere Viktimisierungsangst bei den Angehörigen der unteren Sozialschichten (25 % : 6 %).

Viktimisierungen haben somit — in Abhängigkeit von psychologischen und soziologischen Variablen — jeweils unterschiedliche Konsequenzen für die Kriminalitätsfrucht. Während unter günstigen Bedingungen nur vorübergehende Beeinträchtigungen erfolgen, können sie im Extremfall ein Opfer lebenslänglich begleiten.

Es ist wichtig, daß die Opfer bei ihren Bemühungen, mit den Tatfolgen zurechtzukommen, nicht allein gelassen werden (vgl. Fallbeispiel 141). ERNST (1984, S. 85 f.) berichtet von einem Fall, in dem sich die Eltern einer ermordeten Frau an den Gefängnispsychologen der Anstalt wenden, in der der Täter einsitzt: Nach Auskunft eines Arztes ist mit einer Dauer von 3-5 Jahren zu rechnen, um das Ereignis zu verarbeiten. Der Vater äußert dabei die Absicht, den Mörder seiner Tochter zu töten, doch glaubt der Psychologe den Wunsch zu spüren, von dieser Tötungsphantasie abgebracht zu werden, so z. B. durch die Suche des Vaters nach dissonanzreduzierenden Elementen, von Anzeichen für die Unzurechnungsfähigkeit des Täters. Die Möglichkeit, sich hemmungsloser Trauer hinzugeben, könnte helfen, mit sich und dem Leben neu zu beginnen und ernsthaft Abschied zu nehmen. Die Tötungswünsche des Vaters „beinhalten ... den Wunsch nach einem Ausgleich, einer ‚Wiedergutmachung' im wahrsten Sinne des Wortes, nämlich einer Wiedererweckung der Tochter; wenn er den Tod der Tochter als unabänderliche Realität akzeptiert, von ihr Abschied nahm, brauchte er auch die Tötung des Täters nicht mehr" (ERNST 1984, S. 89).

Die psychologische Betreuung der Opferangehörigen (die im geschilderten Fall nur am Rande erfolgte, dennoch aber als effektiv angesehen werden kann), der Meinungsaustausch mit anderen, die ein ähnliches Schicksal erlitten haben oder die Konstituierung von Opfer-Selbsthilfegruppen können wichtige Schritte im Kampf gegen eine tertiäre Viktimisierung sein. Ein Vergewaltigungsopfer aus unserer Befragung hat sich hier engagiert und damit einen Beitrag gegen die eigene und gegen mögliche Opferkarrieren anderer geleistet:

„Vermehrt nehme ich mich in meiner Freizeit Mädchen und junger Frauen an, die ebenfalls eine Vergewaltigung hinter sich haben. Wichtig ist die Kommunikation, das Verständnis, die Einfühlsamkeit ... es muß jemand präsent sein, mit dem man sprechen kann. Gemeinsame Ängste abbauen und — und vielleicht überwinden." (76)

Daß ein Bedarf nach derartigen Initiativen einer Opfer-Selbsthilfe besteht, belegt die Äußerung eines anderen Notzuchtopfers:

„Es sollte Hinweise geben, ob es Gruppen oder Vereine gibt, wo sich mehr mit dem Delikt treffen. Denn andere, die es nicht betrifft, verstehen das nicht." (79)

So hilfreich Selbsthilfegruppen sein können, darf doch nicht die damit verbundene Gefahr übersehen werden, daß die Opfer so in einem Schutz- und Schonraum verbleiben, sich nur gegenseitig bestärken, Kontakte mit Nicht-

Opfern reduzieren und gerade damit ein Beitrag zum Aufbau einer Opfer-Identität geleistet werden könnte (vgl. 5.4.2.).

Gehen wir nun der Frage nach den langfristigen Auswirkungen für die von uns befragten Opfer nach:

Tabelle 41: Langfristige Veränderungen durch die Straftat (Mehrfachnennungen) in Abhängigkeit vom Delikt

Veränderungen	schwere K.verl.	Vergewaltigung	Raub	sonst. Delikt	insgesamt
gar keine Veränderungen	4 %	3 %	–	5 %	3 %
nur vorübergehende Veränderungen	4 %	–	3 %	–	2 %
habe gelernt, mich besser zu schützen	8 %	21 %	9 %	16 %	12 %
bin allgemein vorsichtiger geworden	63 %	65 %	57 %	63 %	62 %
habe generell mehr Angst	71 %	85 %	61 %	37 %	70 %
sonstige Veränderungen	6 %	6 %	11 %	16 %	10 %
Fallzahl	(48)	(34)	(35)	(19)	(142)

Für die überwiegende Mehrzahl der Opfer sind danach tiefgreifende Veränderungen eingetreten: während man eine allgemeine Zunahme von Vorsicht und Mißtrauen und bessere Schutzmöglichkeiten noch im Sinne eines (schmerzlichen) Dazulernens interpretieren kann, stimmt doch die Zunahme von Angst bei fast 70 % der Befragten nachdenklich. Besonders Opfer von Sexualdelikten haben diese Erfahrung gemacht (vgl. hierzu Weis 1982, S. 108 ff.), wohingegen eine Zunahme der Angst nur bei gut 1/3 der Opfer sonstiger Straftaten eingetreten ist. Abgesehen von dieser Deliktgruppe sind jedoch die deliktspezifischen Unterschiede relativ gering.

Bemerkenswerte schichtspezifische Differenzen treten kaum auf und sind – mit Ausnahme der Residualkategorie „sonstige Veränderungen" statistisch nicht gesichert. Beachtung verdient allenfalls, daß Opfer aus der Mittelschicht etwas vorsichtiger geworden sind, sich besser zu schützen gelernt haben und zu geringeren Teilen eine Zunahme von Angst erfahren haben, so daß bei ihnen insgesamt von einer etwas weniger dramatisierenden Reaktion auf die Tat ausgegangen werden kann.

4.3.3. Die Einstellungen des Opfers zur Kriminalitätsentwicklung, zur Jugendkriminalität und zum Täter

Der dauerhafte Verlust des Vertrauens in Rechtsprechung, Staat und Gesellschaft stellt eine weitere Spielart tertiärer Viktimisierung dar. Sie wird insbesondere dann eintreten, wenn dem Opfer Entschädigung und Wiedergutmachung versagt, seine Ansprüche nicht anerkannt werden und die Bestrafung des Täters seiner Meinung nach in keinem angemessenen Verhältnis zum erlittenen Schaden steht. Obgleich nach außen weiter unauffällig, kann das Mißtrauen gegen die Justiz und das Gefühl fehlender Gerechtigkeit wachsen und die Neigung zunehmen, gegebenenfalls Privatjustiz auszuüben. In den USA haben sich — einer Zeitungsmeldung zufolge (SZ vom 14.8.85) — vermehrt Gruppen gebildet, die zumindest auf den Gesetzgeber Druck ausüben wollen, Täter härter zu bestrafen (und etwas mehr für die Verbesserung der materiellen Situation der Opfer zu tun). Es wäre aber falsch, einen Automatismus von Viktimisierung und Rachebedürfnis zu unterstellen. AMELUNXEN (1970, S. 180) fand, daß Verletzte und deren Angehörige „überraschenderweise" seltener als allgemein vermutet wird, dem Angeklagten gegenüber voreingenommen sind, zumal dann, wenn durch eine längere Zeitspanne zwischen der Tat und der Hauptverhandlung affektive Distanz und Beruhigung geschaffen wurde. Es gibt keinen Erfahrungssatz, wonach jedes Opfer dem Täter gegenüber feindlich gesinnt sei. (Aus diesem Grund können man — so AMELUNXEN — nicht davon ausgehen, daß die Aussage des Opfers wertlos sei. An anderer Stelle (AMELUNXEN 1970, S. 53) weist der Autor auch daraufhin, daß der Grundsatz, wonach im Zweifelsfalle zugunsten des Angeklagten zu entscheiden sei, nicht dadurch verletzt würde, daß dieser durch nur einen Zeugen — das Opfer — überführt wird).

Das Ausmaß der Unzufriedenheit des Opfers hängt auch hier von einer Reihe von Variablen ab: Deliktart, Schadenshöhe, Täter-Opfer-Beziehung, besondere Tatumstände sind ebenso zu berücksichtigen wie Persönlichkeitszüge (autoritäre Einstellung, aggressiv-gehemmte Persönlichkeit usw.), soziale Integration, langfristige Auswirkungen der Tat u. a. m. Eine besondere Bedeutung wird der Art und Weise zukommen, mit der die soziale Umwelt auf die Viktimisierung reagiert, sowie dem Ausmaß, in dem die Schädigung überhaupt anerkannt wird. Im Fall des New Yorker Ingenieurs Bernd Goetz, der 1984 geplant auf vier Jugendliche schoß, die ihn in der U-Bahn bedrohten, handelte es sich um jemanden, der vorher überfallen wurde. Da er nie darüber informiert wurde, daß die Täter gefaßt und verurteilt worden waren, hatte er das Gefühl, daß das Rechtssystem auf ihn nicht reagiert habe, was vermutlich zu einem unbefriedigten Rachegefühl geführt hat (SZ, 14.8.85).

Intensive bzw. fortgesetzte Viktimisierungen ohne wenigstens symbolische Anerkennung, Wiedergutmachung und Sanktionierung kann — je nach Persönlichkeitsstruktur des Opfers — zu eher resignativen oder aggressiven Haltungen beitragen. Erstere drücken sich z. B. in zunehmender Verbrechensfurcht, letztere in einem erhöhten Straf- und Vergeltungsbedürfnis aus. Wir haben versucht, Indikatoren für beide Reaktionsweisen bei den von uns befragten Opfern zu finden. Fragen wir zuerst danach, wie die Opfer die weitere Kriminalitätsentwicklung einschätzen. Man kann annehmen, daß eine pessimistische Prognose (Erwartung einer starken Zunahme) auf mehr Angst hindeutet als die Ansicht, daß die Zunahme gering bleiben werde oder nicht stattfände. Die von uns dazu befragten Opfer wurden gebeten anzugeben, ob ihrer Meinung nach die Kriminalität weltweit, in der Bundesrepublik, in der jeweiligen Heimatgemeinde und im Wohnbereich stark oder leicht ansteige, ob sie gleichgeblieben wäre oder sogar rückläufig sei (vgl. KIEFL/LAMNEK 1986; KIEFL 1984). Es zeigt sich, daß mit zunehmender Überschaubarkeit des Raumes das Ausmaß der negativen Einschätzung zurückging: Während z. B. 84 % der befragten Opfer von einer starken Zunahme der weltweiten Kriminalitätsentwicklung ausgingen, betrug dieser Anteil für die Bundesrepublik Deutschland 78 %, für die Heimatgemeinde 58 % und für den näheren Wohnbereich nur 38 %. Eine ähnliche Reihenfolge zeigte sich bei der „Stuttgarter Opferbefragung“: 83 % glaubten an eine Kriminalitätszunahme in der Bundesrepublik Deutschland, 64 % an eine in der Heimatgemeinde und nur 20 % an eine in der Wohngegend (STEPHAN 1980, S. 47 f.).

Nach einer vom GALLUP-Institut durchgeführten Repräsentativbefragung gehört aber die Bundesrepublik weder weltweit noch in Europa zu den Ländern mit den meisten Verbrechensopfern. Die ersten Plätze in der Weltrangliste nehmen Kolumbien, Brasilien und Südafrika ein. In Europa führen bei den Diebstählen die Niederlande, bei den Einbrüchen Frankreich und bei den tätlichen Angriffen Spanien. Insgesamt ist nach dieser Erhebung Großbritannien das Land mit den meisten Verbrechensopfern in Europa. 25 % der befragten Briten gaben an, daß sie selbst oder einer ihrer Angehörigen im letzten Jahr Opfer eines Raubüberfalls wurden, bei 16 % wurde eingebrochen und 5 % wurden Opfer eines tätlichen Angriffs (tz 6.11.84).

Die durchgängig negativere Einschätzung der Kriminalitätsentwicklung insgesamt oder national, verglichen mit der der Heimatgemeinde und dem engeren Wohnbereich läßt angesichts der Tatsache, daß bei den befragten Opfern 24 % der Straftaten in der eigenen Wohnung, 40 % auf der Straße und 4 % am Arbeitsplatz, also überwiegend in vertrauten Umgebungen begangen wurden, vermuten, daß für die Einschätzung der Kriminalitätsentwicklung und (indirekt) der Verbrechensfurcht weniger die selbst erlebte Tat als vielmehr Informationen aus zweiter Hand (Massenmedien) entscheidend waren (vgl. LAMNEK 1986). Angaben über die kleinräumige Kriminalitätsentwicklung werden entweder nicht publiziert oder finden nicht die gleiche Beachtung wie nationale oder internationale Analysen bzw. massenmedial mehrfach aufbereitete, spektakuläre Verbrechen auch in entfernten Regionen. Ein Ergebnis unserer weiteren Analysen war, daß jüngere Opfer die Entwicklung etwas weniger pessimistisch sahen. Deliktspezifische Unterschiede ließen sich nicht feststellen. Opfer aus der Unterschicht beurteilten die Kriminalitätsentwicklung etwas negativer als solche aus der Mittelschicht (vgl. auch STEPHAN 1980, S. 48). Bei der Beurteilung der Kriminalität im Wohnbereich traten sogar statistisch signifikatne Unterschiede auf. Geschlechtsspezifisch zeigten sich keine durchgängigen Unterschiede. Frauen beurteilten die weltweite Entwicklung — aber auch die im Wohnbereich — etwas negativer als Männer, positiver dagegen die Entwicklung innerhalb der Bundesrepublik und der Heimatgemeinde. Weiterhin haben wir auch nach der voraussichtlichen Entwicklung der Jugendkriminalität und deren Ursachen gefragt. 95 % der Opfer gingen hier von einem (wenigstens geringen) Anstieg aus, wobei sich zwischen verschiedenen Kategorien von Befragten (differenziert nach Alter, Geschlecht, erlittenem Delikt usw.) nur geringfügige und in keinem Fall statistisch signifikante Unterschiede ergaben. Lediglich diejenigen, die am Strafverfahren teilgenommen hatten, urteilten etwas weniger pessimistisch.

Während aber die Beurteilung der zukünftigen Kriminalitätsentwicklung einen breiten Konsens der Opfer offenbart, trifft dies bei der Frage nach den möglichen Ursachen weniger zu. HINDELANG (1974) fand (in den USA) als häufigst genannte Gründe „zu milde Gesetze, zu geringe Strafen", „Rauschgiftsucht", „Mangel an elterlicher Aufsicht", „Armut" und „Arbeitslosigkeit". 58 % der Befragten machten die Gesellschaft für die Kriminalität verantwortlich, 35 % das Individuum. Zu denjenigen, die die Verantwortung der Gesellschaft zuschoben, gehören vermutlich aber auch viele, die der Meinung waren, die Gesellschaft träfe insofern Schuld, als sie mit den Tätern zu milde umginge (SCHNEIDER 1975, S. 263). Mit zunehmender Bildung und zunehmendem Einkommen wuchs der Anteil der Befragten, die der Meinung waren, die Gesellschaft hätte die Hauptverantwortung. HINDELANG (1974, S. 522) fand es überraschend, daß bevorzugt diejenigen, die selbst erfolgreich in der Gesellschaft waren, ihr in höherem Maße die Schuld am Scheitern der Erfolglosen gaben, als die weniger Erfolgreichen.

Die unserer Opferpopulation gestellte Frage nach den Ursachen der Jugendkriminalität ergab insbesondere Unterschiede zwischen jugendlichen und erwachsenen Befragten: Während jugendliche Opfer vor allem die allgemeine Unsicherheit der eigenen Altersgruppe hervorhoben und gängigen, mit entsprechenden Wertungen gebrauchten, Argumenten — wie dem der (angeblich) zu großen Freiheit, dem der „zu milden Strafen" oder dem des „Verlusts traditioneller Wertmaßstäbe" — weniger zustimmen wollten, wurden diese Gründe, sowie insbesondere das Argument der materiellen Übersättigung der Jugend, vor allem von den erwachsenen Opfern betont. Insgesamt zeigten jugendliche Opfer somit etwas mehr Verständnis für ihre straffällig gewordenen Altersgenossen — ein Hinweis darauf, daß gerade bei ihnen die Unterscheidung von Tätern und Opfern weniger streng und teilweise als milieu- und zufallsbedingt angesehen wird.

Bemerkenswert und in gewisser Weise widersprüchlich erscheint, daß trotz des festgestellten erheblichen Strafbedürfnisses (S. 286) fremdverursachte und gesellschaftlich bedingte Gründe — wie zu geringe Fürsorge der Eltern oder die Unsicherheit der Jugendlichen — doch recht häufig genannt wurden. Insbesondere die indirekten Opfer pflichteten dem Argument der zu milden Sanktionierung bei, am wenigsten Zustimmung äußerten die Opfer von Sexualdelikten, ein weiteres Indiz für ein geringes Strafbedürfnis und möglicherweise häufigere Selbstvorwürfe letzterer. Bereits oben wurde die Vermutung geäußert, daß die realtiv milde Einstellung der Vergewaltigungsopfer als Indiz für deren Selbstabwertung und Selbststigmatisierung angesehen werden kann (vgl. Weis 1982, S. 81 ff.). Sie stehen auch dem Erziehungsgedanken im Jugendstrafrecht am positivsten gegenüber: 23 % halten ihn für richtig, 29 % noch mit Einschränkungen. 26 % nehmen eine ambivalente und 7 % eine eher ablehnende Haltung ein, während ihn 17 % eindeutig für falsch ansehen. Verglichen damit urteilten die Angehörigen getöteter Opfer am negativsten: 14 % halten den Erziehungsgedanken für richtig und genauso viele für „mit Einschränkungen richtig". 11 % sind unentschieden, 18 % lehnen ihn mit Einschränkungen und 43 % entschieden ab! Zwischen den anderen Deliktgruppen zeigen sich nur minimale Unterschiede der Beurteilung des Erziehungsgedankens. Die Haltung der Opfer zum Erziehungs- und Sühnegedanken erwies sich weniger vom selbst erlittenen als von vorgegebenen Delikten abhängig: Je schwerwiegender eine vorgegebene Straftat war, desto geringer war der Anteil derjenigen, die den Erziehungsgedanken befürworten.

Bei leichtem Diebstahl und bei leichter Körperverletzung sehen nach Tab. 42 die meisten Befragten den Zweck der Strafe in der Erziehung; bei Einbruch, Betrug und schwerem Diebstahl sind diese Anteile merklich geringer und bei Raub, Sexualdelikten und schwerer Körperverletzung sind es nur noch Minderheiten, die den Erziehungsgedanken favorisieren.

Tabelle 42: Befürwortung des Erziehungsgedankens (gegenüber dem Sühnegedanken) für bestimmte vorgegebene Delikte in Abhängigkeit vom selbst erlittenen Delikt

	erlittenes Delikt				
vorgegeb. Delikt	Tötung v. Angehör.	schwere K.verl.	Verge- waltigung	Raub	sonst. Delikt
schwere Körperverletzung	11 %	7 %	9 %	10 %	18 %
Sexualdelikt	21 %	19 %	16 %	20 %	24 %
Raub	11 %	0 %	9 %	13 %	24 %
Einbruch	41 %	31 %	31 %	33 %	24 %
Betrug	25 %	35 %	50 %	36 %	35 %
schwerer Diebstahl	32 %	19 %	31 %	16 %	24 %
leichter Diebstahl	66 %	89 %	75 %	91 %	77 %
leichte Körperverletzung	50 %	54 %	66 %	60 %	53 %
Fallzahl	(32)	(48)	(34)	(35)	(19)

Weiterhin stellt sich die Frage, ob Opfer Straftaten wesentlich anders bewerten als als Nicht-Opfer oder gar (bestrafte und unbestrafte) Täter. Einerseits kann man vermuten, daß die Opfer den Straftaten gegenüber eine restriktivere Haltung einnehmen, andererseits ist aber auch die Annahme einer milderen Deliktbewertung plausibel, kann doch aus der Opfersituation auch ein Rationalisierungs- und Rechtfertigungsbedarf resultieren. Die entsprechenden, an die Opfer gestellten Fragen hierzu lehnten sich bewußt an eine frühere Untersuchung zur Delinquenz und Kriminalisierung Jugendlicher an (LAMNEK 1982; KIEFL/LAMNEK 1983): Verschiedene Delikte (von Ohrfeige bis zur schweren Körperverletzung) waren anhand einer 9stufigen Skala von „sehr leicht" bis „sehr schwer" zu bewerten. Aus Gründen der Vergleichbarkeit der Opferdaten mit denjenigen der früher befragten Jugendlichen wurden dieselben (meist weniger schwerwiegenden) Strafbestände herangezogen.

Beim Vergleich der Bewertungen der (direkten) Opfer mit den Tätern (und den Einschätzungen durch das Strafgesetzbuch, beruhend auf einer vom Statistischen Bundesamt vorgegebenen Klassifikation der Straftaten („Verzeichnis der selbständigen Strafvorschriften des Strafgesetzbuches nach dem Schweregrad der angedrohten Strafe")) ergab sich — allerdings bei rein ordinalem Vergleich:

- Hinsichtlich der rangmäßigen Einstufung der strafbaren Handlungen differieren Täter und Opfer nur wenig voneinander.
- Dagegen weicht die rangmäßige Einstufung der Delikte von Tätern und Opfern deutlich von der Einstufung durch das Strafgesetz ab.

Tabelle 43: Rangordnung der Delikte nach dem Strafgesetzbuch, nach der Auffassung der Opfer und nach Meinung von (jugendlichen) Tätern von 1 (= leicht) bis 10 (= schwer), (KIEFL 1984, S. 222)

Tatbestand	StGB (a)	Opfer (b)	Täter (c)
Jemanden ohrfeigen (§ 223)	6	1	1
Schwarzfahren (§ 265a)	2	2	2
Kaufhausdiebstahl (§ 242)	5	3	3
Fremdes Eigentum zerstören (§ 303)	3	4	4
Jemanden betrügen (§ 263)	8	5	5
Alkoholisiert autofahren (§ 316)	1	8	6
Einbruch (§ 243)	9	6	7
Unfallflucht (§ 142)	4	7	8
Raub (§ 249)	10	9	9
Gefährliche Körperverletzung (§ 223a)	7	10	10

Korrelationen: r_{ab} = 0,30; r_{ac} = 0,43; r_{bc} = 0,96

Offenbar besteht in der Bevölkerung — ziemlich unabhängig von Täter- oder Opferrolle — hinsichtlich der Sanktionierung von Straftatbeständen ein weitgehender Konsens, dem die Strafzuweisung durch das Gesetz nur teilweise entspricht; doch sollte man berücksichtigen, daß bislang nur von einem ordinalen Meßniveau ausgegangen wurde. Ein differenzierteres Bild ergibt sich bei der Analyse der Mittelwerte der Täter- und Opfereinschätzungen:

Tabelle 44: Deliktbewertung (Wertgrenzen 1 bis. 9) durch verschiedene Gruppen

Tatbestand	Dir. betr. Opfer insgesamt	Nicht straffällige Jugendliche	Straff., aber nicht krimin. Jugendliche (Dunkelfeld)	1mal kriminalis. Jugendliche	Mind. 3mal kriminalis. Jugendliche
Ohrfeige	2,2	2,2	2,2	2,2	1,9
Schwarzfahren	3,8	2,7	2,2	2,6	2,0
Fahren ohne Führerschein	5,6	4,7	3,3	4,1	3,7
Kaufhaus-diebstahl	5,5	4,9	4,6	5,0	4,0
Fahrzeug-wegnahme	4,6	5,3	4,9	5,4	5,0
Sachbeschä-digung	5,6	5,5	5,1	5,5	5,0

Tabelle 44: (Fortsetzung)

Tatbetand	Direkt betr. Opfer insgesamt	Nicht straffällige Jugendliche	Straff., aber nicht krimin. Jugendliche (Dunkelfeld)	1mal kriminalis. Jugendliche	Mind. 3mal kriminalis. Jugendliche
Unerl. Schußwaffenbesitz	6,6	5,9	5,2	5,5	5,0
Betrug	6,4	6,1	5,7	5,7	5,0
Alkoholisiertes Autofahren	7,5	6,4	5,9	6,3	5,4
Einbruch	6,7	6,7	6,3	6,4	5,7
Unfallflucht	7,2	7,6	7,0	7,2	7,0
Raub	7,7	7,2	7,4	6,9	6,3
Schwere Körperverletzung	8,1	7,4	7,4	7,2	6,6
Haschischverkauf	8,1	7,6	7,7	7,8	6,5
Gesamt $\bar{x}$	6,1	5,7	5,4	5,5	4,9

Opfer urteilen etwas strenger als konformistische Jugendliche; größere Differenzen treten nur beim Schwarzfahren, beim Fahren ohne Führerschein, beim unerlaubten Schußwaffenbesitz sowie beim Haschischverkauf auf. Besonders große Unterschiede zeigen sich bei der Bewertung dieser Delikte zwischen Opfern und jugendlichen Delinquenten. Mehrfach kriminalisierte Jugendliche bewerten Kaufhausdiebstahl, Betrug, Raub und schwere Körperverletzung (als „klassische" Straftaten) deutlich weniger schwerwiegend. Verglichen mit den Opfern scheint somit bei ihnen eine Abstumpfung bzw. Rationalisierung vorzuliegen. Als einziges Delikt wird die Fahrzeugwegnahme von den delinquenten und von den mehrfach kriminalisierten Jugendlichen strenger beurteilt als von den (jugendlichen und erwachsenen) Opfern, was vermutlich mit dem besonderen Prestigewert eines Fahrzeugs für Jugendliche zusammenhängen dürfte.

Eine weitere Analyse ergab, daß das selbst erlittene Delikt keine eindeutigen Auswirkungen auf die Beurteilung desselben oder ähnlicher Delikte im Vergleich zu anderen hat. Einzig die Opfer von Eigentumsdelikten bewerten Kaufhausdiebstahl, Betrug, Einbruch und Raub etwas strenger als die übrigen Opfer, doch sind die Unterschiede relativ gering (zwischen 0,4 und 1,0) und treten bei den Opfern anderer Delikte nicht in entsprechender Weise auf (Opfer von Körperverletzungsdelikten bewerten z. B. eine schwere Körperverletzung nicht anders als die übrigen Opfer).

Ein interessanter Befund ist, daß die Teilnahme des Opfers am Strafverfahren offenbar im Sinne einer tendenziell nachsichtigeren Beurteilung der Taten wirkt: Dies läßt sich zwar noch nicht im Sinne einer Versöhnung des Opfers durch das Strafverfahren interpretieren, (der zeitliche Abstand dürfte hier sicher auch eine Rolle spielen, da ja dieser in der Regel bei den bereits abgeschlossenen Verfahren größer ist), doch deuten die Beurteilungen von Richtern und Staatsanwälten sowie teilweise auch der Strafen auf eine gewisse Genugtuung der Opfer hin, obgleich die Einschätzung von Strafverfahren und Strafzumessung auf ein erhebliches Maß an Unzufriedenheit verweist (vgl. S. 264 f.) und auch hinsichtlich der Entschädigungen Verbesserungen wünschenswert erscheinen.

Tabelle 45: Deliktbewertung durch Verbrechensopfer in Abhängigkeit von der Teilnahme des Opfers am Strafverfahren (Kiefl 1984, S. 223)

Tatbestand	a Teilnahme am Verfahren	b keine Teilnahme am Verfahren	a-b Differenz	
Ohrfeige	2,2	2,1	0,1	
Schwarzfahren	3,3	4,4	– 1,1	
Fahren ohne Führerschein	5,3	5,6	– 0,3	
Kaufhausdiebstahl	5,2	5,8	– 0,6	C = 0,39 hs.
Fahrzeugwegnahme	4,3	4,9	– 0,6	
Sachbeschädigung	5,4	5,6	– 0,2	
Unerlaubt. Schußwaffenbesitz	6,0	6,9	– 0,8	C = 0,42 hs.
Betrug	6,1	6,7	– 0,6	
Alkoholisiert Autofahren	7,4	7,7	– 0,3	
Einbruch	6,1	7,1	– 1,0	C = 0,38 hs.
Unfallflucht	7,2	7,4	– 0,2	
Raub	7,5	7,9	– 0,4	
Schwere Körperverletzung	8,0	8,1	– 0,1	
Haschischverkauf	7,9	8,3	– 0,4	

hs. = hochsignifikant ($\alpha \leqq 0{,}01$)

Die Haltung des Opfers gegenüber dem Täter läßt sich am besten durch sein *Strafbedürfnis* charakterisieren. Ein hohes Strafbedürfnis weist auf starke Ressentiments hin, ein geringeres auf Verständnis und Verzeihen, möglicherweise aber auch auf eine Verlagerung der Aggression auf die eigene Person. Wir haben in unserer Untersuchung das Ausmaß des Strafbedürfnisses durch folgende Indikatoren gemessen:

— Der Befragte hat Anzeige erstattet, um den Täter zu bestrafen.

— Der Befragte geht von einer Zunahme der Jugendkriminalität aus und führt diese (auch) auf zu milde Strafen der Gerichte zurück.
— Der Befragte beurteilt die in seinem Fall gegenüber dem Täter verhängte Strafe als „mild“ oder „zu mild“.
— Der Befragte hält die Betonung des Erziehungsgedankens (gegenüber dem Vergeltungsgedanken) im Jugendstrafrecht „mit Einschränkungen für falsch“ oder für „falsch“.

Somit konnten Werte zwischen 0 (= kein Strafbedürfnis) und 5 (= maximales Strafbedürfnis) erreicht werden. Zur Vermeidung zu kleiner (und für weitere Analysen unbrauchbarer) Fallzahlen wurden Befragte mit 0 und 1 sowie 4 und 5 Punkten zusammengefaßt. Gemäß der Konstruktion dieses Index müssen wir uns auf die Opfer beschränken, die am Strafverfahren teilgenommen hatten, womit sich die Anzahl der Probanden auf 95 reduziert.

Tabelle 46: Strafbedürfnis der Opfer

Strafbedürfnis	abs.	Prozent
0-1	16	17 %
2	25	26 %
3	25	26 %
4 und mehr	29	31 %
insgesamt	95	99 %
$\overline{x}$	2,6	

Danach erreichten über 80 % der Opfer Werte zwischen 2 und 5 Punkten. Wie zu erwarten, zeigte sich ein deutlicher Zusammenhang zwischen den Auswirkungen der Tat und dem Strafbedürfnis des Opfers (α = 0,002; γ = 0,38). Von den Opfern mit geringen Auswirkungen der Straftat wiesen 28 % kein Strafbedürfnis auf, von denjenigen mit schwerwiegenden Auswirkungen dagegen nur 10 %. Tab. 47 informiert über die Mittelwerte des Strafbedürfnisses für bestimmte Opferkategorien.

Einschränkend zu den hier referierten Ergebnissen ist zu bemerken, daß wir nicht feststellen können, inwieweit es sich tatsächlich um langfristige Auswirkungen (Pessimismus, Verhärtung) handelt. Nur eingehende psychologische Untersuchungen oder Längsschnittstudien könnten hier zu einer Klärung beitragen.

Tabelle 47: Mittelwerte des Strafbedürfnisses für verschiedene Opferkategorien

indirektes Opfer (Tötungsdelikt)	2,7	
schwere Körperverletzung	2,4	
Sexualdelikt	1,9	(α = 0,21)
Überfall	1,9	
sonstiges Delikt	1,4	
keine Auswirkungen der Straftat	1,1	
geringe Auswirkungen	1,8	(α = 0,002; γ = 0,38)
schwere Auswirkungen	2,4	
keine Verletzungen	1,6	
leichte Verletzungen	2,2	(α = 0,25)
ernsthafte Verletzungen; ambulante Behandlung	2,2	
ernsthafte Verletzungen; stationäre Behandlung	2,5	
kein materieller Schaden	1,8	
materieller Schaden unter DM 100,–	1,0	
DM 100,– bis unter DM 500,– Schaden	1,9	(α = 0,22)
DM 500,– bis unter DM 2000,– Schaden	1,6	
DM 2000,– bis unter DM 10000,– Schaden	2,6	
DM 10000,– Schaden und mehr	2,3	
kein materieller Gesamtschaden	1,3	
unter DM 100,– Gesamtschaden	1,3	
DM 100,– bis unter DM 500,– Gesamtschaden	1,5	(α = 0,02; γ = 0,27)
DM 500,– bis unter DM 2000,– Gesamtschaden	1,4	
DM 2000,– bis unter DM 10000,– Gesamtschaden	2,4	
DM 10000,– u. mehr Gesamtschaden	2,2	

Obgleich hinsichtlich der Verletzungen und Deliktarten keine statistisch signifikanten Beziehungen vorliegen, läßt sich in Verbindung mit den Variablen „Auswirkungen“ und „Gesamtschaden“ doch die Tendenz ablesen, daß die Deliktschwere bzw. der verursachte Schaden eine Bedeutung für das Strafbedürfnis des Opfers hat. Die nicht-lineare Beziehung zwischen dem unmittelbaren Schaden und dem Strafbedürfnis erklärt sich vor allem aus den Aggressions- und Tötungsdelikten, die keine materiellen Nachteile, wohl aber den Verlust von Menschenleben und Gesundheit verursacht haben. Schichtspezifische Unterschiede im Strafbedürfnis sind nicht nachweisbar (α = 0,85).

4.3.4. *Strategien gegen die tertiäre Viktimisierung*

Da die mit der Opferwerdung verbundenen Erfahrungen — je nach Delikt, Schwere des erlittenen Schadens und Persönlichkeit des Opfers — mehr oder weniger dramatische und tiefgehende Auswirkungen haben, ist eine zeitweilige Selbstdefinition als Opfer durchaus „normal“ und sollte auch von der sozialen Umwelt akzeptiert werden. Es ist weder sinnvoll noch hilfreich, einem Opfer sein Leiden auszureden oder absprechen zu wollen. Dies bedeutet aber nicht, daß sich Opfer und soziale Umwelt mit einer permanenten Opferdefinition abfinden sollen oder müssen, stellt diese doch eine ernsthafte Einengung der sozialen Teilnahmechancen, des Handlungsspielraumes und damit der Lebensqualität dar. Aus diesen Belastungen rechtfertigen sich auch die Anstrengungen zur Reintegration des Opfers durch therapeutische Maßnahmen, durch Umschulung, durch Ermöglichung von Kuraufenthalten usw. Wenn auch die geeigneten Strategien stets in Würdigung des konkreten Falls umzusetzen sind und insbesondere von der Art des Delikts abhängen, so müssen doch sämtliche Schritte darauf abzielen, sowohl das Stigma der Viktimisierung abzubauen, als auch die Belohnungen, die sich für das Opfer aus der Selbstviktimisierung ergeben, zu reduzieren bzw. gar nicht erst entstehen lassen. Kurz- und langfristige sowie personen- und gesellschaftsbezogene Vorgehensweisen können differenziert werden.

Eine Möglichkeit — in vielen Fällen die einzige — besteht in der Einleitung und Durchführung geeigneter therapeutischer Maßnahmen zur Erleichterung der Trauer (bei indirekten Opfern, den Hinterbliebenen) oder zur Verarbeitung der Erlebnisse im Zusammenhang mit der Viktimisierung. Dies kann individuell oder in Gruppen, ambulant oder stationär (z. B. in Rehabilitationskliniken) geschehen. Dabei muß man jedoch sehen, daß in einer viktimologischen Klinik — neben Bemühungen um Heilung — das Stigma, Opfer (gewesen) zu sein, auch verstärkt werden kann (NAGEL 1979, S. 65). Therapeutische Bemühungen können helfen, die Profite der Viktimisierung bewußt und auf lange Sicht entbehrlich zu machen, indem andere Wege aufgezeigt werden, Zuwendung und Anerkennung von der Umwelt zu erhalten. Manche Opfer wollen sich deshalb nicht von ihrer Viktimisierung lösen, weil es vielleicht das einzige, ihnen erzählenswert erscheinende Erlebnis ist, bei dem man (zumindest anfangs) auf Interesse gestoßen ist.

Neben den auf das einzelne Opfer bezogenen Maßnahmen (vgl. hierzu auch Abschnitt 5.3.) scheint es schon erstrebenswert (wenn auch schwer realisierbar), auf einen Abbau gesellschaftlicher Stigmatisierungen gegenüber den Opfern von Straftaten hinzuwirken, die eine Person auf die Opferrolle begrenzen und damit als Versuchung wirken, einer Auseinandersetzung und Aufarbeitung der erlittenen Viktimisierung aus dem Weg zu gehen. Hierbei spielt jedoch der Zusammenhang von Kriminalität, Kriminalitätsfurcht, Angstabwehr und Projektionsbereitschaft sowie Opferstigmatisierung eine Rolle: Kriminelle Attacken — vielfach aufgebauscht durch die Berichterstattung — tragen zu einer diffusen Kriminalitätsfurcht bei. Um sie zu reduzieren scheint es hilfreich, bei den jeweiligen Opfern besondere Qualitäten zu entdecken, die eine Viktimisierung im speziellen Fall als plausibel, wenn nicht als notwendig erscheinen lassen, so daß aus einem möglichen (unwillentlichen) Tatbeitrag, wie ihn gedankenlos jeder täglich leistet, eine „Opferschuld" wird. Konsequenterweise wird man dann leicht blind für die vielen Gemeinsamkeiten, die zwischen einem selbst und dem Opfer bestehen, müßte man doch sonst die eigene Angst zulassen und sich mit ihr auseinandersetzen. Die Anerkennung der Gemeinsamkeit mit dem Opfer ist aber Voraussetzung dafür, daß es aus seinem vorübergehenden Sonderstatus in die „normale" Welt zurückkehren kann.

Eine weitere Möglichkeit zum Abbau tertiärer Viktimisierungen liegt im Bemühen um einen Täter-Opfer-Ausgleich, worauf noch einzugehen sein wird. Bereits jetzt ist darauf hinzuweisen, daß es sich hier um ein sehr schwieriges Unterfangen handelt, das eine gewisse Bereitschaft des Opfers erfordert.

4.4. Zusammenfassung

- *Primäre Viktimisierung* beruht auf dem Zusammenwirken mehrerer Bedingungen, die deliktspezifisch und im konkreten Einzelfall jeweils unterschiedliches Gewicht besitzen. Neben Täterpersönlichkeit, Tatzeit, Tatort und situativen Faktoren ist die Persönlichkeit des Opfers, sein Tatbeitrag und die Täter-Opfer-Beziehung von besonderem Interesse. Von den einzelnen, nur analytisch zu trennenden Variablen gehen häufig Wirkungen aus, die das Risiko einer Viktimisierung sowohl erhöhen als auch vermindern, was die Formulierung genereller Aussagen erschwert.
- Der Tatbeitrag des Opfers läßt sich auf einem Kontinuum lokalisieren, das von bloß zufälliger Anwesentheit bis zur bewußten Provokation reicht. Eine besondere und teilweise vermeidbare Gefahr ergibt sich dann, wenn das Opferverhalten vom Täter als bedrohlich wahrgenommen wird.
- Mit höherem Alter besteht ein größeres Opferrisiko aufgrund der relativen Machtlosigkeit und Isolation. Abhängigkeiten, Behinderungen, aber auch der Ausländerstatus sind weitere Beispiele einer viktimisierungsfördernden Machtlosigkeit. Das Geschlecht des Opfers spielt vor allem bei Sexualdelikten eine Rolle.

- Vom Berufs- und Sozialstatus gehen sowohl viktimisierungsverstärkende als auch viktimisierungsmindernde Effekte aus, weil mit zunehmendem Sozialstatus einerseits die Attraktivität des Opfers steigt (besonders bei großer sozialer Sichtbarkeit), andererseits aber auch die Abwehrmöglichkeiten sich verbessern.. Bestimmte Berufe beinhalten ein besonderes Viktimisierungsrisiko.

- Ein wichtiges Viktimisierungsmerkmal ist das Ausmaß sozialer Isolation des Opfers. Sozial Isolierte sind insofern besonders gefährdet, als sie hinsichtlich einer Abwehr stärker auf sich allein verwiesen sind. Hinzu kommt, daß viele unter der Isolation leidende von sich aus auf potentielle Täter zugehen und normale Vorsichtsmaßnahmen außer acht lassen.

- Bestimmte Persönlichkeitsmerkmale, Einstellungen und Vorlieben machen eine Viktimsierung wahrscheinlicher. Dazu gehören z. B. intellektuelle Defizite, Sorglosigkeit, Renommiergehabe und Genußsucht sowie gesellschaftlich mißbilligte Eigenschaften und Verhaltensweisen, die zum Anschluß an schwer kontrollierbare Subkulturen (Homosexuellenszene, Rauschgiftszene usw.) beitragen bzw. die Einschaltung der formellen Kontrollinstanzen erschweren (Erpressung).
- Bei der Täter-Opfer-Beziehung zeigen sich große deliktspezifische Unterschiede. Sie reicht — mit zahlreichen Zwischenabstufungen — von fehlenden vordeliktischen Kontakten über einseitige und flüchtige Beziehungen bis zu intensiven und stabilen Verhältnissen zwischen den Tatbeteiligten. Die Art der Täter-Opfer-Beziehung kann Ursache für die Tat sein oder sie nur erleichtern. Inzest, Kindsmißhandlung, kriminelle Tötungen und Notzuchtverbrechen sind Delikte mit ausschließlich bis überwiegend intensiven Täter-Opfer-Beziehungen, während bei der Raubkriminalität und insbesondere bei der leichten Eigentumskriminalität Täter-Opfer-Beziehungen meist fehlen.
- Bei den Reaktionen des Opfers während des Vorgangs der primären Viktimisierung kann zwischen mehr oder weniger situationsadäquaten Handlungen unterschieden werden — vorausgesetzt, das Opfer hat überhaupt einen gewissen Verhaltensspielraum bzw. kann diesen wahrnehmen. Die große Variationsbreite konkreter Viktimisierungen läßt die Formulierung allgemeiner Regeln schwierig erscheinen, doch sollte ein Opfer eines Gewaltdelikts alles unterlassen, was einen Täter in Panik versetzen kann.

- Die Anwesenheit Dritter verhindert vielfach Viktimisierungen. Neben vielen Fällen hilfreichen Zeugenverhaltens gibt es aber immer wieder Beispiele von Zeugen, die sich ihrer moralischen Verpflichtung ohne Notwendigkeit entziehen. Experimentelle Untersuchungen haben gezeigt, daß neben der Eindeutigkeit der Situation als Notlage und der Vertrautheit mit der

Umgebung diffuse Befürchtungen über die Kosten der Zeugenschaft, die Gruppensituation, das Ausmaß der persönlichen Betroffenheit und das Beispiel anderer entscheidende Bedingungen dafür sind, ob sich jemand als Zeuge bzw. Helfer zur Verfügung stellt.

- Bei den Schäden aufgrund einer Viktimisierung ist zwischen kurz- und langfristigen sowie zwischen materiellen, physischen, psychischen und sozialen Schäden zu differenzieren, die gleichzeitig oder in unterschiedlichen Kombinationen auftreten können. Durch eine effektive Opferhilfe lassen sich viele Schäden zumindest lindern.
- Bei der überwiegenden Anzahl der registrierten Straftaten geht die Initiative zur Strafverfolgung von den Opfern aus. Wichtige Faktoren für die Anzeigeerstattung sind die Höhe des entstandenen Schadens, das Ausmaß des Opferbeitrags, die Intensität der persönlichen Betroffenheit des Opfers, die befürchtete sekundäre Viktimisierung, die Art der Täter-Opfer-Beziehung, das Vorhandensein von Anreizen zur Anzeigeerstattung sowie die Einstellung des Opfers gegenüber den Kontrollinstanzen. Weiterhin spielen auch Persönlichkeitsmerkmale des Opfers eine Rolle. Aus kriminalpolitischer Sicht ist eine hohe Anzeigebereitschaft in der Bevölkerung zu begrüßen, die aber andererseits das Risiko der Einleitung krimineller Karrieren erhöht.
- Der Prozeß der *sekundären Viktimisierung* als Verschärfung der primären Opferwerdung durch Fehlreaktionen im sozialen Nahraum des Opfers, durch die Instanzen der formellen Sozialkontrolle, durch die Öffentlichkeit und die Medien enthält unumgängliche und entbehrliche sowie prinzipiell beeinflußbare und schwer beeinflußbare Elemente. Ein gewisses Ausmaß an sekundärer Viktimisierung scheint im Interessenkonflikt mit Wahrheitsfindung und Täterrechten unvermeidbar, doch sind die Möglichkeiten zur Verbesserung der Situation des Opfers bei Polizei und Gericht noch nicht ausgeschöpft.
- Die sekundäre Viktimisierung beginnt im sozialen Nahbereich der Familie. Hilflosigkeit und mangelndes Einfühlungsvermögen wichtiger Interaktionspartner können zusätzliche Belastungen zum Verbrechen mit sich bringen. Durch Gedankenlosigkeit im weiteren Nahbereich (Freunde, Nachbarn, Kollegen) kann der Grundstein zu einer Opferkarriere gelegt werden. Hier scheint es besonders schwierig, dem Viktimisierungsrisiko entgegenzuwirken.
- Das Polizeirevier bietet weitere Viktimisierungsgefahren. Untersuchungsergebnisse sprechen dafür, daß die Opfer weniger am Verhalten der Polizeibeamten als an deren Leistungen Kritik üben. Insgesamt scheint bei der Polizei eine gegenüber den Opfern aufgeschlossene Haltung vorzuherrschen.

- Dies scheint auch für Staatsanwalt und Richter zuzutreffen. Das Gerichtsverfahren selbst und insbesondere der Verteidiger des Beschuldigten tragen jedoch wesentlich zum Unbehagen der Opfer und zu sekundären Viktimisierungen bei. Es gibt zahlreiche Vorschläge zur Verbesserung der Situation des Opfers und zur Entschärfung der strukturell angelegten Konflikte, etwa eine großzügigere Handhabung der Möglichkeit, die Öffentlichkeit auszuschließen, die Stellung eines Opferanwalts oder ein Aussageverweigerungsrecht für die Opfer.

- Eine besondere (und im Prinzip überflüssige) Viktimisierungsgefahr geht von der Sensationspresse aus. Initiativen zur Verbesserung der Situation von Opfern sollten sich auch mit diesem Bereich beschäftigen. U. a. wäre zu überlegen, wie eine Weitergabe persönlicher Daten der Opfer eingeschränkt werden könnte.

- Unter *tertiärer Viktimisierung* werden die langfristigen Auswirkungen der primären und/oder sekundären Viktimisierung auf das Selbstbild des Opfers verstanden. Sie liegt dann vor, wenn es aufgrund vorangegangener Viktimisierungsstadien zu einer Verfestigung der Opferdefinition gekommen ist, die die Erlebnis- und Handlungsmöglichkeiten stark einengt.

- Manifestationen der tertiären Viktimisierung sind anhaltende Angstzustände, dauerndes Mißtrauen gegenüber der sozialen Umwelt, Selbstabwertung sowie Rückzugs- und Regressionstendenzen. Diese äußern sich auch in einer steigenden und teilweise sehr unrealistischen Kriminalitätsfurcht sowie in Rachegefühlen und Strafbedürfnissen gegenüber dem Täter. Die so entstandenen innerpsychischen Spannungen und Konflikte bedürfen zur Aufarbeitung häufig intensiver therapeutischer Maßnahmen.

- Zur Vermeidung bzw. für den Abbau der tertiären Viktimisierung kommt es darauf an, die Opfer mit ihren Problemen nicht allein zu lassen. Dies bedeutet auch, den Betroffenen den durch die Viktimisierung entstandenen Leidensgewinn bewußt zu machen und ihnen neue Möglichkeiten zur Lebensgestaltung aufzuzeigen.

5. Zum Praxisbezug der Viktimologie

Eine wichtige Begründung für die Beschäftigung mit der Viktimologie ergibt sich aus dem Beitrag, den sie für die gesellschaftliche Praxis — im speziellen Fall: für die Opfer von Straftaten — leisten kann. Ihre Anstrengungen zielen dabei in zwei Richtungen:

— auf die Verhinderung bzw. Erschwerung einer Viktimisierung (präventiver oder prophylaktischer Aspekt) und
— auf die Verbesserung bzw. Milderung der Situation des Opfers durch Rehabilitationsmaßnahmen, durch Schutz vor vermeidbarer sekundärer Viktimisierung usw.

Weiterhin wird — vor allem in den letzten Jahren — der Aussöhnung von Täter und Opfer mehr Aufmerksamkeit geschenkt (zusammenfassend dazu RÖSSNER/WULF 1985; JANSSEN/KERNER 1985). Man bemüht sich, den Ausgleich in die Resozialisierungsbemühungen für den Täter einzubeziehen (vgl. JANSSEN 1985, SESSAR 1985, MÜLLER-DIETZ 1985). Leider, aber begreiflicherweise, stehen insbesondere Opfer schwerer Delikte diesen Initiativen reserviert bis ablehnend gegenüber. Der Wille des Opfers sollte aber respektiert und es darf keinesfalls zu einer Konfrontation mit dem Täter über das unerläßliche Maß (vor Gericht) hinaus gezwungen werden.

5.1. Schutz vor primärer Viktimisierung: Aufklärung und Vorbeugung

Wie die bisherigen Ausführungen, besonders im vierten Kapitel, gezeigt haben, sind beim Ergreifen vorbeugender Maßnahmen sowohl die potentiellen Opfer als auch die gesellschaftlichen Entscheidungsträger in vielen Bereichen aufgerufen. Eine Bekämpfung der Täter erfordert, daß ihm präsumptive Opfer entzogen werden (AMELUNXEN 1969, S. 178). So läßt sich z. B. durch bau- und stadtplanerische Maßnahmen einer Viktimisierung prophylaktisch entgegensteuern, wenn man auf die Überschaubarkeit neuer Wohnanlagen achtet oder Initiativen unterstützt, die der Integration der Bewohner förderlich sind. Immer wieder kann man aus Berichten über Viktimisierungen ersehen, wie die Opfer den Tätern durch Unwissenheit, Naivität, zu große Sorglosigkeit oder Provokation unwillentlich entgegenkommen (vgl. auch die Fallbeispiele 36, 69, 70, 92, 145, 151):

Fallbeispiel 149:

„Raffinierte Trickdiebe spielten einem Münchner (54) übel mit. Ein etwa 40jähriger Jugoslawe sprach den Mann an: ‚Ich bin in einen Unfall mit einem Amerikaner verwickelt. Können Sie dolmetschen?' Mit seiner Hilfe einigten sich die Unfallgegner überraschend schnell. Danach bot der Amerikaner dem Jugoslawen eine angeblich goldene Uhr für 10 000 Mark an. Als der ablehnte, wandte er sich an den Münchner: ‚Sie bekommen die Uhr als Pfand gegen 1 600 Mark. Ich muß das Geld meiner Frau im Krankenhaus bringen.' Der Münchner gab ihm das Geld und erhielt die Uhr — die sich als völlig wertlos herausstellte." (tz, 21.3.85)

Fallbeispiel 150:

„Das Geschäft mit dem Aberglauben blüht weiter und hat zwei Jugoslawinnen in Wien um 440 000 Schilling (63 000 Mark) reicher gemacht. Wie die Polizei berichtete, sind die zwei festgenommen worden. Einer leichtgläubigen Frau hatten die ‚Wahrsagerinnen' den baldigen Tod angedroht, wenn sie nicht zahle, einer anderen versprachen sie, ihren Freund nach einer Trennung zurückzubringen." (AZ, 20.2.85)

Fallbeispiel 151:

„Brigitte K. (43) stieß ihre Schwiegermutter die Kellertreppe hinunter. Dann erschlug sie die 79jährige Emma K. mit einem Holzscheit. In Schweinfurt wurde die Täterin wegen Totschlags in einem minderschweren Fall zu vier Jahren Haft verurteilt. Staatsanwalt und Verteidiger waren sich einig: Die 43jährige war von ihrer Schwiegermutter jahrelang gequält worden und handelte in einem Zustand verminderter Zurechnungsfähigkeit. So brachte Emma K. ihrem Enkelkind bei, ‚wie Du deine Mutter erwürgen mußt'. Vor der Tat hatte die Schwiegermutter gedroht: ‚Eines Tages bringe ich Dich mit E 605 um.' Siegesgewiß hielt die 79jährige die Flasche mit dem Unkraut-Gift in der Hand." (tz, 29.3.85)

Da im Zusammenhang mit den Deliktgruppen und den Variablen der primären Viktimisierung eine große Anzahl von Beispielen für den Tatbeitrag des Opfers gegeben wurden, können wir von weiteren Fallschilderungen absehen. Die Mitwirkung des Opfers besteht vor allem darin, daß es
- einem Täter Anreiz bietet, indem es die eigene Attraktivität (im weitesten Sinne) oder die Attraktivität seines Eigentums betont,
- eine geringe Abwehrbereitschaft zu erkennen gibt,
- einen leichten Zugang verspricht oder
- den viktimogenen Charakter von bestimmten Situationen nicht oder zu spät erkennt.

Abhilfe kann hier in erster Linie eine gezielte viktimologische Aufklärung nicht nur der Öffentlichkeit, sondern besonders der gesellschaftlichen und politischen Entscheidungsträger sein:

– Bei der Planung von Häusern, Wohnanlagen und Stadtvierteln sollten stets viktimologische Erkenntnisse berücksichtigt werden (z. B. Vermeidung schwer einzusehender Ecken; nur für Hausbewohner zu öffnende Tiefgaragen usw.).
– Mehr als bisher sollten bei der Installation öffentlicher Einrichtungen Viktimisierungsrisiken durch vandalistische Akte berücksichtigt werden (z.B. zurückhaltendere Verwendung von Glas; keine leicht aufzuschlitzenden Sitzpolster in öffentlichen Verkehrsmitteln usw.).
– Durchführung von Maßnahmen, die den Zugang zu Waffen (auch Schreckschußwaffen, Spielzeugpistolen usw.) erschweren.

Hier sind in einer Vielzahl von nicht im einzelnen zu schildernden Bereichen viktimologisch orientierte Praktiker aufgerufen. Insbesondere Unterhalter und Betreiber öffentlicher Einrichtungen (Post, Verkehrsbetriebe etc.) sollten sich vermehrt damit beschäftigen, wie sich vandalistische Akte besser kontrollieren lassen. Zusätzlich sollten aber die hinter den Viktimisierungen stehenden gesellschaftlichen Einstellungen und Werthaltungen berücksichtigt werden. So betonen manche (FILSER 1983, S. 140 f.) den verheerenden Einfluß einer bestimmten Jugendzeitschrift (die aber nur stellvertretend für ähnliche Publikationen steht) auf Kinder und Jugendliche: Man propagiert ein Leben im Überfluß, ohne Arbeit und Mühe, dafür mit hemmunglosem Konsum. Ein „penetranter Starkult" trägt dazu bei, illusionäre Bedürfnisse zu wecken, deren reale Nichterfüllung dann bei vielen zu Gefühlen der Frustration, Aggression oder Resignation und Abstumpfung führt. Die Hemmschwelle zur Begehung von Delinquenz wird sinken – aber auch die Fähigkeit, sich für eigene Interessen zu engagieren, Bindungen an Menschen und Sachen zu entwickeln und empathisch zu reagieren. Eine Aufgabe von Sozialwissenschaftlern könnte darin bestehen, Ursachen und Auswirkungen „moderner" Einstellungen und Werthaltungen bewußt zu machen und die Diskussion von Alternativen und Lösungsmöglichkeiten anzuregen. Fragen hierzu wären u. a.:
– Warum wird mit privatem (fremdem) und öffentlichem Eigentum so sorglos umgegangen?
– Warum ist die Bereitschaft, einem bedrängten Opfer zu helfen oder sich als Zeuge zur Verfügung zu stellen, häufig so gering?
– Wie läßt sich die sekundäre Viktimisierung in den Medien begrenzen?
– Wie läßt sich die Sensibilität fur viktimogene Situationen erhöhen?
– Unter welchen Bedingungen ist es sinnvoll, auf einen Täter-Opfer-Ausgleich hinzuarbeiten?
– Auf welche Weise läßt sich die Sensibilität gegenüber Belangen des Opfers erhöhen?
– Was können Opfer tun, um ihre Interessen wirksamer durchzusetzen?

Für die Beschäftigung mit diesen und ähnlichen Problemstellungen erscheint es sinnvoll, zwischen utilitaristischer und nicht-utilitaristischer Kriminalität zu differenzieren.

5.1.1. Begehrlichkeitskriminalität

Das Treffen von Vorsorge-, Schutz- und Abwehrmaßnahmen scheint im Bereich der Eigentums- und Begehrlichkeitskriminalität leichter zu sein, da hier von mehr oder weniger rational handelnden Tätern ausgegangen werden kann. Bereits der Anblick gut gesicherter Fenster und Türen kann abschreckend wirken, aber auch — bei zu auffälliger Sicherung — einladen (DEUSINGER 1985); der zu erwartende Aufwand und das hohe Entdeckungsrisiko setzen die Hemmschwelle für den Täter herauf. Entsprechend zahlreich sind auch die Empfehlungen hinsichtlich geeigneter Abwehrmaßnahmen beim Wohnungseinbruch. So wird empfohlen, bei Neubauten bereits bei der Planung an den Einbau elektrischer Alarmanlagen zu denken; massive Haustüren und Dreischeiben-Verbundglas zu verwenden; Fenster, Terassentüren und Balkontüren zusätzlich zu sichern; bündig eingesetzte Schließzylinder zu verwenden; Türen mit Sperrketten und Sperrbügeln und ebenerdige Fenster, Kellerfenster und Fenster in geringer Höhe durch stabile Gitter zu schützen. Derartige Maßnahmen allein sind jedoch nur begrenzt wirksam, solange nicht entsprechende Einstellungen und Verhaltensweisen dahinterstehen. Nach Angaben deutscher Wach- und Schließunternehmen waren bei 6,5 Millionen Einbrüchen Fenster oder Türen nicht geschlossen. In 790 000 Fällen steckte der Hausschlüssel. Mehrere Tage heruntergelassene Fensterläden, permanent dunkle Fenster, überquellende Briefkästen oder Milchflaschen vor der Tür sind ein deutliches Indiz für die längere Abwesenheit der Bewohner. Automatische Lichteinschaltanlagen, Nachsendungs- oder Aufbewahrungsanträge für Post und Zeitung oder rechtzeitiges Abbestellen sind einfache Mittel zur Vermeidung von Viktimisierungen im Einbruchsbereich.

Schwieriger wird es, wenn bestimmte Verhaltensweisen zugleich unerwünschte viktimisierende Nebenwirkungen haben. Die verlockende Präsentation von Waren — von einer entsprechenden Werbung unterstützt — soll die Kauflust fördern, erhöht aber gleichzeitig auch das Diebstahlsrisiko und erfordert umfangreiche (z. B. elektronische) Sicherungsmaßnahmen. (Dabei stellt sich die Frage, inwieweit es die Aufgabe des Staates sein muß, den Handel, der dieses Risiko aus Profitinteresse bewußt auf sich nimmt und in gewisser Weise provoziert, zu unterstützen; dies gilt verstärkt für bestimmte Arten des Betrugs (z. B. im Zusammenhang mit Titelhändlern), wenn das Opfer bei der Verfolgung törichter oder unlauterer Ziele übervorteilt wird. Es „kann . . .

nicht Aufgabe der Rechtsordnung sein, mit dem Instrument des Betrugsparagraphen vor gesellschaftlichen Tölpeleien zu schützen" (AMELUNXEN 1970, S. 98) (vgl. Fallbeispiele 68-71, 150).

Rationalisierungszwänge im Personennahverkehr tragen sicher zur Erhöhung der Häufigkeit der Beförderungserschleichung bei und erfordern Kontrollen. Weitere Abwehrmöglichkeiten bestehen darin, zumindest in verkehrsschwachen Zeiten die Fahrer (wieder) mit Kontrollaufgaben zu betrauen, oder in U-Bahnhöfen automatische Sperren zu installieren.

Viele prophylaktische Maßnahmen zielen auf Abschreckung: deutlich sichtbare Spiegel, automatische Kameras und Hinweise darauf, Ladendiebe unnachsichtig anzuzeigen; weiterhin als solches erkennbares Wach- und Kontrollpersonal, Wachhunde u. a. m. In Einzelfällen mag es auch dienlich sein, potentielle Täter auf die Konsequenzen verbotener Handlungen für das Opfer oder für Dritte hinzuweisen, wie in Kampagnen gegen die Schwarzarbeit, gegen bestimmte Arten der Umweltkriminalität oder gegen Formen des einfachen Diebstahls, etwa aus „stummen" Zeitungsverkäufern, aber auch bei der Beförderungserschleichung. SCHNEIDER (1983, S. 238 f.) berichtet, daß sich in amerikanischen Hotels verschiedentlich der Hinweis findet, daß das Zimmermädchen für Verluste an Handtüchern aufzukommen hätte. Derartige Bemühungen können vermutlich viele Fälle gedankenloser Viktimisierung vermeiden helfen; entschlossene Täter werden sich jedoch kaum abschrecken oder beeindrucken lassen.

Verstärkt sollte auch an die potentiellen Opfer selbst appelliert werden, ihren Beitrag zur Verhinderung einer Viktimisierung zu leisten. Dazu gehören z. B. Schilder, die Restaurantsbesucher darauf aufmerksam machen, daß sie ihre Garderobe im Auge behalten sollen, da der Wirt nur unter bestimmten Voraussetzungen für den Verlust haftet. Auch in den Medien finden sich Hinweise, wie man sich vor einer Opferwerdung schützen kann; keine Wertgegenstände sichtbar im Auto liegenlassen, Auto immer absperren, keine zu großen Bargeldbeträge mit sich führen, Scheck und Scheckkarte getrennt aufbewahren usw. (Andererseits propagieren die Medien aber auch sorgloses Verhalten: die Helden amerikanischer Fernsehkrimis sperren selten ihre Autos ab.)

Über den Wert mancher Aufklärungsbemühungen kann man geteilter Meinung sein. Die ZDF-Sendung „Vorsicht Falle — Nepper, Schlepper, Bauernfänger" macht zwar mit den Vorgehensweisen von Trickdieben und besonders raffinierten Betrügern bekannt und hat sicher schon manches Opfer vor Überrumpelungen geschützt, fördert aber gleichzeitig die Nachahmungsbereitschaft potentieller Täter, die eine der gezeigten Möglichkeiten — vielleicht auch mit Variationen — ausprobieren. Darüber hinaus erscheint so das Opfer als Tölpel, dessen Übervorteilung sportlichen Ehrgeiz wecken mag.

Einen wichtigen Beitrag leisten auch polizeiliche Aufklärungsaktionen und Beratungsstellen, die es bereits seit Beginn der 30er Jahre in Deutschland gibt (SCHNEICKERT 1935, S. 94). Erwägenswert erscheint, ob nicht bereits an den Schulen, analog zur Verkehrserziehung, in dieser Richtung gearbeitet werden könnte; Initiativen dazu gibt es seitens des WEISSEN RINGS. Eine Bekämpfung der Täter durch den Entzug präsumptiver Opfer erscheint der langfristig beste Weg zur Eindämmung der Kriminalität, doch muß man davon ausgehen, daß sich die Täter dann neue Möglichkeiten überlegen werden, weshalb ein permanentes Aufklären und Lernen erforderlich ist. (Dies hat aber auch zur negativen Folge, daß die Verhaltensautonomie potentieller Opfer einer dauernden Einengung unterliegt, daß Mißtrauen zu- und Unbefangenheit anderen gegenüber abnehmen werden.)

Die Sorglosigkeit im Umgang mit eigenem und fremdem Eigentum wird als eine wichtige Viktimisierungsursache angesehen. Veränderungsbemühungen müssen deshalb auf einen Einstellungswandel abzielen. Die großzügige und nachlässige Haltung mancher Opfer wird dadurch unterstützt, daß sie vielfach davon ausgehen können, daß ihnen der entstandene materielle Schaden durch die Versicherung ersetzt wird. AMELUNXEN (1970, S. 95) fordert deshalb eine „Bekämpfung des sorglosen und unsozialen Versicherungsdenkens", doch äußert er sich nicht weiter dazu, wie dies geschehen könnte. Maßnahmen der Versicherungen — wie etwa eine bewußt hochgesetzte Hürde von Formalitäten — erscheint insofern unsozial, als damit auch solche Opfer bestraft werden, die alle erdenkliche Sorgfalt geübt haben.

5.1.2. Nicht-utilitaristisch motivierte Kriminalität

Vorbeugende Maßnahmen sind bei diesen Delikten von den potentiellen Opfern selbst und von Entscheidungsträgern zu treffen. Die Heterogenität der Straftaten erfordert bei der nicht-utilitaristischen Kriminalität die Beschränkung auf wenige Beispiele, zumal in anderen Zusammenhängen schon auf mögliche Gegenstrategien verwiesen wurde. Generell läßt das hohe Ausmaß an Emotionalität und Irralitionalität konkrete Präventivmaßnahmen ziemlich sinnlos erscheinen (z. B. gegenüber einem Amokschützen). Nur in einigen klar umrissenen Situationen (z. B. Verbrechen von und an Anhaltern; vgl. Fallbeispiele 36, 37, 42) können Richtlinien gegeben werden (keine Anhalter mitnehmen bzw. nicht als Anhalter reisen).

Wie im Falle der utilitaristisch motivierten Kriminalität bedarf es neben entsprechenden Vorsichtsmaßregeln und planerisch-gesetzgeberischen Initiativen weitergehender Bemühungen hinsichtlich eines Wandels von Einstellungen und Werthaltungen. Hier ist zu denken an die Propagierung und Verherrlichung von Gewalt in den Medien oder an die Diffusität von geschlechtsspezifischen Erwartungen. Solange noch die Vorstellung gilt, eine Frau müsse erobert werden und ihr Widerstand sei nur vorgegeben, äußerlich und beruhe auf Koketterie, ist es plausibel, aber nicht entschuldbar, daß manchen Männern eine Vergewaltigung als Kavaliersdelikt erscheint. Es bleibt abzuwarten, inwieweit eine Zunahme des Selbstbewußtseins der Frauen zu einer Veränderung im Denken des Mannes führt. Bislang jedenfalls wurde in Gerichtsurteilen ausdrücklich anerkannt, daß ein Vergewaltiger die Ablehnung des Verkehrs als „sich zieren“ nicht ernstzunehmen brauche.

Auf die Notwendigkeit und Grenzen einer Milderung von sekundären Viktimisierungen wurde bereits früher (Abschnitt 4.2.) eingegangen.

5.2. Wiedergutmachung und Entschädigung

Wie einleitend gezeigt wurde, trat der Gedanke an eine Wiedergutmachung und Entschädigung des Opfers im Verlauf der Rechtsgeschichte immer mehr in den Hintergrund. Erst in den letzten Jahren haben sich Veränderungen angebahnt.

Bei der Wiedergutmachung wird unterschieden zwischen staatlichen Entschädigungen (in der BRD durch das Opferentschädigungsgesetz (OEG) geregelt), Ersatzleistungen durch den Täter oder dessen Angehörige, Leistungen von Versicherungen und Beiträgen freiwilliger Organisationen, wie dem WEISSEN RING. Die staatliche Opferhilfe läßt sich mit dem Versagen des Staates begründen, eine Person vor der Viktimisierung geschützt zu haben, und damit, daß das Opfer — wie z. B. ein verwundeter Kriegsteilnehmer — gleichsam eine Sonderleistung für die Gesellschaft erbracht habe. Dahinter steht der Gedanke, daß eine vollständige Kriminalitätsunterdrückung praktisch unmöglich (z. B. DURKHEIM 1961) bzw. nur unter unverhältnismäßig hohen finanziellen und vor allem sozialen Kosten (Überwachung, Einengung des persönlichen Freiraumes, Suspendierung von Persönlichkeitsrechten usw.) möglich sei. Während der Staat sich auch eine großzügig bemessene Opferentschädigung finanziell leisten kann, ist die perfekte Verhütung von Straftaten (auch unter finanziellen Gesichtspunkten) utopisch (ARZT 1984, S. 111). Daher wurde der Vorschlag gemacht, einen Gemeinschaftsfond für eine Versicherung gegen das Verbrechen einzurichten, dessen Mittel sich aus Geldbußen, dem Arbeitsentgelt inhaftierter Straftäter, staatlichen Subventionen und privaten Stiftungen zusammensetzen (PRINCE 1964). Dagegen — und gegen eine staatliche Opferentschädigung — läßt sich aber einwenden, daß eine Versicherung gegen das Verbrechen die Entpersonalisierung und Entindividualisierung des Opfers noch weiter vorantreibe und damit im Motivationsprozeß des Täters eine kriminogene Wirkung ausübe (vgl. auch SCHNEIDER 1983, S. 241). Im Interesse einer notwendigen effektiven Opferhilfe müssen jedoch derartige, an sich richtige, Erwägungen zurückgestellt werden.

Ein grundlegendes Problem — nicht allein der staatlichen Opferentschädigung — besteht darin, wie die zur Verfügung stehenden Ressourcen verteilt und wie die Tatbeteiligung des Opfers verrechnet werden sollen. Eine weitere Schwierigkeit stellen Befürchtungen dar, daß die Sicherheit einer Opferentschädigung sorgloses Opferverhalten provozieren könnte. Diese, sowie die Bedenken gegen die Entstehung großer Bürokratien bei der Opferentschädigung haben sich jedoch bislang als unbegründet erwiesen (SCHNEIDER 1983, S. 242).

Ersatzleistungen durch den Täter, die ursprüngliche Form der Opferentschädigung, ist häufig wegen des angerichteten Schadens und der Mittellosigkeit des Täters — zumal wenn er inhaftiert ist — illusorisch und allenfalls symbolisch möglich, kann aber für den Täter einen resozialisierenden Wert haben (vgl. 5.3.). Es kommt weniger darauf an, daß der entstandene Schaden erstattet wird, als dem Täter die Verantwortung für sein Handeln bewußt zu machen und ihm die Erfahrung zu vermitteln, etwas von der Schuld abtragen zu können, was nicht als „freikaufen" mißverstanden werden darf: „Jeder Rechtsbrecher muß zu Ersatzleistungen für das Verbrechensopfer eine persönliche Ersatzleistung erbringen, die nicht nur in finanzieller Ersatzleistung bestehen darf" (SCHNEIDER 1983, S. 241). Darüber hinaus erscheint es auch sinnvoll, bei Straftätern auf eine Sensibilisierung gegenüber Opfern generell hinzuwirken und eingeschliffene Neutralisationstechniken aufzubrechen (vgl. zusammenfassend RÖSSNER/WULF 1985; JANSSEN/KERNER 1985). Auf Initiative des WEISSEN RINGs haben z. B. Weihnachten 1982 Häftlinge der Kieler Justizvollzugsanstalt Kinder von Opfern beschenkt (WEISSER RING 1/1983, S. 5). Eine symbolische Wiedergutmachung, gepaart mit Einsicht, Reue und Schuldbewußtsein ist sicher auch in der Lage, sekundäre und tertiäre Viktimisierung zu reduzieren. Das Opfer wird weniger verbittert sein, seltener (unzulässig) generalisieren („alle Menschen sind schlecht"), allgemeine und diffuse Verbrechensfurcht häufiger abbauen und letztlich seine „normale" Identität eher behalten bzw. leichter zu ihr zurückfinden können.

Optimal — aus der Sicht von Opfer und Täter — erschiene demzufolge eine Regelung, die einerseits die Opferentschädigung abhängig macht von den Bedürfnissen des Opfers und andererseits den Wiedergutmachungsbeitrag des Täters nach dessen Leistungsfähigkeit bemißt. In den einzelnen Fällen braucht demnach keine wertmäßige Entsprechung zu bestehen. So wäre es z. B. denkbar, daß ein Wirtschaftskrimineller oder Umweltverschmutzer zugunsten eines Opferfonds überproportional belastet wird und damit gleichsam die Beiträge für mittellose Einbrecher oder Schläger mitbezahlt. Letztere sind damit jedoch von einer Wiedergutmachungsleistung nicht befreit: Sie werden zu sozial nützlichen Arbeitsleistungen — möglichst zugunsten von Opfern — herangezogen, wobei der damit erwirtschaftete Wert nur zweitrangig ist.

5.2.1. Das Opferentschädigungsgesetz

Opfer von Gewalttaten (und nur diese) werden seit 1976 vom Staat nach dem Opferentschädigungsgesetz (OEG) unterstützt. Nachfolgend die wichtigsten Bestimmungen dieser Regelung:

§ 1. Anspruch auf Versorgung. (1) Wer im Geltungsbereich dieses Gesetzes oder auf einem deutschen Schiff oder Luftfahrzeug infolge eines vorsätzlichen, rechtswidrigen tätlichen Angriffs gegen seine oder eine andere Person oder durch dessen rechtmäßige Abwehr eine gesundheitliche Schädigung erlitten hat, erhält wegen der gesundheitlichen und wirtschaftlichen Folgen auf Antrag Versorgung in entsprechender Anwendung der Vorschriften des Bundesversorgungsgesetzes. Die Anwendung dieser Vorschrift wird nicht dadurch ausgeschlossen, daß der Angreifer in der irrtümlichen Annahme von Voraussetzungen eines Rechtfertigungsgrundes gehandelt hat.

(2) Einem tatsächlichen Angriff im Sinne de Absatzes 1 stehen gleich
1. die vorsätzliche Beibringung von Gift,
2. die wenigstens fahrlässige Herbeiführung einer Gefahr für Leib und Leben eines anderen durch ein mit gemeingefährlichen Mitteln begangenes Verbrechen.

(3) Einer Schädigung im Sinne des Absatzes 1 stehen Schädigungen gleich, die durch einen Unfall unter den Voraussetzungen des § 1 Abs. 3 Buchstabe e oder f des Bundesversorgungsgesetzes herbeigeführt worden sind; Buchstabe e gilt auch für einen Unfall, den der Geschädigte bei der unverzüglichen Erstattung der Strafanzeige erleidet.

(4) Ausländer haben keinen Anspruch auf Versorgung, wenn die Gegenseitigkeit nicht gewährleistet ist.

(5) Die Hinterbliebenen eines Geschädigten erhalten auf Antrag Versorgung in entsprechender Anwendung der Vorschriften des Bundesversorgungsgesetzes.

(6) Dieses Gesetz ist nicht anzuwenden auf Schäden aus einem tätlichen Angriff, die von dem Angreifer durch den Gebrauch eines Kraftfahrzeuges oder eines Anhängers verursacht worden sind.

(7) § 1 Abs. 3m §§ 64 bis 64 f sowie § 89 des Bundesversorgungsgesetzes sind mit der Maßgabe anzuwenden, daß an die Stelle der Zustimmung des Bundesministers für Arbeit und Sozialordnung die Zustimmung der für die Kriegsopferversorgung zuständigen obersten Landesbehörde tritt, sofern ein Land Kostenträger ist (§ 4).

§ 2. Versagungsgründe. (1) Leistungen sind zu versagen, wenn der Geschädigte die Schädigung verursacht hat oder wenn es aus sonstigen, insbesondere in dem eigenen Verhalten des Anspruchsstellers liegenden Gründen unbillig wäre, Entschädigung zu gewähren.

(2) Leistungen können versagt werden, wenn der Geschädigte es unterlassen hat, das ihm Mögliche zur Aufklärung des Sachverhalts und zur Verfolgung des Täters beizutragen, insbesondere unverzüglich Anzeige bei einer für die Strafverfolgung zuständigen Behörde zu erstatten.

Die weiteren Bestimmungen (§ 3-12) sind für unsere Thematik nur von untergeordnetem Interesse: § 3 regelt das Zusammentreffen von Ansprüchen aus diesem Gesetz mit Ansprüchen aufgrund anderer Gesetze (z. B. dem Bundesversorgungsgesetz), § 4 bestimmt die Kostenanteile von Bund und Ländern, § 5 den Übergang gesetzlicher Schadensanprüche gegenüber Dritten und § 6 die Zuständigkeiten und Verfahrensweisen. § 7 legt den Rechtsweg fest (Sozialgerichtsbarkeit).

Die bislang nach dem OEG gewährten Leistungen gehen aus Tab. 48 hervor:

Tabelle 48: Leistungen nach dem Opferentschädigungsgesetz (aus: Weisser Ring 4/85, S. 6)

Haushaltsjahr	Leistungen (in DM)
1976	2 056
1977	439 566
1978	2 935 213
1979	5 354 184
1980	7 640 772
1981	12 827 076
1982	16 970 088
1983	18 336 151
1984	20 358 761

Wie ersichtlich sind die Leistungen von Jahr zu Jahr erheblich gestiegen. Die Beträge erscheinen zunächst beeindruckend, doch ist daran zu erinnern, daß nach den Bestimmungen des Gesetzes nur einem Bruchteil der Opfer eine Entschädigung zusteht. Ein an der Universität Hamburg unter der Leitung von Villmow durchgeführtes Forschungsprojekt im Fachbereich Rechtswissenschaft erbrachte u. a. das Ergebnis, daß nur bei 7,2 % der erlittenen Viktimisierungen ein Antrag gestellt und nur etwa jeder 10. Antrag positiv beschieden wurde. Danach erhielten also noch nicht einmal 1 % aller Opfer von Gewalttaten staatliche Entschädigung (Weisser Ring 1/83, S. 6 ff.).

Für die Tatsache, daß nur ein Teil der Antragsberechtigten auch tatsächlich einen Antrag stellt, können mehrere Gründe ausschlaggebend sein:

— Das Opfer hat keine Kenntnis über seine Entschädigungsansprüche.
— Das Opfer scheut den mit der Antragstellung verbundenen Aufwand, vor allem wenn der materielle Schaden gering ist.

– Der unmittelbare materielle Schaden ist gering, die anderen Schadensarten sind durch Geldzahlungen aber nicht zu begleichen.
– Die Schäden werden durch Versicherungsleistungen oder Leistungen des Täters bzw. dessen Angehörigen abgegolten.
– Eine Antragstellung kann einem Opfer stigmatisierend und demütigend erscheinen (ebenso wie sich viele Berechtigte scheuen, Antrag auf Wohngeld oder Sozialhilfe zu stellen). In gewisser Weise kann die Antragstellung als sekundäre Viktimisierung erscheinen: Das Opfer muß (materielle) Bedürfnisse eingestehen, es wird vorgeladen, muß sich einer ärztlichen bzw. psychologischen Untersuchung unterziehen und erhält erst nach einem mehr oder weniger langen Zeitraum (ein Jahr scheint nicht ungewöhnlich) Bescheid darüber, ob und in welcher Höhe Zahlungen erfolgen. Die eingetretene Notlage kann durch das OEG jedenfalls nicht unmittelbar gelindert werden. In diesem Zusammenhang einige kritische Äußerungen der von uns befragten Opfer zu den Erfahrungen mit Behörden:

> „Was ich noch kurz erwähnen möchte, ist meine Erfahrung, wie man als Opfer einer Straftat bei Ämtern und Institutionen behandelt wird, von denen man Hilfe erwartet, nämlich so, als habe man die Tat allein verschuldet und keinerlei Anspruch auf Hilfe oder wenigstens Mitgefühl." (145)

> „Der seelische Schaden bei Mutter und Kindern zählt nichts . . . Die Kinder mußten die Bluttat (Tötungsversuch der Mutter durch den Ehemann; d. Verf.) mitansehen. keiner kümmerte sich um die Folgen . . . endlose Verhöre, aber keiner fragte, ob wir Hilfe brauchen." (51)

> „Ich habe noch weniger Verständnis (als für die Inaktivität der Ermittlungsbehörden; d. Verf.), daß vom Sozialamt X nach Einweisung ins Krankenhaus als erste Handlung mein Konto bei der Y-Bank in Z. (ca. 1500-2000 DM Reserve) gepfändet wurde." (41)

> „Ich bitte Sie, mir zu helfen, daß ich zu meinem Recht komme, da ich auf Behörden nur schlechte Erfahrungen gemacht habe." (31)

> „Bei Behörden sehe ich immer etwas rot; habe bis heute nur schlechte Erfahrungen gemacht. Es ist traurig, daß heutzutage nur alles mit Beziehungen und Partei geht." (39)

Viele Opfer sind auf Sozialhilfe angewiesen, zumal vom Täter nichts zu erwarten ist bzw. das Opfer Ansprüche nur auf dem langwierigen, mühseligen und risikoreichen Weg der Privatklage durchsetzen kann. Als sehr hilfreich hat sich der WEISSE RING erwiesen (vgl. 5.4.1.). Ca. 2/3 der von uns befragten Opfer haben von ihm eine Entschädigung erhalten; andere Leistungsträger traten bei dieser Population kaum in Erscheinung. Nur 10 % der befragten direkten Opfer bekamen eine staatliche Entschädigung. 7 % Zahlungen durch eine Versicherung und 4 % Leistungen des Täters oder dessen Familie. 2 % erhielten eine Wiedergutmachung durch den Täter, d. h. eine Leistung, die ihm vom Gericht auferlegt wurde.

Insgesamt hat sich die Situation der Opfer seit dem Inkrafttreten des OEG verbessert, doch wurde von Kritikern wiederholt auf gravierende Mängel hingewiesen (manche gingen dabei soweit, daß sie den Zweck des Gesetzes nicht in der Unterstützung der Opfer, sondern in der der Sozialstaat-Illusion sahen):

- Der Antragsteller muß nachweisen, daß er Opfer eines rechtswidrigen, tätlichen Angriffs geworden ist und die Schädigung nicht durch Fahrlässigkeit oder Provokation zustandegekommen ist. Wie in den vorhergehenden Abschnitten gezeigt wurde ist — zumal bei bestehender Täter-Opfer-Beziehung — das Vorliegen von Handlungen des Opfers wahrscheinlich, die vom Täter als Provokation aufgefaßt werden können. Weiterhin erscheint es unbillig, Opfern bzw. deren Hinterbliebenen, die in geringfügiger Weise bzw. unabsichtlich einen Täter provoziert haben und daraufhin schwer geschädigt wurden, eine Entschädigung zu versagen (vgl. die Beispiele 28, 92, 147).
- Kritisiert wird auch, daß das Gesetz weniger dem einzelnen Opfer zugute käme, als den Krankenkassen, die sich nun einen Teil der Behandlungskosten vom Staat ersetzen lassen könnten.
- Nur ein Teil der Opfer besitzt überhaupt Kenntnisse von seinen Ansprüchen. Aus diesem Grund fordert der WEISSE RING eine grundsätzliche Information der Opfer bei der Anzeigeerstattung. Manche Opfer verfügen zwar über die entsprechenden Informationen, doch fühlen sie sich im Umgang mit Behörden und Ämtern so unsicher, daß sie eine Angtragstellung unterlassen.
- Die Stichtagregelung wurde vielfach als ungerecht empfunden. Es besteht die Forderung, auch solche Opfer miteinzubeziehen, die vor Inkrafttreten des OEG geschädigt wurden. So fordert der WEISSE RING, daß alle Opfer von Gewalttaten seit der Gründung der Bundesrepublik Deutschland (23.5.1949) berücksichtigt werden. Personen, die in der Zeit vom 23.5.1949 bis zum 15.5.1976 geschädigt wurden, können zwar nach § 10a des OEG ebenfalls Entschädigung erhalten, doch müssen sie nachweisen, daß sie allein aufgrund der erlittenen Schädigung schwerbeschädigt sind, daß sie bedürftig sind und daß sie im Geltungsbereich des Gesetzes ihren Wohnsitz oder gewöhnlichen Aufenthalt haben.
- Nach § 1(4) des OEG erhalten geschädigte Ausländer nur dann Leistungen, wenn in ihren Heimatländern eine dem OEG vergleichbare Regelung besteht. Dagegen wurde gefordert, daß zumindest in Härtefällen auch Angehörige anderer Staaten eine Entschädigung erhalten können.

– Verkürzung des Zeitraums zwischen Antragstellung und Leistungserbringung. Der Zweck, die durch die Straftat eingetretene Notsituation zu lindern, kann so nicht erfüllt werden. Dazu zwei Stellungnahmen von Opfern aus unserer Befragung:

„Im Besonderen muß darauf hingewiesen werden, daß die Bearbeitung recht langwierig und zeitraubend ist. Der Zeitraum von der Antragstellung bis zur Verbescheidung ist zu lang. Antragstellung beim zuständigen Versorgungsamt am 5.5.81. Bis heute (24.6.82) noch kein endgültiger Bescheid." (64)

„Die Versorgungsämter sollte man zur besseren Zusammenarbeit auffordern. Auf meinen Antrag zum Versorgungsamt Z (fast 1 Jahr) bis heute nicht die geringste Stellungnahme" (60)

– Aufhebung der Beschränkung auf Opfer von Gewaltdelikten: Die überwiegende Mehrzahl der von uns befragten Opfer (84 %) kritisierte die entsprechende OEG-Bestimmung. Dazu eine Äußerung von vielen:

„Nach meiner Erfahrung bekommt man vom Staat nur eine Entschädigung, wenn man ganz schwere Folgeschäden hat. Und die Entscheidung des Versorgungsamtes, daß ich „nur" 10 % geschädigt sei und keinen Anspruch auf eine Leistung des Staates hätte, dauerte volle zwei Jahre!" (122)

– Das Opferentschädigungsgesetz beschränkt sich auf finanzielle Leistungen und bietet keine Hilfe für die Verarbeitung der Tat. Notwendige therapeutische Maßnahmen sollten aber sinnvollerweise möglichst bald nach der Tat eingeleitet werden.
– Leistungen nach dem OEG sind an die Bedingung gebunden, daß eine „unverzügliche Anzeigeerstattung" erfolgt (§ 2). Dieser Begriff ist auslegebedürftig und müßte auch die verständlichen Verzögerungen bei der Anzeigeerstattung aufgrund der durch die Tat eingetretenen Schockwirkungen berücksichtigen.
– Es gibt Fälle, in denen das Opfer keine Leistungen erhält bzw. erhaltene Leistungen wieder zurückzahlen muß, weil eine spezifische Situation vorliegt: Da im Falle einer von ihrem Ehemann schwer mißhandelten Frau nicht ausgeschlossen werden konnte, daß auch der Täter von den Zahlungen profitiert, unterblieben Leistungen. In einem anderen Fall wurde eine Ehefrau von ihrem Mann erheblich verletzt; der Täter beging danach Selbstmord. Das Opfer erhielt zwar zunächst Leistungen, doch mußte sie diese als Erbin des zusammen mit ihrem Mann bewohnten Einfamilienhauses wieder zurückerstatten.
– Wiederholt wurde gefordert, auch Auslandsopfer einzubeziehen. Deutsche, die im Ausland zu Schaden gekommen sind, erhalten bislang keine Entschädigung nach dem OEG. Der Weisse Ring setzt sich seit langem dafür ein, daß in Härtefällen vom Territorialprinzip abgegangen wird.

– In einem gewissen Sinne wird die Flucht vor einem Täter bestraft, denn nach einem Urteil des Bundessozialgerichts besteht bislang kein Anspruch auf Leistungen nach dem OEG, wenn (noch) kein unmittelbarer tätlicher Angriff vorgelegen hat. Dieser Entscheidung war ein Fall vorausgegangen, wonach eine Frau, die bemerkt hatte, daß sich Einbrecher an der Wohnungstür zu schaffen machten, in panischer Angst aus dem Fenster gestiegen, dabei zu Fall gekommen war und sich ernsthaft verletzt hatte. Ihre Entschädigungsklage wurde mit der Begründung abgewiesen, daß mit dem lautstarken Eindringen in die Wohnung noch kein vorsätzlicher tätlicher Angriff auf das Opfer stattgefunden habe, wie in § 1 des OEG voraussetzt (WEISSER RING 2/1984).

Alle von uns befragten Opfer hatten in irgendeiner Weise Bekanntschaft mit dem OEG gemacht, sei es auch nur, daß ihnen Leistungen verweigert wurden. Auf die (ohne Antwortvorgaben) gestellten Fragen nach eventuellen Ergänzungen oder Alternativen erhielten wir folgendes Ergebnis:

Tabelle 49: Ansichten über wünschenswerte Verbesserungen bei der rechtlichen Regelung der Wiedergutmachung (Mehrfachnennungen)

Maßnahme	indirekte Opfer	schwere K.verl.	Vergewalt.	Raub	sonst. Delikt
Wiedergutmachung allein nach Bedürftigkeit des Opfers	4 %	–	–	4 %	–
Entschädigung für alle Opfer	4 %	6 %	4 %	23 %	20 %
zunächst Entschädigung durch den Staat	8 %	24 %	17 %	19 %	–
voller Schadenersatz	12 %	18 %	17 %	4 %	33 %
unbürokratische Hilfe	4 %	9 %	17 %	4 %	7 %
Mehr Täterleistung	23 %	24 %	22 %	31 %	13 %
besserer staatl. Schutz	–	3 %	17 %	12 %	–
härtere Strafen	39 %	12 %	4 %	–	20 %
sonstiges	8 %	3 %	–	4 %	7 %
Fallzahl	(26)	(33)	(23)	(26)	(15)

Bemerkenswert, daß nur eine Minderheit – und zwar überwiegend die besonders betroffenen indirekten Opfer – härtere Strafen fordert! Dies darf jedoch nicht überbewertet werden, denn nach dem Wortlaut der gestellten Frage „Wie sollte Ihrer Meinung nach von Rechts wegen die Wiedergutmachung bei Straftaten allgemein geregelt sein?") erscheint die Kategorie „härtere Strafen" eigentlich nicht als Weg zur Wiedergutmachung.

„Bürokratie“ bei der Wiedergutmachung spielt offenbar — entgegen einer verbreiteten Ansicht und auch entgegen einiger ausdrücklichen Opfermeinungen — keine besondere Rolle; in dieser Hinsicht scheinen die Opfer relativ unbelastet zu sein.

Vergleichsweise häufig ist der Ruf nach mehr Täterleistung. Abgesehen von den Opfern sonstiger Delikte schwankt der Anteil derjenigen, die danach verlangen, zwischen 1/4 und 1/3. In all diesen Deliktkategorien lagen Gewalttaten vor. Dazu einige Kommentare:

„Entschädigung müßte nur vom Täter geleistet werden. Nicht nur für das Opfer, sondern auch für die Leistungsträger (Krankenkasse etc.).“ (51)

„Wenn der Täter nicht herangezogen werden kann, müßte der Staat für die Wiedergutmachung aufkommen. In meinem Fall ist der Staat die Ursache, daß Menschen wie der Täter (Ausländer, illegal in der BRD) sich hier aufhalten und Frauen überfallen können. Ich haben keinen Pfennig Entschädigung bekommen (Überfall mit schwerer Körperverletzung — Kiefernbruch, Würgemale und Vergewaltigung —) der Täter hatte kein Geld. Gerecht wäre, wenn er in seiner Haft arbeiten müßte und das so verdiente Geld an seine Opfer abführen müßte.“ (130)

Im übrigen wurde auch Kritik daran geäußert, daß die Geschädigten gezwungen sind, ihre Forderungen gegenüber dem Täter in einem gesonderten, von ihnen zu initiierenden Zivilverfahren durchzusetzen:

„Strafprozeß und Zivilprozeß müßten in einer Verhandlung abgeschlossen werden.“ (51)

„Man hat mir gerichtlichen Schadenersatz zugesprochen. Warum hilft man mir nicht, daß ich das bekomme, und wenn es auf Raten käme, aber gar nichts ist eine Schweinerei.“ (122)

Die Forderungen nach einer Verbesserung der Situation von Verbrechensopfern und einer Revision bestehender Regelungen des OEG zugunsten der Betroffenen werden im Prinzip weitgehend anerkannt. Ein im Sommer 1985 von der SPD vorgelegter Gesetzentwurf zur Stärkung der Rechte der Opfer von Straftaten berührt aber nicht nur deren Stellung, sondern soll auch den Tätern zugutekommen. Neben der Forderung nach einem Rechtsbeistand für die Opfer ist vorgesehen, Wiedergutmachungsleistungen des Täters strafmildernd anzuerkennen, Verfahrenseinstellungen zu erleichtern und auch Geldstrafen zur Bewährung auszusetzen. Tätern, die wegen Wiedergutmachungsleistungen eine Geldstrafe nicht bezahlen können, soll die dann drohende Gefängnisstrafe erlassen werden (SZ vom 11.7.85). Gegenüber den weitergehenden und konkreteren Vorstellungen des Weissen Rings ist diese Initiative aus der Sicht der Opfer heraus jedoch enttäuschend.

5.2.2. Die gesetzliche Regelung der Opferentschädigung anderer Ländern

Neuseeland war der erste Staat, in dem (1963) ein Opferentschädigungsgesetz erlassen wurde, gefolgt von Großbritannien (1964) und einzelnen amerikanischen Bundesstaaten.

In *Österreich* erhalten österreichische Staatsbürger eine staatliche Entschädigung, wenn sie Opfer einer Straftat geworden sind; die Anspruchsvoraussetzungen sind mit denjenigen des deutschen OEG vergleichbar. Das 1972 erlassene Gesetz über die Gewährung von Hilfeleistungen an die Opfer von Verbrechen sieht im Falle einer strafgesetzwidrigen Körperverletzung oder Gesundheitsschädigung Hilfeleistungen des Staates durch die Übernahme der Kosten für die Heilung und die berufliche und soziale Rehabilitation vor. 5 Jahre später erfolgte eine Ergänzung sowohl hinsichtlich des Umfangs der Schadensfälle als auch hinsichtlich der möglichen Höhe der Ersatzleistungen. Die Stellung der Opfer erfuhr eine weitere Verbesserung durch die Strafprozeßnovelle von 1978, die sich mit der Bevorschussung von Schadensersatzansprüchen der Geschädigten durch den Staat befaßt. Die nachfolgende Übersicht zeigt die Leistungen zwischen 1977 und 1982 (WEISSER RING 4/1984, S. 13):

Tabelle 50: Staatliche Opferentschädigungen in Österreich zwischen 1977 und 1982

Zahl der Fälle, in denen eine Entschädigung gewährt wurde			Aufwand nach dem Verbrechensopfer-Entschädigungsgesetz		
Jahr	Fälle	Veränderung zum Vorjahr in %	Jahr	Aufwand in Schilling	Veränderung zum Vorjahr in %
1977	81	+ 23	1977	1 191 000	–
1978	101	+ 25	1978	1 754 000	+ 47
1979	125	+ 24	1979	2 195 000	+ 25
1980	185	+ 48	1980	3 000 000	+ 37
1981	226	+ 22	1981	3 986 000	+ 33
1982	266	+ 18	1982	4 542 000	+ 14

Ein wesentlicher Impuls für eine gesetzliche Regelung der Opferentschädigung ist in der *Schweiz* der Initiative einer Zeitung, für ein Volksbegehren einzutreten, zu verdanken. Daraufhin geriet die Bundesregierung in Zugzwang, deren Gegenvorschlag eine noch weitergehende Unterstützung beinhaltete, die auch die Opfer fahrlässiger Straftaten mit einschloß. Die an sich begrüßenswerte Ausweitung des Opferschutzes wird jedoch dadurch relativiert, daß die meisten der fahrlässig begangenen Straftaten gegen Leib oder Leben auf

Verkehrsdelikte zurückgehen, für deren Folgen die obligatorische Haftpflichtversicherung aufkommt.

Voraussetzung für eine angemessene Entschädigung ist, daß das Opfer aufgrund der Straftat in ernsthafte wirtschaftliche Schwierigkeiten geraten ist, also bei (nachzuweisender) Bedürftigkeit. Dies beschränkt den Kreis der zu unterstützenden Opfer und trägt dazu bei, die Kosten des Gesetzes zu begrenzen, bedeutet aber andererseits, daß dem Opfer erst dann geholfen wird „... wenn es am Bettelstab daherkommt". Manche Opfer werden die Kosten der Antragstellung scheuen und auf ihnen zustehende Leistungen verzichten, zumal die Prozedur und der Nachweis der Bedürftigkeit als diskriminierend und entwürdigend empfunden werden kann (weitere Viktimisierung).

In *Norwegen* bekommen vergewaltigte Frauen bei der Anzeigeerstattung eine Liste mit Anwälten vorgelegt, die sich auf die Hilfe in solchen Fällen spezialisiert haben. Erst im Beisein des Anwalts darf das Verhör beginnen — es sei denn, die Frau verzichtet auf diesen Rechtsanspruch. Gegen diese Regelung haben jedoch der Verband der Rechtsanwälte und eine Frauenrechtsgruppe Bedenken angemeldet: Erstere weisen darauf hin, daß diese Regelung von der gültigen Prozeßordnung abweicht und die Rechtssicherheit beeinträchtige; die Frauenrechtlerinnen kritisieren, daß aufgrund der Tatsache, daß Beschuldigter und Opfer durch Anwälte vertreten seien, die verbreitete Einstellung, wonach es bei Vergewaltigungen zwei Schuldige gäbe, noch verstärkt würde. Die Erfahrungen mit dieser Regelung waren jedoch so positiv, weshalb sich das Justizministerium zu einer Ausweitung auf andere Gewaltopfer entschlossen hat (WEISSER RING 2/1982).

In *Frankreich* wurden die meisten Anträge auf eine Entschädigung von Opfern abgelehnt, obgleich es seit 1977 eine entsprechende Kommission gab. Seit 1982 müssen die Geschädigten nicht mehr erst auf den Abschluß des Strafverfahrens warten, um dann durch einen anschließenden Zivilprozeß Entschädigung zu erhalten, da das Zivilgericht bereits vorher Ersatzleistungen anordnen kann. Weiterhin besteht die Möglichkeit, daß die Versicherungen als Nebenkläger im Strafprozeß auftreten und die Strafkammer gleich über Art und Höhe der Entschädigung mitentscheidet. Darüber hinaus soll es dem Ermittlungsrichter möglich sein, noch vor Prozeßbeginn einen vermutlich Schuldigen zu veranlassen, Geld für spätere Entschädigungsansprüche auf ein Sperrkonto einzuzahlen. Weiterhin will man auch zukünftig verhindern, daß sich ein Beschuldigter künstlich „verarmt", indem er z. B. seine Firma der Ehefrau überschreibt. Ist der Schuldige nicht zu ermitteln oder unauffindbar, so springt der Staat ein. Alle diejenigen können mit Unterstützung rechnen, bei welchen Gesetzesverstöße „schwere Störungen der Lebensbedingungen oder Verringerung oder Verlust von Einkommen durch eine Erhöhung der Belastungen, eine Verringerung der beruflichen Tauglichkeit oder körperliche oder geistige Beeinträchtigungen zur Folge hatten" (WEISSER/RING 3/1983, S. 12). Dazu wurde ein Leitfaden für die Rechte der Opfer erstellt. Die Leistungen betrugen 1982 7 Millionen Francs (ca. 2,2 Millionen DM), 1984 aber bereits 30 Millionen Francs (ca. 10 Millionen DM). Weiterhin wurde beschlossen, daß bei noch offenstehenden Forderungen des Opfers gegenüber dem Täter dieses vor einer bedingten Freilassung des Täters zu konsultieren sei.

Seit dem 1.1.1981 gibt es auch in *Japan* ein Opferentschädigungsgesetz. Der Kreis der Anspruchsberechtigten setzt sich aus denjenigen zusammen, die in Japan (bzw. außerhalb des Landes) auf einem japanischen Schiff oder in einem japanischen Flugzeug durch eine vorsätzliche Straftat schwere Körperschäden erlitten haben. Auch die Hinterbliebenen vorsätzlich Getöteter erhalten eine Entschädigung. Der Antrag muß an die Behörde für öffentliche Sicherheit gestellt werden. Sie entscheidet sowohl über die Gewährung wie auch über die Höhe der Leistung, die sich aus der Schwere des Schadens und den Einkommens- und Vermögensverhältnissen ergibt. Wurde das Opfer getötet, so steht den Hinterbliebenen ein Betrag zwischen 2,2 und 8,45 Millionen Yen (= zwischen 26 400 DM und 101 400 DM) zu; erwerbsunfähig gewordene Opfer erhalten zwischen 2,6 Millionen und 10,5 Millionen Yen (31 200 DM und 126 000 DM). Eine Kürzung der Entschädigung kann dann erfolgen, wenn die Tat auf ein vorwerfbares Verhalten des Opfers zurückzuführen ist oder wenn Täter und Opfer verwandt oder verschwägert sind (Kriminalistik 7/84).

5.3. Viktimologische Aspekte der Nicht-Kriminalisierung und Resozialisierung

Opferhilfe und Resozialisierung des Täters werden häufig als zwei gegensätzliche, konkurrierende, zumindest aber getrennte Anliegen wahrgenommen. Erst in letzter Zeit gibt es vermehrte Bemühungen, beide Zielsetzungen als sich ergänzend und aufeinander verweisend zu begreifen: Einerseits kann die Hilfe für das Opfer einen Beitrag zur Resozialisierung des Täters leisten, andererseits kommen Resozialisierungsbemühungen den Opfern und insbesondere den potentiellen Opfern zugute. Ein Reformvorschlag zielt auf eine opferbezogene Strafrechtspflege ab, der die Vorstellung zugrundeliegt, den Konflikt zwischen Täter und Gesellschaft (der den älteren Konflikt zwischen Täter und Opfer durch das Strafrecht abgelöst hat) in ein dreifaches Spannungsverhältnis zwischen Täter, Opfer und Gesellschaft umzuwandeln, wobei alle Konfliktparteien sich aufeinander zubewegen müssen.

5.3.1. Resozialisation als Gegenstrategie zur Viktimisierung

Das Bemühen um Resozialisierung findet seine Rechtfertigung vor allem darin, daß auf diese Weise weitere Straftaten derselben Täter verhindert werden, was auf eine Reduzierung der Anzahl potentieller Opfer hinausläuft. Die relativ geringe Effektivität, die sich in Rückfallquoten von ca. 70 % manifestiert, spricht nicht gegen diesen Grundgedanken, sondern gegen die aktuelle Praxis der Resozialisierung (zu wenig Bewährungshelfer, Schwierigkeiten der Arbeits- und Wohnraumbeschaffung usw.). Resozialisierung hat damit einen erheblichen prophylaktischen Wert, der allerdings statistisch kaum meßbar ist; es gibt keine Statistik für nicht geschehene Straftaten.
Resozialisierungsbemühungen haben in erster Linie am Straftäter selbst und dessen Umfeld anzusetzen, können aber auch — soweit sinnvoll — die Opfer miteinbeziehen (vgl. 5.3.2.). Täter, die aufgrund der Resozialisierungsbemühungen in die Lage versetzt werden, ihre Bedürfnisse mit legalen Mitteln durchzusetzen, werden in geringerem Ausmaß dazu veranlaßt sein, dies zum Nachteil anderer zu tun.

Eine Vielzahl konkreter Maßnahmen können hierzu beitragen, angefangen von der Hilfe bei der Arbeitssuche über die Verbesserung sozialer Kompetenz (z. B. durch Rollenspiele etc.) oder die Bearbeitung verdrängter Konflikte durch Therapie bis hin zu Bemühungen, resozialisierungserschwerende Vorurteile in der Öffentlichkeit abzubauen. Da wir uns primär mit den Opfern beschäftigen, wollen wir danach fragen, inwieweit viktimologische Erkenntnisse Resozialisierungsbemühungen unterstützen können.

Soweit irgendwie möglich, sollen demnach Täter und Opfer veranlaßt werden, sich mit der Tat und ihren Folgen auseinanderzusetzen und — mit Unterstützung und Hilfestellung durch Dritte — aufeinander zuzugehen. Plausiblerweise ist hier die Bereitschaft der Opfer, insbesondere bei schwerwiegenden Straftaten — nicht groß. In der mehrfach zitierten Opferstudie wurden die Probanden u. a. auch danach gefragt, ob sie es für sinnvoll hielten, mit dem Täter vor der Gerichtsverhandlung zu einem Gespräch (unter Beteiligung von Dritten) zusammenzutreffen. Mehr als 3/4 der Befragten hielten ein derartiges Gespräch generell für sinnlos, wobei sich zwischen den einzelnen Deliktgruppen kaum Differenzen zeigten. Erwartungsgemäß hatten auch nur sehr wenige Opfer einen Gesprächsversuch unternommen, wobei wiederum nur in 2 Fällen überhaupt ein Kontakt zustandekam, so daß sich weitere quantitative Analysen erübrigen. Vermutlich ist die Bereitschaft der Opfer, auf den Täter zuzugehen bzw. Reue und Wiedergutmachungswillen des Schuldigen zu akzeptieren, bei geringfügigeren und wiedergutzumachenden Straftaten, d. h. insbesondere bei Eigentums- und Vermögensdelikten, größer. Im Rahmen einer opferbezogenen Strafrechtspflege käme es darauf an, Opfern klarzumachen, daß die Resozialisierung von Straftätern der sicherste Weg ist, weitere Verbrechen zu vermeiden und daß sie selbst einen (wenn auch bescheidenen) Beitrag hierzu leisten können.

5.3.2. *Direkte und indirekte Opferhilfe als Beitrag zur Resozialisierung – Gedanken zur opferbezogenen Strafrechtspflege*

Der Sinn der Sühne besteht neben der Versöhnung von Täter und Rechtsordnung auch im Friedensschluß zwischen Täter und Opfer. Wie eingangs gezeigt wurde, ist letzteres rechtsgeschichtlich älter. Nach dem mittelalterlichen Augsburger Stadtrecht konnte z. B. ein Schuldiger der Bestrafung durch Geldzahlung an die öffentliche Hand bisweilen noch entgehen, wenn es ihm gelang, des Opfers „Freundschaft" zu gewinnen und mit ihm einen Sühnenvertrag abschloß, in dem das Opfer auf seinen Strafanspruch verzichtete. Auch das „Richten nach Gnade", bei dem dem Täter eine geringere als die vorgesehene (oder gar keine) Strafe auferlegt wurde, hing weitgehend von der Zustimmung des Opfers ab (AMELUNXEN 1970, S. 16). Bei Ächtung und Verbannung des Täters beruhte die Lösung der Acht oder die Rückkehrerlaubnis häufig auf der Versöhnung mit dem Opfer. Auch nach dem 16. Jahrhundert, als das Begnadigungsrecht schon weitgehend auf die Territorialherren übergegangen war, bestanden in manchen Gegenden immer noch Einflußmöglichkeiten des Opfers. So verzichtete noch bis ins 18. Jahrhundert die Obrigkeit in den Niederlanden, Friesland, Schleswig-Holstein und Tirol auf die Bestrafung eines Totschlägers, wenn nach Zahlung eines Blutgeldes Friede mit den Hinterbliebenen des Getöteten hergestellt war. Die Sühne war häufig mit einer feierlichen Abbitte verknüpft, bisweilen auch mit weiteren Leistungen des Täters wie z. B. Teilnahme an einer Wallfahrt. Durch die allmähliche Monopolisierung von Sühne und Strafe durch den Souverän bzw. den Staat erfuhren jedoch langfristig die Interessen der Geschädigten immer weniger Anerkennung. An die Stelle des Konflikts zwischen den unmittelbar Beteiligten war der Konflikt vor allem zwischen dem Straffälligen und der Gesellschaft getreten, an die Stelle des direkten Interessenausgleichs zwischen den Tatbeteiligten allenfalls eine für das Opfer belastende Begegnung im Zusammenhang mit dem Strafverfahren.

Die von der Person des Opfers gelöste Behandlung des Täters erleichtert dessen Distanzierung davon, da er mit den Folgen seines Tuns nicht weiter konfrontiert wird. Sie läßt auch häufig Gefühle der Verantwortlichkeit gar nicht erst aufkommen, da er ja nichts zur Wiedergutmachung und Linderung des Schadens beitragen kann, auch wenn er dies möchte. Schließlich kann sie sogar zur Verbitterung des Schuldigen und zu einem zusätzlichen Haß auf das Opfer beitragen (Fallbeispiel 9): Er wird den Sinn der Strafe schwer erkennen, wenn damit keine Wiedergutmachung geleistet wird bzw. werden kann. Im Laufe des Gefängnisalltags mag er die Tat und das begangene Unrecht allmählich vergessen, die aktuelle Realität der Inhaftierung tritt ihm dagegen Tag für Tag ins Bewußtsein, trägt zur Entstehung von Ressentiments bei und erschwert eine spätere Wiedereingliederung.

Soweit als möglich sollte daher der Täter wenigstens zu einer symbolischen Wiedergutmachung herangezogen werden. Abgesehen von diesbezüglichen Auflagen durch das Gericht bieten sich hier eine Reihe von Möglichkeiten an, wobei auch die in den Strafanstalten arbeitenden Sozialarbeiter einen wichtigen Beitrag leisten können (vgl. z. B. MÜLLER-DIETZ 1985; RÖSSNER/WULF 1985, S. 103 ff.). Mag der ökonomische Wert derartiger Bemühungen für das Opfer auch gering sein, so kann das Wissen um die Bemühungen des Täters doch auch bei ihm Versöhnungsbereitschaft einleiten. Größer wird der Nutzen aber für den Täter sein, der damit für die Belange des Geschädigten sensiblisiert wird, erfährt, daß er von sich aus etwas tun kann und damit aus seiner häufig fatalistischen und bequemen Haltung herausgedrängt wird. Dies wird allerdings nicht bei jedem Täter möglich sein: schwere Sozialisationsdefizite und Persönlichkeitsstörungen können die Fähigkeit, Unrecht zu erkennen, erheblich herabsetzen.

Voraussetzung für eine wirksame finanzielle Opferhilfe seitens des Täters ist, daß dieser auch dazu in die Lage versetzt wird, sei es durch Erlaß der Geldstrafe, um diese den Opfern zugute kommen zu lassen, durch — soweit anderweitig vertretbar — einen Verzicht auf die Vollstreckung einer Freiheitsstrafe oder durch eine bessere Bezahlung der im Gefängnis geleisteten Arbeit. Allerdings besteht hier die Gefahr einer Ungleichbehandlung der Täter, da die relativ begünstigten (sicherer Arbeitsplatz, keine kriminelle Karriere, funktionierende soziale Bindungen, aber keine erdrückenden familiären Verpflichtungen usw.) eine bevorzugte Behandlung erfahren könnten (sie können wirksame Entschädigung leisten), während Schuldige ohne realistische Chance zur Opferentschädigung (z. B. ungünstige schulische Voraussetzungen, Arbeitslosigkeit, vorangegangene kriminelle Karriere) eher inhaftiert würden. Insofern ist mit Vorbehalten gegen eine derartige, aus der Sicht der Opfer und der „begünstigten" Täter zu begrüßende Regelung, zu rechnen.

Nach § 188 StGB besteht die Möglichkeit, eine Geldbuße zu verhängen, die dem Opfer zugutekommt, wenn „die Beleidigung nachteilige Folgen für die Vermögensverhältnisse, den Erwerb oder das Fortkommen des Beleidigten mit sich bringt". § 231 StGB setzt fest, daß auch dem Opfer eines Körperverletzungsdelikts eine Buße zugesprochen werden kann. Allerdings ist hierbei zu berücksichtigen, daß eine derartige Buße das Geltendmachen weiterer Entschädigungsansprüche ausschließt und somit die häufig auftretenden Spätfolgen von Körperverletzungen nicht entschädigt werden.

Die Problematik und begrenzte Hilfe durch individuelle Täterleistungen hat immer mehr Gerichte dazu veranlaßt, Geldbußen zugunsten gemeinnütziger Organisationen, wie dem WEISSEN RING, auszusprechen, die dann indirekt den Opfern zugutekommen. Bleibt es allein bei dieser Art der Täterleistung, der indirekten Wiedergutmachung, so läuft dies auf eine (zusätzliche) Geldstrafe und eine anonyme Opferhilfe hinaus. Weder Täter noch Opfer haben Veranlassung, ihr Verhältnis zueinander zu überdenken und ggf. direktere Wege der Konfliktbewältigung und des Ausgleichs zu suchen. Dagegen erscheint die Verhängung von Arbeitsauflagen zumindest unter dem Resozialisierungsgesichtspunkt nützlicher. Diese Alternative wird seit einigen Jahren von Jugendrichtern (z. B. in München) vermehrt eingesetzt, wobei der Verein „Brücke e. V." Hilfestellung bei der Organisation der Arbeitseinsätze leistet (vgl. hierzu z. B. PFEIFFER 1983). Wenn auch die Leistungen den Opfern nur in Einzelfällen zugutekommen, dürfte der Resozialisierungseffekt insofern größer sein, als sich die Täter so direkt auch mit der Not anderer (Behinderter, Alter) auseinandersetzen müssen. Auch unter dem Aspekt der Gerechtigkeit und Gleichbehandlung ist diese Lösung zumindest einer Geldbuße vorzuziehen: während diese unerschiedlich spürbar ist, wirken Einschränkungen an Freizeit weitgehend unabhängig von Sozialstatus und familialer Situation. Dennoch bleibt der partielle Wiederspruch zwischen Resozialisierungserwägungen und effektiver Opferhilfe bestehen: Während dem Geschädigten materiell am meisten durch eine möglichst hohe Entschädigung geholfen ist und andere Aspekte insbesondere bei finanzieller Notlage leicht zweitrangig werden, ist eine wirkungsvolle materielle Hilfe durch die Täter in vielen Fällen nicht möglich und — aus Resozialisierungsgesichtspunkten auch nicht sinnvoll. Direkten und für beide Seiten effektiven Täterleistungen sind damit Grenzen gesetzt. Statt dessen bietet sich eine Entkoppelung von Opferentschädigung und Täterleistung an (vgl. oben).

Aus Gründen des Opferschutzes und des Schutzes vor tertiärer Viktimisierung ist es aber — insbesondere in Fällen der Schwerstkriminalität — vielfach gar nicht erwünscht, daß nach der Tat bzw. dem Verfahren eine Beziehung zwischen den Tatbeteiligten hergestellt oder fortgesetzt wird. Abgesehen von den Fällen, in denen eine Inhaftierung aus Gründen der Gemeingefährlichkeit unumgänglich erscheint (vgl. Fallbeispiel 43), wurde wiederholt auf die psychischen Belastungen des Opfers durch eine erneute, zwangsweise und wenig behutsame Konfrontation mit Tat und Täter hingewiesen. So wünschenswert ein Täter-Opfer-Ausgleich auch sein mag, so sind entsprechende Erwartungen doch in konkreten Fällen häufig unrealistisch. Dazu ein Leserbrief auf eine im November 1984 in Bad Boll abgehaltene Tagung der Evangelischen Akademie, die unter dem Motto „Opfer, Täter und Gesellschaft" stand: „Nach dem Bericht über eine Arbeitstagung in Bad Boll forderte eine Arbeitsgemeinschaft zur Förderung der sozialen Strafrechtspflege, über dem Opfer den Täter nicht zu vergessen. Man solle beide nicht in einen Gegensatz bringen. Aber hat sie nicht schon die Tat in einen Gegensatz gebracht? Der Verein ‚Opferhilfe' will Opfer und Täter am runden Tisch zusammenbringen. Doch wohl nicht die vergewaltigte Frau?" (WEISSER RING 3/85, S. 12).

Auf keinen Fall wird man die Mitwirkung des Opfers an einem Ausgleich und damit auch an den Resozialisierungsbemühungen erzwingen können. Hier stehen sich somit Opferschutz und Resozialisierungsbemühen diametral gegenüber — ebenso in den Fällen, in denen dem konkreten Opfer oder der Öffentlichkeit erhebliche Gefahr droht (Fallbeispiel 42). Nach § 42e StGB kann eine Sicherungsverwahrung u. a. dann angeordnet werden, „wenn die Gesamtwürdigung des Täters und seiner Taten ergibt, daß er infolge eines Hanges zu erheblichen Straftaten, namentlich zu solchen, durch welche die Opfer seelisch oder körperlich schwer geschädigt werden . . . für die Allgemeinheit gefährlich ist" (AMELUNXEN 1970, S. 55). Dies bedeutet jedoch nicht die Vergeblichkeit des Bemühens um eine opferbezogene Strafrechtspflege, die von einem dreifachen Spannungsverhältnis zwischen Täter, Opfer und Gesellschaft ausgeht. Die Grundgedanken umreißen RÖSSNER/WULF (1985, S. III) wie folgt: „Eine unmittelbare Konfrontation mit dem Opfer betont nach der Tat die soziale Verantwortlichkeit des Täters. Durch die Möglichkeit einer Wiedergutmachung im Rahmen des Strafverfahrens erhält er Gelegenheit, aus einer passiven, straf- und behandlungsempfangenden Rolle herauszukommen und eigene Initiative für soziales Verhalten zu entwickeln. Umgekehrt ermöglicht dem Opfer die Aufnahme in den strafrechtlichen Dialog, das belastende Erlebnis verarbeiten zu können, Genugtuung für sein Leiden zu erfahren und im Strafverfahren keinen zweiten Opfergang gehen zu müssen. Ein Strafverfahren ohne Opferbezug mag zwar den repressiven Strafzweck erfüllen und einen fiktiven Rechtsfrieden zwischen Täter und Gesellschaft wiederherstellen. Nur die Elemente des Opferausgleichs und des Opferschutzes verbürgen aber Konfliktverarbeitung mit dem Ziel einer realen Befriedung. Sie dient der Resozialisierung des Täters im gleichen Maße wie der Rehabilitation des Opfers; es kann und darf nicht die Rede davon sein, daß die Hinwendung zum Opfer aus einer Abkehr vom Täter folgt bzw. zu ihr führt."

Hier sollte man aber auch die Grenzen in bezug auf die Straftat und die Täter- und Opferpersönlicheit erkennen — abgesehen davon, daß immer noch ein „Aufholbedarf" für die Opfer besteht.

5.4. Freiwillige Opferhilfe

Opferhilfe, die allein dem Staat überlassen bleibt, wird auch bei großzügigster Gewährung immer nur partielle Hilfe sein, besonders wenn sie sich auf die Verteilung finanzieller Mittel beschränkt. In einem weiteren Sinne wird Opferhilfe von Zeugen, Ärzten, Pflegern usw. geleistet. Ist jedoch die aktuelle Notlage überwunden bzw. keine akute physische Gefährdung erkennbar, findet sich das Opfer oft allein und verlassen (vgl. Fallbeispiel 141). Trost, Zuspruch, seelischer Beistand, aber auch eine Vielzahl größerer und kleinerer praktischer Hilfestellungen im Zusammenhang mit der Tat und den Tatfolgen sind allein mit Geld nicht zu erreichen. Dies wiegt um so schwerer, als Opfer nicht nur aufgrund der erfolgten Viktimisierung häufig macht- und hilflos sind, sondern überdies macht- und hilflose Personen bevorzugt zu Opfern werden (vgl. 3.4.1.).

Ein schwerwiegender Nachteil staatlicher Opferhilfe ist die verzögerte Gewährung. Die Berechtigung, Leistungen zu erhalten, muß nachgewiesen, belegt und überprüft werden – schon allein deshalb, um Mißbräuche auszuschließen und eine möglichst gerechte Verteilung sicherzustellen. Dem durch eine Straftat in akute Bedrängnis geratenen Opfer wird auch die Aussicht auf eine großzügige Entschädigung in einem Jahr wenig Trost spenden; eine kleine, aber unmittelbare Hilfe erscheint hier dringender.

Wie wir im Zusammenhang mit dem Opferentschädigungsgesetz gesehen haben, kann es zu Härtefällen kommen (Stichtagregelung, Viktimisierung im Ausland, Bestrafung der Flucht usw.). Auch solche Personen, die aufgrund von Definitionen keine Opfer im Sinne des Gesetzes sind, obgleich sie Viktimisierungen erfahren haben, bedürfen oft einer Unterstützung.

Die genannten Gründe (seelischer Beistand, praktische Hilfeleistungen, rasche, unbürokratische Hilfe und Vermeidung von Härtefällen) lassen eine Ergänzung der staatlichen Opferentschädigung durch freiwillige Opferhilfen geboten erscheinen. Vielfach sind die von Idealismus getragenen freiwilligen Initiativen der Hilfe des Staates vorangegangen.

5.4.1. Der Weisse Ring

Im Jahre 1976 wurde der Weisse Ring als „gemeinnütziger Verein zur Unterstützung von Kriminalitätsopfern und zur Verhütung von Straftaten e. V." mit dem Sitz in Mainz gegründet. Inzwischen ist er zu einem bundesweiten Hilfsnetz gewachsen, dessen Angebote sich nicht auf materielle Zuwendung für Opfer und deren Angehörige beschränken. Ihm stehen etwa 800 ehrenamtliche Helfer in ca. 200 Außenstellen zur Verfügung. Neben der unmittelbaren

Opferbetreuung – oft durch rasche unbürokratische Hilfe, der Gewährung finanzieller Unterstützung und Erholungsaufenthalte – betreibt der Verein, der mittlerweile über 20 000 Mitglieder aufweist, auch gezielte Öffentlichkeitsarbeit und versucht, Einfluß auf die Gesetzgebung zugunsten der Opfer zu nehmen.

Nachfolgend einige Zahlen:

Tabelle 51: Statistik der Opferhilfe des WEISSEN RINGs (direkte finanzielle Hilfen; Opferbetreuung durch Außenstellen, öffentliches Eintreten für die Belange der Opfer; Quelle: WEISSER RING 10/1985, S. 2)

Jahr	Betrag
1977	44 188 DM
1978	583 920 DM
1979	744 224 DM
1980	2 096 084 DM
1981	3 923 238 DM
1982	3 329 774 DM
1983	4 521 840 DM
1984	4 804 877 DM
	20 048 145 DM

Bis zum 31.8.1984 beliefen sich die Gesamtaufwendungen für die Opferhilfe auf über 18 Millionen DM. In vielen Fällen ist jedoch menschliche Zuwendung und persönlicher Beistand (z. B. gegenüber Behörden) wichtiger als finanzielle Hilfe. Die Betreuung ist häufig sehr zeit- und arbeitsintensiv. Dies zeigt der Fall einer 83jährigen Rentnerin, die bei einem Handtaschenraub eine Becken und Lendenwirbelprellung sowie schwere Rippenquetschungen davontrug, was einen 5wöchigen Krankenhausaufenthalt erforderlich machte. Dazu das Protokoll der Mitarbeiterin des WEISSEN RRINGs (WEISSER RING 4/84, S. 6):

„Auf Postamt Antrag für Personalausweis geholt – Frau Müller im Krankenhaus besucht – Vollmacht unterschreiben lassen – Fragebogen der Krankenkasse ausgefüllt – Formular zur Krankenkasse gebracht – beim Postscheckamt neuen Abholausweis für Rente beantragt – zurück ins Krankenhaus zur Unterschrift – Antrag zur Post gebracht. Für Personalausweis Auszug aus Familienregister oder Stammbuch erforderlich – nichts vorhanden – Frau L. schreibt umgehend an das Standesamt Mannheim – von dort Kopie der Geburtsurkunde erhalten – Paßbild für Personalausweis nicht vorhanden – Versuche einen Fotografen zu finden, der ins Krankenhaus kommt – nach 8 vergeblichen Telefongesprächen endlich Glück – Frau Müller möchte vorher zum Friseur – Hausfriseur im Krankenhaus gesucht – Termin abgesprochen.
Vorsichtshalber einen Tag zuvor Stationsschwester angerufen – Frau Müller hat Fieber. Verdacht auf Embolie – bestelle Fofograf und Friseur wieder ab – neuer Termin beim

Fotograf — vorher Gespräch mit Sozialstation im Krankenhaus und Stationsschwester — nach längerem Gespräch ist Frau Müller einverstanden, sich auch ohne schicke Frisur fotografieren zu lassen — bin eine Stunde vor Eintreffen des Fotografen im Krankenzimmer, um Frau Müller anzuziehen und zu frisieren — Fotograf kommt und macht Aufnahme — Paßbilder abgeholt — Rechnung brauchte ich nicht zu bezahlen, Spende für den WEISSEN RING.
Vollmacht, Geburtsurkunde, Paßbild und ausgefüllten Antrag beim Paßamt vorgelegt — 10 Tage später Ausweis abgeholt — Personalausweis ins Krankenhaus gebracht — Frau Müller unterschreiben lassen."

Vielen Opfern ist — neben den im Protokoll geschilderten praktischen Hilfestellungen — die Möglichkeit, sich aussprechen zu können und Verständnis und Anteilnahme zu finden, besonders wichtig. Große Aufmerksamkeit kommt hier der Mitarbeiterschulung zu, bei der ebenso Kenntnisse über die Vereinsarbeit, vorbeugende Verbrechensbekämpfung, über das Sozial-, Straf- und Strafprozeßrecht vermittelt werden wie auch Grundlagen der Viktimologie, psychologische Aspekte der Opferbetreuung, Hilfsmöglichkeiten außerhalb des WEISSEN RINGs (z. B. für Opfer von Verkehrsunfällen) und Fragen im Zusammenhang mit der notwendigen Öffentlichkeitsarbeit. Die auf regionaler Ebene mindestens einmal jährlich stattfindenden Mitarbeiterbesprechungen dienen der Diskussion regionalbezogener Angelegenheiten und der Kontaktpflege untereinander.

Im Mitteilungsblatt des Vereins (Auflage ca. 33 000) finden sich immer wieder Zuschriften von Opfern, die die Unterstützung durch den WEISSEN RING anerkennen. Auch die Probanden unserer Befragung äußerten sich lobend:

„All dies (unangenehme Erfahrungen mit Behörden) betrifft nicht den WEISSEN RING. Dort wurde ich freundlich und schnell behandelt." (39)

„Für den Einsatz des WEISSEN RINGs (Herausholen des Opfers aus einem Pflegeheim; d. Verf.) kann ich hier leider nur in Worten danken." (41)

„Der WEISSE RING unterstützte uns mehrfach finanziell, sonst hätten wir mit den Kindern schon auf der Straße gesessen. Mit allen Sorgen und Nöten kann ich zu dieser Organisation hingehen. Wo kann man sonst hin; wer hat für das Opfer und seine Familie ein Ohr?" (88)

„Der WEISSE RING ist einmalig in Betreuung, Beistand und Unterstützung. Beste Institution in der Bundesrepublik." (105)

Andere Oganisationen wurden dagegen kaum erwähnt bzw. kritisch betrachtet. Das Opfer einer Brandstiftung hatte sich an das städtische Sozialamt und an die Caritas gewandt:

„. . . aber leider keine Hilfe bekommen als von der Caritas abgelegte alte Kleider. Versprechungen verschiedener Caritas-Verbände, es (die Brandstiftung und die daraus resultierende Lage der Betroffenen) in der Presse zu veröffentlichen und um Hilfe zu bitten, blieben erfolglos." (89)

Beachtung verdient die Vermittlung von Erholungsaufenthalten, u. a. auch die Einrichtung eines eigenen Opfererholungsheimes (Haus Vogelsberg), in dem Opfern für die Dauer von zwei bis drei Wochen die Möglichkeit geboten wird, sich mit anderen auszusprechen, psycho-soziale Hilfe zu erhalten und sich zu erholen. Von dieser Möglichkeit machten 1983 442 Opfer Gebrauch.

Ein weiterer Schwerpunkt der Aktivitäten ist der Rechtsschutz der Opfer vor Gericht. Die Anzahl der Fälle, in denen geholfen wird, hat in den letzten Jahren zugenommen, von 16 (1982) auf 34 (1983) und 52 (allein der Zeit von Januar bis August 1984). „Die Gewährung von Rechtsschutz beschränkt sich grundsätzlich auf Streitigkeiten aus dem Bereich des Sozialrechts (OEG) sowie zunehmend auf die Finanzierung anwaltlichen Beistands für Opfer, die als Zeugen im Strafprozeß gegen den Täter auftreten müssen. Hinzu kommt eine ständig zunehmende Zahl von vermittelten Rechtsberatungen durch Rechtsanwälte" (WEISSER RING 1984, S. 4). Vergewaltigungsopfer sind dabei ein besonderer Schwerpunkt der Arbeit: Fast ein Viertel aller an den WEISSEN RING gerichteten Hilferufe kommen von Opfern von Sexualdelikten. In besonders schwerwiegenden Fällen wird dafür eine anwaltschaftliche Vertretung vor Gericht finanziert. „Die Möglichkeit, als Nebenkläger dem Verfahren beizutreten, schafft für die Opfer einen besseren Stand in der Gerichtsverhandlung und beugt den oft ehrverletzenden Angriffen der Verteidigung vor" (WEISSER RING 1984, S. 5).

Auch Forschungsprojekte im Bereich der Viktimologie werden unterstützt, so z. B. eine Untersuchung, die sich mit den psychischen Spätfolgen von Vergewaltigungsopfern befaßt. Die Mitwirkung des WEISSEN RINGs besteht darin, daß betreute Vergewaltigungsopfer mit dem Projekt vertraut gemacht werden und im Falle eines Einverständnisses auf Kosten des WEISSEN RINGs nach Göttingen (wo die Untersuchung stattfindet) reisen können. Auch das von uns durchgeführte und mehrfach zitierte Lehrforschungsprojekt hätte ohne die Mitarbeit des WEISSEN RINGs (Motivierung von Opfern zur Mitarbeit) nicht stattfinden können. In Hamburg und Hannover wurde (als Pilotprojekt) ein „Gesprächskreis für vergewaltigte Frauen" eingerichtet, in dem die Betroffenen auch auf die Hilfsmöglichkeiten des Vereins hingewiesen und mit der Gerichtsverhandlung vertraut gemacht werden.

Auf eine gute Zusammenarbeit mit der Polizei und den Versorgungsämtern wird großer Wert gelegt. In sog. „Opferbriefen", die den Geschädigten von der Polizei überreicht werden, bietet der WEISSE RING seine Hilfe an und verweist auf die nächste Außenstelle. Auch in vielen Versorgungsämtern werden die Antragsteller auf Hilfsmöglichkeiten aufmerksam gemacht.

Neben der Opferhilfe besteht ein weiterer Schwerpunkt der Arbeit des WEISSEN RINGs in der Öffentlichkeitsarbeit. Seine „Vorschläge zur Verbesserung der rechtlichen und sozialen Lage von Kriminalitätsopfern" enthalten

u. a. Gedanken zum weitergehenden Schutz des Opferzeugen und zu verbesserungswürdigen Punkten des Opferentschädigungsgesetzes. Sie haben bereits in einer Reihe von Gesetzesinitiativen ihren Niederschlag gefunden.

Daneben will der WEISSE RING auch das Bewußtsein in der Bevölkerung für die Situation der Opfer sensibilisieren. Nachfolgend einige Beispiele für die Aktivitäten:

- Errichtung von Informationsständen in Fußgängerzonen, die über Aufgaben, Zielsetzungen und Leistungen des Vereins informieren;
- Herausgabe von Benefizplatten und Musikkassetten zugunsten der Opfer von Straftaten;
- Abhaltung von Informationsveranstaltungen (ca. 350 pro Jahr);
- Herausgabe von mehr als 2000 Presseveröffentlichungen (bis Ende 1983);
- Sonderaktionen der Außenstellen zur Mitgliederwerbung.

Ein weiteres Vereinsziel besteht neben der direkten Opferhilfe im Beitrag zur Vorbeugung gegen Viktimisierungen, doch beschränkt man sich hier auf die Unterstützung entsprechender staatlicher Instanzen (Aufklärungsaktionen der Kriminalpolizei). Dafür wurden im Jahr 1983 665 965 DM ausgegeben. Auch hierfür einige Beispiele:

- Übernahme der Druckkosten für eine Million Faltblätter „Supertips für schlaue Füchse", die Kinder und Jugendliche vor kriminellen Gefahren warnen sollen;
- Verteilung des Faltblattes „Nachbarn schützen Nachbarn" über die Außenstellen des WEISSEN RINGs;
- gemeinsam mit der Polizei veranstaltete Vorbeugeaktionen auf lokaler Ebene;
- Herausgabe von Lehr- und Informationsmaterial für Schulen und Jugendgruppen.

Die Finanzierung der vielfältigen Aufgaben und Aktivitäten erfolgt aus den Mitgliedsbeiträgen, Spenden von Mitgliedern und Nichtmigliedern, aus gerichtlich verhängten Bußgeldern, Nachlässen, sonstigen Einnahmen (z. B. Benefizplatten, Aufklebern) sowie aus Zinsen. Zur Veranschaulichung die Jahresrechnung von 1983 (WEISSER RING 5/84, S. 12 f.):

I. Einnahmen

I. Einnahmen		6.224.824.00
1. Zahlungen von Mitgliedern		
1.1 Mitgliedsbeiträge	1.267.825,33	
1.2 Spenden von Mitgliedern	78.701.26	1.346.526,59
2. Spenden		
2.1 Spenden von Nichtmitgliedern	889.623,98	
2.2 Spenden Förderkreis	—	
2.3 Anonyme Spenden	11.903,80	
2.4 Zweckgebundene Spenden	120.676,27	1.022.204,05
3. Bußgelder		
3.1 Bußgelder allgemein	2.800.321,80	
3.2 Bußgelder Hamburger-Fond	127.452,40	2.927.774,20
4. Sonstige Einnahmen		
4.1 Zinsen u. ä.	316.842,02	
4.2 Nachlässe, Erbschaften	602.652,72	
4.3 Andere Einnahmen (z. B. Abzeichen, Büromaterial usw.)	8.824,42	928.319,16

II. Ausgaben

II. Ausgaben		6.848.877,39
1. Opferhilfe		
1.1 Finanzielle Hilfen aufgrund von Vorstandsbeschlüssen	3.035.374,95	
1.1.2 Soforthilfen durch Residenten	158.825,27	
1.1.3 Weihnachtsaktion	38.434,31	
1.1.4 Ferienaufenthalte (Aufenthalt, Fahr- u. Taschengeld)	435.505,85	
1.1.5 Betreuung der Opfer durch Residenten	347.011,63	
1.1.6 Sonstige Ausgaben für Opferhilfe	16.548,03	
	4.031.700,04	
2. Vorbeugung		
2.1 Info-Mappe-Jugend-Kriminalität	330.630,00	
2.2 Rauschgiftbroschüre	158.491,02	
2.3 Faltblätter, Plakate	136.144,87	
2.4 Verschiedene Projekte	40.699,05	665.964,94

3. Mitglieder und Vorstand

3.1 Mitgliederversammlung 1983	34.316,78	
3.2 Betreuung der Mitglieder	17.602,90	
3.3 Vorstand (einschl. Reg.-Beauftragte, Reisekosten, Porti)	35.837,76	87.757,44

4. Regionalbüros

4.1 Raumkosten	33.002,63	
4.2 Reisekosten	15.674,72	
4.3 Personalkosten	178.484,32	
4.4 Porto, Telefon	30.580,09	
4.5 Büromaterial	4.037,45	
4.6 Büroeinrichtung	17.663,46	
4.7 Öffentlichkeitsarbeit	6.580,03	
4.8 Sonstige Ausgaben	13.911,48	299.934,18

5. Geschäftsstelle

5.1 Raumkosten	51.327,61	
5.2 Versicherung Geschäftsstelle	7.098,40	
5.3 Personalkosten	632.197,40	
5.4 Reisekosten	45.213,53	
5.5 Porto (Briefe, Pakete für Informationsversand, Verkehr mit Residenten)	84.377,33	
5.6 Telefon (z. B. Absprache Opferfälle, Vorbereitung der Zeitung und Fragen Mitgl.)	60.793,54	
5.7 Wartung und Miete (Frankiermaschine, Fotokopiergerät, Computer usw.)	166.028,40	
5.8 Kosten des Zahlungsverkehrs	2.285,97	
5.9 Büromaterial, Papier, Vereinsformulare	41.634,99	
5.10 Rechts- und Beratungskosten	26.759,14	
5.11 Bücher, Zeitschriften	4.310,28	
5.12 Buchhaltung (Soldan und Prüfung)	53.312,09	
5.13 Bußgeldverwaltung	5.220,40	
5.14 Abschreibungen, Investitionen	89.889,69	
5.15 Sonstige Ausgaben	2.931,67	1.273.380,44

6. Entnahme aus Rücklage		624.053,39

5.4.2. *Weitere Initiativen*

Der WEISSE RING ist nicht die einzige, wohl aber die größte und am stärksten spezialisierte Organisation, die sich um die Verbrechensopfer kümmert. Neben allgemeinen Wohlfahrtsorganisationen, die unter bestimmten Bedingungen auch den Opfern von Straftaten helfen, gibt es in vielen größeren Städten Initiativen, die sich vergewaltigter und/oder mißhandelter Frauen annehmen.

Der „Notruf für vergewaltigte Frauen" in München etwa geht auf die private Initiative engagierter Frauen zurück. Er wurde 1981 gegründet und finanzierte sich bislang ausschließlich aus Spenden und Mitgliedsbeiträgen. Seine Zielsetzung besteht insbesondere in der emotionalen Unterstützung der Opfer, in Beratung und Hilfe für das Verfahren gegen den Täter und in der Aufklärung der Öffentlichkeit. Zur Zeit wird eine Prozeßdokumentation erstellt, die die sekundären Viktimisierungen der betroffenen Frauen vor Gericht belegen soll. Die Initiative verfügt lediglich über ein Budget von ca. 5 000,– DM im Jahr. Abgesehen von zwei neuen ABM-Stellen sind die übrigen Mitarbeiterinnen (männliche Mitarbeiter sind nicht zugelassen) auf rein ehrenamtlicher Basis tätig. Nach eigenen Angaben werden pro Woche ca. 2-3 Fälle betreut, wobei man bewußt davon absieht, eine Verlaufs- und Erfolgsstatistik zu führen, um den Betroffenen nicht das Gefühl zu vermitteln, sie seien nur Fälle, die aktenmäßig erfaßt würden. Dies mag einerseits erleichtern, eine persönliche und vertrauensvolle Atmosphäre herzustellen, erschwert jedoch andererseits die Öffentlichkeitsarbeit und den Zugang zu öffentlichen Mitteln. Dies wird gesehen und bewußt in Kauf genommen.

Die Mitarbeiterinnen des Notrufs begrüßen es zwar, wenn die betroffenen Frauen Strafanzeige stellen und geben dann auch Unterstützung, wollen jedoch angesichts der von ihnen vermuteteten Situation von Vergewaltigungsopfern vor Polizei und Gericht keiner Frau zur Anzeige raten. So verständlich dies aus der persönlichen Interessenlage des einzelnen Opfers sein mag, darf doch nicht übersehen werden, daß eine derartige Haltung langfristig den Frauen eher schaden wird: Der Verzicht auf eine Anzeige wird weder an sekundären Viktimisierungen durch die Ermittlungsbehörden etwas ändern noch einen Beitrag zur Bekämpfung der primären Viktimisierung leisten. Wenn die Täter davon ausgehen können, daß nur höchst selten eine Anzeige erfolgt und sogar die ansonsten engagiertesten Vertreterinnen der Frauen zurückhaltend reagieren, wird dies nicht dazu angetan sein, die Hemmschwelle zu erhöhen.

Die Mitarbeiterinnen des Notrufs berichten über Schwierigkeiten und Behinderungen ihrer Arbeit sowie mangelndes Verständnis in gewissen Teilen der Öffentlichkeit. Abgesehen von Einzelreaktionen gestörter oder sich von derartigen Initiativen der Frauenbewegung betroffen fühlender Männer mag dies auch darauf zurückzuführen sein, daß verschiedentlich der Eindruck einer bewußten Aus- und Abgrenzung entstehen muß (keine Aufnahme von Männern; feministische und teilweise männerfeindliche Argumentation; extrem weiter Gewalt- und Vergewaltigungsbegriff, der z. B. auch das Ansprechen auf der Straße als Vorform der Vergewaltigung begreift), mit der auch aufgeschlossene und engagierte Männer Schwierigkeiten haben. Andererseits gibt es jedoch auch gute Argumente dafür, daß vergewaltigte Frauen den Wunsch haben, zunächst unter sich zu bleiben, in einer Umgebung, in der mit Sicherheit keine Vergewaltigungsgefahr droht. Diese oft notwendige Abgrenzungsphase muß jedoch irgendwann einmal überwunden werden und gerade die Aufarbeitung des Geschehenen mit einem männlichen Therapeuten könnte hier helfen. Nun stellt der Notruf ja lediglich ein Angebot dar, das je nach Bedarf genutzt werden kann. Gerade wenn man Pluralismus akzeptiert, sollte man auch das Vorhandensein derartiger, auf freiwilliger Basis beruhender, Offerten begrüßen.

Die bereits erwähnte „Opferhilfe — Hilfe für Opfer von Straftaten" ist deliktunspezifisch und versteht sich als Alternative zum WEISSEN RING, von dem sie sich 1984 abgespalten hat. Sie sieht ihren Arbeitsschwerpunkt in der psycho-sozialen Betreuung der Opfer sowie im Bemühen, sich in geeigneten Fällen auch um den Straftäter im Sinne einer anzustrebenden Versöhnung zwischen Täter und Opfer zu kümmern (vgl. 5.3.). Ein Ziel besteht darin, das Opfer „psychologisch richtig einzustellen, damit es sein Schicksal akzeptiert", was zu Kritik und Widerspruch nicht nur von seiten des WEISSEN RINGs geführt hat, wird doch so der Verdacht erweckt, daß das Opfer — entsprechend der bisher lange Zeit üblichen Praxis — abgespeist und abgeschoben werden soll. Wie bereits ausgeführt, dürfte das Zustandekommen eines Täter-Opfer-Ausgleichs aber nicht in jedem Fall realistisch sein. Trotzdem sollte der Versuch, eine Veränderung der gegenwärtig unbefriedigenden Situation herbeizuführen, begrüßt werden.

5.5. Zusammenfassung

- Viktimologische Erkenntnisse lassen sich für die gesellschaftliche Praxis sowohl unter präventiven als auch unter rehabilitierenden Zielsetzungen nutzbar machen. Ersterem dienen Aufklärung und Vorbeugung, letzterem staatliche Maßnahmen und freiwillige Initiativen sowie Bemühungen um einen Täter-Opfer-Ausgleich.

- In den letzten Jahren wurden in vielen Ländern Opferentschädigungsgesetze verabschiedet, die unter bestimmten Bedingungen staatliche Leistungen für die Opfer von Straf- bzw. Gewalttaten vorsehen. Das 1976 in der Bundesrepublik Deutschland erlassene Opferentschädigungsgesetz hat eine spürbare Verbesserung für die Situation der Opfer gebracht, weist aber dennoch eine Reihe von Mängeln auf. Zu den gesetzgeberischen Maßnahmen zugunsten der Opfer gehören aber auch Bemühungen zur Vermeidung bzw. Eindämmung der sekundären Viktimisierung im Strafverfahren.

- Bemühungen um die Resozialisierung von Tätern stehen im allgemeinen nicht im Gegensatz zu Initiativen zugunsten der Opfer. Erfolgreiche Resozialisierung verhindert primäre Opferwerdung und ist Voraussetzung für einen wirklichen Täter-Opfer-Ausgleich, der einer tertiären Viktimisierung entgegenwirkt. Insbesondere in Fällen der Schwerstkriminalität gibt es jedoch Grenzen für einen Täter-Opfer-Ausgleich.

- Freiwillige Initiativen der Opferhilfe spielen neben den staatlichen Maßnahmen eine wichtige Rolle und können durch sie nicht ersetzt werden. Ihre Stärken beruhen vor allem auf praktischer, rascher und unmittelbarer Unterstützung, auf persönlichem Beistand und der Möglichkeit zur Korrektur von Härtefällen.

Glossar

Die Zusammenstellung der im Glossar kurz erläuterten Begriffe erhebt keinen Anspruch auf Vollständigkeit. Bei der angegebenen Literatur handelt es sich in der Regel um leicht erhältliche Titel von Einführungen und Standardwerken. Im übrigen wird auf das Sachregister bzw. den Text und die Literaturliste verwiesen.

Abschreckung
Einer der → Strafzwecke. Die Abschreckungstheorie geht davon aus, daß die Menschen durch strenge Strafen von der Begehung von Verbrechen abgehalten werden.
→ Pönologie

Abwehrmechanismen
Gesamtheit unbewußter psychischer Abläufe und Vorgänge, die das Ziel haben, nicht akzeptierte Antriebe und Emotionen zu unterdrücken, um auf diese Weise Schuldgefühle, Ängste und Konflikte zu vermeiden oder zu mildern. Die wichtigsten Abwehrmechanismen sind Verdrängung, Projektion, Regression, Rationalisierung, Reaktionsbildung und Sublimierung.
→ Psychoanalyse
→ Rationalisierung
→ Neutralisationstechniken
→ Übertragung
→ Regression

Abweichendes Verhalten
Teilklasse des Verhaltens, das sich nur partiell mit kriminellem Verhalten deckt. Während sich letzteres auf Verstöße gegen kodifizierte Normen beschränkt, gehören zum abweichenden Verhalten auch nicht strafrechtlich sanktionierte Normverstöße. Handelt es sich bei den kodifizierten Normen lediglich um → Pseudo-Normen, so ist delinquentes Verhalten nicht notwendig abweichendes Verhalten. Generell läßt sich abweichendes Verhalten als die Verletzung gesellschaftlich institutionalisierter Erwartungen definieren, wobei aber zu berücksichtigen ist, daß es sich bei gesamtgesellschaftlich abweichenden Verhaltensweisen um konformes Verhalten innerhalb einer bestimmten Subkultur (z. B. Jugendkultur, Drogenszene) handeln kann. Für den → Definitionsansatz ist jenes Verhalten abweichend, das von anderen Personen bzw. den offiziellen Sanktionsinstanzen als solches bezeichnet wird, doch ist dieses nur eine Teilklasse normverletzender Verhaltensweisen.
→ Dunkelziffer.
Literatur: Lamnek 1983

Adhäsionsverfahren
Ein Verletzter (oder Erbe eines Getöteten) kann gegen den Beschuldigten einen aus der Straftat erwachsenen vermögensrechtlichen Anspruch, der zur Zuständigkeit der ordentlichen Gerichte gehört und noch nicht anderweitig gerichtlich anhängig gemacht ist, nach § 403/1 StPO im Strafverfahren geltend machen. Dabei handelt es sich aber um ein recht langwieriges Verfahren, so daß das Strafgericht von einer Entscheidung über diesen Anspruch dann absieht, wenn sich der Antrag zur Erledigung im Strafverfahren nicht eignet (§ 405 StPO). Da — im Unterschied zum Angeklagten — dem Verletzten kein Rechtsmittel gegen diese Ent-

scheidung zusteht (§ 406a StPO) ist das Opfer zur Durchsetzung seiner Ansprüche gegenüber dem Täter auf einen langwierigen Zivilprozeß angewiesen. Bei diesem zivilrechtlichen Anhängsel zum Strafprozeß handelt es sich um ein Adhäsionsverfahren (Amelunxen 1970, S.118).
→ Opferentschädigung

Aggressionsdelikt
Straftat, die durch die Anwendung physischer Gewalt gegen eine oder mehrere andere Personen oder Sachen gekennzeichnet ist. Die Aggressionshandlung dient dabei entweder der Erreichung eines (materiellen) Vorteils (z. B. Raubüberfall) oder ist Selbstzweck (z. B. Vandalismus).

Aktives Opfer
Nach der Opfertypologie von Fattah (1967) ein Opfer, das direkt bei der Tatausführung mitwirkt, indem es mit dem Täter kollaboriert (Beispiel: Betrogener Betrüger).

Angstabwehr
→ Abwehrmechanismen

Anomietheorie
Auf Durkheim bzw. Merton zurückgehender makrosoziologischer Ansatz zur Erklärung → abweichenden Verhaltens, das als Anpassungsprozeß an widersprüchliche gesellschaftliche Anforderungen (also an eine anomische Situation) gesehen wird. Prinzipiell kann Anomie auf verschiedene Weise entstehen, doch wird sie bei Merton als Auseinanderklaffen von kulturellen Zielen und institutionalisierten (legitimen) Mitteln definiert.
Literatur: Lamnek 1983

Anzeigebereitschaft
Bereitschaft, selbst erlittene oder beobachtete Viktimisierungen anderer der Polizei oder Staatsanwaltschaft zu melden. Die Anzeigebereitschaft resultiert aus dem Zusammenwirken unterschiedlicher Variablen wie Persönlichkeitsmerkmalen, Schadenshöhe, Einstellung zu den Kontrollinstanzen, Täter-Opfer-Beziehung u. a. m. Aus kriminalpolitischer Sicht gibt es sowohl Argumente für eine Erhöhung der Anzeigebereitschaft als auch dafür, der Neigung zur Anzeigeerstattung — insbesondere bei der Bagatellkriminalität — entgegenzuwirken.
Literatur: Heinz 1972

Deckungsmord
Mord, der begangen wird, um einen Zeugen einer unmittelbar vorher begangenen Straftat zu beseitigen. Das Opfer eines Deckungsmordes kann dabei identisch mit dem Opfer der vorherigen Straftat (z. B. Tötung eines Vergewaltigungsopfers) oder eine zunächst unbeteiligte Person sein.
→ Nebenopfer

Definitionsansatz
(auch labeling approach, Reaktionsansatz, Etikettierungsansatz)
Neuerer Theorieansatz in der Soziologie abweichenden Verhaltens, der — im Unterschied zu den bislang vorherrschenden ätiologischen Ansätzen — Kriminalität in erster Linie aus den Reaktionen und Sanktionen der Gesellschaft und den formellen Institutionen der Sozialen Kontrolle beschreibt. Danach ist Devianz keine im Handeln der Täter gelegene Qualität, sondern Ergebnis der Anwendung von Regeln und Sanktionen auf den Täter, der damit etikettiert (gelabelt) wird. Diese Überlegungen lassen sich analog auch auf das Opfer anwenden (→ sekundäre bzw. → tertiäre Vitkimisierung).
Als substantielle soziologische Theorie des Definitionsansatzes gilt der → symbolische Interaktionismus.

Deliktstruktur
Zusammensetzung der innerhalb eines bestimmten Zeitraumes und innerhalb eines räumlich abgrenzbaren Bereichs begangenen und registrierten Straftaten nach Art und Häufigkeit.

Delinquenz
Teilklasse → abweichenden Verhaltens, das mit geltenden kodifizierten Normen nicht übereinstimmt, unabhängig davon, ob eine Registrierung erfolgt ist.

Deprivation
Benachteiligung. Dabei kommt es auf den subjektiv empfundenen Grad der Deprivation an, der nicht aus der objektiven Situation resultiert, sondern aus der (negativen) Abweichung von den Erwartungen der betreffenden Person.

Diebstahl
Einen Diebstahl begeht, wer eine fremde bewegliche Sache einem Anderen in der Absicht wegnimmt, dieselbe sich rechtswidrig anzueignen (§ 242 StGB). Man unterscheidet zwischen einfachem und schwerem Diebstahl. Letzterer liegt u. a. dann vor, wenn der Dieb eine Waffe mit sich führt, wenn er sich mit anderen zur fortgesetzten Begehung von Raub oder Diebstahl verbindet (Bandendiebstahl), wenn Werkzeuge benutzt werden oder wenn die Tat mittels Einbruchs, Einsteigens oder Erbrechens von Behältnissen begangen wird (Einbruchsdiebstahl).

Dissonanztheorie
→ kognitive Gleichgewichts-Theorie

Dunkelfeld
→ Dunkelziffer

Dunkelziffer
Anzahl der Straftaten, die nicht zur Kenntnis der Polizei bzw. Staatsanwaltschaft gelangt sind und daher im Dunkelfeld verbleiben. Dabei bestehen sehr große deliktspezifische Unterschiede.

Einstellung
Erworbene und relativ stabile Tendenz einer Person, auf ein Objekt (Person, Idee, Gegenstand) mit bestimmten positiven oder negativen Gefühlen, Wahrnehmungen, Vorstellungen und Verhaltensweisen zu reagieren. Man unterscheidet zwischen einer affektiven, kognitiven und evaluativen Komponente, aus deren Zusammenwirken die Verhaltenstendenz dem Einstellungsobjekt gegenüber resultiert. Das tatsächliche Verhalten hängt jedoch von zusätzlichen Bedingungen ab, so daß es sich aus der Einstellung allein nicht prognostizieren läßt.

Einzelfallstudie
Untersuchungsform, bei der es auf die detaillierte Analyse einzelner Untersuchungseinheiten (Personen, Gruppen, Organisationen) ankommt. Die Einzelfallstudie dient häufig zur Vorbereitung oder Ergänzung umfangreicherer, auf größeren Fallzahlen beruhenden Untersuchungen.

Empathie
Einfühlung, Sich-Hineinversetzen in eine andere Person, um sie durch den inneren Nachvollzug besser zu verstehen.

Empirisch
Erfahrungsabhängig; eine Aussage ist dann empirisch, wenn sie sich unmittelbar oder mittelbar auf die Erfahrung bezieht und sich an ihr überprüfen läßt.

Entkriminalisierung
a) Prozeß, der – in Umkehrung zum Prozeß der Kriminalisierung – auf den Abbruch krimineller Karrieren abzielt.
b) Bestrebungen, bestimmte Bereiche (z. B. Verhalten im Straßenverkehr) dem Strafrecht zu entziehen.

Entschädigung
→ Opferentschädigung

Erpressung
Nach § 253 StGB wird bestraft, wer einen anderen rechtswidrig durch Gewalt oder Drohung mit einem empfindlichen Übel zu einer Handlung, Duldung oder Unterlassung nötigt und dadurch dem Vermögen eines anderen Nachteil zufügt, um sich oder einen Dritten zu Unrecht zu bereichern. Nach § 255 StGB wird ein Erpresser wie ein Räuber bestraft, wenn die Erpressung durch Gewalt gegen eine Per-

son oder unter Anwendung von Drohungen mit gegenwärtiger Gefahr für Leib und Leben begangen ist.

Ethnozentrismus

Tendenz, die Eigenschaften (Werte, Einstellungen) der eigenen (Volks-)Gruppe gegenüber den Eigenschaften anderer Gruppen besonders hervorzuheben und als Bezugssystem zur Beurteilung anderer Gruppen heranzuziehen, so daß die fremden Gruppen als weniger vollkommen erscheinen. Die eigene Gruppe steht somit im Mittelpunkt und an ihren Maßstäben werden die anderen gemessen.

Experiment

Wissenschaftliche Methode, bei der bestimmte Sachverhalte und ihre Veränderungen unter vom Forscher kontrollierten und variierten Bedingungen planmäßig beobachtet werden. Wesentliche Kriterien sind die willkürliche Herstellbarkeit der experimentellen Situation durch die Manipulation der unabhängigen Variablen, die Wiederholbarkeit der Durchführung sowie die Variierbarkeit der experimentellen und situativen und die Kontrolle der experimentellen Bedingungen.

→ Feldexperiment

Etikettierungsansatz

→ Definitionsansatz

Faktororientierte Kriminologie (Viktimologie)

→ Kriminologie (Viktimologie), die sich mit der mehr oder weniger isolierten Betrachtung einzelner → kriminogener (→ viktimogener) Faktoren begnügt.

Falsches Opfer

Person, die nicht wirklich Opfer einer Straftat ist, sich aber als solches (gut- oder bösgläubig) ausgibt.

Feldexperiment

→ Experiment in einer natürlichen Situation, in der der Forscher eine oder mehrere Einflußfaktor(en) unter kontrollierten Bedingungen manipuliert. Die größere Lebensnähe wird durch einen Mangel an Präzision (gegenüber dem Laborexperiment) erkauft.

Literatur: Bungard/Lück 1974

Finalogene Kriminalität

Straftaten, die vorsätzlich begangen werden (z. B. sorgfältig geplanter Bankeinbruch)

→ okkasiogene Kriminalität

Forensisch

aus dem lat. von „forum" (Gericht), also gerichtlich; Gerichts-, z. B. forensische Psychologie als Teilgebiet der angewandten Psychologie, das sich mit der Glaubwürdigkeit von Zeugenaussagen, der Schuldfähigkeit und dem Strafvollzug im Zusammenwirken mit juristischen Instanzen beschäftigt.

Fremdefinition

Zuschreibungen von bestimmten Eigenschaften durch andere. Fremddefinitionen können integraler Bestandteil des → Selbstbilds einer Person werden. Täter und Opfer sind diesem Risiko gleichermaßen ausgesetzt.

→ Definitionsansatz

→ tertiäre Viktimisierung

Frustration

Behinderung, ein vorgestelltes Ziel zu erreichen.

Frustrations-Aggressionshypothese

Die von Dollard/Miller (1939, 1961) formulierte Hypothese besagt, daß jede Frustration Aggression hervorbringt und jeder Aggression immer Frustration vorausgeht. In Anbetracht des Vorhandenseins einer Mehrzahl von Alternativen der Frustrationsverarbeitung (Verdrängung, Sublimierung) ist diese Hypothese in der ursprünglichen strengen Determiniertheit nicht aufrechtzuerhalten, obgleich sie sich zur Erklärung einer Vielzahl delinquenter Aggressionshandlungen heranziehen läßt (z. B. vandalistische Akte).

→ Vandalismus
→ strukturelle Viktimisierung

Frustrationstoleranz
Fähigkeit, eine erlittene Frustration über einen längeren Zeitraum hinweg zu ertragen, ohne sie ins Unbewußte zu verdrängen oder unmittelbar aggressiv zu reagieren. Die mittelschichtspezifische Sozialisation ist auf den Erwerb relativ großer Frustrationstoleranzen angelegt.
Literatur: Gottschalch 1971

Geltungsgrad
Ausmaß, in dem die Normsetzer von der Sinnhaftigkeit und Notwendigkeit einer von ihnen aufgestellten Verhaltensforderung überzeugt sind.
→ Pseudonorm
→ Sanktionsbereitschaft
→ Wirkungsgrad

Genozid
Völkermord; planmäßige Vernichtung ethnischer Minderheiten

Gewaltdelikte
→ Aggressionsdelikte

Gruppe
Zwei oder mehr Individuen, deren Beziehungen ein gewisses Minimum an zeitlicher Dauer und Regelhaftigkeit aufweisen, womit sie sich von einer bloßen Menge, einer vorübergehenden Menschenansammlung oder einer → Sozialkategorie unterscheidet. Weitere, über diese Minimaldefinition hinausgehende Merkmale sind das Vorhandensein eines Gruppenbewußtseins, gemeinsame Gruppenziele und spezifische Gruppenormen.
Literatur: Homans 1960

Gruppendruck
Gesamtheit der Einflüsse einer Gruppe auf die einzelnen Mitglieder, die diese zur Konformität veranlassen. Der Gruppendruck kann dabei die Bereitschaft zur Deliktbegehung hervorrufen bzw. fördern.

Gültigkeit
Unter Gültigkeit wird die Übereinstimmung des durch ein Meßverfahren erfaßten Objektbereichs mit dem theoretisch gemeinten Objektbereich verstanden, d. h. inwieweit das gemessen wird, was gemessen werden soll. Da die zu untersuchenden Variablen, wie z. B. das Strafbedürfnis eines Opfers, nicht direkt beobachtbar sind, müssen sie in Forschungsoperationen übersetzt werden (Operationalisierung), z. B. Zustimmung zu dem Item: „Die meisten Täter werden heute viel zu milde bestraft." Diese Übersetzung kann nur mehr oder weniger „stimmen"; Deckungsgleichheit zwischen theoretischem Konzept und Operationalisierung ist nur im Idealfall zu erreichen.
Literatur: Lamnek 1980

Handlungskompetenz
Fähigkeit, in einer Vielzahl von Situationen angemessen und überlegt zu handeln. Viktimogene Situationen sind dadurch charakterisiert, daß der Verhaltensspielraum des Opfers stark eingeschränkt ist. Opfer, die über eine größere Handlungskompetenz verfügen, sind anderen Opfern überlegen.

Hemmschwelle
Im Verlauf des Sozialisationsprozesses erworbene innere Barriere gegen die Begehung delinquenter Akte. Die Verfügbarkeit von Neutralisationstechniken kann zur Senkung der Hemmschwelle beitragen.
Literatur: Reckless 1962

Heranwachsender
Altergruppe der 18- bis unter 21jährigen.

Hypothese
„Empirisch gehaltvolle Aussage, die einer Klasse von Einheiten bestimmte Eigenschaften zuschreibt oder gewisse Ereigniszusammenhänge oder -folgen behauptet, d. h. das Vorliegen einer Regelmäßigkeit im untersuchten Bereich konstatiert. Sie gilt stets nur vorläufig und muß so beschaffen

sein, daß ihre Überprüfbarkeit durch Beobachtung und Experiment gewährleistet ist." (KERN 1975, S. 281)

Identifikation
Unbewußte Übernahme von Verhaltenstendenzen und Einstellungen anderer.

Identität
Psychoanalytisch-sozialpsychologische Bezeichnung für das dauernde Sich-Selbst-Gleichsein, die Kontinuität des Selbsterlebens eines Individuums, die im wesentlichen durch die dauerhafte Übernahme bestimmter sozialer Rollen und Gruppenmitgliedschaften und deren gesellschaftlicher Anerkennung hergestellt wird. Der Prozeß der Identitätsbildung findet vor allem während der Pubertät und Adoleszenz statt. (HÖRNIG/KLIMA 1975, S. 286)

Indirektes Opfer
Personen, die aufgrund der Viktimisierung anderer wesentlich geschädigt wurden, z. B. die Familienangehörigen von Getöteten.

Inhaltsanalyse
Formalisierte und zumeist quantitative Erfassung objektiv feststellbarer Qualitäten von Kommunikationsinhalten. Dabei liegt die Annahme zugrunde, daß Art und Häufigkeit der übermittelten Symbole (manifester Inhalt) Indikator sowohl für die Einstellungen und Werthaltungen der Autoren als auch für die Wirkung auf die Zielgruppe ist.
Literatur: LISCH/KRIZ 1978

Interaktion
Aufeinander bezogenes Handeln zweier oder mehrerer Personen, das dadurch zustandekommt, daß sich die Handelnden wechselseitig an einander komplementären Erwartungen orientieren. Ein gemeinsames System von Symbolen (z. B. Sprache) stellt dabei die Grundlage dar. Auch das Tatgeschehen kann als Interaktion aufgefaßt werden.

Interdisziplinarität
Bezogenheit auf mehrere Fächer. So bezieht sich z. B. die → Viktimologie u. a. auf Kriminologie, Psychologie, Rechtswissenschaft, Soziologie.

Internalisierung
Prozeß, in dessen Verlauf eine Person Einstellungen, Werte, Motive, Normen und Erwartungen anderer Personen (Eltern, Lehrer, Freunde etc.) erwirbt, bzw. vermittelt über diese, gesellschaftliche Werte und Verhaltensmuster übernimmt, die dann Bestandteil der eigenen Persönlichkeit werden.

Interview
Sozialwissenschaftliche Forschungsmethode, bei der ein Interviewer (als Agent des Forschers) im direkten Kontakt mit einem zu Interviewenden (Probanden) Fragen stellt, um unter kontrollierten Bedingungen Informationen zu erhalten. Hierbei lassen sich eine Vielzahl von Varianten (z. B. mündlich oder schriftlich, narratives oder standardisiertes Interview usw.) unterscheiden.
Literatur: FRIEDRICHS 1973

Inzest
(Unerlaubte) sexuelle Beziehungen zwischen anderen Mitgliedern der Kernfamilie als dem Gattenpaar.
Literatur: MAISCH 1968; MEISELMAN 1979; WEINBERG 1980

Isolation
Fehlende Kontakte zur Umwelt. Wichtiges viktimogenes Merkmal. Sozial stark isolierte Personen sind aufgrund ihrer relativen Hilflosigkeit, wegen mit der Isolation korrelierenden Merkmalen (Alter) und wegen des Empfindens der Isolation eher zu unkritischer Haltung gegenüber Fremden geneigt und daher besonders gefährdet.

Jugendliche
Altersgruppe der 14- bis unter 18jährigen

Karriere
→ Kriminalisierung

Katharsis-Hypothese
Annahme, daß die Darstellung von Gewalt (z. B. in Filmen) reinigende und befreiende Wirkung auf die Zuschauer ausübt, die so unterdrückte Aggressionen auf ungefährliche Weise abreagieren können. Andererseits können auf diese Weise Nachahmungen und Identifkationen stattfinden, weshalb die Katharsis-Hypothese umstritten ist.

Kavaliersdelikt
Straftat, die (wie z. B. bestimmte Arten der Wirtschafts- oder Umweltkriminalität) ungeachtet eines möglicherweise sehr großen Schadens von weiten Teilen der Öffentlichtkeit noch als eine eher unbedeutende Verfehlung angesehen wird.

KBZ
→ Kriminalitätsbelastungsziffer

Kernfamilie
Personenverband, bestehend aus einem Gattenpaar und dessen unverheirateten, unmündigen Kindern.

Kinder
Altersgruppe der unter 14jährigen.

Klientilismus-Beziehung
Beziehung, in der mehrere Abhängige gegen die Gewährung von Schutz und Hilfe durch einen Patron diesem zu Abgabe- und Dienstleistungen verpflichtet sind.
Literatur: CAMPBELL 1964

Kognitive Dissonanz
→ kognitive Gleichgewichts-Theorien

Kognitive Gleichgewichts-Theorien
Kognitive Gleichgewichts- oder Konsistenz-Theorien gehen davon aus, daß logisch bzw. psychologisch unvereinbare Wahrnehmungen Spannungen verursachen, die durch ein Streben nach Konsistenz reduziert werden. Diese läßt sich auf verschiedene Weise erzielen, z. B. durch Hinzufügen neuer kognitiver Elemente, die helfen sollen, ein ausgewogenes Verhältnis zwischen den einzelnen Wahrnehmungen herzustellen.
→ Neutralisationstechniken
Literatur: FESTINGER 1957; SYKES/MATZA 1968

Kollektives Opfer
Viktimisierung von Gruppen oder Organisationen.

Konditionierung
Bezeichnung für die Herstellung bedingter (konditionierter) Reaktionen. Dies kann sowohl im Laborexperiment als auch im Verlauf der Erfahrung in der natürlichen Lebenswelt geschehen. Dabei wird zwischen instrumenteller K. (verstärkender Reiz (Belohnung) erst nach erfolgter Reaktion) und klassischer K. (ursprünglich neutraler Reiz wird durch gemeinsame Darbietung mit reaktionsauslösendem Reiz selbst zum reaktionsauslösenden Reiz) unterschieden.
→ Verhaltenstheorie
Literatur: OPP 1972

Konkordanz
Übereinstimmung

Konsistenztheorien
→ kognitive Gleichgewichts-Theorien

Korrelation
Gemeinsames Auftreten oder gemeinsames (gleich- oder gegensinniges) Variieren von zwei oder mehr Merkmalen (Variablen) wie z. B. Lebensalter und Art der erlittenen Viktimisierung. Die Korrelation von Merkmalen läßt keine Aussagen über kausale Zusammenhänge zu. Dies ist Aufgabe der Theorie und/oder weitergehender Analysen und Interpretationen. Maßzahl für die Stärke des Zusammenhangs zwischen den Merkmalen ist der Korrelationskoeffizient, dessen Wertebereich sich in der Regel von −1 über 0 bis +1 erstreckt.
Literatur: LAMNEK 1980

Kriminalisierung
Durch die Entdeckung und Sanktionierung von Delinquenz eingeleiteter Prozeß, aus dem unter bestimmten Bedingungen eine kriminelle Karriere resultieren kann.
Literatur: LAMNEK 1982, 1983, 1985

Kriminalität
Gesamtheit bekanntgewordener strafrechtlicher Verstöße innerhalb eines bestimmten Kollektivs.

Kriminalitätsbelastungsziffer (KBZ)
Anzahl der Straftaten (bzw. Straftäter) auf 100 000 Einwohner. Belastungsziffern lassen sich differenziert (z. B. deliktspezifisch, geschlechtsspezifisch, regional) darstellen.

Kriminalpolitik
Gesamtheit staatlicher Maßnahmen zum Schutz der Gesellschaft und des einzelnen vor Kriminalität, die sich sowohl auf deren Verhütung als auch Bekämpfung beziehen.
Literatur: KAISER 1974, S. 178-181

Kriminalsoziologie
Teilbereich der Soziologie, der sich mit der Beschreibung und Erklärung kriminellen Verhaltens (als Teilklasse abweichenden Verhaltens) beschäfitgt, wobei kriminalitätsverursachende und kriminalitätsdefinierende soziale Aspekte im Vordergrund stehen.
Literatur: PFEIFFER/SCHEERER 1979; LAMNEK 1983

Kriminelle Karriere
→ Kriminalisierung

Kriminogen
Kriminalitätserzeugend.

Kriminologie
Empirische Wissenschaft von den Ursachen, Erscheinungen und Wirkungen des Verbrechens in der Gesellschaft sowie dessen Bekämpfung (Prozesse der sozialen Kontrolle). Es handelt sich dabei um ein interdisziplinäres Fach, da man sich auf Beiträge verschiedener Einzelwissenschaften wie Humangenetik, Psychologie, Soziologie, Rechtswissenschaft usw. stützt, was Probleme der Integration der verschiedenen Disziplinen (unterschiedliche Begriffe, Methoden, Theorien) aufwirft.
Literatur: KAISER 1983; SCHNEIDER 1977; KAISER/SACK/SCHELLHOSS 1974

Labeling approach
→ Definitionsansatz

Laborexperiment
Experiment, in dem durch die Herstellung einer „künstlichen" Umwelt alle, das Ergebnis beeinflussende, Bedingungen kontrolliert werden sollen. Der Vorteil des Laborexperiments liegt in seiner internen Validität. Dagegen ist die externe Validität, d. h. die Verallgemeinerungsfähigkeit und Übertragbarkeit der Ergebnisse auf die Welt außerhalb des Labors meist problematisch.

Lerntheorie
→ Verhaltenstheorie

Macht
Chance, den eigenen Willen auch gegen den Widerstand der Betroffenen durchzusetzen. Soweit diese Macht nicht durch die Betroffenen anerkannt wird, handelt es sich um Gewalt.

Matthäus-Effekt
Nach Matthäus XIII, 12 („Denn wer da hat, dem wird gegeben, daß er die Fülle habe; wer aber nicht hat, von dem wird auch genommen, was er hat") benannter Effekt, wonach eine Tendenz zur Kumulation günstiger bzw. ungünstiger sozialer Merkmale besteht. Wer z. B. einen hohen sozialen Status innehat, erfährt häufig eine Vorzugsbehandlung, während Personen am unteren Ende der Gesellschaft oft zusätzlich eine diskriminierende Behandlung erleiden.

Mittelbare Opfer
Opfer, an die ein erlittener Schaden weitergereicht wird. So sind z. B. die ehrlichen

Warenhauskunden mittelbare Opfer der Ladendiebe, da die Verluste auf die Verkaufspreise umgelegt werden. Ein weiteres Beispiel sind Versicherungsnehmer, die über höhere Prämien den Schaden von Versicherungsbetrügern mittragen.

Mobilität

Bewegung von Personen oder Gruppen zwischen sozialen Positionen innerhalb sozial relevanter Schichtungsdimensionen. Vertikale Moblilität bezeichnet dabei die Bewegung zwischen Positionen, die mit unterschiedlichem Prestige ausgestattet, also als soziale Aufstiegs- oder Abstiegsprozesse darstellbar sind.

Motiv

Beweggrund des Handelns. Man unterscheidet hier u. a. zwischen primären (physiologischen, ererbten) und sekundären (erlernten) Motiven.

Narratives Interview

Form des → Interviews, das darauf abzielt, den Interviewten seine selbsterlebten Erfahrungen erzählen zu lassen, wobei es besonders auf die Erfassung seiner Relevanzgesichtspunkte ankommt.

Literatur: WITZEL 1982

Narzißmus

Sexuell abnormes Verhalten, bei dem die sexuelle Erregung ausgelöst bzw. gesteigert wird durch das Betrachten des eigenen Körpers. Im weiteren Sinne versteht man darunter jedes In-sich-verliebt-sein, übermäßige Selbsteinschätzung und übersteigerte Eitelkeit.

Nebenklage

Nach den §§ 395-402 der StPO hat ein Verletzter die Möglichkeit, dem Strafverfahren als Nebenkläger beizutreten. Der Nebenkläger hat die Rechte eines Privatklägers, vor allem das Recht auf Anwesenheit in der Verhandlung, zur Stellung von Anträgen und zur Einlegung von Rechtsmitteln. Er kann auch Fragen an Sachverständige und Zeugen sowie an den Angeklagten richten und Ausführungen bei den Schlußvorträgen machen. Der Nebenkläger kann sich durch einen Rechtsanwalt vertreten lassen.

Nebenopfer

Person, die (vom Täter) ungeplant zum Opfer einer Straftat wird (Beispiel: Ermordung eines zufälligen Tatzeugen)
→ Deckungsmord

Neurose

Funktionsstörungen, die von Erlebnis-, Verhaltens- und körperlichen Symptomen (z. B. Ekel, Schwindelgefühle) begleitet und nicht auf körperliche Ursachen zurückführbar sind. Sie beruhen nach der Neurosentheorie auf Fehlanpassungen an Erfordernisse der sozialen Umwelt oder auf inneren Konflikten, woraus sich Angst und in deren Gefolge neurotische Symptome herausbilden. Nach der psychoanalytischen Auffassung sind traumatische Kindheitserlebnisse zentral für die Entstehung neurotischer Störungen. Nach Ursachen und Symptomen differenziert lassen sich verschiedene Arten von Neurosen, wie z. B. Angstneurosen, Verfolgungsneurosen, Organneurosen u. a. unterscheiden.

Literatur: BALLY 1961

Neutralisationstechniken

Bei der These der Neutralisationstechniken handelt es sich um eine Anwendung → kognitiver Gleichgewichtstheorien auf die Situation jugendlicher Rechtsbrecher, die zumindest teilweise die herrschenden gesellschaftlichen Normen verinnerlicht haben. Für die Betroffenen ergibt sich damit die Notwendigkeit, diesen Widerspruch hinwegzurationalisieren, zu neutralisieren, wozu eine Reihe von (subkulturell vermittelten) Techniken zur Verfügung stehen.

Literatur: SYKES/MATZA 1968

Nötigung

Wer einen anderen widerrechtlich durch Gewalt oder durch Bedrohung mit einem empfindlichen Übel zu einer Handlung, Duldung oder Unterlassung nötigt, wird nach § 240 StGB mit Geldstrafe oder Gefängnis bestraft. Die Tat ist dann widerrechtlich, wenn die Anwendung der Gewalt oder die Zufügung des angedrohten Übels zu dem angestrebten Zweck als verwerflich anzusehen ist.

Norm (kodifizierte)
Muß-Norm mit hoher Verbindlichkeit, bei deren Übertretung eine formelle Sanktion droht. Nur solches Verhalten, das gegen diese Norm verstößt, ist delinquent.

OEG
→ Opferentschädigungsgesetz

Okkasiogene Kriminalität
Kriminelle Akte, die zum großen Teil auf für die Deliktbegehung günstige Gelegenheiten zurückgehen (z. B. unverschlossen abgestelltes Auto). Ein großer Teil der von Jugendlichen begangenen Straftaten gehört zur okkasiogenen Kriminalität, bei der das Opfer häufig einen wesentlichen Tatbeitrag leistet.

Opfer
→ personales Opfer
→ kollektives Opfer
→ falsches Opfer
→ aktives Opfer
→ indirektes Opfer
→ mittelbares Opfer

Opferbefragung
Vorgehensweise zur Ermittlung der → Dunkelziffer. Eine bestimmte Population wird danach gefragt, ob und wie häufig sie in einem bestimmten Zeitraum viktimisiert wurde. Die Gültigkeit der so erhaltenen Ergenbisse ist nicht unumstritten.
Literatur: Opp 1974

Opfereignung
Bedingungen, wie z. B. höheres Lebensalter, die zu einer besonderen Opferanfälligkeit führen.
Die Prädisposition zur Opferwerdung kann sich dabei von unveränderlichen Qualitäten (Alter, Geschlecht usw.) bis zu mehr oder weniger aktiven, aus der Persönlichkeitsstruktur resultierenden Tatbeiträgen (Genußorientierung, Leichtsinn usw.) erstrecken.

Opferentschädigung
Materieller Ausgleich für Opfer von Straftaten, der unter bestimmten Bedingungen (Bedürftigkeit des Opfers, Gewaltverbrechen) gewährt wird. Sie wird damit begründet, daß der Staat in seiner Aufgabe des Schutzes vor Kriminalität versagt und der Betroffene ein Sonderopfer erbracht habe.

Opferentschädigungsgesetz (OEG)
In der Bundesrepublik Deutschland 1976 erlassenes Gesetz, das die Entschädigung der Opfer von Gewaltverbrechen regelt.

Opferlose Verbrechen
Straftaten, bei welchen (wie im Falle der heimlichen Übertretung von Verkehrsregeln) keine konkreten Opfer geschädigt werden und kein materiell ausdrückbarer Schaden entstanden ist.

Opfer-Ombudsmann
Mit der Vertretung der Opferbelange und -interessen beauftragte Person.

Opfertypologie
→ Typologie

Opferzeuge
Opfer in seiner Funktion als Tatzeuge vor Gericht.

Ordnungswidrigkeit
Straftat ohne eigentlichen kriminellen Gehalt. Das dafür vorgesehene Verwaltungsverfahren kann auf Antrag des Betroffenen in ein gerichtliches Verfahren übergehen. Der Tatunwert erschöpft sich in der Unbotmaßigkeit. Die Strafe wird weniger wegen dieser geringfügigen Unbotmäßigkeit als vielmehr zur Sicherung des verwaltungspolizeilichen Zweckes auferlegt: sie ist primär Zweck- und nicht Sühnemaßnahme. (Köst 1961, S. 461)

Passives Opfer
Opfer ohne aktiven Tatbeitrag. Fattah (1967) differenziert hier weiter zwischen nichtteilnehmenden passiven Opfern (z. B. schlafendes Kind), provozierenden passiven Opfern (z. B. durch Nachlässigkeit) und teilnehmenden passiven Opfern (tatgeneigte Haltung z. B. beim Masochisten).

Peers
Gruppe der Gleichaltrigen (Jugendlichen).

Peinliche Befragung
Folter

Personales Opfer
Schädigung einer (oder mehrerer) konkreter Person (Personen) durch eine strafbare Handlung.

PKS
→ Polizeiliche Kriminalstatistik

Pluralismus
Nebeneinander verschiedener sozialer Gruppen und deren Wertvorstellungen innerhalb einer Gesellschaft.

Pönologie
Lehre von den Erscheinungs-Vollstrek-kungsformen staatlicher Strafaktionen auf empirisch-wissenschaftlicher Grundlage.
Literatur: Kaiser u. a. 1974

Polizeiliche Kriminalstatistik (PKS)
Amtliche Veröffentlichungen, die die Ergebnisse staatlicher Strafverfolgungstätigkeit enthalten. Die Kriminalstatistik spiegelt nur bedingt die tatsächliche Häufigkeit und Verteilung des Verbrechens wider, da nicht alle Straftaten angezeigt, registriert und aufgeklärt werden und auch statistische Erfassungsmodalitäten Verzerrungen hervorbringen können.
Literatur: Kerner 1973; Albrecht/Lamnek 1979

Prävention
Gesamtheit der staatlichen Bemühungen zur Verbrechensvorbeugung. Es handelt sich dabei um Maßnahmen, die auf die Bereitschaft potentieller Täter und Opfer abzielen, keine strafbaren Handlungen zu begehen bzw. zuzulassen, um Maßnahmen technischer Art zur Verhütung von Viktimisierungen und um Maßnahmen des Straf- und Ordnungswidrigkeitsrechts im Zusammenhang mit einer begangenen Tat zur Abschreckung (repressive Prävention) des Täters (Spezialprävention) und/oder der Allgemeinheit (Generalprävention) vor der Begehung weiterer Taten (Burghard u. a. 1984, S. 169).

Primärbeziehung
Relativ intime, vorwiegend emotional bestimmte, direkte und häufige persönliche Kontakte vor allem mit Familienmitgliedern und Freunden.

Primäre Viktimisierung
(= Schädigung)
Verletzung einer Person, einer Gruppe, einer Organisation oder einer Ordnung durch die Straftat eines oder mehrerer Täter.

Privatjustiz
→ Selbstjustiz

Prosoziales Verhalten
Hilfreiches oder verantwortliches Verhalten. Inzwischen hat sich eine Forschungstradition etabliert, die — vor allem mittels Feldexperimenten — die soziale Bedingtheit von Hilfeleistungen untersucht.
Literatur: Lück 1975

Proband
Versuchsperson, Befragter, Interviewter

Projektion
Abwehrmechanismus, der darin besteht, anderen Menschen eigene Fehler oder verdrängte Wünsche zuzuschreiben (und damit z. B. eigene Feindseligkeit diesen gegenüber zu rechtfertigen).

Prophylaxe
Verbrechensvorsorge, z. B. durch die Bekämpfung struktureller Viktimisierungen, Einschränkung von Gewaltdarstellungen,

Verbessserung der beruflichen Mobilität, Sanierung von Slums, erfolgreiche Resozialisierungsbemühungen u. a. m.
→ Prävention

Pseudonorm
Normen mit hohem → Geltungsgrad, aber nur noch geringem → Wirkungsgrad und geringer → Sanktionsbereitschaft.
Literatur: LAMNEK 1983

Psychoanalyse
Von Sigmund FREUD begründete Theorie psychischer Erkrankungen (besonders Neurosen), woraus sich die Technik der Psychotherapie entwickelte. Im Mittelpunkt stehen Theorien zur Psychodynamik von Konflikten und über die Wirkung unbewußter Antriebe und Emotionen.
Literatur: BALLY 1961

Psychose
Relativ schwerwiegende Störungen der geistigen und psychischen Funktionen, wodurch der Bezug zur Realität verlorengeht (z. B. Wahnvorstellungen, Zwangshandlungen oder Halluzinationen).

Rationalisierung
Abwehrmechanismus im Sinne der Psychoanalyse: „verbotenen" Gedanken, Gefühlen oder Verhaltensweisen wird eine „vernünftige" Erklärung zu ihrer Rechtfertigung unterschoben. Im weiteren Sinne kann man unter Rationalisierung die Suche nach Begründungen zur Rechtfertigung inkonsistenter Kognitionen bzw. Verhaltensweisen verstehen. Insofern stellen die → Neutralisierungstechniken (SYKES/MATZA 1968) Rationalisierungen dar.

Raub
Nach § 249 ff. StGB liegt ein Raub dann vor, wenn jemand mit Gewalt gegen eine Person oder unter Anwendung von Drohungen mit gegenwärtiger Gefahr für Leib oder Leben eine fremde bewegliche Sache einem anderen in der Absicht wegnimmt, sich dieselbe rechtswidrig zuzueigen.

Rechtfertigungsgründe
→ Neutralisationstechniken

Regression
Rückfall auf frühere, bereits überwundene Entwicklungsstufe. Dabei handelt es sich um einen Abwehrmechanismus.

Rehabilitation
Wiedereingliederung von körperlich, psychisch und sozial Geschädigten in die Gesellschaft.

Repräsentativität (von Stichproben)
Eigenschaft von Zufallsstichproben, die die Struktur der Gesamtheit, aus der sie entnommen wurden, widerspiegeln. Jedes Element einer solchen Grundgesamtheit hat eine von Null verschiedene und berechenbare Chance, in die Stichprobe zu gelangen; der Stichprobenfehler ist berechenbar.

Resozialisierung
Gesamtheit von Maßnahmen, die darauf abzielen, überführte und inhaftierte Täter dazu zu befähigen, daß sie nach ihrer Entlassung nicht wieder straffällig werden. Der Begriff ist jedoch insofern irreführend, als er unterstellt, damit einen früheren Zustand der Sozialisiertheit wiederherzustellen, wovon jedoch in vielen Lebensläufen Kriminalisierter nicht ausgegangen werden kann. Die Erfolge der Resozialisierungsmaßnahmen nehmen sich relativ bescheiden aus, da etwa 70 % aller bestraften Täter wieder strafrechtlich in Erscheinung treten.

Rolle
→ Soziale Rolle

Rückfallopfer
Person, die mehrmals Opfer einer Straftat geworden ist. Die Neigung zur wiederholten Viktimisierung hängt mit bestimmten, relativ invarianten Merkmalen (z. B. Beruf) und Persönlichkeitszügen (z. B. Vertrauensseligkeit, Genußstreben) zusammen.

Sanktion
Gesellschaftliche Reaktion sowohl auf konformes (positive Sanktion) als auch auf abweichendes Verhalten (negative Sanktion). Die Funktion von Sanktionen besteht in der Durchsetzung von Konformität gegenüber Normen, doch garantiert die Sanktionierung allein noch keine Konformität. Gewöhnlich wird zwischen informellen (z. B. seitens von Familienangehörigen, Freunden, Arbeitskollegen) und formalen Sanktionen (z. B. durch Polizei und Gericht) unterschieden.

Sanktionsbereitschaft
Bereitschaft zur Verfolgung eines Normbruchs.
→ Geltungsgrad
→ Wirkungsgrad
→ Pseudonorm

Sanktionswahrscheinlichkeit
Chance, für abweichendes bzw. delinquentes Verhalten ermittelt und bestraft zu werden.

Schaden
Feststellbarer Nachteil, den ein Opfer durch seine Viktimisierung erleidet. Man unterscheidet zwischen materiellen Schäden (Vermögensschäden), physischen Beeinträchtigungen (vorübergehende und dauernde körperliche Beeinträchtigungen), psychischen Schäden und sozialen Schäden (z. B. Isolation, Verlust des Arbeitsplatzes). Häufig treten mehrere Schadensarten zugleich auf.

Schuld
Konsequenz aus der wissentlichen und freiwilligen Übertretung staatlicher, sittlicher oder religiöser Gesetze. Dabei handelt es sich um einen metaphysischen, nicht meßbaren Begriff. Bei verinnerlichten Normen stellen sich Schuldgefühle ein, deren Antizipation vom Normbruch abhält. Neutralisationstechniken dienen dazu, die Schuldgefühle bei vollzogenem Normbruch zu reduzieren. Den Tatbeitrag des Opfers an seiner Viktimisierung festzustellen, stellt nicht den Versuch dar, „Schuld“ auf das Opfer abzuwälzen.

Sekundäranalyse
Sozialwissenschaftliche Forschungsmethode, die auf der erneuten Analyse — meist mit veränderter Fragestellung — bereits erhobener und ausgewerteter Untersuchungsdaten beruht

Sekundäre Viktimisierung
a) Im Sinne von Sellin/Wolfgang (1964) Straftaten gegenüber Einrichtungen wie Geschäften, öffentlichen Verkehrsmitteln usw., d. h. mit unpersönlichen Opfern.
b) Im Sinne von Schneider (1975) Verschärfung der primären Viktimisierung durch Fehlreaktionen des sozialen Nahraumes des Opfers und der formellen Kontrollinstanzen.

Selbstbild
Selbstkonzept, Gesamtheit der Vorstellungen, Einstellungen und Urteile, die eine Person hinsichtlich ihrer eigenen Verhaltensweisen, Eigenschaften und Fähigkeiten besitzt.

Selbstjustiz (Privatjustiz)
Außerhalb des offiziellen Rechtssystems stattfindende Sanktionierung kriminellen Verhaltens. Die früher weit verbreitete Privatjustiz innerhalb von Sippenverbänden wurde durch das Rechtsmonopol des Staates verdrängt, doch entstand eine neue private Gerichtsbarkeit, z. B. innerhalb von Betrieben, in Kaufhäusern. Nach Kaiser (1979, S. 489) machen sich verstärkt Entwicklungen bemerkbar, gefährdete oder verletzte Opferinteressen erneut durch eigene Aktivitäten zu sichern.

Selektive Wahrnehmung
Wahrnehmung nur bestimmter Merkmale der Umwelt; in hohem Maße abhängig von Bedürfnissen und Einstellungen des Wahrnehmenden, der z. B. für für ihn wichtige Reize besonders empfänglich ist.

Irrelevantes und Belastendes wird dabei leicht übersehen bzw. verdrängt.

Sexualdelikt

Sammelbezeichnung für Delikte gegen die sexuelle Selbstbestimmung (Notzucht, sexuelle Nötigung, Ausnutzung von Abhängigkeitsverhältnissen, sexuelle Belästigung Unbeteiligter (Exhibitionismus, verbotene Prostitution), Förderung der Prostitution, Verbreitung pornographischer Schriften).

Literatur: KAISER 1985a, S. 318-324

Sicherungsverwahrung

Bei einer Verurteilung als gefährlicher Gewohnheitsverbrecher kann neben einer Strafe Sicherungsverwahrung verhängt werden, wenn dies aus Gründen der öffentlichen Sicherheit erforderlich erscheint.

Signifikanz, Signifikanztest

Sicherheit (bzw. Wahrscheinlichkeit), mit der empirisch festgestellte Unterschiede zwischen Stichproben (bzw. zwischen Experimental- und Kontrollgruppen (z. B. Opfern und Nicht-Opfer) sowie bestimmte Maßzahlen (z. B. Korrelationskoeffizienten) nicht zufällig aufgrund der Stichprobenvariablität auftreten, sondern als kennzeichnend für die untersuchten Stichproben bzw. Grundgesamtheiten angesehen werden können. Für die Signifikanzprüfung wird dabei von der Nullhypothese ausgegangen, d. h. von der Behauptung, daß zwischen den Stichproben kein Unterschied besteht, daß beobachtete Differenzen zufällig sind.

Literatur: LAMNEK 1980, S. 43 ff.

Simplicissimus-Effekt

Nach dem Held des 1669 erschienenen Romans von GRIMMELSHAUSEN benannter Effekt, wonach für Opfer die Gefahr besteht, aufgrund erfolgter (insbesondere auch struktureller) Viktimisierungen zum Täter zu werden.

Sittlichkeitsdelikt

→ Sexualdelikt

Situationsdefinition

→ Definitionsansatz
→ symbolischer Interaktionismus
→ Thomas-Theorem

Soziale Beziehung

→ Interaktion
→ Täter-Opfer-Beziehung

Soziale Kontrolle

Prozesse und Mechanismen zur Verhinderung oder Einschränkung → abweichenden Verhaltens in einer Gesellschaft. Dies geschieht durch positive Sanktionierung konformen und negative Sanktionierung nonkonformen Verhaltens. Da rein äußerliche Kontrollen aber ineffektiv sind, müssen die im Verlauf von Sozialisations- und Enkulturationsprozessen verinnerlichten Kontrollinstanzen hinzutreten (Gewissensbildung), die interne positive Gratifikationen (gutes Gewissen, Selbstachtung) bei konformem Verhalten gewähren und nonkonformes Verhalten durch Schuldgefühle bestrafen.

Soziale Position

Ort, an dem sich eine Person in Relation zu anderen in einer Gesellschaft oder Gruppe befindet bzw. eingeordnet wird, was mit bestimmten Erwartungen an den Positionsinhaber seitens anderer Positionsinhaber verbunden ist. Eine soziale Position erscheint als der statische Aspekt einer → sozialen Rolle.

Soziale Randlage

Situation von Individuen und Gruppen am „Rande" der Gesellschaft (z. B. Verwahrloste, Nichtseßhafte, Zigeuner). Häufig ist mit der Randständigkeit eine Diskriminierung verbunden.

Soziale Rolle

Summe der Verhaltenserwartungen, die an den Inhaber einer → sozialen Position bezüglich seines Verhaltens gestellt werden.

Soziale Schicht

„Bevölkerungsgruppe, deren Mitglieder

bestimmte gemeinsame Merkmale besitzen und sich dadurch von anderen Bevölkerungsgruppen in einer als hierarchisch vorgestellten Sozialstruktur unterscheiden" (BRUSTEN 1975, S. 586).

Soziale Sichtbarkeit

Wahrnehmbarkeit einer Person für andere. Soziale Sichtbarkeit ist insofern viktimologisch relevant, als sich die betreffende Person als Stellvertreteropfer anbietet.

Sozialer Status

Bewertete Position innerhalb einer sozialen Schichtung.

Sozialer Wandel

Die in einem Zeitabschnitt erfolgten Veränderungen in der Sozialstruktur, wobei zumeist eine gewisse Regelhaftigkeit unterstellt wird. Im Unterschied zu den Begriffen „Entwicklung" oder „Fortschritt" erscheint „sozialer Wandel" als wertneutral und nicht teleologisch-gesetzmäßig.

Literatur: MOORE 1973

Soziales Vorurteil

Vorgefaßtes, verfestigtes und durch neue Erfahrungen oder Informationen nur schwer modifizierbares Urteil über Objekte, Personen, Gruppen usw. Es ist emotional gefärbt und enthält zumeist gegenüber der eigenen Person oder Gruppe positive, gegenüber Fremdgruppen, die anhand der Normen und Wertvorstellungen der eigenen Gruppe gemessen werden (und demzufolge fast „natürlich" schlechter abschneiden), oft negative Bewertungen. Die Abwertung von Fremdgruppen kommt dabei dem eigenen Selbstwertgefühl und der Kohäsion der Eigengruppe zugute und die Fremdgruppe erfüllt eine Sündenbockfunktion, was im Extremfall bis zum → Genozid führen kann.

→ Stereotyp

Sozialhilfe

Die Sozialhilfe hat sich aus der öffentlichen Fürsorge entwickelt. Sie wird gewährt, wenn der notwendige Lebensunterhalt anderweitig nicht gesichert werden kann und umfaßt die Hilfe zum Lebensunterhalt und die Hilfe in besonderen Lebenslagen, Ausbildungshilfe, vorbeugende Gesundheitshilfe, Krankenhilfe, Altenhilfe u. a. m. Auf die Leistungen besteht ein Rechtsanspruch.

Sozialisation

Prozeß der Eingliederung eines Individuums in eine Gruppe, indem es die in dieser Gruppe geltenden sozialen Normen, vor allem die an das Individuum als Inhaber bestimmter sozialer Positionen gerichteten Rollenerwartungen, zur Normerfüllung erforderliche Fähigkeiten und Fertigkeiten sowie die zur Kultur der Gruppe gehörenden Werte und Einstellungen lernt. Die Sozialisation beginnt mit der Geburt und dauert über das ganze Leben an. Als wesentliche Stufe für den Erwerb der sozio-kulturellen Persönlichkeit gilt die Primärsozialisation in der Herkunftsfamilie.

Sozialisationsdefizite

Ungünstige familiale Bedingungen (unvollständige Familie und/oder funktional gestörte Familie), verschärft durch eine schwierige sozio-ökonomische Situation, soziale Randständigkeit, langdauernde Arbeitslosigkeit usw. wirken sich negativ auf den Sozialisationsprozeß aus, woraus Sozialisationsdefizite entstehen können (z. B. eingeschränkte Möglichkeiten zum Rollenlernen, geringe Frustrationstoleranz). Derartige Mängel können sowohl kriminogene als auch viktimogene Auswirkungen haben.

Literatur: GOTTSCHALCH u. a. 1971

Sozialkategorie

Menge der Personen, die hinsichtlich eines oder mehrerer übereinstimmender, sozialrelevanter Merkmale gekennzeichnet sind (z. B. Arbeiter, konfessionslose Jugendliche usw.).

Sozialprestige
Ausmaß der Wertschätzung, das dem Inhaber einer sozialen Position entgegengebracht wird. Wichtige Dimensionen sind Berufsstatus, ökonomischer Status und formale Bildung.

Sozialpsychologie
Teilgebiet der Psychologie, das menschliches Verhalten in Abhängigkeit von sozialer Umwelt und Persönlichkeit untersucht, wobei dem Begriff der sozialen Interaktion zentrale Bedeutung zukommt. Wichtige Teilgebiete sind soziale Wahrnehmung, Einstellungen, Sozialisationsprozeß, Gruppenprozesse, Vorurteils- und Konfliktforschung u. a. m.

Sozialstruktur
Struktur eines sozialen Systems, z. B. einer Gesellschaft, d. h. die Anordnung der aufeinanderbezogenen sozialen Rollen.

Soziologie
Disziplin zur Analyse und Erklärung von Erscheinungsformen, Bestimmungsgründen, Auswirkungen und Veränderungen meschlichen Zusammenlebens, die sich auf erfahrungswissenschaftliche Methoden stützt. Innerhalb der Soziologie lassen sich spezifische theoretische Ansätze mit teilweise divergierenden Auffassungen über wissenschaftstheoretische, methodologische und inhaltliche Fragen unterscheiden.

Literatur: Arbeitsgruppe Soziologie 1978

Status
→ Sozialer Status

Standardisierte Befragung
Variante des (mündlichen oder schriftlichen) → Interviews, bei der Reihenfolge, Wortlaut und häufig auch die Antwortalternativen vorgegeben sind. Die standardisierte Befragung stellt damit einen Gegenpol zum → narrativen Interview dar.

Stereotyp
Relativ stabile, durch neue Erfahrungen kaum veränderbare meist positiv oder negativ bewertende und emotional gefärbte Vorstellung über Objekte, Personen und Gruppen. Die Bereitschaft zur Akzeptanz von Stereotypen variiert in einer Bevölkerung in Abhängigkeit von sozio-strukturellen und Persönlichkeitsmerkmalen. Stereotype werden bevorzugt auf Angehörige ethnischer Minderheiten angewandt.

Literatur: Allport 1971

StGB
Strafgesetzbuch

Stichprobe
Herausgegriffene Teilmenge, von der man auf die Gesamtmenge bzw. die darin bestehende Merkmalsverteilung schließen kann.

→ Repräsentativität

Stigmatisierung
Kategorisierung einer Person durch gesellschaftlich oder gruppenspezifisch negativ bewertete Attribute, was eine soziale Abwertung bedeutet (z. B. Nichtseßhafter, Arbeitsloser, Krimineller). Auch die Kategorisierung als Opfer (insbesondere bestimmter Delikte) kann stigmatisierende Wirkung haben.

→ Definitionsansatz
→ sekundäre Viktimisierung
→ tertiäre Viktimisierung

StPO
Strafprozeßordnung

Strafe
Übel, das für ein begangenes Unrecht, d. h. für die Verletzung von Gesetzen, auferlegt wird.

Strafverfolgungsorgane
Die Strafverfolgung ist Aufgabe der formalen Kontrollinstanzen Polizei und Gericht.

Strafverfolgungsstatistik
Täterstatistik, die Angabe über die Beschuldigten vom Zeitpunkt der Anschuldigung bei Gericht bis zum Urteil (oder einer anderen endgültigen gerichtlichen

Entscheidung) enthält, und sich damit von der → polizeilichen Kriminalstatistik (bei der die entdeckten Straftaten registriert werden) unterscheidet.
Litratur: Kerner 1973

Strafzweck
Über den Zweck der Strafe gibt es verschiedene Theorien. Die absoluten Straftheorien sehen in der Straftat den einzigen, die Strafe rechtfertigenden Grund. Dagegen sehen die relativen Straftheorien den Zweck in der → Abschreckung (Abschreckungstheorie), der Verhütung zukünftiger Straftaten (Präventionstheorien). Die Vereinigungstheorien zielen auf eine Verbindung der verschiedenen Strafzwecke.

Strukturelle Vitkimisierung
Viktimisierung durch in der Sozialstruktur angelegte Machtungleichgewichte (Beispiel: Vertreibung sozial schwacher Mieter aus einem Sanierungsgebiet). Strukturelle Vitkimisierung (bei der es sich nicht um eine Viktimisierung im engeren Sinne handeln muß) kann eine Delinquenzursache sein.
→ Simplicissimus-Effekt
→ Neutralisationstechniken

Subkultur
Kulturelles Teilsystem einer übergreifenden kulturellen Einheit, dessen Werte und Normen denjenigen des Gesamtsystems teilweise widersprechen, wobei jedoch dem Konfliktelement (im Unterschied zur Gegen- oder Kontrakultur) zumindest manifest keine zentrale Bedeutung zukommt.
Literatur: Miller 1968

Subsumptionsproblematik
Problem, das bei Dunkelfeldbefragungen auftritt, wenn der Proband als zumeist juristischer Laie angeben soll, Opfer welcher Straftaten er geworden ist (bzw. welche Delikte er begangen hat). Die Fähigkeit zur Wahrnehmung und zur richtigen Einordnung einer Viktimisierung bzw. eines Delikts dürfte aber sehr unterschiedlich sein.
Bei ausschließlich juristischer Betrachtung entsteht die Subsumptionsproblematik durch die Zuordnung von zumeist komplexen, sozialen, abweichenden Verhaltensweisen zu kodifizierten Straftatbeständen.

Subventionsbetrug
Form der → Wirtschaftskriminalität, bei der unter bewußter Täuschung an bestimmte Bedingungen gebundene Subventionsleistungen in Anspruch genommen werden.

Sühne
Vergeltung, Buße

Symbolischer Interaktionismus
→ Definitionsansatz
→ Interaktion
→ Sozialpsychologie
Vor allem auf G. H. Mead zurückgehende sozialpsychologisch orientierte Theorierichtung innerhalb der Soziologie, „. . . die individuelles Verhalten und Bewußtsein aus dem sozialen Prozeß heraus erklärt und diesen selbst durch Muster aufeinander bezogenen Handelns strukturiert sieht, die dem Individuum sprachlich vermittelt sind und es ihm ermöglichen, in sich selbst die Erwiderungen hervorzurufen, die sein Handeln im Partner hervorruft und diese Erwiderungen zur Kontrolle seines eigenen Verhaltens einzusetzen (Bisler u. a. 1975, S. 310). Nach Blumer (1973, S. 80 ff.) liegen dem symbolischen Interaktionismus drei Prämissen zugrunde:

1. Menschen handeln „Dingen" gegenüber auf der Grundlage der Bedeutungen, die diese Dinge für sie besitzen.
2. Die Bedeutung dieser Dinge ist aus sozialen Interaktionen ableitbar.
3. Die Bedeutungen werden in einem interpretativen Prozeß, dem die Person in ihrer Auseinandersetzung mit den ihr

begegnenden Dingen benutzt, gehandhabt und abgeändert.

Diese Bedeutungszuschreibung durch Interaktionsprozesse lassen labeling-Vorgänge als symbolische Interaktion erscheinen; der symbolische Interaktionismus kann als substantielle soziologische Theorie des labeling approach angesehen werden, was sich auch darin zeigt, daß anstelle der Frage nach Kausalfaktoren abweichenden Verhaltens (z. B. in der → Anomietheorie) Fragen nach dem „Wie" und „Wozu" treten — wie solche Fragen auch im symbolischen Interaktionismus (z. B. THOMAS 1965, S. 100) stärker herausgestellt werden (LAMNEK 1977, S. 105-118).

Literatur: BLUMER 1973

Täterbefragung

Methode zur Ermittlung der Dunkelziffer. Eine Population wird danach befragt, welche abweichenden Verhaltensweisen sie begangen hat. Die Gültigkeit ist nicht unumstritten, die Ergebnisse deuten aber doch darauf hin, daß abweichendes Verhalten weit verbreitet ist.

Literatur: OPP 1974; LAMNEK 1982, 1985

Täter-Opfer-Beziehung

Die möglichen (vor-deliktischen) Täter-Opfer-Beziehungen lassen sich auf einem Kontinuum von völliger gegenseitiger Fremdheit (z. B. Bombenleger) über eine einseitige Beziehung (bei manchen Erpresungen oder Sexualdelikten), gegenseitige, eher oberflächliche Beziehungen, bis zu engen freundschaftlichen und familialen Bindungen anordnen.

Talionsprinzip

Auffassung, wonach Gleiches mit Gleichem vergolten werden soll („Auge um Auge, Zahn um Zahn; vgl. 2 Moses 21, 24).

Tatort

Ort, an dem sich eine Straftat ereignet. Dabei unterscheidet man zwischen dem T. im engeren Sinne als dem Ort, an dem die Viktimisierung unmittelbar stattgefunden und möglicherweise auch Spuren hinterlassen hat und dem Tatort im weiteren Sinne, d. h. die Zu- und Abgangsmöglichkeiten zum Ort des Geschehens.

Tertiäre Viktimisierung

a) Im Sinne von SELLIN/WOLFGANG 1964 Straftaten, die sich gegen die öffentliche Ordnung, gegen den sozialen Frieden oder gegen den Staat richten.

b) Im hier verwendeten Sinn: Mögliche Folge aus einer → primären und/oder → sekundären Viktimisierung, wenn die von außen herangetragene Definition als Opfer internalisiert und so wesentlicher Teil des Selbstbildes einer Person wird. Daraus ergeben sich negative Konsequenzen (z. B. Kriminalitätsfurcht), die letztlich die Erlebnis- und Verhaltensmöglichkeiten einschränken können.

Theorie

System von Begriffen, Definitionen und Aussagen, um Erkenntnisse über einen Bereich von Sachverhalten zu ordnen, Tatbestände zu erklären und wissenschaftlich begründete Prognosen zu treffen.

Thomas-Theorem

Von W. I. THOMAS formulierte Aussage, wonach für das Handeln von Menschen deren Definition der Situation und nicht die „objektive" Situation entscheidend sei. Die Definition der Situation, wie wenig realitätsgerecht diese auch sein mag, hat dabei durchaus reale Konsequenzen: „If men define situations as real, they are real in their consequences." (THOMAS 1931, S. 332).

Tiefeninterview

Form des unstandardisierten Interviews, bei der die Kommunikation zwischen Interviewer und Probanden frei von Anweisungen erfolgt. Dabei finden psychoanalytische Fragetechniken Verwendung.

Literatur: WITZEL 1982

Typologie
Einteilung eines Gegenstandsbereiches nach einem oder mehreren als zentral erachteten Merkmalen (z. B. Einteilung von Verbrechensopfern gemäß der Art und des Umgangs ihres Tatbeitrags). Im Idealfall ist eine vollständige Zuordnung möglich.

Übertragung
Verlagerung eines positiven oder negativen Affektbezugs von einem Objekt oder einer Person auf andere. Im engeren Sinne versteht man darunter den Prozeß, in dessen Verlauf der Patient in der Psychotherapie die einer wichtigen Person (meist Vater oder Mutter) gegenüber bestimmenden Gefühle und Einstellungen auf den Therapeuten überträgt und der mit einer Ablösung von dieser Person beendet wird. Übertragungen sind durchaus auch Alltagsphänomene und können viktimologisch relevant werden.
→ Psychoanalyse

Umweltkriminalität
Zusammenfassung von Straftatbeständen, die die Umwelt als natürliche Lebensgrundlage des Menschen gefährden (Gewässer, Luft, Boden, Schutz vor Lärm und Immissionen, Artenschutz usw.). Obgleich die Umwelt als eigenständiges Rechtsgut anerkannt und strafrechtlich abgesichert ist, muß man hier von einer großen Lücke zwischen der tatsächlichen und der amtlich registrierten Kriminalität ausgehen.
Literatur: Kaiser 1985a, S. 364-371

Vandalismus
Zwecklose Aggressionshandlung, häufig von Jugendlichen in Banden gegen Sachen begangen. Es handelt sich also um eine Form von nicht-utilitaristischer Kriminalität (im Unterschied etwa zu Raub oder Diebstahl).
Literatur: Kaiser 1985a, S. 264 f.

Verbrechen
Straftat, die mit mindestens einem Jahr Freiheitsstrafe bedroht ist. Dabei kommt es nicht auf die im Einzelfall verhängte, sondern auf die gesetzlich angedrohte Strafe an.

Verbrechensprophylaxe
→ Prophylaxe

Vergehen
Straftat, die mit weniger als einem Jahr Freiheitsstrafe oder mit Geldstrafe bedroht ist.

Verhaltenstheorie
Aus dem Behaviorismus hervorgegangene Richtung in der Psychologie, die auch zur Erklärung soziologischer Sachverhalte herangezogen wird (verhaltenstheoretische Soziologie). Ausgehend vom Modell der klassischen Konditionierung und des instrumentellen Lernens wird versucht, elementares soziales Verhalten zu beschreiben, zu erklären und zu komplexeren Zusammenhängen vorzustoßen.
Literatur: Homans 1972; Opp 1972

Verstärker
Ein Reiz wird zum Verstärker eines bestimmten Verhaltens, wenn dieses in Verbindung mit dem Reiz wiederholt belohnt wurde, d. h. eine Triebreduktion bzw. Bedürfnisbefriedigung eingetreten ist. Auch das Erlernen kriminellen Verhaltens und sogar das Annehmen einer Opferrolle läßt sich damit erklären. Erfährt etwa jemand, wie ihm aufgrund einer erlebten Viktimisierung Aufmerksamkeit und Anteilnahme zufließt, so wird ein dieser Opferrolle gemäßes Verhalten verstärkt und Bemühungen zur Überwindung der tertiären Viktimisierung werden geschwächt.
→ Verhaltenstheorie

Verstehende Soziologie
Theorieansatz in der Soziologie, der — im Unterschied etwa zu einer verhaltenstheoretisch begründeten Soziologie — von

der Deutung des von den Handelnden selbst gemeinten subjektiven Sinnes sozialer Verhaltensweisen ausgeht.
→ symbolischer Interaktionismus

Verurteiltenstatistik
→ Strafverfolgungstatistik

Viktimisierung
Opferwerdung
→ primäre Viktimisierung
→ sekundäre Viktimisierung
→ tertiäre Viktimisierung
→ Viktimisierungsgewinn

Viktimisierungsgewinn
Vorteile, die sich für eine Person aufgrund der Tatsache einer Opferwerdung ergeben. Diese können in einer verstärkten Zuwendung der sozialen Umwelt oder durch erreichte Publizität bestehen. Zur Verhinderung der Entstehung von Opferkarrieren ist es wichtig, etwaige Viktimisierungsgewinne bewußt zu machen.

Viktimisierungsprozeß
Prozeß der Opferwerdung bzw. des Zustandekommens einer Opferkarriere
→ primäre Viktimisierung
→ sekundäre Viktimisierung
→ tertiäre Viktimisierung

Viktimogen
Opfererzeugend

Viktimologie
Interdisziplinäres Fach, das sich mit den Opfern von Straftaten, den Täter-Opfer-Beziehungen und den Prozessen der primären, sekundären und tertiären Viktimisierung beschäftigt.
→ primäre Viktimisierung
→ sekundäre Viktimisierung
→ tertiäre Viktimisierung
→ Opfer
→ Täter-Opfer-Beziehung
Literatur: SCHNEIDER 1975, 1979, 1983; AMELUNXEN 1970; PAASCH 1965; KAISER 1974; ARZT 1984; WEIS 1972; JANSSEN/KERNER 1985

Vorurteil
→ Soziales Vorurteil

Voyeur
Heimlicher Zuschauer bei sexuellen Aktivitäten, der dabei eine sexuelle Befriedigung erfährt.

White-Collar-Crime
→ Wirtschaftskriminalität

Wiedergutmachung
Entschädigungsleistung durch den Täter oder dessen Angehörige.

Wiederholungszwang
Immer wieder auftretende Handlungen ohne äußeren oder dem Betreffenden bewußten Grund. Nach Auffassung der Psychoanalyse ist der W. Anzeichen eines unbewußten Konflikts.

Wirkungsgrad
Ausmaß der Befolgung einer Verhaltensforderung
→ Geltungsgrad
→ Sanktionsbereitschaft
→ Pseudonorm

Wirtschaftskriminalität
Wirtschaftsverbrechen (White-Collar-Crime) umfassen neben verschiedenen Arten des Betrugs (Steuerhinterziehungen, Subventionserschleichungen, Konkursdelikte etc.) auch Verhaltensweisen außerhalb der Tatbestände des Strafrechts (Grundstücksspekulation, Währungsspekulation, illegale Preisabsprachen) bzw. solche, die in der Öffentlichkeit häufig noch als „Kavaliersdelikte" angesehen werden (Verstöße gegen Umweltschutzgesetze usw.). Sie sind weniger sichtbar als „klassische" Eigentums- und Vermögensdelikte und werden meist von Angehörigen der oberen Mittelschicht begangen, die ihre gehobenen Berufspositionen in Wirtschaft und Verwaltung dazu mißbrauchen. Da diesem Personenkreis nicht das soziale Stereotyp des Verbrechers zugeschrieben wird, er sich einer strafrechtlichen Verfolgung leichter entziehen kann

und infolge der relativen Uninformiertheit der Öffentlichkeit über wirtschaftliche und vermögensrechtliche Tatbestände Verhaltenstransparenz, Normierung und Kontrolle auf den genannten Gebieten gering und die Opfer meist anonym sind, findet sich in der Öffentlichkeit eher eine ambivalente als eine verurteilende Haltung, obgleich der durch White-Collar-Täter angerichtete Schaden ein Vielfaches des durch herkömmliche Eigentumsdelikte angerichteten beträgt. Diese Fehleinstellung der Gesellschaft gegenüber Wirtschaftskriminellen dürfte auch auf die weitgehende Akzeptierung materieller Erfolgsziele zurückgehen, womit derartige Verhaltensweisen lediglich als Verstöße gegen die Spielregeln erscheinen mögen.
Literatur: Berckhauer 1977, 1983; Opp 1975; Schellhoss 1974; Schneider 1977

Zivilverfahren
Verfahren, das die Feststellung und Verwirklichung privater Rechte und Rechtsverhältnisse zwischen zwei oder mehreren Parteien zum Ziel hat.

Zuverlässigkeit
Ausmaß, in dem die wiederholte Anwendung eines Meßinstruments (innerhalb bestimmter Schwankungsbreiten) gleiche Ergebnisse liefert. Ein Intelligenztest, der z. B. bei wiederholter Anwendung innerhalb derselben Population stark abweichende Werte liefert, ist wenig zuverlässig.
Literatur: Lamnek 1980

Literaturverzeichnis

ALBRECHT, H.-J.: Probleme der Implementierung des Umweltstrafrechts. In: Monatsschrift für Kriminologie und Strafrechtsreform 66 (1983), S. 278-294

ALBRECHT, P.-A.: Perspektiven und Grenzen polizeilicher Kriminalprävention. Diversionsmodelle aus den USA in der Sicht deutscher Instanzenvertreter. Ebelsbach 1983

ALBRECHT, P.-A./LAMNEK, S.: Jugendkriminalität im Zerrbild der Statistik. Eine Analyse von Daten und Entwicklungen. München 1979

ALLPORT, G. W.: Die Natur des Vorurteils. Köln 1971

AMELUNXEN, C.: Strafjustiz und Viktimologie. In: Kriminalistik 23 (1969), S. 178-181

AMELUNXEN, C.: Das Opfer in der Straftat. Hamburg 1970

AMIR, M.: Patterns in forcible rape. Chicago, London 1971

ARBEITSGRUPPE SOZIOLOGIE: Denkweisen und Grundbegriffe der Soziologie. Eine Einführung. Frankfurt a. M., New York 1978

ARZT, G.: Viktimologie und Strafrecht. In: Monatsschrift für Kriminologie und Strafrechtsreform 67 (1984), S. 105-121

ASCHAFFENBURG, G.: Das Verbrechen und seine Bekämpfung. Heidelberg 1933

de ASUA, J.: La Llamada. Victimologia, Estudios de Derecha Penal y Criminologia. Buenos Aires 1962

BADER, K. S.: Die Veränderung der Sexualordnung und die Konstanz der Sittlichkeitsdelikte. In: Zeitschrift für Sexualforschung 3/4 (1950)

BALINT, M.: Die Urformen der Liebe und die Technik der Psychoanalyse. F.a.M. 1969

BALLY, G.: Einführung in die Psychoanalyse Sigmund Freuds. Reinbek bei Hamburg 1961

BARRING, L.: Götterspruch und Henkerhand. Die Todesstrafen in der Geschichte der Menschheit. Essen 1980

BAURMANN, M. C.: Sexualität, Gewalt und psychische Folgen. Eine Längsschnittuntersuchung bei Opfern sexueller Gewalt und sexueller Normverletzungen anhand von angezeigten Sexualkontakten. Wiesbaden 1983

BELL, D.: Die nachindustrielle Gesellschaft. Frankfurt a. M., New York 1976

BERCKHAUER, F. H.: Wirtschaftskriminalität und Staatsanwaltschaft. Freiburg i. Br., 1977 (Dissertation)

BERCKHAUER, F. H.: Wirtschaftskriminalität. In: SEITZ, W. (Hrsg.): Kriminal- und Rechtspsychologie. Ein Handbuch in Schlüsselbegriffen. München, Wien, Baltimore 1983, S. 243-249

BILES, D.: The victims of car stealing. In: The Australian and New Zealand Journal of Criminology, 1974, S. 99-109

BISLER, W.: Interaktionismus, symbolischer. In: FUCHS, W. u. a. (Hrsg.): Lexikon der Soziologie. Bd. 1, Reinbek b. Hamburg 1975, S. 310

BLANKENBURG, E.: Die Selektivität rechtlicher Sanktionen. Eine emprirische Untersuchung von Ladendiebstählen. In: Kölner Zeitschrift für Soziologie und Sozialpsychologie, 20, 1968, S. 805-829

BLANKENBURG, E./FEEST, J.: Über die schichtspezifische Chance, kriminalisiert zu werden. In: ABELE, A/MITZLAFF, St., NOWACK, W. (Hrsg.): Abweichendes Verhalten. Erklärungen, Scheinerklärungen und praktische Probleme. Stuttgart, Bad Cannstatt 1976, S. 262-275

BLOCK, R./ZIMRING, F. E: Homicide in Chicago, 1965-1970. In: Journal of Research in Crime and Delinquency. 10, 1973, S. 1-12

BLUMER, H.: Der methodologische Standort des symbolischen Interaktionismus. In: Arbeitsgruppe Bielefelder Soziologen (Hrsg.): Alltagswissen, Interaktion und gesellschaftliche Wirklichkeit. Bd. 1, Reinbek b. Hamburg 1973, S. 80-146

BÖKER, W./HÄFNER, H.: Gewalttaten Geistesgestörter. Eine psychiatrisch-epidemiologische Untersuchung in der Bundesrepulbik Deutschland. Berlin, Heidelberg, New York 1973

BRAUNECK, A. E.: Allgemeine Kriminologie. Reinbek b. Hamburg 1974

BREDENKAMP, J.: Experiment und Feldexperiment. In: GRAUMANN, C. F. (Hrsg.): Handbuch der Psychologie, Bd. 7, 1. Halbband, Sozialpsychologie. Göttingen 1969

BROWNMILLER, S.: Gegen unseren Willen. Vergewaltigung und Männerherrschaft. Frankfurt a.M. 1983

BRUSTEN, M.: Schicht. In: FUCHS, W. u. a. (Hrsg.): Lexikon zur Soziologie, Bd. 2, Reinbek b. Hamburg 1975, S. 586-588

BUNDESKRIMINALAMT, Kriminalistisch-kriminologische Forschungsgruppe: Einbrüche in Wohnungen. Eine Pilotstudie. 2. Aufl., Wiesbaden 1982

BUNGARD, W./LÜCK, H. E.: Forschungsartefakte und nicht-reaktive Meßverfahren. Stuttgart 1974

BURGHARD, W. u. a. (Hrsg.): Kriminalistik Lexikon. Heidelberg 1984

CAMPBELL, J.: Honour, Family and Patronage. Oxford 1964

CLARK, R. D. III./WORD, L.: Why don't bystanders help? Because ambiguity? In: Journal of Personality and Social Psychology, 24, 1972, S. 392-400

CLARK, R. D. III./WORD, L. E.: Where is the apathetic bystander? Situational characteristics of the emergence. In: Journal of Personality and Social Psychology, 29, 1974, S. 279-287

CLOWARD, R.A./OHLIN, L. E.: Delinquency and Opportunity. A theory of delinquent gangs. New York 1960

COHEN, A. K.: Kriminelle Jugend. Hamburg 1961

CORRELL, W.: Lernen und Verhalten. Frankfurt a.M. 1971

DADRIAN, V. N.: The common features of the Armenian and Jewish cases of genocide — a comparative victimological perspective. Jerusalem 1973 (unveröffentlichter Vortrag)

DADRIAN, V. N.: The structural-functional components of genocide — a victimological approach to the Armenian case. In: DRAPKIN, I./VIANO, E. (Hrsg.): Victimology. Lexington, Toronto, London 1974, S. 123-136

DAHRENDORF, R.: Soziale Klassen und Klassenkonflikt in der industriellen Gesellschaft. Stuttgart 1957

DEUSINGER, I. M.: Auch auffallend gesicherte Objekte laden zum Einbruch ein. In: Kriminalistik 39, 8/1985, S. 391-397

DIERKS, M./STRÜMPEL, B.: Wenig Arbeit — aber viel zu tun. Neue Wege der Arbeitsmarktpolitik. Opladen 1985

Döbler, H.: Hexenwahn. Die Geschichte einer Verfolgung. Bergisch-Gladbach 1979

Dollard, J./Miller, N. E.: Frustration und Aggression. New Haven 1961

Dost, P.: Die Psychologie der Notzucht. Untersuchung — Verfolgung — Vorbeugung. Hamburg 1963

Dünnbier, H.: Verbrechen und Verbrechertum in Bayern 1882-1937. Beiträge zur Statistik Bayerns. München 1944

Duhm, D.: Angst im Kapitalismus. Lampertsheim 1975

Durkheim, E.: Über die Anomie. In: Mills, C. W. (Hrsg.): Klassik der Soziologie. Eine polemische Auslese. Frankfurt a. M. 1966, S. 394-436

Durkheim, E.: Die Regeln der soziologischen Methode. Neuwied 1961 (zuerst 1895)

Dussich, J. P. J.: Victim service models and their efficacy. In: Viano, E. C. (Hrsg.): Victims and society. Washington, D. C. 1976, S. 471-483

Dyckmans, K.: Das Delikt der Blutschande im Bezirk des Landgerichts Kleve in den Jahren 1920-1951. Bonn 1954

Eckhardt, K. A.: Germanenrechte, Bd. 1, Teil I, zweite Bearbeitung 1955. Die Gesetze des Merowingerreiches. S. 481-714

Eisenberg, U.: Zum Opferbereich in der Kriminologie. In: Goltdammer's Archiv für Strafrecht und Strafprozeß 1971, S. 168-179

Eisenberg, U.: Einführung in die Probleme der Kriminologie. München 1972

Ellenberger, H.: Psychologische Beziehungen zwischen Verbrecher und Opfer. In: Zeitschrift für Psychotherapie und medizinische Psychologie 4, 1954, S. 261-280

Engels, F.: Die Lage der arbeitenden Klasse in England. Stuttgart 1909 (zuerst 1845)

Ennis, P. H.: Criminal victimization in the United States. A report of a national survey. Washington D. C. 1967

Ernst, V.: Trauerarbeit — Ein Einzelfall? In: Monatsschrift für Kriminologie und Strafrechtsreform, 67, 1984, Heft 2, S. 85-89

Evangelische Akademie Hofgeismar (Hrsg.): Das Tatopfer als Subjekt. Tagung, 28-30. November 1980. Hofgeismar 1981

Exner, F.: Kriminologie. 3. Aufl., Berlin 1949

Fattah, E. A.: Vers une typologie criminologique des victimes. In: Revue internationale de police criminelle, 1967, S. 162-169

Fattah, E. A.: La victime est-elle coupable? Montreal 1971

Fattah, E. A.: Opferwerdung-Risiko, Erfahrung und Nachwirkungen. In: Kirchhoff, G./Sessar, K. (Hrsg.): Das Verbrechensopfer. Ein Reader zur Viktimologie. Bochum 1979, S. 179-197

Feix, G.: Die sexuell motivierten Tötungsverbrechen in der DDR. Unveröffentlichte Habilitationsschrift, Berlin-Ost, 1967 (zit. nach Schneider 1975, S. 102)

Festinger, L.: A theory of cognitive dissonance. Evanston 1957

Filser, F.: Einführung in die Kriminalsoziologie. Paderborn 1983

Förster, M./Schenk, J.: Der Einfluß massenmedialer Verbrechensdarstellungen auf Verbrechensfurcht und Einstellung zu Straftätern. In: Monatsschrift für Kriminologie und Strafrechtsreform, 67, 1984, Heft 2, S. 90-104

Freud, S.: Das Unheimliche. In: Freud, S.: Gesammelte Werke, Bd. XII, London 1947

Frey, E.: Die Psychologie der Zeugenaussagen Jugendlicher. In: Zeitschrift für Kinderpsychiatrie 12, 1945/46

FRIEDRICHS, J.: Methoden der empirischen Sozialforschung. Reinbek b. Hamburg 1973

GASSER, R.: Victimologie. Zürich 1965 (Dissertation)

GEBHARD, P. H./GAGNON, W. B./POMEROY, W. B./CHRISTENSON, C. V.: Sex offenders. London 1965

GEISLER, E.: Das sexuell mißbrauchte Kind. Göttingen 1959

GERDES, K.: Explorative Sozialforschung. Stuttgart 1979

GIRTLER, R.: Polizei-Alltag. Opladen 1980

GIRTLER, R.: Methoden der qualitativen Sozialforschung. Anleitung zur Feldarbeit. Wien, Köln, Graz 1984

GLASER, D.: Victim survey research: Theoretical Implications. In: GUENTHER, A. (Hrsg.): Criminal Behavior and Social Systems: Contributions of American Sociology, Chicago 1970, S. 136-148

GÖPPINGER, H.: Der Mensch als Opfer im Strafgeschehen. In: EVANGELISCHE AKADEMIE HOFGEISMAR (Hrsg.): Das Tatopfer als Subjekt. Hofgeismar 1981, S. 5-43

GÖTTLER, H.: Gedanken zur Motivation in der Viktimologie aus psychoanalytischer Sicht. München 1985 (unveröffentlichte Seminararbeit)

GOTTSCHALCH, W. u. a.: Sozialisationsforschung. Materialien, Probleme, Kritik. Frankfurt a .M. 1971

GREENSON, R.: Technik und Praxis der Psychoanalyse. Stuttgart 1967 (1973)

GROSS, H.: Der Raritätenbetrug. Berlin 1901

GUERRA, F.: The pre-columbian mind. A study into the aberrant nature of sexual drives, drugs affecting behavior and the attitudes toward life and death with a survey of psychotherapy in pre-columbian america. London, New York 1971

HAESLER, W. T. (Hrsg.): Kindesmißhandlung. Grüsch (CH) 1985

HALLIE, P. D.: Grausamkeit. Der Peiniger und sein Opfer. Eine Analyse. Olten, Freiburg 1971

HARTFIEL, G.: Soziale Schichtung. München 1981

HEIDER, F.: The psychology of interpersonal relations. New York 1958

HEINZ, W.: Bestimmungsgründe der Anzeigebereitschaft des Opfers. Freiburg i. Br. 1972 (Dissertation)

v. HENTIG, H.: Remarks on the interaction of prepetrator and victim. In: Journal of criminal law and criminology, 1941, S. 303-309

v. HENTIG, H.: The criminal and his victim. Studies in the sociobiology of crime. New Haven 1948

v. HENTIG, H.: Der Mord. Tübingen 1956

v. HENTIG, H.: Der Betrug, Tübingen 1957

v. HENTIG, H.: Vom Ursprung der Henkersmahlzeit. Tübingen 1958

v. HENTIG, H.: Die Erpressung. Tübingen 1959

v. HENTIG, H.: Das Opfer als ein Element der Umwelt. In: v. HENTIG, H.: Das Verbrechen II. Der Delinquent im Griff der Umweltkräfte. Berlin, Göttingen, Heidelberg 1962, S. 365-515

v. HENTIG, H.: Die unbekannte Straftat. Berlin, Göttingen, Heidelberg 1964

v. HENTIG, H.:/VIERNSTEIN,Th.: Untersuchungen über den Inzest. Arbeiten aus der Bayerischen Kriminologischen Sammelstelle. Bd. I, München 1925

HINDELANG, M. J.: Public Opinion regarding crime, criminal justice, and related topics. In: Crime and Delinquency Literature 1974, S. 501-523

HÖRNIG, E./KLIMA, R.: Identität. In: FUCHS, W. u. a. (Hrgs.): Lexikon zur Soziologie, Bd. 1, Reinbek b. Hamburg 1975, S. 286-287

HOMANS, G. C.: Theorie der sozialen Gruppe. Köln und Opladen 1960

HOMANS, G. C.: Elemtarformen sozialen Verhaltens. Köln 1968

HOMANS, G. C.: Grundfragen soziologischer Theorie. Köln 1972

HUMPHREYS, L.: Toiletten — Geschäfte. Teilnehmende Beobachtung homosexueller Akte. in: FRIEDRICHS, J. (Hrsg.): Teilnehmende Beobachtung abweichenden Verhaltens. Stuttgart 1973, S. 254-287

IINGLEHART, R.: The silent revolution. Princeton 1977

INNENMINISTER des Landes Schleswig-Holstein, Kriminalpolizeiamt (Hrsg.): Polizeiliche Kriminalstatistik für das Land Schleswig-Holstein, Kiel 1974

INNENMINISTER des Landes Schleswig-Holstein, Kriminalpolizeiamt (Hrsg.): Polizeiliche Kriminalstatistik für das Land Schleswig-Holstein, Kiel 1975

ISHII, A.: Die Opferbefragung in Tokyo. In: KIRCHHOFF, G./SESSAR, K. (Hrsg.): Das Verbrechensopfer. Bochum 1979, S. 133-157

IZUMIYA, H.: Opfer bei den Notzuchtdelikten durch Jugendliche (japanisch). In: MIYAZAWA, K. (Hrsg.): Das Verbrechen und das Opfer — Viktimologie in Japan, Band 1, Tokio 1974, S. 161-174

JACOB, B. R.: Reparation or restitution by the criminal offender to his victim — applicability of an ancient concept in the modern correctional process. In: DRAPKIN, I./VIANO, E. (Hrsg.): Victimology. Lexington, Toronto, London 1974, S. 215-220

JÄGER, H.: Strafgesetzgebung und Rechtsgüterschutz bei Sittlichkeitsdelikten. Beiträge zur Sexualforschung, Heft 12, 1957

JANSSEN, H./KERNER, H.-J. (Hrsg.): Verbrechensopfer, Sozialarbeit und Justiz. Das Opfer im Spannungsfeld der Handlungs- und Interessenkonflikte. Bonn 1985 (= Schriftenreihe der Deutschen Bewährungshilfe e. V., Neue Folge, Bd. 3)

JOHANSEN, E.: Betrogene Kinder. Eine Sozialgeschichte der Kindheit. Frankfurt a.M. 1979

KAISER, G.: Viktimologie. In: KAISER, G./SACK, F./SCHELLHOSS, H. (Hrsg.): Kleines kriminologisches Wörterbuch. Freiburg i. Br. 1974, S. 380-386

KAISER, G.: Kriminalpolitik. In: KAISER, G./SACK, F./SCHELLHOSS, H. (Hrsg.): Kleines kriminologisches Wörterbuch. Freiburg i. Br. 1974, S. 178-181

KAISER, G.: Kriminologie, Heidelberg 1985a (7. Aufl.; zuerst 1980)

KAISER, G.: Die Rolle des Opfers als Initiator der Verbrechenskontrolle. In: JANSSEN, H./KERNER, H.-J. (Hrsg.): Verbrechensopfer, Sozialarbeit und Justiz. Das Opfer im Spannungsfeld der Handlungs- und Interessenkonflikte. Bonn 1985b, S. 25-44

KAUPEN, W./VOLKS, H./WERLE, R.: Representative survey among the German population on knowledge of law and legal institutions. Köln 1970 (unveröffentlichtes Manuskript)

KERN, L.: „Hypothese“. In: FUCHS, W./KLIMA, R./LAUTMANN, R./RAMMSTEDT, O./WIENOLD, H. (Hrsg.): Lexikon zur Soziologie, Bd. 1, Reinbek b. Hamburg 1975, S. 281

KERNER, H.-J.: Verbrechenswirklichkeit und Strafverfolgung. Erwägungen zum Aussagewert der Kriminalstatistik. München 1973

KERNER, H.-J.: Kriminalitätseinschätzung und innere Sicherheit. Wiesbaden 1980
KIEFL, W.: Fast gleich. Die Beurteilung von Delikten durch Opfer und Täter. In: Kriminalistik 39, 1984, Heft 4, S. 221-224
KIEFL, W.: Inzest und Inzestverbote. Versuch einer Systematisierung von Erklärungsansätzen. München 1986 (unveröffentlichtes Manuskript)
KIEFL, W./LAMNEK, S.: Delinquenz, Kriminalisierung und Deliktbewertung Jugendlicher. In: Monatsschrift für Kriminologie und Strafrechtsreform 66, 1983, Heft 1, S. 12-26
KIEFL, W./LAMNEK, S.: Der Viktimisierungsprozeß. Ergebnisse einer Opferbefragung. München 1986 (unveröffentlichtes Manuskript)
KIRCHHOFF, G./SESSAR, K. (Hrsg.): Das Verbrechensopfer. Ein Reader zur Viktimologie. Bochum 1979
KÖST, E.: Juristisches Wörterbuch, 4. Aufl., Bremen 1961
KOOLWIJK, van J.: Die Befragungsmethode. In: KOOLWIJK, van J./WIEKEN-MAYSER, M. (Hrsg.): Techniken der empirischen Sozialforschung, Bd. 4, Erhebungsmethoden: Die Befragung, München 1974
KRETSCHMER, E.: Körperbau und Charakter. 23. Aufl., Berlin, Göttingen, Heidelberg 1961
KRÖHN, W.: Vergewaltigung. Unveröffentlichtes Manuskript. Kiel 1985
KUNZE, M.: Straße ins Feuer. Vom Leben und Sterben in der Zeit des Hexenwahns. München 1982
LAMNEK, S.: Zugang zu und Ausschöpfung von Umfragepopulationen. In: Interview und Analyse. Zeitschrift für Marktforschung — Sozialforschung — Mediaforschung — Mediaplanung 5, 1978, Heft 10, 11/12
LAMNEK, S.: Theorien abweichenden Verhaltens. München 1983
LAMNEK, S.: Sozialwissenschaftliche Arbeitsmethoden. Weinheim 1980
LAMNEK, S.: Jugenddelinquenz kriminalstatistisch. Eine Sekundäranalyse von Tatverdächtigenstatistiken der Münchner Polizei. In: SCHÜLER-SPRINGORUM, H. (Hrsg.): Mehrfach auffällig. Untersuchungen zur Jugendkriminalität. Forschungsbericht Bd. I, München 1982, S. 3-162
LAMNEK, S.: Sozialisation und kriminelle Karriere. Befunde aus zwei Erhebungen. In: SCHÜLER-SPRINGORUM, H. (Hrsg.): Mehfach auffällig. Untersuchungen zur Jugendkriminalität. München 1982a, S. 13-85
LAMNEK, S.: Die soziale Produktion und Reproduktion von Kriminalisierung. In: SCHÜLER-SPRINGORUM, H. (Hrsg.): Jugend und Kriminalität. Frankfurt a.M. 1983, S. 32-49
LAMNEK, S.: Wider den Schulenzwang. Ein sekundäranalytischer Beitrag zur Delinquenz und Kriminalisierung Jugendlicher. München 1985
LAMNEK, S.: Kriminalität in der Öffentlichkeit. Zu einer massenmedial induzierten Verzerrung. Unveröffentlichtes Manuskript 1986
LANDAU, S. F./DRAPKIN, I./ARAD, S.: Homicide, victims and offenders: an Israeli Study. In: The Journal of Criminal Law and Criminology, 1974, S. 390-396
LATANÉ, B./DARLEY, J.: Group inhibition of bystander intervention in emergencies. In: Journal of Personality and Social Psychology 1968, 10, S. 215-221
LATANÉ, B./DARLEY, J.: Social determinants of bystander intervention in emergencies. In: MACAULEY, J./BERKOWITZ, L. (Hrsg.): Altruism and helping behavior, New York, London 1970, S. 13-27

Lenz, E.: Der Betrogene. Mainz, Hamburg 1961 (Dissertation)

Lernell, L.: Some remarks on the main problems of victimology. In: Sociological Abstracts 1973, S. 307

Levy-Bruhl, L.: Die geistige Welt der Primitiven. München 1927

Levy-Bruhl, L.: Le surnaturel et la nature dans la mentalité primitive. Paris 1931

Lindzey, G.: Some remarks concerning incest, the incest taboo and psychoanalytic theory. In: American Psychologist 22, 1967, S. 1051-1059

Lisch, R./Kriz, J.: Grundlagen und Modelle der Inhaltsanalyse. Bestandsaufnahme und Kritik. Reinbek b. Hamburg 1978

Lorenzer, A.: Sprachzerstörung und Rekonstruktion. Frankfurt a. M. 1981

Ludwig, E.: Vergewaltigung. Gedanken, Thesen und Tatsachen. München 1984

Lück, H.E.: Prosoziales Verhalten. Empirische Untersuchungen zur Hilfeleistung. Köln 1975

Lück, H. E.: Experimentelle Studien zur Hilfeleistung. In: Gruppendynamik, 1/1970, S. 380-394

Maeck, M.: Opfer und Strafzumessung. Ein Beitrag zur Systematik und Dogmatik der richterlichen Strafzumessung. Stuttgart 1983

Maisch, H.: Inzest. Reinbek b. Hamburg 1968

Mandelbaum, D. G.: Soldier groups and negro soldiers. Berkeley 1952

Mangold, W.: Gegenstand und Methode des Gruppendiskussionsverfahrens. Frankfurt a. M. 1960 (= Frankfurter Beiträge zur Soziologie, Bd. 9)

Mangold, W.: Gruppendiskussion. In: König, R. (Hrsg.): Handbuch der empirischen Sozialforschung, Bd. I; Stuttgart 1967, S. 209-225

Marcuse, H.: Der eindimensionale Mensch. Neuwied 1967

Marcuse, M.: Männer als Opfer von Kindern. In: Archiv für Kriminalanthropologie, 56, 1914, S. 188-192

McClintok, F. H.: Crimes of violence. London, New York 1963

Meiselman, K. C.: Incest. A psychological study of causes and effects with treatment recommendation. San Francisco 1979

Mendelsohn, B.: Une nouvelle branche de la sicence bio-psychosociale — la victimologie. In: Revue internationale de criminologie et de police technique 1956, S. 95-109

Mendelsohn, B.: La victimologie. In : Revue française de psychoanalyse, 1958, S. 95

Mendelsohn, B.: The origin of the doctrine of victimology. In: Abstract Crim. 3 (1963)

Mendelsohn, B.: Le rapport entre la victimologie et le problème du génocide — pour un code de prévention du génocide. In: Etudes Internationales de Psycho-Sociologie Criminelle 14 (1968), S. 14-53

Merten, K.: Inhaltsanalyse. Einführung in Theorie, Methode und Praxis. Opladen 1983

Mertens, W.: Psychoanalyse. Stuttgart 1981

Mertesdorf, F.: Was tun Zeugen von Ladendiebstählen. Eine feldexperimentelle Studie. In: Gruppendynamik (1973), S. 315-322

Merton, R. K.: Sozialstruktur und Anomie. In: Sack, F./König, R. (Hrsg.): Kriminalsoziologie. Frankfurt a. M. 1968, S. 283-313

Miller, W. B.: Die Kultur der Unterschicht als ein Entstehungsmilieu für Bandendelinquenz. In: Sack, F./König, R. (Hrsg.): Kriminalsoziologie. Frankfurt a. M. 1968, S. 339-359

Milovanovic, M.: Alkoholismus des Getöteten als kriminogener Faktor. In: Monatsschrift für Kriminologie und Strafrechtsreform 26 (1935), S. 31-34

Mitscherlich, A.: Die Unfähigkeit zu trauern. München 1967

Miyazawa, K.: Zum gegenwärtigen Stand der viktimologischen Forschung in Japan. In: Kriminologische Gegenwartsfragen, Heft 9, Stuttgart 1970

Miyazawa, K. (Hrsg.): Das Verbrechen und das Opfer — Viktimologie in Japan. 2 Bde., Tokio 1974

Miyazawa, K.: Das Opfer beim Heiratsschwindel. Acta Criminologiae et Medicinae Legalis Japonica, 39, 1973, S. 77-80

Moore, W. E.: Strukturwandel der Gesellschaft. München 1973

Mortimer, H. F.: Henker. Selbstzeugnisse — Tagebücher und andere zeitgenössische Berichte. Dokumente menschlicher Grausamkeit. Genf 1976

Moser, T.: Jugendkriminalität und Gesellschaftsstruktur. München 1970

Müller-Dietz, H.: Resozialisierung durch Strafvollzugsprogramme und Entlassungshilfe unter Einbeziehung der Opfer. In: Janssen, H./Kerner, H.-J. (Hrsg.): Das Opfer im Spannungsfeld der Handlungs- und Interessenkonflikte. Bonn 1985, S. 247-269

Müller-Luckmann, E.: Über die Glaubwürdigkeit kindlicher und jugendlicher Zeuginnen bei Sexualdelikten. Stuttgart 1959 (= Beiträge zur Sexualforschung, Heft 14)

Mützelburg, G.: Die Rolle des Opfers im Strafverfahren. In: Weisser Ring 5 (1983), Heft 6, S. 10-15

Mulvihil, D. J./Tumin, M. M./Curtis, L. A.: Crimes of violence. Washington, D. C. 1969, Bd. 11

Murck, M.: Die Angst vor Verbrechen und Einstellungen zu Problemen der öffentlichen Sicherheit. In: Kriminologisches Journal, 1978, S. 202-214

Nagel, W. H.: Sociologische Criminologie. In: Sociologisch Jaarboek 1958

Nagel, W. H.: Victimologie. In: Tijdschrift voor Strafrecht, 1959, S. 1

Nagel, W. H.: The notion of victimology in criminology. In: Excerpta Criminologica 3 (1963), S. 245-247

Nagel, W. H.: Struktruelle Viktimisation. In: Kirchhoff, G. F./Sessar, K. (Hrsg.): Das Verbrechensopfer. Ein Reader zur Viktimologie. Bochum 1979, S. 61-83

Nau, E.: Die Glaubwürdigkeitsbeurteilung kindlicher und jugendlicher Zeugen. Darstellung des Problems aus kinder- und jugendpsychiatrischer Sicht. In: Villinger, W./Stutte, H. (Hrsg.): Jahrbuch für Jugendpsychiatrie und ihre Grenzgebiete. Bd. 3 (1962), S. 75-89

Newman, D. J.: Public attitudes toward a form of white-collar-crime. In: Geis, G. (Hrsg.): White-collar-criminal. New York 1968, S. 287

New York City Police Department, Crime Analysis Division (Hrsg.): Homicide analysis 1972; New York 1973

New York City Police Department, Crime Analysis Division (Hrsg.): Homicide analysis 1973; New York 1974

Noelle-Neumann, E.: Jahrbuch der öffentlichen Meinung 1968-1973. Allensbach, Bonn 1974

Noelle-Neumann, E./Piel, E.: Allensbacher Jahrbuch der Demoskopie 1978-1983, Bd. VIII, München usw. 1983

NOLTE, H.: Psychoanalyse und Soziologie. Die Systemtheorien Sigmund Freuds und Talcott Parsons. Bern, Stuttgart, Wien 1970

OLORUNTIMEHIN, O.: Das Opfer im Strafrechtssystem: das Beispiel Nigerias. In: SCHNEIDER, H. J. (Hrsg.): Das Verbrechensopfer in der Strafrechtspflege. Berlin, New York 1982, S. 429-436

OPP, K.-D.: Verhaltenstheoretische Soziologie. Reinbek b. Hamburg 1972

OPP, K.-D.: Abweichendes Verhalten und Gesellschaftsstruktur. Darmstadt und Neuwied 1974

OPP, K.-D.: Soziologie der Wirtschaftskriminalität. München 1975

OPP, K.-D.: Wirtschaftskriminalität als Prozeß kollektiver Selbstschädigung. In: Monatsschrift für Kriminologie und Strafrechtsreform, 66 (1983), Heft 1, S. 1-12

OPPITZ, G.: Kind oder Konsum, Boppard 1984

OSGOOD, C. E./TANNENBAUM, P. H.: The principle of congruity in the prediction of attitude change. In: Psychol. Review 1955 (62), S. 42-55

PAASCH, F. R.: Grundprobleme der Viktimologie. Münster 1965 (Dissertation)

PFEIFFER, Chr.: Kriminalprävention im Jugendgerichtsverfahren. Jugendrichterliches Handeln vor dem Hintergrund des Brücke-Projekts. Köln, Berlin, Bonn, München 1983

PFEIFFER, D. K./SCHEERER, S.: Kriminalsoziologie. Stuttgart, Berlin, Köln, Mainz 1979

PFEIFFER, G.: Schutz des rechtstreuen Bürgers gegen Übergriffe und Hilfe für die Opfer von Straftaten als Verpflichtung des Staates und Aufgabe der Gesellschaft. Festvortrag anläßlich der Mitgliederversammlung 1984 des Weißen Ringes am 29. September in Bonn. In: WEISSER RING 6/1984, S. 8-20

PILIAVIN, I./RODIN, J./PILIAVIN, J.: Good samaritanism: An underground phenomenon? In: Journal of Personality and Social Psychology, 13 (1969), S. 289-299

POKORNY, A. D.: A comparison of homicides in two cities. In: Journal of Criminal Law, Criminology and Police Science, 56, (1965), S. 479-487

POPITZ, H.: Über die Präventivwirkung des Nichtswissens. Dunkelziffer, Norm und Strafe. Tübingen 1968

PRESIDENT'S COMMISSION on Law Enforcement and Administration of Justice (Hrsg.): The challenge of crime in a free society, Washington D. C. 1967

PRINCE, M.: Versicherung gegen das Verbrechen — weshalb nicht? In: MERGEN, A. (Hrsg.): Kriminologie — morgen. Hamburg 1964

de QUINCEY, Th.: Der Mord als eine der schönen Künste betrachtet. Minden (Westf.) o.J.

RADBILL, S. X.: Mißhandlung und Kindstötung in der Geschichte. In: HELFER, /KEMPE, (Hrsg.): Das geschlagene Kind. Frankfurt a. M. 1978, S. 37-65

RADBRUCH, G.: Einführung in die Carolina. Hamburg 1967

RAMMSTEDT, O.: Wandel, sozialer. In: FUCHS, W. u. a. (Hrsg.): Lexikon zur Soziologie, Bd. II, S. 752, Reinbek b. Hamburg 1975, S. 752

RECKLESS, W. C.: A non-causal Explanation: Containment theory. In: Excerpta Criminologica 1962

RECKLESS, W. C.: Die Kriminalität in den USA und ihre Behandlung. Berlin 1964

RECKLESS, W. C.: The crime problem. New York 1973 (5. Aufl.)

REDL, F./WINEMAN, D.: Kinder, die hassen. Freiburg i. Br. 1970

REIK, Th.: Geständniszwang und Strafbedürfnis. Probleme der Psychoanalyse und der Kriminologie. Leipzig, Wien, Zürich 1925

RENNERT, H.: Untersuchungen zur Gefährdung der Jugend und zur Dunkelziffer bei sexuellen Straftaten. In: Zeitschrift für Psychiatrie, Neurologie und medizinische Psychologie, 1965, S. 361-367

RINEHART, J. W.: Genesis of overt incest. In: Comprehensive Psychiatry 1961 (2), S. 338-349

ROESNER, E.: Mörder und ihre Opfer. In: Monatsschrift für Kriminologie und Strafrechtsreform 29 (1938), S. 2/9-228

RÖSSNER, D./WULF, R.: Opferbezogene Strafrechtspflege. Bonn 1985

ROHLEDER, H.: Incest in modern civilization. In: American Journal of Urology and Sexology 1917 (13), S. 406-411

ROXIN, C.: Strafverfahrensrecht. 1982 (17. Auflage)

SCHACHTER, S.: The psychology of affiliation. Stanford 1959

SCHACHTNER, Chr.: Zur Konstitution von individueller und gesellschaftlicher Subjektivität durch Ausgrenzung und Vernichtung. Das Feindbild Hexe. München 1982 (= Forschungsbericht 82.01, Januar 1982, Hochschule der Bundeswehr, München, Fachbereich Pädagogik)

SCHAFER, S.: The victim and his criminal. A study in functional responsibility. New York 1968

SCHAFER, S.: Victimology: The victim and his criminal. Reston/Virginia 1977

v. SCHEFFEL, V.: Ekkehard. o. J. Berlin (1855)

SCHELLHOSS, H.: White-Collar-Crime. In: KAISER, G./SACK, F./SCHELLHOSS, H. (Hrsg.): Kleines kriminologisches Wörterbuch. Freiburg i. Br. 1974, S. 390-394

SCHMID, J.: Bevölkerungsveränderungen in der Bundesrepulbik Deutschland. Eine Revolution auf leisen Sohlen. Suttgart, Berlin, Köln, Mainz 1984

SCHMIDT, E.: Einführung in die Geschichte der deutschen Strafrechtspflege. Göttingen 1965

SCHNEICKERT, H.: Einführung in die Kriminalitäts- und Verbrechensverhütung. Jena 1935

SCHNEIDER, H. J.: Wirtschaftskriminalität aus kriminologischer und strafrechtlicher Sicht. In: Juristenzeitung 27 (1972), S. 461-467

SCHNEIDER, H. J.: Viktimologie. Wissenschaft vom Verbrechensopfer. Tübingen 1975

SCHNEIDER, H. J.: Kriminologie. Berlin 1977

SCHNEIDER, H. J.: Das Opfer und sein Täter — Partner im Verbrechen. München 1979

SCHNEIDER, H. J.: Das Opfer im Verursachungs- und Kontrollprozeß der Kriminalität. In: SCHNEIDER, H. J. (Hrsg.): Die Psychologie des 20. Jahrhunderts. Band 14: Auswirkungen auf die Kriminologie. Zürich 1981, S. 683-708

SCHNEIDER, H. J. (Hrsg.): Das Verbrechensopfer in der Strafrechtspflege. Psychologische, kriminologische, strafrechtliche und strafverfahrensrechtliche Aspekte. Ausgewählte Referate des Dritten internationalen Symposions für Viktimologie 1979 in Münster/Westfalen. Berlin, New York 1982

SCHNEIDER, H. J: Viktimologie. In: SEITZ, W. (Hrsg.): Kriminal- und Rechtspsychologie. Ein Handbuch in Schlüsselbegriffen. München, Wien, Baltimore 1983, S. 236-242

SCHÖNFELDER, Th.: Die Initiative des Opfers. In: Beiträge zur Sexualforschung, 33. Heft, Stuttgart 1965

SCHÖNFELDER, Th.: Die Rolle des Mädchens bei Sexualdelikten. Stuttgart 1968

SCHÜLER-SPRINGORUM, H.: Ausländerkriminalität. Ursachen, Umfang und Entwicklung. In: Neue Zeitschrift für Strafrecht 1983 (3), Heft 12, S. 529-536

SCHÜLERT, H.: Jugendliche als Opfer krimineller Handlungen. In: Die Polizei (1965) S. 151
SCHULTZ, H.: Kriminologische und strafrechtliche Bemerkungen zur Beziehung zwischen Täter und Opfer. In: Schweizerische Zeitschrift für Strafrecht (1956), S. 171-192
SCHUR, E.: Crimes without victims. Englewood Cliffs, N. J. 1965
SCHWARZ, N./BRAND, J.: Effects of salience of rape on sex role attitudes, trust and self-esteem in ron raped women. In: European Journal of Social Psychology 13 (1983), S. 71-76
SCHWARZ, N. u. a.: Geschlechtsrollenorientierung, Gewalt gegen Frauen und „weibliche Passivität": Untersuchungen zu einer feministischen Hypothese (unveröffentlichtes Manuskript) 1983
SCHWIND, H.-D./AHLBORN, W./EGER, H. J./PUDEL, V./WEISS, R.: Dunkelfeldforschung in Göttingen 1973/74. Wiesbaden 1975
SEELIG, E.: Lehrbuch der Kriminologie. Nürnberg, Düsseldorf 1951
SELLIN, T./WOLFGANG, M. E.: The measurement of delinquency. New York, London, Sidney 1964
SERWE, L. H.: Täter-Opfer-Beziehungen bei einigen Sittlichkeitsdelikten. In: Kriminalistik (1970), Heft 2, S. 73-75
SESSAR, K.: Über die verschiedenen Aussichten, Opfer einer gewaltsamen Tötung zu werden. In: KIRCHHOFF, G. F./SESSAR, K. (Hrsg.): Das Verbrechensopfer. Ein Reader zur Viktimologie. Bochum 1979, S. 301-320
SESSAR, K.: Das Opfer als Faktor in der Arbeit von Bewährungs- und Gerichtshilfe. In: JANSSEN, H./KERNER, H.-J. (Hrsg.): Das Opfer im Spannungsfeld der Handlungs- und Interessenkonflikte. Bonn, 1985, S. 221-246
SHELDON, W. H.: Varieties of delinquent youth: An introduction to constitutional psychiatry. New York 1949
SHIGIMORI, Y.: Opfer bei der Notzucht (japanisch). In: MIYAZAWA, K. (Hrsg.): Das Verbrechen und das Opfer — Viktimologie in Japan. 2 Bde., Tokio 1974
SINUS-Institut: Die verunsicherte Generation. Jugend und Wertewandel. Ein Bericht des SINUS-Instituts im Auftrag des Bundesministers für Jugend, Familie und Gesundheit. Opladen 1983
v. SPEE, F.: Cautio Criminalis oder Rechtliche Bedenken wegen der Hexenprozesse. München 1982 (2. Aufl., 1632)
DER SPIEGEL, 39. Jahrg., (1985), Heft 34
STATISTISCHES BUNDESAMT (Hrsg.): Statistisches Jahrbuch für die Bundesrepublik Deutschland. Stuttgart, Mainz 1980
STAUB, E.: A child in distress: The influence of age and number of witnesses on children's attempts to help. In: Journal of Personality and Social Psychology, (1970), S. 130-140
STEINMETZ, S. R.: Ethnologische Studien zur Entwicklung der Strafe. Groningen 1928 (2. Aufl.)
STEPHAN, E.: Die Stuttgarter Opferbefragung. Wiesbaden 1976 (s. auch: STEPHAN, E.: Die Stuttgarter Opferbefragung. In: FORSCHUNGSGRUPPE KRIMINOLOGIE (Hrsg.): Empirische Kriminologie, Freiburg i. Br. 1980)
STEPHAN, E.: Kriminalität und Kriminalitätsbekämpfung aus der Sicht des Opfers. Freiburg i. Br. 1974 (unveröffentlichtes Manuskript)

SUTHERLAND, E. H.: White-Collar-Criminality. In: American Sociological Review, 1940, S. 1-12

SYKES, G. M./MATZA, D.: Techniken der Neutralisierung. Eine Theorie der Delinquenz. In: SACK, F./KÖNIG, R. (Hrsg.): Kriminalsoziologie. Frankfurt a. M. 1968, S. 360-371

TANNENBAUM, F.: Crime and the community. New York, London 1938

THOMAS, W. I.: The unadjusted girl. Boston 1931

THORNBERRY, T. P./FIGLIO, R. M.: Victimization and criminal behavior in a birth cohort. In: THORNBERRY, T. P./SAGARIN, E. (Hrsg.): Images of crime: offenders and victims. New York, Washington, London 1974, S. 102-112

TÖBBEN, H.: Über den Inzest. Leipzig, Wien 1925

UMWELTBUNDESAMT (Hrsg.): Umweltschutzdelikte 1979 — Eine Auswertung der Polizeilichen Kriminalstatistik. Berlin 1981

VIANO, E. C. (Hrsg.): Vicitms and society. Washington, D. C. 1976

VILLMOW, B.: Schwereinschätzung von Delikten. In: FORSCHUNGSGRUPPE KRIMINOLOGIE (Hrsg.): Empirische Kriminologie. Ein Jahrzehnt kriminologischer Forschung am Max-Planck-Institut Freiburg i. B., Freiburg i. Br. 1980, S. 72-82

VOSS, H. L./HEPBURN, J. R.: Patterns in criminal homicide in Chicago. In: Journal of Criminal Law, Criminology and Police Science, 59 (1968), S. 499-508

WEBB, E. J./CAMPBELL, D. T./SCHWARTZ, R. D. u. a.: Nichtreaktive Meßverfahren, Weinheim, Basel 1975

WEIGEL, H.: Der exakte Schwindel oder der Untergang des Abendlandes durch Zahlen und Ziffern. Graz 1977 (2. Aufl.)

WEINBERG, S. K.: Incest Behavior. New York 1980

WEIS, K.: „Viktimologie" und „Viktorologie" in der Kriminologie. In: Monatsschrift für Kriminologie und Strafrechtsreform, 55 (1972), S. 170-180

WEIS, K.: Die Vergewaltigung und ihre Opfer. Eine viktimologische Untersuchung zur gesellschaftlichen Bewertung und individuellen Betroffenheit. Stuttgart 1982

WEIS, K./MÜLLER-BAGEHL, R.: Private Strafanzeigen. In: Kriminologisches Journal 3 (1971), S. 230-254

WEISSER RING, Jahrgänge 3(1980)-8(1985)

WERTHAM, F.: The show of violence. Garden City, N. J. 1948

WIESENDANGER, H.: „Vergewaltigt werden wir alle". Feministische These wissenschaftlich bestätigt? In: Psychologie heute (1984), Heft 7, S. 60-66

WITZEL, A.: Verfahren der qualitativen Sozialforschung. Überblick und Alternativen. Frankfurt a. M. 1982

WOLFGANG, M. E.: Patterns in criminal homicide. New York 1958

WOLFGANG, M. E./FERRACUTI, B.: Subculture of violence. Toward an integrated theory in Criminology. London 1967

ZIMBARDO, P. G.: Paper presented at the Nebraska symposium on motivation 1969 (zit. nach MILGRAM, S.: The experience of living in cities. In: Science 167 (1970), S. 1461-1468)

ZIMMERMANN, E.: Das Experiment in den Sozialwissenschaften. Stuttgart 1978

ZIPF, H.: Die Bedeutung der Viktimologie für die Strafrechtspflege. In: Monatsschrift für Kriminologie und Strafrechtsreform, 53, (1970) Heft 1, S. 1-13

ZWICK, M.: Wertwandel und „politische Kultur“ in der Bundesrepublik Deutschland. Eine empirische Untersuchung über das Ingelhart'sche Wertwandeltheorem anhand der „Allgemeinen Bevölkerungsumfrage der Sozialwissenschaften (ALLBUS) für die Bundesrepublik Deutschland 1982“, München 1984 (unveröffentlichte Diplomarbeit)

Verzeichnis der Tabellen

Verzeichnis der Abbildungen

Verzeichnis der Fallbeispiele

Personenregister

Sachregister